Metamorphosen des Leviathan?
Staatsaufgaben im Umbruch

Irene Gerlach/Peter Nitschke
(Hrsg.)

Metamorphosen des Leviathan?

Staatsaufgaben im Umbruch

Leske + Budrich, Opladen 2000

Gedruckt auf säurefreiem und alterungsbeständigem Papier.

Die Deutsche Bibliothek – CIP-Einheitsaufnahme
Ein Titeldatensatz für diese Publikation ist bei Der Deutschen Bibliothek erhältlich

ISBN 978-3-8100-2616-3   ISBN 978-3-322-92234-2 (eBook)
DOI 10.1007/978-3-322-92234-2

© 2000 Leske + Budrich, Opladen

Inhaltsverzeichnis

Vorwort

> Es ist eine wirkliche Einheit aller in ein und derselben Person, die durch Vertrag eines jeden mit jedem zustande kam, als hätte jeder zu jedem gesagt: *Ich autorisiere diesen Menschen oder diese Versammlung von Menschen und übertrage ihnen mein Recht, mich zu regieren, unter der Bedingung, daß du ihnen ebenso dein Recht überträgst und alle ihre Handlungen autorisierst.* Ist dies geschehen, so nennt man diese zu einer Person vereinte Menge *Staat*, auf lateinisch *civitas.* Dies ist die Erzeugung jenes großen *Leviathan* oder besser, um es ehrerbietiger auszudrücken, jenes *sterblichen Gottes*, dem wir unter dem *unsterblichen Gott* unseren Frieden und Schutz verdanken.
>
> (Thomas Hobbes, Leviathan, Kap. 17,134)

Die politikwissenschaftliche Diskussion war im letzten Jahrzehnt des 20. Jahrhunderts in vielfältiger Weise von Krisen-, Epoche- und Endzeitdiagnosen geleitet, die sich nur z. T. als Folge von „Fin de Siècle-Szenarien" ergaben, sich andererseits aus den strukturellen und inhaltlichen Neuordnungserfordernissen der Gesellschaften und Staaten sowie der Staatenwelt ableiteten. Anknüpfungspunkte für die Diskussion ergaben sich aus der rasant fortschreitenden Globalisierung ebenso wie aus den Bedingungen, die sich mit dem europäischen Mehrebenensystem von Politik und dessen Weiterentwicklung mit fortschreitender europäischer Integration einstellten. Aber auch ein allenfalls noch als Gewährleister auftretender Staat, der das Feld politischer Gestaltung vielfältigen Netzwerken überlassen hatte und sich selbst um effiziente und möglichst „schlanke" Aufgabenerledigung bemühte, konfrontierte mit zahlreichen Fragen, vorrangig solchen der Legitimation politischer und gesellschaftlicher Gestaltung.

Vor diesem Hintergrund fand am Institut für Politikwissenschaft der Westfälischen Wilhelms-Universität Münster beginnend mit dem SS 1997 sowie im WS 1997/98 und im SS 1999 eine Reihe von Ringvorlesungen statt, in denen jeweils Teilaspekte der Neuorganisation von Staatsaufgaben aus politikwissenschaftlicher sowie politikpraktischer Sicht analysiert wurden. Dies war im SS 1997 eine Ringvorlesung über Sozialstaatlichkeit, die von Irene Gerlach, Paul Kevenhörster und Annette Zimmer organisiert wurde, wie auch die Veranstaltungsreihe im Wintersemester 1997/98 mit dem Titel „Des Staates neue Kleider – Wesen und Inhalte von Staatsaufgaben im Umbruch". Die Ringvorlesung des SS 1999, organisiert von Irene Gerlach und Annette Zimmer, galt dem Thema „Zivilgesellschaft konkret: Wege in eine starke Demokratie oder Einstieg in den Ausstieg aus staatlicher Verantwortung?".

Alle drei Vorlesungsreihen erfreuten sich eines regen Zuspruchs unter den Studierenden und ebenso unter der Münsteraner Öffentlichkeit, so daß sich der Gedanke an eine Veröffentlichung aufdrängte. Während der Vertretung einer Professur an der Hochschule Vechta konkretisierte sich dieses Projekt in der Zusammenarbeit zwischen Irene Gerlach und dem dortigen Kollegen Peter Nitschke. Da der Verlag Leske + Budrich den geplanten Band dankenswerter Weise in seine Einführungsreihe aufnehmen wollte, wurden die Vorträge aus den Ringvorlesungen mit dem Ziel der größeren inhaltlichen Konsistenz und Vollständigkeit um eine Reihe von Beiträgen ergänzt. Dies gilt für die Aufsätze von Rainer Prätorius, Kurt Lenk und Carolin Wedel. Dies hat den Band zwar sehr bereichert, erklärt aber auch den langen Zeitraum bis zu seiner Fertigstellung. Zusammengenommen – so glauben wir – ist den Herausgebern damit eine ansehnliche Darstellung der gegenwärtigen Staatsaufgabendiskussion gelungen, die sich gleichzeitig auch als Reservoir weiterführender Forschungsfragestellungen anbieten könnte.

Unser besonderer Dank gilt der Konrad-Adenauer-Stiftung und deren Bildungswerk Münster, namentlich Dr. Marco Arndt und Claudia Knipschild M.A., die uns nicht nur organisatorisch tatkräftig unterstützten, sondern mit der Finanzierung der Vorträge und Referate diese Ringvorlesungen erst ermöglicht haben.

Last but not least gilt unser Dank dem Schreibpool des Instituts für Sozialwissenschaften und des Instituts für Geschichte und historische Landesforschung der Hochschule Vechta, namentlich Frau Rita Becker und Frau Marianne Averbeck, die mit Umsicht und Geduld die Endfassung des Manuskriptes erstellt haben. Martin Jungwirth hat dankenswerterweise die Endkorrekturen nochmals überprüft, was hinsichtlich unserer orthographischen Probleme mit der neuen Schreibweise zu der Entscheidung geführt hat, daß wir alle Beiträge nach der alten Rechtschreibung publizieren.

Irene Gerlach / Peter Nitschke
Münster und Vechta im September 2000

Staatsbilder:
Vom Wohlfahrtsstaat zum Lean Management

Der Nationalstaat und seine klassischen Funktionen: Ein theoretischer Problemaufriß

Peter Nitschke

Der Nationalstaat ist sicherlich in ordnungspolitischer Hinsicht das Erfolgs-modell der Moderne schlechthin. Ein Ordnungsmodell, das seit der Verfas-sungsagenda von 1789 seine scheinbar unangefochtene Gültigkeit hat. Nicht nur alle Kriege im Gefolge der Französischen Revolution wurden seitdem als nationale Kriege geführt, auch die gesamte Matrix der Internationalen Politik hat sich seit dem 19. Jahrhundert auf die Prämisse von Staat und Nation als einer identitären Einheit konzentriert. Deshalb haben auch sämtliche suprana-tionale Organisationen, die ordnungspolitisch relevant sind, bis dato diese Formel als Betriebsgrundlage ihrer Handlungs- und Entscheidungsoptionen gewählt. Hierdurch kommt es zu einer linearen Gleichsetzung von Volk und Staat im Rahmen einer Nation, die auf einem je spezifischen territorialem Raum vorzufinden ist. Dennoch – oder gerade deswegen – ist die Brüchigkeit dieses Modells seit 1989 zunehmend deutlicher geworden.

Spätestens seit dem schönen Diktum des französischen Diplomaten Jean-Marie Guéhenno, der sich 1993 fragte, ob wir denn mit unseren Begriffen von *Demokratie, Politik* und *Freiheit* tatsächlich noch die konkrete Situation der Gegenwart im globalem Kontext beschreiben oder nur noch einer idealis-tischen Nachbetrachtung anhängen (vgl. Guéhenno 1995: XI), spätestens seitdem muß man in der Tat hinterfragen, ob und wie denn die Sache des Na-tionalstaats auch weiterhin von Nachhaltigkeit geprägt sein kann.

Hinter dieser Frage tut sich ein Abgrund an Bedeutungszuweisungen auf, die keineswegs im Verlauf der alteuropäischen Debatte linear oder gar mo-nokausal auf den Nationalstaat als Erfolgsprinzip für moderne Politik hinaus-gelaufen wären. Insofern verstehen sich die folgenden Ausführungen als Re-konstruktion einiger Szenarien, die zur Erfolgsmeldung dieses Modells bei-getragen haben.

I.   Die Nation als (ethnischer) Demos

Mit Blick auf den propagandistischen Ursprung als Ausgangspunkt für das heutige Ordnungsmodell, der Französischen Revolution – oder aber auch dem Unabhängigkeitskrieg der dreizehn Kolonien in Nordamerika – ent-springt das Kriterium der Nation nicht unwesentlich einem latenten Nachahmungsreflex des Souveränitätsgedankens, wie ihn das absolutistische Ancien Régime vorgelebt hat (vgl. Loewenstein 1990: 90; generell Nitschke 2000b). *Souveränität* als Anspruch des Staates und seines Regenten auf Autarkie, d.h., der Unabhängigkeit in allen Handlungen nach innen wie außen. Souverän kann nur derjenige sein, der (mit Ausnahme Gottes) keine Ordnungsgewalt mehr über sich hat, der faktisch Herr all seiner Handlungen und Entscheidungen ist. Der Souveränitätsanspruch der prämodernen politischen Theorie, wie sie seit den Tagen Jean Bodins formuliert wurde (vgl. Nitschke 2000a), zielt demnach auf einen politischen Selbstverfügungshorizont, in dem es keinen positiven Kontrolleur jenseits der Macht des Regenten bzw. des Staates gibt. Insofern konnte und mußte das Konzept der Souveränität unteilbar sein, als eine identitäre Einheit zu begreifen, wie Rousseau dies als Modell einer Herrschaft des Volkes über und mit sich selbst paradigmatisch durchdekliniert hat.

Erst bei Rousseau entsteht auch mustergültig das Verständnis, die Herrschaft des Volkes im Staat als eine Angelegenheit der Nation zu dechiffrieren. Bis dahin ist dies eher meist in den Perspektiven einer möglichst gottgerechten Regentschaft verstanden worden, bei der das Volk nur Mitläufer, aber keineswegs verfassunggebende Gewalt war. Die Rousseauistische Uminterpretation der Staatsgewalt, hinweg von der Verfügung durch den monarchistischen Herrscher zur Gestaltung durch das Volk, beinhaltet hingegen jedoch auch ein schwerwiegendes strukturelles Dilemma: Von Anfang an ist die Frage der Nation damit eine etatistische Angelegenheit, die unter dem Leitbild einer *volunte générale* mit brachialer Gewalt daher kommt. Weil die Nation eine Einheit ist, unteilbar in ihrer Souveränität, weist sie die Affinität zu einem totalistischen Kompetenzlösungsansatz auf. Zu recht konstatiert daher Loewenstein (1990: 91): Die „souveräne *nation une et indivisible* war das Wunschbild vieler Autoren des 18. Jahrhunderts, die einerseits den Kopf voll antiker Bildung hatten, andererseits nichts mit regionaler und ständischer Vielfalt anzufangen wußten".

Die Nation erwies sich somit als großgeschriebene Polis, als die hypostasierte Republik des Alten Rom, nicht zuletzt auch als *Sacrum Imperium* des Mittelalters. Denn die religiöse Zuordnung der Bürger für das Gemeinwesen der Nation wird auch von den Vertretern der Aufklärung großgeschrieben. Ohne Ziviltheologie kann kein nationaler Etat auskommen (vgl. auch Walther 1996). Will eine Staatsnation wirklich funktionieren und auf Dauer existent sein, dann bedarf sie einer bürgerlichen Moralcodierung, die für Staat und Nation je spezifisch das zu leisten vermag, was vordem die christliche Religion geleistet hat – nämlich die Treue und Bewahrung der etablierten Ordnung als Gesamtverpflichtung für alle Mitglieder der Gesellschaft. Nicht umsonst haben sich alle modernen Nationalstaaten in Europa bei ihrer Genese erfolgreich auf die Konstruktion einer je spezifischen nationalen Kirche gestützt: Das ist in Schweden im 17. Jahrhundert nicht anders gewesen als in England bei der Gründung der anglikanischen Hochkirche unter Heinrich

VIII., in den Niederlanden mit der Suprematie der calvinistischen Lehre, wenn es um die politische Partizipation ging, und in Frankreich nach dem Rauswurf der Hugenotten mit der Widerrufung des Edikts von Nantes durch Ludwig XIV. Spanien, Portugal und Italien hatten in Form der katholischen Kirche ohnehin bereits seit dem Spätmittelalter ein hegemoniales Interpretationssystem für die Anleitung und Bewahrung der *bürgerlichen* Tugenden. Insofern gilt in Alteuropa eigentlich die Betriebsformel *cuius natio, eius religio* (vgl. auch Loewenstein 1990: 92). Einzig und allein in Mitteleuropa, im deutschsprachigen Raum, jenem Gebilde des sogenannten *Heiligen Römischen Reiches Deutscher Nation* war dieses Gestaltungsmuster politisch außer Kraft gesetzt, weil die Nation zwar vorhanden, aber in ihrer räumlichen Zuordnung mit der Organisation von Herrschaft segmentiert war bis zur minimalistischen Souveränität einer Hansestadt wie Lübeck oder Reichsstadt wie Rothenburg ob der Tauber.

Eben deshalb hat die Kompromißformel des Augsburger Reichstages von 1555 mit *cuius regio, eius religio* nicht nur die deutschen politischen Verhältnisse bis ins 20. Jahrhundert hinein grundlegend bestimmt, sondern zugleich auch nochmals eine Verstärkung des nationalen Prinzips für diejenigen Teile Europas ergeben, in denen die Dinge eindeutiger auf hegemoniale Politikrepräsentation hin angelegt waren: Das gilt für England, für Spanien, schließlich auch für Frankreich. Die Nation wurde überall hier im Rahmen des Staates und seiner Verfügungsansprüche zur Gestaltung des Lebens Stück für Stück etatisiert. In dem Maße, wie die Maximen und Gestaltungschancen der absolutistischen Staaten Alteuropas wuchsen, verfestigte sich auch die Zuordnung zu einer je spezifischen nationalen Entität. Dieser Formierungs- und Bewußtseinsprozeß gilt zunächst jedoch nur für die großen Flächenstaaten, die das Herrschaftsprinzip erfolgreich zugunsten einer territorialen Souveränität entwickeln und behaupten können. Mittlere und Kleinstterritorien haben es da insofern sehr viel schwieriger gehabt, weil sie a) weder über die notwendigen Ressourcen noch über b) die nötige Logistik in Form einer dezidierten Verwaltung verfügten. Nicht zuletzt die personale Verbandsherrschaft, sei es im Netzwerk der ständischen Korporationen, sei es in der Qualität des monarchischen Regenten selbst, bedingen hier noch weit bis ins 19. Jahrhundert hinein durchaus prämoderne Herrschaftsmuster (vgl. mustergültig Ellwein 1993).

Warum sich auf eine Nation kaprizieren, wenn politische Herrschaft auch so (gut) funktioniert?

Der Bedarf für die Nation als Referenzkriterium der politischen Ordnung kommt eigentlich in und mit der Aufklärung erst dann ins Spiel, wo sich die Theorie wie auch die Praxis um eine neue, d.h., *andere* Legitimation für Herrschaft bemüht.

Insofern wird nicht nur die Nation etatisiert, sondern umgekehrt auch der Feudalstaat des Ancien Régime nationalisiert. Dabei spielt der Stellenwert der ethnischen Identität nur scheinbar eine untergeordnete Rolle. Wenn Ernest Renan gegen Ende des 19. Jahrhunderts in seinem berühmten Vortrag zur Frage *Was ist eine Nation?* darauf dringt, daß die Nation „eine Seele, ein geistiges Prinzip" sei (Renan 1995: 56), dann ist dies nur die eine Seite der Medaille. Tatsächlich ist die Dimension des Ethnos mindestens ebenso entscheidend für die Genese von Nationalität wie die voluntaristische Setzung eines Volkes, das sich eine Regierung geben will. Insofern sind Rasse, Sprache, eine gemeinsame Kultur sowie Religion nicht einfach subsidiäre Güter für die Bildung eines nationalen Bewußtseins, wie Renan meinte (vgl. ebd.: 51ff.), sondern elementare Faktoren, ohne die eine Nation nicht zustande kommt (vgl. Connor 1994). Es bedarf hierfür nicht erst der erschütternden Zustände, wie sie sich beim Auseinanderfallen der Sowjetunion und Jugoslawiens ergeben haben, um zu sehen, wie elementar der Ethnonationalismus als Antriebsformel für den Anspruch auf nationale Souveränität ist. Tschetschenien, Georgien, Ruanda und neuerdings Ost-Timor demonstrieren mit aller Deutlichkeit, daß das Signum der modernen Ordnungsvorstellung in der Manifestation des Nationalstaats keine antiquierte Größe ist. Der Ethnonationalismus ist hierbei allein schon deshalb der wesentliche Referenzbezug, weil die Eigenständigkeit als Staat eben noch nicht gegeben oder aber (im Falle der Tutsi-Mehrheit in Ruanda) bis dato von einer anderen Ethnie hegemonial dominiert worden ist.

Streng genommen stellt in dieser Hinsicht bereits die Ausgangssituation am Vorabend der Französischen Revolution die Identität von Volk als Demos und Volk als Ethnos her. Im absolutistischen Staat des Ancien Régime sind beide Begründungsfaktoren kongruent aufeinander bezogen worden. Die französische Nation wächst strukturell in den territorialen Grenzen des französischen Feudalsystems heran. Und dort, wo bestimmte Gruppen aufgrund spezifischer regionaler Identitäten mit dem neuen Paradigma von der *grande nation* nicht konform gehen wollen (wie die Bauern in der Vendée, die Korsen und die Bretonen), wird man von der nationalen Zentralgewalt kurzerhand massakriert und schonungslos diszipliniert.

Ähnliches gilt auch für Gründung der Vereinigten Staaten von Amerika. Es ist keineswegs so, als sei hier eine multikulturelle Gesellschaft aus der Taufe gehoben worden. Bereits die Verfassungsväter legen in den *Federalist Papers* unmißverständlich dar, daß der Anspruch auf eine spezifische nationale Qualität in der neuen Welt resultiert aus „einem Volk, das von denselben Ahnen abstammt, dieselbe Sprache spricht, sich zu demselben Glauben bekennt, denselben Regierungsgrundsätzen verhaftet ist, sehr ähnlichen Sitten und Gebräuchen folgt und das mit vereinten Gedanken, Waffen und Anstrengungen einen langen und blutigen, Seite an Seite geführten Krieg hindurch seine allgemeine Freiheit und Unabhängigkeit tapfer erkämpft hat" (Hamilton u.a. 1993: 58).

Die Nation beruht demnach auf Gemeinsamkeiten, die als solche historisch nicht hintergehbar sind. Der Volksbegriff in Form einer nationalen Entität ist folglich mehr oder weniger ethnozentriert. Hierbei setzt er sich, das macht selbst die Aussage der *Federalist Papers* deutlich, stets von anderen nationalen Verständnisweisen ab. Ein Volk als Nation, gar als souveräner Nationalstaat kann nur dann existieren, wenn es sich relativ eindeutig von den „Anderen" abgrenzt. Man braucht hier auch kein Anhänger der Freund-Feind-Schematik von Carl Schmitt zu sein (vgl. Schmitt 1979[2]), um feststellen zu können, daß dies in der Tat der vorherrschende Strukturmechanismus bei der Entstehung von Nationen und Nationalstaaten ist.

Ob sich die Abchasen im Kaukasus nach 1990 von den Georgiern trennen, die Slowakei von der Tschechei, die Bosniaken von den Serben, in Zukunft vielleicht die Katalanen von den Castiliern (den Spaniern) oder die Schotten von den Engländern, wie die Flamen von den Wallonen, dies ist ein Strukturprozeß von moderner Staatlichkeit, der ungeachtet seiner minimalistisch-regionalistischen Dimensionen immer noch den Mechanismen von 1789 hinterher läuft. Der Regionalismus ist in seiner spezifisch territorialen Variante kein archaisches Phänomen, sondern als Nationalismus kleiner Völker nur die systemische Nachahmung dessen (vgl. auch Lübbe 1994: 65), was 1776 und 1789 auf größerer Fläche vorgeführt worden ist.

Insofern existiert die Nation als Demos nur in konstruierter Form: Sie ist den apriorischen Gegebenheiten der ethnischen Dimension stets nachgelagert. Alle Wahlverfahren zur Bestimmung von demokratischer Herrschaft im Staat können nicht darüber hinweg täuschen, daß sich die meisten Nationen dieser Erde „nach nicht-gewählten, geburtbestimmten Eigenschaften" bis dato organisiert haben (Steinvorth 1994: 80). Somit existiert auch konkret kein universales Demokratiemodell: der Demos ist je national etatisiert. Er braucht offenkundig diese Referenzebene, um oberhalb von Individuum und Familie, jenseits aller Klassengegensätze eine Gemeinsamkeit für eine kollektive Existenz anzeigen zu können. Damit es aber nicht bei einer virtuellen Veranstaltung bleibt, wie man es historisch beim Leidensweg des jüdischen Volkes gesehen hat, welches zerstreut unter alle Völker zwar dennoch immer stets *ein Volk* war – jedoch ohne Staat – und damit als Volk ohne politische Kompetenz, deshalb bedarf es des Staates als einer zentralen Vermittlungs- und Steuerungsinstanz für die Bewahrung der Kultur und Ressourcennutzung. Die Nation, die quasi als sozialer Kohäsionsfaktor die individuellen Bedürfnisse zusammenhält bzw. überhaupt erst generiert (vgl. Gellner 1997), ist hierbei Substrat wie Überbau zugleich. Ein Staat nur als Anstaltsbetrieb hätte keinerlei Legitimation: Nur um des Funktionierens willen, das reicht offenbar selbst unter rein utilitaristischen Kriterien nicht aus. Die Nation erscheint somit nicht nur normativ, sondern auch materiell als die wesentliche Plattform, auf der sich Etatismus behaupten und erweitern kann. Dies betrifft schließlich dann aber nicht nur die funktionalen Räume, wie etwa Land und Leute, materielle Ressourcen, sondern (fast) mehr noch deren sinnstiftende Gesamtrelation für alle Beteiligten (im Rahmen der Nation). Zweifellos kommt hierbei auch die Ebene des ideologischen Konstrukts ins Spiel, d.h., die Sinnstiftung der Nation im Forum des Staates resultiert aus den normativen Bedürfnissen praktischer Politik, die stets einer Legitimation der letzten Zwecke ihrer Handlungen bedarf. Dies beinhaltet dann nicht zuletzt auch eine gewisse Form der Selbstreferentialität, wie sie geradezu paradigmatisch in den wechselseitigen Images us-amerikanischer Außenpolitik in diesem Jahrhundert beobachtet werden konnte, die stets zwischen Isolationismus und Welthüterrolle hin und her schwankte.

Die Nation fungiert insofern als eine Art Geheimcode der industriellen Massengesellschaft, der trotz aller divergenten Prozeßabläufe eben immer noch eine kollektiv verdichtete Binnenmoral im Rahmen des spezifischen Staates ermöglichen soll und kann. Diese je spezifische, historisch determinierte Binnenmoral, sei sie *common sense* oder zivile Tugend genannt, erbringt für die Rolle der Nation qua Staat die Selbstanerkennung als politisches Handlungssubjekt, das autark sein kann – und will.

Formal beruft sich hierbei jede Nation auf die Spezifika:

a)   der Relation der Individuen untereinander im bürgerlichen Status – und
b)   auf das damit immanente Rechtssystem (vgl. Steinvorth 1994: 90).

Beide Ebenen zusammen machen den Demos als eine originäre Identitätseinheit aus, die sich nach Zeit und Raum von anderen Identitätseinheiten unterscheidet. Und dies nicht nur einfach in passiver Hinnahme der tradierten Gegebenheiten, sondern in voluntaristischer Verfechtung der Grundlagen gegen Anfechtungen von außen. Man sollte sich hieran erinnern, wenn man heutzutage von Multikulturalität und supranationalen Strukturen spricht. Beide Phänomene bedürfen nämlich erst recht der Kraft des Staates und seiner Apparate. Ein einzelner Handlungsreisender in Sachen *Greenpeace* kommt nicht weit ohne nationale Rückendeckung vor Ort.

II.   Die Nation als Staat

So geeignet die Nation als Referenzgröße für eine kollektive Identität erscheinen mag, so ist sie doch so lange nur virtuell vorhanden, wie sie über keine apparative Bindung in Form von politischer Herrschaft über einen bestimmten Raum verfügt. Das Dilemma der zwei deutschen Staaten in der Nachkriegszeit mit dem Anspruch auf eine gemeinsame Nation wie auch die Genesis des Staates Israel dokumentieren anschaulich, daß es sich bei der Nation im spezifischen Sinne nur um einen Reflexionsbegriff handelt, der das Zusammengehörigkeitsgefühl einer Gruppe von Menschen anzeigen soll. Reflexionsbegriffe weisen allerdings stets die Schwierigkeit auf, „daß sie ihr Bezugssystem nicht begründen können, sondern voraussetzen müssen" (Roellecke 1994: 23). Deshalb ist es auch vergleichsweise schwierig, so etwas wie die historische Genese eines je spezifischen Nationalverständnisses zu rekonstruieren (vgl. Münkler 1998). Einen eindeutig bestimmbaren harten

Kern der Nation gibt es nicht – auch die Ethnie ist in dieser Hinsicht mehr oder weniger ein Konstrukt – allerdings ein höchst erfolgreiches.

Jedoch hat die Nation in ihrer modernen Konnotation im Gegensatz zum mittelalterlichen Verständnis zentral mit dem Begriff der Herrschaft zu tun – und zwar nicht irgendeiner Herrschaft, sondern der des Staates. Hierzu gibt es eine ganze Reihe von ideologischen Rechtfertigungssystemen, die in Form einer sogenannten *Staatsraison,* einer *prudentia gubernatoria,* einer Lehre von den *arcana imperii* bis hin zur berühmten *Prärogative* der Exekutive reichen – und stets eine selbstreferentielle Qualität und Dimension für die staatliche Ebene als einer Figuration sui generis festgemacht haben (vgl. Münkler 1987, Stolleis 1990, Weber 1992, Nitschke 1995a). Daß dies nicht unbedingt selbstverständlich – und historisch durchaus neu – gewesen ist, zeigt der Blick auf mittelalterliche Verfassungsverhältnisse und deren rechtstheoretische Konstruktion. Vom Papst als *servus servorum dei* bis hin zum allerletzten Pferdeknecht war die Herrschaftsfrage immer legitimatorisch eingebunden in ein relationales Abhängigkeitsverhältnis interpersonaler Art bzw. ihrer institutionellen Ausprägung (vgl. Althoff 1997). Selbst der Fremde in einem Territorium hatte immer einen Herrn: Einzig und allein der Outlaw, der Nichtseßhafte war außerhalb dieses herrschaftsrelationalen Feldes, war gleichsam der Wilde. Insofern ist der (edle) Wilde als Ideal der Diskurse der Aufklärung wie etwa bei Rousseau bezeichnenderweise auch das Paradigma für die Herrenlosigkeit, die strikte Loslösung von der feudalen Ordnung. Nunmehr setzt man auf die Ordnung der Natur als positive Legitimationsvariante von politischer Herrschaft – und zwar nicht in einem theologisch-metaphysischen Sinne, wie es noch bei vielen Autoren im 17. Jahrhundert vorkommt, sondern in einem axiomatischen Sinne des positiven Naturrechts. Daß auch diese nunmehr empiristische Begründung metaphysischer Grundierungen bedarf, braucht an dieser Stelle nicht weiter ausgeführt zu werden (vgl. hier Nitschke 2000a).

Im Kontext dieser quasi vorkantianischen Wende figuriert die Nation als entscheidendes Substitut zur Deckung der kollektiven Kriterien von politischer Herrschaft in Form des Staates, der auch (und jetzt vor allem) jener modernen Variante der naturrechtlichen Begründung bedarf. Man kann es auf die Spitze treiben, indem man postuliert: Ohne Nation kein individuelles Naturrecht – eben deshalb ist das innerstaatliche Prinzip seit der Begründung der demokratischen Ordnung mit *one person, one vote* zugleich auch international und völkerrechtlich gleichzusetzen mit *one nation, one vote.* Zumindest stimmt dies formal so. Wenn auch faktisch die Dinge anders liegen, so ist damit die logische Herleitung noch keineswegs beeinträchtigt, sondern dem Idealtypus nach sogar animierend für die fortlaufende Segmentierung der Welt in immer kleinere nationale Identitäten. Die weltweiten Prozesse zur Dezentralisierung und Lokalisierung der politischen Partizipationsmöglichkeiten und Repräsentationsformen nehmen im Gefolge von Globalisierung nicht ab, sondern zu. Sie sind quasi die andere Seite der Globalisierungsme-

daille (vgl. Fawcett/Hurrel 1998, Noller 1999). Dies ist auch keineswegs als
ein Nullsummenspiel zu betrachten, denn die sehr komplexe Relation zwischen nationalstaatlichen Systemen und regionalistischen Nationalismen lassen sich nicht im Sinne einer arithmetischen Reihe herunterbuchstabieren,
wie manche Kommentatoren dies tun – nach dem Motto: „If you don´t like
Britain, try Scotland. If you don´t like Scotland, try, perhaps, the Shetlands"
(Dunn 1993: 66).

Der regionalistische Anspruch auf politische Partizipation im Staate ist
im Prinzip ebenso alt, wenn nicht sogar noch älter als die moderne Synthese
von Staat und Nation. Die Staatswerdung der spanischen Nation ist hiervon
ebenso geprägt gewesen wie die italienische oder deutsche Fassung (vgl.
Brunn 1999). Insofern sind Regionalismus und regionale Identität zeitgleiche
Phänomene ein und des gleichen Vorgangs – der Kristallisierung von Herrschaft in Form des Staates (vgl. Nitschke 1996c u. 1999).

Es ist auch keineswegs ausgemacht gewesen, daß einzig und allein der
Nationalstaat in der Zusammenziehung von Staat und Nation das prägende
Gestaltungsprinzip der Moderne sein würde. Fast alle maßgeblichen Überlegungen von Autoren des 19. Jahrhunderts waren im Gegenteil skeptisch, was
die Zukunftsfähigkeit des Nationalgedankens anbelangt (vgl. Steinvorth
1994: 78). Die Nation ist bei der Inklusion mit dem Staat aber in dem Maße
zum Erfolgsmotiv geworden, wie sie die Raumfrage als Herrschaftsfrage in
Bezug auf eine große Fläche zufriedenstellend beantworten konnte. Herrschaft in Form einer territorialen Bindung (meist vor Ort) war ohnehin vorhanden: mittels des Anspruchs auf nationale Identität konnte man größere
Gebietscluster vereinigen.

Dennoch sind Nation und Staat keineswegs deckungsgleiche Größen:
Die gegenwärtig weltweit zu beobachtenden Konflikte um die sogenannten
ethnonationalistischen Konstellationen lassen vielmehr den Schluß zu, daß
die hegemoniale bzw. in sich identitäre Nation, in der Ethnos und Demos eine Einheit darstellen, eher der Ausnahmefall denn die Regel darstellt. Im
Prinzip gilt sie nur für wenige Länder dieser Erde, wie z.B. Deutschland, Japan, Israel oder Irland. In der Mehrzahl der Fälle sind die derzeitigen Mitgliedsstaaten der UN mitnichten eindeutige identitäre Nationalstaaten. Nach
den Studien von Walker Connor kann und muß man eher von *multinationa-
len* Staaten sprechen, die in sich selbst noch einmal völlig verschieden ausgelegt werden können, je nachdem, ob die Mitgliedsnationen in einem Staat
das gleiche *homeland* beanspruchen können oder aber zwischen mehreren
Bewohnungsgebieten unterschieden werden (vgl. Connor 1994: 77f.). Auch
gibt es Staaten, deren multinationale Bevölkerung historisch keineswegs immer schon auf diesem Boden beheimatet war, sondern die das Ergebnis von
systematischer Einwanderung sind – wie etwa in den Karibischen Staaten
oder den USA (vgl. ebd.: 79). Nicht zuletzt existiert eine nicht geringe Anzahl von Ethnien, die nach wie vor ihre nationale Identität in der Verschmel-

zung mit einem spezifischen Staat nicht gefunden haben. Deren nationalstaatliche Identität liegt tatsächlich noch in der Zukunft (ebd.).
Der Blick von der Gegenwart aus auf die historische Genese des Nationalstaats zeigt insofern, daß es wenig Sinn macht, die seit 1789 formulierte
Synthese von Staat und Nation einfach als eine dauerhafte Angelegenheit, gar
als eine ontologische Größe zu betrachten. Im Gegenteil: Die gegenwärtigen
Probleme mit regionalistischen, auch fundamentalistischen Strömungen können nur dann verstanden und angemessen behandelt werden, wenn man die
Frage von Staat und Nation nicht als unabdingbare Schicksalsgemeinschaft,
sondern als eine durchaus kontingente Konstruktion nach Zeit und Raum be-
greift.

Die von Gidon Gottlieb in die Diskussion gebrachte Formel von *states
plus nations* ist insofern der richtige kognitive Ansatz, um die Interessenkon-
stellation von Staat und Nation sowohl in ihren Bruchlinien als auch in ihren
wechselseitigen Zuordnungen zu dechiffrieren (Gottlieb 1993). Hierbei wird
nämlich deutlich, daß die Nation auch ohne Staat auskommen kann: Als *Kul-
turnation* im Herderschen Sinne war sie für die deutsche wie für die jüdische
Geschichte über Jahrhunderte hinweg existent. Umgekehrt gilt die Aussage
für die heutige Konstellation nicht mehr unbedingt in gleicher Weise: Denn
ob der Staat tatsächlich auch ohne Nationsanspruch auskommen kann, ist
noch die Frage, die bis dato trotz – oder gerade wegen – aller Globalisie-
rungs- und Universalisierungsrhetorik nicht bewiesen ist. Das hängt nicht zuletzt mit den Leistungspotentialen des modernen Staates selbst zusammen.
Denn offenkundig muß der Staat als Nationalstaat über ein enormes Lei-
stungsvolumen verfügen, wenn die Attraktivität am Ende des Millenniums
eben darin besteht, daß alle Welt einen eigenen Nationalstaat haben will.

III.   Der Staat als Leistungsanstalt

Der moderne Staat wird gemeinhin mit den Parametern von a) Staatsvolk, b)
Staatsgebiet, c) Gewaltmonopol und d) der Souveränität definiert. Als demokratischer Staat ist er in all diesen Punkten zugleich ein Rechtsstaat, der die
politische Partizipation derjenigen voraussetzt und begünstigt, die als Staatsbürger auf dem territorialen Gelände wie auch außerhalb leben. Diese Zuordnung ist keineswegs selbstverständlich – faktisch in der Gegenwart auch
nicht in jeder Hinsicht vorhanden – und historisch erst Stück für Stück zustande gekommen.

Was bei Machiavelli mit der Formel von *lo stato* noch einen Zustand der
politischen Aktion des Fürsten meinte (vgl. Hexter 1957), hat sich erst im
Verlauf der Prämoderne zu derjenigen Organisationseinheit verdichtet, die
wir heute mit dem Begriff *Staat* in der oben genannten Weise verbinden (vgl.
hier Weinacht 1968, Skalweit 1975, Ellwein 1993). Insofern sind die oben

genannten Parameter recht neu und keineswegs selbstverständlich. Noch im 17. Jahrhundert war es durchaus umstritten, was alles zur staatlichen Entität zugerechnet werden könnte und was nicht (vgl. Rassem/Stagl 1994).

Der Staat in seiner heutigen Form als eine Art *Anstaltsbetrieb*, wie ihn Max Weber terminiert hat (Weber 1980[5]: 28ff.), ist so gesehen das konkrete Ergebnis aus den Diskussionen und Kämpfen um die Abhängigkeiten, die sich in der alteuropäischen Ständegesellschaft ergeben haben. So, wie sich der Volksbegriff als ein Freiheitsverständnis von individueller und kollektiver Unabhängigkeit im Konzert der Nationen herauskristallisiert hat, so ist auch das Staatsverständnis als ein Verständnis sui generis im Rahmen der Souveränitätslehren von Bodin bis Rousseau etabliert worden (vgl. Nitschke 2000b). Durch die Abkoppelung vom metaphysischen Begründungssystem der scholastischen Politiklehre hat sich eine selbstreferentielle Perspektive für praktische Leistungsfragen der Steuerung und Organisation von gruppenspezifischen wie gesamtgesellschaftlichen Fragestellungen ergeben, die in der Figuration des Staates als großem *Leviathan* die funktionale wie normative Äquivalenz für alle Bedürfnisse von Agenda-Setting terminiert hat. Der sogenannte *absolutistische* Staat ist hierfür in alle Seinsbereiche der Ständewelt eingedrungen und hat sie regelrecht in Form von *polizeilichen* Disziplinierungstechniken konditioniert und nivelliert auf seine spezifische Bedürfnisse (vgl. hier Nitschke 1996b, Härter 1999). Auch wenn man hierbei zwischen Theorie und Praxis unterscheiden muß, so läßt sich nicht leugnen, daß am Ende, bei der Genesis des modernen Nationalstaats, die Attribute auf eine Leistungsgesellschaft grundsätzlich konditioniert waren. Der Staat des Ancien Régime hat dies – bei aller praktischen Inkonsequenz in Strukturfragen – letztendlich erreicht über ein gewisses Maß an Monopolisierung in der Entscheidungs- und Gewaltfrage. Das Grundsatzproblem jeder Staatlichkeit, *Quis iudicat*, ist zentriert worden zugunsten der Verfügungskompetenz des Fürsten in seinem jeweiligen territorialen System.

Insofern liegen die substantiell neuen Parameter für die Existenz des modernen Staates in seiner Eigenschaft als Träger und Garant eines Gewaltmonopols begründet (vgl. Schmitt 1933, Nitschke 1995b). Mittels der Monopolisierung der *legitimen physischen Gewaltsamkeit*, wie es Weber definiert hat (Weber 1980[5]:29), verfügt der Staat erstmals in der Geschichte von politischen Ordnungen über eine strukturelle und weitreichende Zugriffsmöglichkeit für die Bestimmung von Politik. Er hat sie – mehr als nur sinnvoll – zu seiner eigenen Ausweitung hin genutzt.

Die Unabhängigkeit nach außen sowie die Suprematie der Staatsgewalt im Binnensystem der Nation sind die Eckpunkte, zwischen denen sich der Prozeß einer Ausweitung der Aufgabenbefugnisse und damit auch der Legitimation von Staatlichkeit von 1789 bis zum gegenwärtigen Zeitpunkt hin vollzogen hat (vgl. Hintze 1931, Ellwein 1997, Finer 1999). Dabei ist zunächst auffällig, wie sehr der moderne Staat im Verlauf seiner eigenen Strukturierung die Organisationseinheiten, d.h., seine technischen Apparate in

Form der *öffentlichen Verwaltung* immer mehr ausdifferenziert und damit perfektioniert hat. So sinnfällig hier das neue System einer Beamtenschaft ist, die sich spezifisch den Belangen des Fürsten (im 17. und 18. Jahrhundert) und schließlich dann denen des Staates (im 19. Jahrhundert) verschrieben hat (vgl. hier Jeserich u.a. 1983-88, Ellwein 1993), strukturell kommt ein entscheidender Impetus in Bezug auf die heutige Konstellation erst mit der Ausweitung der staatlichen Verwaltungstätigkeit in diesem Jahrhundert zustande (vgl. Ellwein 1997: 46 passim). Öffentliche Verwaltung differenziert sich hierbei nicht nur in den Aufgaben systematisch aus, sondern auch in der Fläche des zu verwaltenden Raumes. Der Staat als omnipotente Erzwingungsanstalt mag zwar schon in den Köpfen mancher Revolutionäre des ausgehenden 18. Jahrhunderts – wie bei Robespierre – herumgespukt sein (vgl. Winter 1992: 99ff.), faktisch Wirklichkeit geworden ist er erst im 20. Jahrhundert. Die Expansion des Staates im Rahmen seiner Verwaltungstätigkeiten ist jedoch weniger eine Ausweitung in bezug auf die Gestaltungsfelder – dies trifft in Deutschland (auch unter Einschränkung) nur für die nationalsozialistische Phase zu (vgl. Ellwein 1997: 79ff., Riechert/Ruppert 1998), sondern vielmehr eine Aufgabenintensivierung der Materien. Mit anderen Worten: Der Staat erweitert sich nicht im Sinne einer monströsen Totalität, sondern er wird dichter in bezug auf seine Leistungsgarantien und selbst definierten Aufgabenfelder (vgl. Ellwein 1997: 36). Verglichen jedoch mit der historischen Ausgangsposition – der Staatlichkeit vom Typ Ancien Régime – wirkt das heutige Netzwerk an öffentlicher Verwaltung für die Belange der Gesellschaft geradezu omnipotent.

Mit dieser scheinbaren Omnipotenz geht allerdings einher auch ein schleichender Substanzverlust des Staates gerade in bezug auf seine Durchsetzungschancen. Das paradoxe Problem besteht darin, daß es exakt die schiere Größe ist, die nunmehr die Reaktionsfähigkeit beeinträchtigt (vgl. ebd.: 43). Die permanent vorangetragene Ausdifferenzierung führt auf der einen Seite zu einer Spirale der fachimmanenten Spezialisierung staatlicher Leistungen, die sich immer feingliedriger wie ein Gitternetz über die Gesellschaft legen. Auf der anderen Seite entsteht gerade hierdurch ein enormer Bedarf an Koordinations- und Regelungstätigkeiten für die Abläufe der öffentlichen Verwaltung untereinander. „Je größer aber der Koordinationsbedarf, desto geringer sind aber die Möglichkeiten der politischen Führung, ihn zu befriedigen. Deshalb kommt es in immer größerem Ausmaße zur Selbstkoordination in der Verwaltung. Das beeinflußt den Vollzug, weil es die Verwaltung im Vollzug verselbständigt" (Ellwein 1995: 20). Das heißt, der Staat hypertrophiert an seinen eigenen Ansprüchen und konterkariert damit gleichzeitig seine Leistungen.

Max Webers Rationalitätsmodell der öffentlichen Verwaltung beinhaltet somit in der Dynamik der Ausdifferenzierung von Leistungen und Aufgaben eine Verdichtung der zu bewältigenden Inputs, die letztendlich zum Kollaps oder aber einer faktisch ungeregelten chaotischen Struktur führen (vgl.

Nitschke 1998a: 170f.). Dies hat dann eigentlich mit der Rationalitätskomponente des Weberschen Verwaltungsmodells nichts mehr zu tun: Im Gegenteil – öffentliche Verwaltung als Herrschaft des Staates funktioniert dann gerade nicht nach den strengen Grundsätzen von Legalität, sondern strukturiert sich nach personalen Netzwerken, die durchaus auch im Schattenbereich der Legalität operieren – meist dann sogar erfolgreicher (vgl. Schabert 1989). Man kann diese Repersonalisierung von öffentlicher Verwaltung als ein Gegenparadigma zur Weberschen Staatstypologie sehen. Vielleicht ist im chaotischen Durcheinander von Kompetenzen und konkurrierenden Verfahren nicht nur ein hypertrophes Element, sondern tatsächlich auch der Impetus für Kreativität und damit letztendlich für Innovation zu sehen (vgl. Schabert 1991: 183ff.). Vielleicht ist es auch eigentlich in der Praxis immer so gewesen und Webers Modell legalen Handelns deutet tatsächlich nur den Idealtypus einer Konstellation an, die staatlicherseits nie *wirklich* eingelöst werden kann. Dann wäre allerdings die Hypertrophierung der Institutionen und ihrer Leistungen, wie sie bereits in der diesbezüglich völlig verfahrenen Überregulierung durch das NS-System kennzeichnend war (vgl. Nitschke 1996a, Wilhelm 1997), ein grundsätzliches Dilemma für den modernen Staat.

Angetreten war der moderne Staat schließlich mit dem Anspruch auf die Rationalität der Verfahrensabläufe, um die Willkür, die beim Typ Ancien Régime System war, auszumerzen. Der Anspruch auf die *Gleichheit* der Individuen – nicht nur vor Gott, sondern eben auch vor dem Staat – verträgt sich nicht mit einer auf Kontingenz ausgerichteten Verwaltungspraxis, die im personalen Netzwerk eben doch bevorzugt, was zu bevorzugen ist – und das ist je nach Raum und handelnden Akteuren völlig verschieden, obwohl die Gesetzeslage gleich sein mag.

Hieraus resultiert eine strukturelle Antinomie für den modernen Staat: Je erfolgreicher er wird mit der Durchsetzung seiner normativen Ansprüche in Bezug auf Sozialstaatlichkeit und Rechtsstaatlichkeit, desto verfahrener wird das Gesamtsystem. Es kann dann oft nur noch den Kollaps vermeiden, indem kontingente Entscheidungen auf allen Ebenen staatlichen Handelns um der Aufrechterhaltung der Funktionsabläufe willen stattfinden *müssen*. Mit anderen Worten: die Regel ist, daß die Regel durchbrochen wird. Es gibt eine offizielle Struktur von Politik im Staat und es gibt eine geheime Struktur (vgl. auch Schabert 1989). Beide zusammen ergeben erst politische Gestaltungskunst. Und das ist der wesentliche Punkt: Der Staat ist eben mitnichten ein abstraktes Gehäuse von Apparaten, welches „nur" den Interessen des Volkes dienen würde. *Staat* ist – wie früher auch der absolutistische Monarch – dessen historisches Erbe „er" in Form des Leviathan angetreten ist, durchaus ein selbstreferentielles Gebilde. Das zeigt sich spätestens dann schonungslos, wenn es um die politische Repräsentation im nationalen Parlament geht: Nicht umsonst kommt ein Großteil der Abgeordneten aus der Beamtenschaft.

IV. Der Staat und seine „Diener"

Er sei der *erste Diener des Staates* hat Friedrich II. von Preußen von sich behauptet (Friedrich der Große 1987: 53). Tatsächlich ist dies eine geschickte Konstruktion, um die eigene Position zu kaschieren, die nach wie vor souverän gewesen ist (vgl. Nitschke 2000a). Faktisch ist die heutige Beamtenschaft weit davon entfernt, es mit dieser friderizianischen Allmacht aufzunehmen. Doch in der Endkonsequenz kommt man – bezogen auf das System als solches – auf eine ähnliche Konfiguration. Zwar nehmen nunmehr nach den demokratischen Spielregeln alle Bürger an der Legitimation des Staates teil, die faktische Gestaltung allerdings obliegt der Regierung und ihrer exekutiven Institutionen, die – wie im Falle der Bundesrepublik oder Belgiens föderal tief gestaffelt sein können, ansonsten aber auch, wie bei unitarischen Ländern (z.B. Dänemark oder Griechenland) einen ausgesprochen zentralistischen Zug haben. Der Blick auf die öffentliche Verwaltung reicht insofern nicht aus, denn hier gilt das Diktum von Ellwein zutreffend (Ellwein 1997: 23/24): „Verwaltung *ist* nicht der Staat. Sie ist nur neben der Herrschaft für ihn charakteristisch, weil man den neuzeitlichen und modernen Staat nicht ohne Verwaltung denken kann."

Faktisch noch mehr entscheidend ist daher das *politische* Profil des Staates, d.h., seine konkreten Mechanismen, Foren und – vor allem – das politische Personal. Hier nun ist das nationalstaatliche Modell der Moderne gekennzeichnet durch das Prinzip indirekter Repräsentation, wie sie vom Westminster-Modell seit dem 18. Jahrhundert als Topos der politischen Interessenvertretung geformt worden ist. Nicht der Rousseauistische Ansatz einer radikalen Basisdemokratie ist für das nationalstaatliche Tableau aufgegriffen worden, sondern der Repräsentationstypus der Delegation von politischen Interessen per Mandat. Dies hat strukturelle Gründe, die sich im wesentlichen durch die Funktionen selbst erklären lassen: der Sinn von demokratischer Politik besteht nachhaltig gerade darin, den Bürger zwar zur Legitimation der Verfahren im Staat heranzuziehen, nicht jedoch aber für die konkreten Verhandlungsmaterien in die Entscheidungsposition zu setzen. Dies ginge nur in Form einer Basisdemokratie, bei der jeder stets über jede relevante Materie mitzuentscheiden hätte. Allein technisch würde dies einen permanenten Beteiligungsakt aller Bürger und Bürgerinnen an der Politik über die volle Distanz der Zeiteinheiten pro Tag voraussetzen. Angesichts der (zunehmenden) Komplexität der Verfahrensfragen und Entscheidungsmaterien ein Unding – erst recht hinsichtlich der kognitiven wie voluntativen Bereitschaft der Bürger, sich darauf überhaupt einzulassen.

Was also Rousseau Mitte des 18. Jahrhunderts noch idealistisch entworfen hat – und was vielleicht auch bei einem bürgerlichen Forum wie der Stadt Genf in dieser Epoche noch tatsächlich funktioniert haben mag – ist in einer Massengesellschaft, die sich zudem individualistischen Lebensentwürfen verpflichtet sieht, völlig undenkbar geworden. Logischerweise hat sich daher seit dem 19. Jahrhundert das Repräsentationsmodell für die Politik im Staate eingespielt.

Das aber führt zur Frage, welche Qualität die Existenz der Parteien im demokratischen Forum des Staates haben? – Sind sie mediale Instanz der Interessenvermittlung oder sind sie selbstreferentielle Agenten in einem System, welches nach Downs als Arena konkurrierender Akteure begriffen werden kann (vgl. Braun 1999: 61ff.)? – Für letzteres spricht eher die Einschätzung, die bereits Max Weber unmißverständlich getroffen hat (Weber 1980[5]: 167): „Parteien sollen heißen auf (formal) freier Werbung beruhende Vergesellschaftungen mit dem Zweck, ihren Leitern innerhalb eines Verbandes Macht und ihren aktiven Teilnehmern dadurch (ideelle oder materielle) Chancen (der Durchsetzung von sachlichen Zielen oder der Erlangung von persönlichen Vorteilen oder beides) zuzuwenden." Die Anteile an der Macht des Staates sind es demzufolge, um die es den Parteien geht. Die staatliche Arena wird demnach umkämpft bezüglich der zur Verfügung stehenden Apparate und ihrer Funktionen. Es ist also keineswegs eine altruistische Politikperspektive im Sinne eines Bonum Commune, die Parteien zur Verantwortung im Staate drängt, sondern mindestens ebenso die praktischen Vorteile der Amtspatronage zugunsten ihrer jeweiligen Klientel. Der funktionalistisch-materialistische Bezug ist somit das vorherrschende Betriebsmittel für die Beteiligung und Engagement in den Parteien. Von der *Mehrparteienobrigkeit*, die das Land regiert, wird gemeinhin auch nichts anderes erwartet, als das „Geld einzusammeln und im Sinne des Machterhaltes klug zu verteilen" (Scheuch 1992: 10). Das wird aber immer schwieriger in Zeiten, in denen sich die traditionellen Milieus allenortens auflösen oder neu konstruiert werden müssen (vgl. Immerfall 1998, Oberreuter 1998, Niedermayer 1999). In Zeiten einer postmodernen Dekonstruktion von Nation segmentieren sich die klientelistischen Ansprüche auch und gerade bei Volksparteien. Es wird strukturell immer schwieriger, genau bestimmen zu können, was denn das Gemeinsame, etwa die *Mitte* sei (vgl. auch Nitschke 1997). Die sogenannte *bürgerliche Mitte* als tragende Größe für den Nationalstaat ist folglich nur mehr ein Funktionsstatus, der in beliebiger Größenordnung kommt und geht. Alle noch so gut gemeinten sozialstaatlichen Wohlfahrtsförderungen können nicht darüber hinweg täuschen, daß die Funktionserfordernisse für die arbeitsteiligen Prozesse innerhalb der Gesellschaft im Zeichen der Globalisierung und Regionalisierung noch weitaus vielschichtiger werden als dies bis dato ohnehin der Fall war. Von beiden Seiten her, sowohl von der Ebene der Regionalisierung wie auch der Globalisierung gerät damit der Leistungscharakter des Staates als Anstaltsbetrieb unter enorme Sachzwänge: Einerseits muß er sich nach innen hin eine verstärkte Binnendifferenzierung erlauben, was in Form der Föderalisierung und Dezentralisierung in allen Staaten der Europäischen Union derzeit signifikant zu beobachten ist (vgl. Benz/Holtmann 1998, Nitschke 1999, Eißel u.a. 1999), andererseits muß sich der Na-

tionalstaat auf eine weitere Welle der Dekomposition seiner Souveränitätsrechte einstellen – und sich (zum eigenen Vorteil) auch damit abfinden, um
im Rahmen der Globalisierung der Märkte weiterhin überhaupt mitspielen zu
können (vgl. Bullman/Heinze 1997, Deacon u.a. 1997). Die Entgrenzung der
nationalen Entscheidungs- und Bestimmungszonen für politisches Handeln in
Form des Staates führen somit zu einem paradoxen Befund (vgl. u.a. auch
Kohler-Koch 1998), nämlich der Frage, wie die Kernfunktionen des Staates
erhalten bleiben können – auch wenn sich die Aufgaben des Staates nicht nur
verdichten, sondern materiell inhaltlich wie auch in der Fläche des globalen
Raumes erweitern?

Die Beantwortung dieser Frage hängt im wesentlichen schon davon ab,
was denn als Kernfunktionen des Staates überhaupt gültig ist bzw. angestrebt
werden sollte?

V. Die Kernfunktionen des Staates und seine Rekonstruktion

Alle Versuche, die Kernfunktionen des Staates möglichst adäquat bestimmen
zu können (vgl. z.B. Hennis u.a. 1977, Grande/Prätorius 1997), haben als her-
meneutische Schwierigkeit, daß sie etwas voraussetzen, was es in der Wirklichkeit nur als Konstrukt, als bewegliches Gebilde, nicht aber als eine faktisch stabile Größe gibt. Der *Staat* ist die Zusammensetzung unterschiedlichster Handlungsakteure von den Kommunen bis zur nationalen Regierung und
sie alle sammeln sich unter einer Kategorie (der Souveränität), die, wenn sie
denn je substantielle Wirklichkeit gewesen sein sollte, heute mehr denn je eine virtuelle Figur darstellt als eine systematische politische Doktrin mit Gestaltungskraft (vgl. Bartelson 1995, Nitschke 2000b). So richtig es ist, die
Frage der Schutzfunktion durch den Staat als ein Kernprinzip seiner Legitimation zu betrachten, und dies nicht nur wegen der Vertragstheorie seit Hobbes, so ist es doch schwierig, schon diesen elementaren Bereich der staatlichen Verfügung exakt zu terminieren. Die Instrumente der eingreifenden
Verwaltung überlappen sich zwischen Polizei und Ordnungsverwaltung oft
so kongruent, erst recht, wenn es um die Frage nach der Relation zu den privaten Sicherheitsanbietern geht (vgl. Lange 1998, Beste 1998), daß saubere
Trennungen hinsichtlich der Ziele und Zwecke zwar sinnvoll sind, praktisch
aber immer wieder durchbrochen werden. Hiervon ist besonders das staatliche Gewaltmonopol berührt, also jenes Gestaltungsprinzip, das zu Recht als
Quelle und Garantie des modernen Staates im Hinblick auf die Durchsetzungsfähigkeit seiner Souveränitätsrechte und -ansprüche verstanden wird
(vgl. auch Melossi 1997). In dem Maße, wie private Sicherheitsanbieter hier
Funktionen des Staates ersetzen, damit zugleich schichtenspezifisch operie-

ren, verliert der Staat nicht nur faktisch seine domestizierende Position in Bezug auf *alle*, d.h. auf den Demos insgesamt (vgl. Treiber 1998: 11ff., Nitschke 1998b: 42ff.), sondern es revitalisieren sich damit auch gesellschaftliche Klientelverhältnisse, die mehr mit prämodernen Kontexten als mit einer auf Gleichheit ausgerichteten pluralen Gesellschaft zu tun haben. Allerdings darf man sich hier nichts idealisierend vormachen: Als souveräner Garant und Verfechter eines Gewaltmonopols nach Innen wie Außen hat der Staat selbst zu Zeiten Max Webers faktisch nur begrenzt funktioniert (vgl. Jessen 1995). Immerhin aber macht selbst ein aktueller Blick auf die Verhältnisse in den USA, wo der individuelle Waffenbesitz sich historisch als Bürgerrecht manifestiert hat, deutlich, daß der Idealtypus vom Gewaltmonopol letztendlich doch eine wesentliche Klammer für die Durchsetzungschancen von Staatlichkeit überhaupt bildet. Die Frage ist nur – *Wie?* – Das Beispiel der umstrittenen Politik von *Zero-Tolerance* in New York demonstriert symptomatisch (vgl. Ortner u.a. 1998), wie schwierig es mittlerweile für den Staat geworden ist, eine *legitime* Form des Gewaltmonopols zu formulieren, bei der die Mehrzahl der Bürger die Legitimität auch als solche anerkennt. Auch wenn man sagen kann, daß der Erfolg letztendlich die Mittel rechtfertigt, was auch für das demokratische System nicht anders gilt als für monarchische bis aristokratische Regime, dann bleibt doch die Frage der Legalität der staatlichen Maßnahmen das entscheidende Kriterium im Hinblick auf seine Kernfunktionen.

Insofern ist bei aller Diskussion um bestimmte Leistungsparameter des Staates – wie etwa die sozial-, wohlfahrts- und rechtsstaatlichen Komponenten – und deren Reduzierung auf Kernfunktionen im Angebot die Lösungsstrategie immer auch eine Frage der sozialpolitischen Regelungskompetenz überhaupt. Mit *sozialpolitischer Regelungskompetenz* ist hierbei gemeint, die Chance der Durchsetzungsfähigkeit des Staates mittels seiner öffentlichen Verwaltung Dienstleistungen für die Belange des Alltags überhaupt generieren, aufrechterhalten und koordinieren zu können. Dies betrifft im wesentlichen den Aspekt der Sozialkontrolle über die maßgeblichen Bereiche der Gesellschaft (vgl. auch Sumner 1997). Was die maßgeblichen Bereiche der Gesellschaft sind, die der Regelungskompetenz des Staates zugerechnet werden können und sollten, ist nach Zeit und Raum für eine je spezifische nationale Kultur differenziert zu betrachten. Allein für den Sektor der staatlichen Sozialpolitik im Sinne einer Umverteilungsinstanz zwischen Arm und Reich gibt es in den westlichen Industriestaaten eine ganze Palette unterschiedlichster Möglichkeiten und ideologischer Zielsetzungen. Unbestritten hierbei aber ist, daß der Staat generell für so etwas wie *soziale Gerechtigkeit* der richtige Adressat sei. Das ist historisch nicht selbstverständlich gewesen.

Die spätmittelalterlichen bzw. prämodernen Gesellschaftsordnungen kennen eine solche Verfügungs- und Vermittlungskompetenz noch nicht. Armenfürsorge ist nicht per se Sache der Obrigkeit. Insofern ist der Leistungsanspruch des modernen Staates für die Koordinations- und Versorgungsbedürfnisse der Gesellschaft mit dem staatlichen Gewaltmonopol immanent verbunden. Ohne Schutz und Schirm, der hobbesischen Grundformel für den Sozialkontrakt als Herrschaftskontrakt, gibt es keine weitergehenden sozialen Verpflichtungen. Folglich ist es logisch und konsequent, wenn man in der Selbstbehauptung des staatlichen Gewaltmonopols so etwas wie die conditio sine qua non des modernen Staates sieht. Selbst wenn man alles reduzieren würde durch eine Verlagerung der staatlichen Kompetenzen auf die privat-rechtlichen Regulierungsmechanismen der Gesellschaft, dann müßte der staatliche Anspruch auf eine Monopolfunktion zugunsten der physischen Gewaltsamkeit bestehen bleiben. Über die Ausformungen kann man sich streiten, am Faktum selbst ist nicht zu rütteln. Daraus folgen:

a) die *Rechtskompetenz* im Sinne einer territorialen Hoheit, für einen be-stimmten Raum eine spezifische Rechtsnorm durchzusetzen und über deren Einbehaltung zu wachen,

b) die *Verwaltungskompetenz* zur Koordination und Regelung der je unter-schiedlichen privativen Bedürfnisse der Mitglieder der Gesellschaft.

Da in einer pluralistischen, individualisierten Massengesellschaft, wie sie für die Gegenwart kennzeichnend ist, der Bedarf an Verwaltungskoordination um so größer wird, je differenzierter die einzelnen Sozialeinheiten in Form von Lebensläufen und Weltvorstellungen sich segmentieren lassen, verzeich-net die Verwaltungskompetenz einen hohen Anspruch auf Systematik. Dieser rührt daher, daß sich im demokratischen Profil der Anspruch auf Freiheit mit dem auf Gleichheit *formal* überlappt. Insofern zeichnet die Kernfunktion des Staates so etwas wie ein *Gerechtigkeitsmandat* aus. Es ist dies nicht im ei-gentlichen Sinne eine Kompetenz-Kompetenz-Funktion wie bei den anderen oben genannten Prinzipien, sondern mehr eine symbolische Anspruchsfrage, die allerdings praktisch ernst genommen und qualitativ von der *Verwaltung* und dem geltenden *Recht* strukturiert und beantwortet werden müssen. In welcher Weise dies geschieht, darauf gibt es in der westlichen Hemisphäre eben so viele Wege wie es nationale Staaten gibt. Die Kernfunktion des Staates liegt hier offensichtlich (nur) darin begründet, daß er Mittel und Ap-parate bereitzustellen in der Lage ist, um das Gerechtigkeitsmandat je nach ideologischer Zielsetzung sachgerecht operationalisieren zu können. Insofern ist drittens

c) die *soziale Gestaltungskompetenz* eine weitere Kernfunktion, die von den hierfür spezifischen Institutionen der öffentlichen wie auch privaten Verwaltung in Kooperation strukturiert werden muß.

Die Fürsorgepflicht, die hierbei der Staat über seine Bürger übernimmt, be-steht in westlichen Demokratien allerdings nicht in allumfassender Weise, kann und darf es auch nicht, weil ansonsten das Prinzip einer freiheitlichen Selbstverwirklichung nicht mehr gewahrt wäre. Der Staat tritt fürsorglich nur dann in Erscheinung, wenn die sozialen Differenzen zu groß werden. Im de-mokratischen Gemeinwesen besteht hierfür allerdings eine Selbstverpflichtung des Staates, denn soziale Gruppendisparitäten müssen bei aller Pluralität und Differenz in den Lebensentwürfen immer noch dem Gleichheitsgrundsatz zurechenbar sein. Wie weit die Spannbreite zwischen formalem Rechtsanspruch auf Gleichheit und der materiellen Ausgestaltung auch geht, die Ausdifferenzierung hört spätestens an dem Punkt auf, wo ein oligarchisches System die Ansprüche auf den *einen Demos* konterkarrieren würde. Mechanismen einer sektoralen Hierarchisierung von Lebenswelten, die zweifellos auch in den westlichen Demokratien vorkommen, dürfen keineswegs so weit gehen, daß damit Zustände wie in der griechischen Polis mit einem besitzenden Bürgertum (der Wenigen) und einer auf Sklaventätigkeit beruhenden Wirtschaft (der Vielen) geschaffen werden (vgl. Cartledge 1998).

Insofern ist das Mandat einer Gerechtigkeitswahrnehmung ein substantielles Gebot für die Leistungsgarantien des Staates. Inwieweit jedoch hierfür die institutionellen Apparate eingerichtet werden, welches Ausmaß sie haben sollen oder müssen, das ist durchaus kontingent nach einer je nationalen Kultur unterschiedlich zu beantworten. Geht man von dem Prinzip einer apriorischen Bedingung für das staatliche Gewaltmonopol aus, dann wird man in den Sektoren Polizei und Rechtsprechung stets auf hoheitliche Funktionen setzen. Eine Privatisierung der Inneren Sicherheit hat somit z.B. im Koordinatensystem der Bundesrepublik Deutschland seine systemischen Grenzen (vgl. auch Lange u.a. 1999[2]: 42). Ob aber z.B. auch Lehrer und Hochschullehrer generell als staatliche Hoheitsträger fungieren müssen, ist noch eine ganz andere Frage. Historisch ist zwar auch der Bildungssektor durch den Staat monopolisiert worden (vgl. Ellwein 1992), dies muß aber für die weitere Zukunft nicht so bleiben. Es spricht einiges dafür, daß Mischsysteme zwischen einer staatlichen und privatrechtlichen Finanzierung wie beispielsweise in den Niederlanden oder den USA dem sozialen Differenzierungsbedürfnis und der individuellen Lebensplanung weitaus besser und finanziell günstiger entgegen kommen als das Modell der permanenten und faktisch omnipotent auftretenden Staats-Schule. Professoren und Lehrer müssen keineswegs Staatsdiener sein. Vielleicht können sie ihre Funktionen sogar besser ausüben, wenn sie nicht am staatlichen Gängelband hängen. Das aber würde voraussetzen, daß man den ganzen Bildungs- und Wissenschaftssektor unabhängig vom etatistischen Zugriffsverständnis strukturiert. Die Gesellschaft müßte hierfür allerdings eine Finanzierungsbereitschaft entwickeln, die nachhaltig die notwendigen Ressourcen im Bildungs- und Wissenschaftssektor zur Verfügung stellt. Dies setzt wiederum ein Engagement voraus, welches z.Z. in der Bundesrepublik eher unterentwickelt ist. Die Perspektive auf den Staat wird von den etablierten Parteien in der Regel eher gefördert – auch wenn die politische Rhetorik seit Beginn der 90er Jahre offenkundig Anleihen beim angelsächsischen Gesellschaftsverständnis macht, so bleiben die konkreten Umsetzungen doch wenig substantiell.

Immerhin wäre dies ein denkbarer Weg: Der Staat würde sich auf seine Kernfunktionen im Rahmen des Gewaltmonopols und der Rechtsprechung zurückziehen; inwieweit er auch aus dem sozialen Engagement abgezogen werden darf, daran scheiden sich allerdings nicht nur in Deutschland (zu Recht) die Geister. Gerade im Kontext einer globalisierenden Effizienzstrategie des Marktes ist der (nationale) Staat mit der Garantie von sozialer Solidarität gefordert. Die Frage ist allerdings, ob er diese Solidarität im herkömmlichen Sinne noch finanzieren kann oder auch hier auf Strukturmechanismen zurückgreifen muß, die vor der Etablierung des modernen Anstaltsbetriebs gegeben waren?

Demokratie, Nationalstaat und Europäische Union

Carolin Wedel

I. Demokratie im Nationalstaat: Zwischen Souveränität und Globalisierung

Ein *Staat* ist laut Max Weber „diejenige menschliche Gemeinschaft, die innerhalb eines bestimmten Gebietes das Monopol legitimer physischer Gewaltsamkeit mit Erfolg für sich beansprucht" (Weber 1971[3]: 506). Seine Wesensmerkmale sind die Existenz eines Staatsvolks, welches auf einem bestimmten Staatsgebiet lebt, und dessen Zusammenleben durch eine rechtlich über die Verfassung legitimierte politische Herrschaft mittels der ihr zukommenden Staatsgewalt geordnet wird (Commichau 1998[2]: 112). Diese Definition setzt eine Territorialität voraus, die durch Grenzen bestimmt wird, innerhalb derer eine nationale Gesellschaft wie in einem Container unter einem einzigen Gewaltmonopol lebt (Beck 1997: 50).

Durch die Globalisierung oder Denationalisierung,[1] definiert als die „relative Zunahme der Intensität und der Reichweite grenzüberschreitender Transaktionen in den Sachbereichen Wirtschaft, Umwelt, Gewalt, Mobilität, Kommunikation und Kultur" (Zürn 1998: 67), kommt es zu einer Entgrenzung des nationalstaatlichen Raums.

Durch diese Entgrenzung sind die Existenzvoraussetzungen des europäischen Staatensystems berührt, das seit dem 17. Jahrhundert auf der Grundlage von Territorialität und Souveränität errichtet wurde. Territorialität wird bedeutungslos und der Staat verliert die Souveränität, nämlich „die oberste legale Autorität des Staates innerhalb eines bestimmten Territoriums Recht zu setzen und durchzusetzen" (Morgenthau 1967: 305). Der Staat büßt seine Handlungsfähigkeit ein. Nicht mehr öffentliche Institutionen haben die Macht, sondern Unternehmen wie beispielsweise IBM oder Daimler-Chrysler.[2] Regieren als die „zielgerichtete Regelung gesellschaftlicher Beziehungen und der ihnen zugrundeliegenden Konflikte mittels verläßlicher und dauerhafter Maßnahmen und Institutionen statt durch unvermittelte Macht und Gewaltanwendung" wird schwieriger (Zürn 1998: 12).

---

1 So beispielsweise Zürn, da der Prozeß hin zur Globalität nicht überall erkennbar sei (vgl. Zürn 1998: 15).

2 1992 hatten die 100 größten Multis einen Umsatz, der dem BSP der USA entspricht (vgl. McGrew 1997: 6).

Durch die Erosion des Staates wird aber auch die Demokratie im Staat beeinflußt.

Einerseits werden Entscheidungen von Akteuren gefällt, die sich außerhalb nationalstaatlicher Territorien befinden, die aber bindend sind für die Staatsangehörigen. Andererseits haben nationalstaatliche Entscheidungen Auswirkungen auf Bürger anderer Länder, ohne daß diese am Willensbildungs- und Entscheidungsprozeß beteiligt sind. Diese Diskrepanz zwischen den Entscheidenden und den Entscheidungsbetroffenen führt zu einem Legitimations- und Effizienzdefizit.

Im Zeitalter der Globalisierung bedarf es deshalb einiger Neudefinitionen. Die Trias von Staatsgebiet, Staatsraum und Staatsvolk ist überholt (vgl. Ruggle 1993: 139). Die Souveränität ist geteilt zwischen vielen nationalen, regionalen und internationalen Autoritäten. Souveränität bedeutet unter den Vorzeichen zunehmender Vernetzung weniger eine ungeteilte Macht innerhalb territorial definierten Grenzen als vielmehr eine Verhandlungsmacht in komplexen transnationalen Netzwerken (vgl. Held 1995: 222).

Demokratie und Legitimität bedürfen einer Neudefinition, wenn der Zusammenhang zwischen Nationalstaat, Territorium und Souveränität nicht mehr vorausgesetzt werden kann. Soll die Demokratie erhalten bleiben, so ist „institutionelle Phantasie jenseits des Nationalstaats" gefragt (Giddens 1997: 219), denn rein „nationalstaatliche Politik wirkt lächerlich" (Zürn 1998: 21).

Die Europäische Union als eine demokratische supranationale Organisation könnte eine Antwort auf die Handlungsverluste des Staates sein.

Problematischerweise unterminierte jedoch gerade die Integration die Demokratie. Wenn die EU die Mitgliedschaft in der EU beantragen würde, „so wäre sie wegen mangelnden demokratischen Gehalts ihrer Verfassung nicht dazu qualifiziert" (Offe 1996: 45).

Einerseits gelten in dem supranationalen Gebilde bestimmte Beschlüsse der Organe verbindlich für die Nationalstaaten, andererseits aber fehlt eine gemeinschaftliche Identität als „Gefühl der Übereinstimmung des Individuums mit sich selbst und seiner Umgebung" (Bansinger 1978: 204). Es gibt kein zivil konstituiertes Zusammengehörigkeitsgefühl, das ein politisches Gemeinwesen erst ermöglicht (vgl. Zürn 1998: 13). Die Konsequenz ist ein Unbehagen über das „Riesenbaby Europa" (Lamprecht 1998: 17).

Wenn also erstens der nationalstaatliche Fokus überwunden werden muß, zweitens die Konstruktion der EU aber momentan nicht zufriedenstellend ist, und drittens die Demokratie erhalten werden soll, dann muß Demokratie jenseits des Nationalstaats rekonstruiert werden. Politisch legitimierte nationalstaatliche Akteure müssen ihre Souveränität preisgeben, um diese wiederzugewinnen (vgl. Brittain 1998: 17).

Diese Arbeit soll daher untersuchen, wie in Europa effizient und demokratisch regiert werden kann. Meine These ist, daß Demokratie und Effizienz in der EU nur möglich sind, wenn das Regieren als ein Prozeß begriffen wird, welcher der Struktur der EU Rechnung trägt. Es muß ein Regieren im Mehrebenensystem stattfinden, bei dem alle Ebenen einbezogen und beteiligt werden. In dieser Vielfalt soll der Staat nur eine mögliche Rolle spielen. Staatenzentrische Ansätze bringen bei dieser Untersuchung keinen Fortschritt. Vielmehr müssen postmodernistische, pluralistische Theorien herangezogen werden (vgl. hierzu im Überblick Baglis/Smith 1997).

Ansätze, die ein demokratischeres Europa mit Hilfe solcher reflexiver Theorien aufzeichnen, sind beispielsweise Abromeits Modell der Vetorechte und das pluralistisch-kommunitaristische System Europas von Olaf Leiße. Die Ansätze sollen im abschließenden Abschnitt dargestellt werden.

Zunächst aber muß die These schrittweise erarbeitet werden. Das bedarf im ersten Teil der Darlegung der Voraussetzungen. Was ist unter Demokratie und Legitimation überhaupt zu verstehen? Sind Demokratie und Legitimation jenseits des Nationalstaats noch möglich? Mit welcher Struktur haben wir es in Europa zu tun? Im zweiten Teil soll eine Bestandsaufnahme erfolgen. Wie ist es um die Demokratie und Legitimität der Europäischen Union bestellt? Der dritten Teil beschäftigt sich mit der Suche nach dem passenden Leitbild der Integration. Untersucht werden die häufig diskutierten Modelle „Europa der Vaterländer", „Europa als Bundesstaat" und „Europa der Regionen". Insgesamt werden diese Modelle dem Mehrebenensystem wenig gerecht. Deshalb werden im vierten Teil die erwähnten alternativen Modelle vorgestellt.

II.   Die Voraussetzungen: Demokratie, Legitimität und Struktur der EU

Demokratie und Legitimität sind die zentralen Voraussetzungen, die in einem modernen System erfüllt werden müssen. Sie rechtfertigen die Ausführung politischer Herrschaft.

Demokratie ist ein vielgestaltiger und schillernder Begriff, der stets der zeitgemäßen und inhaltlichen Interpretation bedarf. So war der Begriff in der griechischen Antike noch negativ besetzt, im Laufe der Zeit aber bekam er mehr und mehr die Tendenz synonym mit allem Guten, Schönen und Wahren in der Gesellschaft zu sein (vgl. Beyme 1992: 173). Erst im neunzehnten Jahrhundert entwickelte sich die moderne Demokratie. Bei allem Wandel in der Begriffsgeschichte ist jedoch wichtig: Es gibt keine einzig wahre Definition für Demokratie, und nirgends sind alle Bedingungen der Demokratie erfüllt.

II.1   Der Begriff der Demokratie

„Demokratie ist eine Institutionenordnung oder Staatsverfassung von Klein- und Flächenstaaten, in denen die Herrschaft auf der Basis politischer Gleichheit und weitreichender politischer Beteiligungsrechte der Bevölkerung im Erwachsenenalter mittel- oder unmittelbar aus dem Volk hervorgeht und letztlich unter Berufung auf das Interesse der Gesamtheit oder der Mehrheit der Stimmberechtigten ausgeübt wird und zwar unter dem Damoklesschwert des Mandatsverlusts der Volksrepräsentanten und der Regierung in der nächsten Wahl sowie im Rahmen mächtiger Verfassungs- oder gewohnheitsrechtlicher Begrenzungen des Tuns und Lassens der Legislative und Exekutive." (Schmidt 1997: 15) Die Befugnisse der Institutionen und ihrer Amtshalter „lassen sich aus einer ununterbrochenen auf das Volk zurückführenden Legitimationskette herleiten" (Suski 1996: 107)

Politische Demokratie umfaßt laut Sörensen drei Hauptdimensionen: Erstens den Wettbewerb zwischen Individuen und organisierten Gruppen um die Macht im Staat in regelmäßigen Abständen ohne Gewalt. Zweitens einen hohen Grad an politischer Partizipation bei der Auswahl der Politiker und Politiken durch regelmäßige und faire Wahlen, so daß keine soziale Gruppe ausgeschlossen ist, und drittens einen Level ziviler und politischer Rechte, Meinungsfreiheit, Pressefreiheit, Koalitionsfreiheit, so daß sowohl politischer Wettbewerb als auch Partizipation gesichert sind (Sörensen 1993: 13).

Aus dieser Definition lassen sich mögliche Kriterien demokratischer Prozesse filtern.

II.2   Kriterien demokratischer Prozesse

Eine zentrale Voraussetzung demokratischen Regierens ist die *Kongruenzbedingung* (Zürn 1998: 223). Sie fordert, daß die Reichweite politischer Entscheidungen in den unterschiedlichen Politikbereichen mit den Möglichkeiten demokratischer Kontrolle und Teilhabeansprüchen zur Deckung gebracht wird. Die Bedingung ist schon dann nicht gegeben, wenn ein Land beispielsweise Fischsterben in einem Fluß beklagt, ein anderes aber, das ebenfalls an dem Fluß ansässig ist, keine umweltpolitischen Maßnahmen ergreift. Die Identität von Herrschaftssubjekten und Herrschaftsobjekten ist bei der Ausweitung gesellschaftlicher Handlungszusammenhänge über die Grenzen des Nationalstaats hinweg nicht mehr gegeben (Externalitätenproblem).

Die *Gemeinsinnbedingung* setzt voraus (Zürn 1998: 239), daß die am Entscheidungsprozeß beteiligten Personen insofern eine kollektive Identität aufweisen, als sie neben der Durchsetzung ihrer eigenen Interessen auch an der Förderung des Gemeinwohls interessiert sind und sich gegenseitig als autonome Akteure anerkennen. Es muß also eine Gemeinsinnorientierung herrschen. Laut Zürn ist eine solche belastbare Identität jenseits des Nationalstaats noch nicht gegeben (ebd.).

Schon aus diesen beiden Bedingungen zeichnet sich ein Demokratiedilemma ab: Einerseits legt die Kongruenzbedingung es nahe, die Gültigkeitsreichweite politischer Regelungen möglichst umfassend zu gestalten. Die Gemeinsinnbedingung aber weist genau in die andere Richtung. Kongruenz-

und Gemeinsinnbedingung laufen also auseinander. Das bedeutet, daß für ein Regieren jenseits des Nationalstaats Institutionen gefunden werden müssen, die keine großen Gemeinsinnreservoirs voraussetzen dürfen, und auf der anderen Seite, diese zu generieren in der Lage sind (vgl. ebd.: 241).

Drittens sind für alle Belange öffentliche Rechtfertigungsgründe zu formulieren, d.h. es muß sogenannte *Zonen der Deliberation* geben (vgl. ebd.). Jedes Interesse und jeder Standpunkt muß zur Disposition gestellt werden. Die *Reversibilitätsbedingung* verlangt (ebd.: 243), daß einmal getroffene Entscheidungen revidierbar sein müssen. Gerade die von Fritz Scharpf identifizierte Politikverflechtungsfalle stellt die Bedingung in Frage, daß einmal getroffene Entscheidungen in komplexen Mehrebenensystemen wieder rückgängig gemacht werden können. „Mit zunehmender Regelungsdichte bedeutet Nicht-Einigung immer häufiger die Weiterleitung früherer Beschlüsse und nicht die Rückkehr in einen Zustand ohne kollektive Regelung." (Scharn 1985: 337). Diese Bedingung wird immer dann verletzt, wenn es sich um Entscheidungssysteme handelt, die hohe Austrittskosten hervorrufen und der Einstimmigkeitsregel unterliegen. Dieser Trend zeigt sich auch im Mehrebenensystem der EU (Zürn 1998: 239).

Die *Bedingung der angemessenen Repräsentation* bedeutet (ebd.), daß die von der Regelung betroffenen Personen gleichmäßig repräsentiert werden müssen. Das impliziert, daß die Betroffenen in regelmäßigen Abständen die Möglichkeit besitzen müssen, die rechtsetzenden Akteure ab- oder wiederzuwählen. Unabdingbare Voraussetzung dafür ist ein Mindestmaß an Informationen über die Leistungen und Aktivitäten der Amtsinhaber.

Als wichtiges Kriterium ist auch die *Responsivität und Responsabilität* zu nennen, d.h. die Visibilität der Entscheidungsträger und somit die Zuordnung von Verantwortlichkeit.

Überhaupt ist die *Offenheit von Willensbildungs- und Entscheidungsverfahren* für unterschiedliche Meinungen und Bedürfnisse in einem demokratischen System essentiell. Die Mitentscheidung muß zu einem Höchstmaß gewährleistet sein, ohne daß jedoch die Effizienz des Ganzen in Frage gestellt wird. Denn nur so ist ein weiteres Kriterium zu erfüllen: *Möglichkeiten umfangreicher Kontrolle.* Immer muß es eine Rückbindung der Handlungsmacht des politischen Systems an die Gesellschaft geben. Das geschieht beispielsweise durch Wahlen, Medien, Herrschaft des Rechts und die Teilung der Staatsgewalten. Des weiteren muß die *Sicherstellung der Grundrechte* gewährleistet sein, *Volkssouveränität* muß eine Selbstregierung des Volkes ermöglichen. Das Kriterium der *Rechtsstaatlichkeit* umfaßt den Grundsatz der Gesetzmäßigkeit, Rechtssicherheit und -klarheit, Vertrauensschutz und die Beständigkeit der Regierungsordnung.

II.3   Demokratie jenseits des Nationalstaats?

Kann es denn Demokratie jenseits des Nationalstaats überhaupt geben? Vielfach wird behauptet, das sei nicht möglich, weil es eines institutionellen Rahmens bedürfe, in dem nationale Regierungen distinkte Entitäten blieben und in klar abgrenzbaren Bereichen miteinander verflochten seien. (vgl. z.B. Habermas 1994: 12). Wenn es aber richtig ist, daß sich die Debatte um Demokratie immer dann entwickelt und ändert, wenn sich der soziale Kontext ändert (Sörensen 1993: 11), dann wäre es logisch, wenn sich das Verständnis für Demokratie im Zeitalter der Globalisierung erneut ändern würde. Ebenso logisch ist es, daß ein Regime nicht von Anfang an demokratisch sein kann. Die Demokratisierung verläuft keineswegs linear. Das zeigt sich nicht zuletzt am Begriff der Nation.

Eine Nation ist ein „Volk als Personengruppe mit komplementären Kommunikationsgewohnheiten" (Deutsch 1972: 27). Sie basiert auf Vorstellungen, auf gemeinsamen Traditionen, sowie auf bestimmten – zum Teil mystifizierten – Erfahrungen von Gemeinsamkeiten (Chatzimarkakis 1996: 67) „Eine Nation wird durch ein kollektives Gedächtnis und durch gemeinsame Normen und Regeln zusammengehalten. Die Gemeinschaft einer Nation schöpft aus einer langen Vergangenheit, die reich ist an Erfahrungen, Prüfungen, Leid und Freude, Niederlagen, Siegen und Ruhm, die in jeder Generation jedem Individuum durch Elternhaus und Schule weitervermittelt und von ihm tief verinnerlicht werden" (Morin 1988: 168).

Von einem Nationalstaat ist zu sprechen, wenn Staat und Nation sich in ihrer Erstreckung entsprechen und wechselseitig aufeinander bezogen sind (Kocka 1995: 29).

Für eine Nation wären demnach Voraussetzungen erforderlich wie ein Zusammengehörigkeitsgefühl, ein hohes Maß an Binnenkommunikation, d.h. sprachliche Kommunikation, durch gemeinsame Bräuche, Erinnerungen, Normen und Wirtschaftsbeziehungen (vgl. ebd.). Weiterhin Akzeptanz einer gemeinsamen politisch-staatlichen Organisation und symbolisch befestigte Gemeinsamkeiten wie Geschichte, Sprache, historische Kontinuitäten und Kultur.

Graf Kielmannsegg weist jedoch darauf hin, daß sich in Europa noch keine kollektive Identität herausgebildet habe. „Es sind Kommunikations-, Erfahrungs- und Erinnerungsgemeinschaften, in denen sich kollektive Identität herausbildet, sich stabilisiert, tradiert wird. Europa, auch das engere Westeuropa, ist keine Kommunikationsgemeinschaft, kaum eine Erinnerungsgemeinschaft und nur sehr begrenzt eine Erfahrungsgemeinschaft" (Kielmannsegg 1996: 55).

Anhand der Unterscheidung von Volksnation/Abstammungsnation und Staatsbürgernation/Willensnation kann die These jedoch widerlegt werden.

Eine Volksnation ist gegeben, wenn ethnische und kulturelle Gemeinsamkeiten im Vordergrund stehen wie beispielsweise in Deutschland, Polen und Ungarn. Eine Willensnation dagegen besteht, wenn gemeinsame staatsbürgerliche Rechte im Vordergrund stehen wie in der Schweiz und den USA. In diesem Sinne könnte Demokratie ohne Nationalstaat/Nation verwirklicht werden und die EU könnte die Nationalstaaten ersetzen. Denn Demokratie setzt einen Demos voraus, nicht aber eine Nation. „Nicht substantielle Homogenität und Identität ist also Bedingung für Demokratie, sondern eine Instanz, die Mitgliedschaft zu einem Demos legitimerweise gewähren kann" (Melchior 1997: 48) Deshalb muß auch nicht „ die Idee der Nation [...] in Europa überwunden werden, sondern die fatale Vorstellung der Schicksalhaften, objektiven und unentrinnbaren Einheit von Volk, Nation, Geschichte, Sprache und Staat" (Schulze zit. in Chatzimakakis 1996: 70). Das moderne Konzept der Nation ist die Willensnation und nicht die Abstammungsnation.

Ebenso müßte Identität anders definiert werden. Eine materiale Identität, die davon ausgeht, daß es eine durch Natur und Geschichte gefestigte vorpolitische Identität eines Volkes gibt, existiert in Europa nicht. Dieser Identitätsbegriff ließe die EU scheitern. Eine formale Identität aber wäre die Bereitschaft, sich auf unionsweite Entscheidungen einzulassen (Leiße 1998: 216). Habermas nennt eine Nation, die sich auf eine formale Identität bezieht, Staatsbürgernation (vgl. Habermas 1994: 13). Sie findet ihre Identität nicht in ethnisch-kulturellen Gemeinsamkeiten, sondern in der Praxis von Bürgern, die ihre demokratischen Teilnahme- und Kommunikationsrechte aktiv ausüben. Sie bedarf keiner gemeinsamen nationalen Identität eines Volkes, sondern verlangt die Sozialisation aller Staatsbürger in einer gemeinsamen politischen Kultur.

II.4 Legitimität

Neben Demokratie ist auch die Legitimität von Politik Maßstab, an dem eine „gute" Politik gemessen wird. Genauer: Es wird die Frage der Rechtfertigung politischer Herrschaft angesprochen. Sie steht im Gegensatz zur Legalität, der „Übereinstimmung des Handelns der Bürger oder der staatlichen Organe mit der Rechtsordnung" (Württemberger 1987: 873). „Die Legitimität einer politischen Ordnung stützt sich zugleich auf Grundnormen, auf konstitutive Verfahren und auf die (empirische) Anerkennung der Bürger (Legitimitätsglaube), als dem auf Erfahrung gegründeten Vertrauen, daß diese Verfahren zur Verwirklichung der als unverbrüchlich geltenden Normen geeignet sind und normalerweise diesen Maßstäben entsprechend angewandt werden" (Maudt 1995: 383). Legitimität ist die „Fähigkeit eines politischen Systems, den Glauben zu begründen und aufrecht zu erhalten, daß die bestehenden Institutionen die bestmöglichen für die Gesellschaft seien" (Lipset 1962: 70). Legitim ist eine

Ordnung, in der es eine Übereinstimmung zwischen grundlegenden Vorstellungen und Werten mit den Handlungen des Staates gibt, also ein Konsens über die Ordnung besteht. Nur durch Legitimität gelingt es politischen Systemen „generalisierte Folgebereitschaft für ihre Entscheidungen zu erzeugen, die es ermöglicht, allgemeinverbindliche Entscheidungen auch gegen widerstreitende Interessen durchzusetzen" (Heinelt 1998: 82). Legitimität ist also eine Art Gehorsamsmotivation. Die Funktion von Legitimität ist es, institutionelle Entscheidungen nach außen zu rechtfertigen.

Einerseits beruht Legitimität auf Konsens und Akzeptanz, die durch Wahlen, Mehrheitsentscheide, zeitgebundene Bestellung der Amtsträger, Partizipationsmöglichkeiten und die freie Meinungsäußerung verwirklicht werden.

Elemente der Legitimität sind damit die Offenheit eines Systems, das Mehrparteiensystem, die Verantwortlichkeit der Regierung und die Grundrechtsgarantie. Gefordert ist eine hohe Intensität des politischen Wettbewerbs und die Herstellung klarer Verantwortlichkeiten.

Ein zweites Kriterium ist die positiv-affektive Einstellung der Bevölkerung zu den Institutionen des politischen Systems. Diese läßt sich an der Zufriedenheit der Bürger, der allgemeinen Bejahung der Systemnormen und an der aktiven Partizipation der Wähler messen.

Drittens muß ein System eine hohe Leistungsfähigkeit besitzen. Politische Institutionen müssen handlungsfähig sein und genauso die Zustimmung der Wähler erhalten wie die Regeln der Konfliktaustragung. Dazu gehört auch eine werteverwirklichende und gemeinwohlfördernde Staatstätigkeit, d.h. der Staat hat für Sicherheit, Frieden und einen Mindeststandard an Grund- und Menschenrechten zu sorgen.

Legitimität kann in Krisen einen Mangel an Effizienz kompensieren und umgekehrt. Bei Ineffizienz dagegen muß ein Mangel an Legitimität zum Zusammenbruch des Systems führen (Kevenhörster 1997: 105).

Man unterscheidet vier verschiedene Legitimitätsmodi: Bei der Legitimität durch Wertekonsens überzeugen Werte aufgrund ihres Inhalts oder wegen ihrer langen Gültigkeit. Bei der Legitimität durch Effizienz sind Institutionen legitimiert, solange man sich durch ihre Existenz mehr Vorteile verspricht als wenn sie nicht vorhanden wären. Bei der Legitimität durch Vertrag wird eine Institution aufgrund der aktiven und gestaltenden Teilnahme am Beschließungsakt des Vertrags als legitim betrachtet (Pacta sunt servanda). Bei der Legitimität durch Verfahren wird eine politische Institution als legitim betrachtet, weil man selbst dem Verfahren und somit grundsätzlich dessen Resultat zugestimmt hat (vgl. u.a.: Schmitz 1998).

Auch die Legitimität scheint in der EU an den Nationalstaat gebunden zu sein. Lübbe meint, es könne sich keine gemeinsame Identität bilden. Daher beruhe die Legitimität der EU bis jetzt auf den gleichgesinnten Interessen der Mitgliedsstaaten, aber nicht auf dem selbstbestimmten Willen eines europäischen Staatsvolkes. Schließlich sei ein europäisches Volk nicht existent

(Lübbe 1994: 148). Doch wenn Demokratie die Institutionalisierung von Verfahren der Herrschaftskontrolle ist, welche die Beteiligung der Herrschaftsunterworfenen an der Entstehung allgemeinverbindlicher Entscheidungen garantieren, dann bezeichnet Legitimität einen generalisierten Vertrauensvorschuß der Adressaten solcher Entscheidungen gegenüber dem politischen System (vgl. Leiße 1998: 254). Somit ist die Legitimität eines politischen Systems nicht notwendig an Demokratie und erst recht nicht an eine parlamentarische Demokratie gekoppelt. Vielmehr muß ein System solche Leistungen erbringen, die dazu führen, daß Vertrauen aufgebaut wird. Ein Einheitsbewußtsein kann sich daher auch erfolgsbedingt bilden. Ein solcher Erfolg wäre beispielsweise auf dem Gebiet der Arbeitsbeschaffung übernational zu erzielen (vgl. Richter 1997: 55). Arbeit sei in allen Ländern eine gefährdete Reproduktions- und Identitätsgrundlage. Denkbar wäre die Entwicklung eines erweiterten Verständnisses von Arbeit, ein spezifisches Recht auf Arbeit, demokratische Grundrechte und eine integrierte Gerichtsbarkeit, aber auch völkerrechtlicher Schutz und Sicherheitsgarantien.

Gegeben sein muß neben dem Erfolg aber auch eine soziale Homogenität, wenn schon eine Identität fehlt. Die Mehrheitsregel kann legitimierende Kräfte nur unter Voraussetzung substantieller Gleichartigkeit entfalten. Denn das Mehrheitsprinzip setzt voraus, daß in einer politischen Gemeinschaft die Bereitschaft vorhanden ist, sich in Einzelfragen überstimmen zu lassen und diese Entscheidungen gleichwohl als verbindlich zu akzeptieren, ohne die Gesamtordnung in Frage zu stellen (vgl. Kluth 1995: 45). Grundsätzliche Unvereinbarkeiten und Widersprüche im Hinblick auf die politische Ordnung müssen ausgeschlossen sein (ebd.: 49).

II.5 Die Struktur der Europäischen Union

Die Struktur der Europäischen Union paßt nicht in die herkömmliche Staatsformenlehre. Sie gelangt in Konflikt mit überkommenen Theorien des politischen System, die sich weitgehend am Modell des Nationalstaats orientieren. Die EU ist weder eine Republik, da sie ihre Legitimität nicht aus dem Willen eines europäischen Staatsvolkes herleitet, sondern aus dem Gemeinschaftswillen der Mitgliedstaaten (vgl. Lübbe 1994: 141). Auch ist sie ein Staatenbund und kein föderalistischer Staat nach bundesdeutschem Vorbild (vgl. Jachtenfuchs 1997: 15). „[...] die künftige EU ist ein staatsrechtlich noch gar nicht identifiziertes, historisch niemals zuvor existent gewesenes Gebilde" (vgl. Lübbe 1994: 141). Um die Einzigartigkeit auszudrücken, nennt Abromeit die EU ein „Ding" (Abromeit 1998: 206), Bellamy und Castiglione bezeichnen die EU als „a somewhat messy arrangement" (Bellamy/Castiglione 1997: 278). Kurz: Die EU ist ein Gebilde sui generis (z.B. Abromeit 1997: 106; Jachtenfuchs 1997: 15).

Die EU nimmt eine Zwischenstellung zwischen den klassischen internationalen Organisationen und einem europäischen Bundesstaat ein. Einerseits

ist sie mehr als eine internationale Organisation, denn sie kann Verträge aus-
handeln und Wahlen organisieren, hat diplomatischen Status, Rechtsetzungs-
qualität und ist Sanktionsinstanz. Andererseits ist sie weniger als ein Bundesstaat, aus dem die Gliedstaaten nicht austreten dürfen.

Die EU schwebt aber auch zwischen Intergouvernementalismus und Supranationalität. Einerseits ist sie ein vertraglich legitimierter Zweckverband
(Ipsen) von Einzelstaaten, andererseits eine supranationale Organisation, die
im Rahmen der von ihr aufgegriffenen Kompetenzen den Vertragspartnern
Handlungsbeschränkungen verbindlich auferlegen kann. Da in der EU kein
Entscheidungszentrum existiert, das auf Hierarchie als Steuerungsprinzip zurückgreifen kann und sich die einzelnen Bereiche staatlicher Steuerung nicht
mehr voreinander abschotten lassen, bilden sich Netzwerke, in denen Akteure
aus den unterschiedlichen Teilsystemen gemeinsam versuchen, verbindliche
Entscheidungen zu treffen (vgl. Scharpf 1992: 95).

Regiert wird in einem „dynamischen Mehrebenensystem" (vgl. Jachten-
fuchs/Kohler-Koch 1996: 16). Insgesamt vier Ebenen lassen sich ausfindig
machen. Transnational organisierte Interessengruppen wirken auf drei Ebenen. Nämlich auf der supranationalen Ebene, der Ebene der europäischen Institutionen, der mitgliedstaatlichen Ebene, welche die fünfzehn Staaten umfaßt und der regionalen Ebene der Regionen. Schon 1990 waren 525 Interessenverbände bei der Kommission repräsentiert (Hueglin 1997: 93f), 76 Regionalbüros in Brüssel aktiv. Somit geraten die Mitgliedstaaten in einen
Druck von unten durch die Regionen und sektoralen Gruppen. Von oben
kommt es zu einem Druck durch die europäische Regulierung. Rechtlich gesehen gibt es daher keine einzigartige Souveränität mehr. Regiert wird vielmehr in Netzwerken – der Staat verhandelt mit einer Vielzahl von Akteuren,
die je nach Thema und Betroffenheit variieren.

Das Europäische Parlament präsentiert die europäische Bevölkerung. Im
Rat dagegen sind die Regierungen vertreten. Somit ergibt sich eine doppelte
Souveränität (vgl. Suski 1996: 104).

Die Legitimität dagegen liegt einerseits im Vertrag der Mitglieder, die
über ihre nationalstaatlich legitimierten Regierungen die „Herren der Verträge" sind, andererseits in einer durch das EP vorgeformten direkten Repräsentation des Volkes. Die doppelte Legitimationsbasis besteht also einerseits aus
einer unitarischen, über die Unionsbürger, die das EP wählen, die andere ist
eine plural-territoriale, die durch die Vertreter der Regierung im Rat vermittelt wird. Für die Union bedeutet das, daß nicht nur die Unionsbürger, sondern auch die Mitgliedstaaten als Legitimationssubjekte fungieren (vgl. Kluth
1995: 89). Der einzelne lebt in verschiedenen Rechts- und Herrschaftssyste-
men, die von den Herrschaftsunterworfenen nicht gleichartig direktdemokratisch legitimiert werden.

Einzigartig ist auch das Nebeneinander von Primärrecht und Sekundär-
recht. Zwar beruht die EU auf völkerrechtlichen Vertragsbeziehungen zwischen den Mitgliedsstaaten. Aber die Bedeutung der Entscheidungsebene, die

der Vertragsebene untergeordnet ist, hat ein beispielloses Ausmaß angenommen. Das ist die Ebene der Sekundärentscheidungen (vgl. Gehring 1997: 131ff.). Diese Entscheidungen können sich nicht mehr auf inhaltlich festgelegte vertragliche Anweisungen stützen und werden nicht mehr unmittelbar von der Vetomacht jedes einzelnen Mitgliedstaates geprägt. Statt dessen regeln die aus diesen Verhandlungen hervorgegangenen und von den Völkern der Mitgliedstaaten und ihren Repräsentanten ratifizierten Entscheidungsverfahren den nachgeordneten Entscheidunsgprozeß. In der Konsequenz verlieren die Mitgliedstaaten ihr Entscheidungsmonopol, die Legitimationskette ist unterbrochen (ebd.: 133).

Insbesondere in den Fällen der EZB und im Wettbewerbsbereich haben die Mitgliedstaaten durch die vertraglich festgelegten Verfahren wichtige Entscheidungen ausdrücklich auf Entscheidungträger übertragen, die von den politischen Instanzen der Gemeinschaft unabhängig sind, um sie der tagespolitischen Einflußnahme so weit wie möglich zu entziehen. Der europäische Entscheidungsapparat gewinnt partiell Autonomie und vermag es, seine Kompetenzen durch nach seinen eigenen Regeln getroffenen Entscheidungen selbst zu erweitern (vgl. Bach 1999: 11).

Werden verfahrensgemäß zustande gekommene Entscheidungen in die Form von Richtlinien gekleidet, dann verpflichten sie die Gesetzgeber der Mitgliedstaaten, ihre Bestimmungen in nationale Gesetze zu übertragen. Werden sie in Form von Verordnungen getroffen, gehen sie sogar ohne jede mitgliedstaatliche gesetzgebende Tätigkeit automatisch in die nationalen Rechtsordnungen ein. Auch Entscheidungen sind für die in ihnen spezifizierten Adressaten verbindlich (vgl. Woyke 1998: 110f.). Beim EUGH kann jeder Vertragspartner auf Einhaltung der vertraglichen Verpflichtungen verklagt werden.

Die Wirtschaft ist verhältnismäßig am weitesten europäisiert. Sie wird vorangetrieben und abgestützt durch ein sich schnell entwickelndes europäisches Wirtschaftsrecht. Politik, Recht und Kultur und politische Identität dagegen sind vorwiegend national organisiert. Scheinbar der gleichen Familie angehörige Parteien können sich meist nur unter großen Schwierigkeiten auf sehr allgemeine programmatische Leitlinien einigen, auch soziale Bewegungen sind in kleinteiligen Handlungszusammenhängen verwurzelt. Verbände sind kaum europäisierungsfähig.

Teilnehmerkreis, Entscheidungsverfahren und Partitizipationsmöglichkeiten unterscheiden sich je nach materiellem Regelungsbereich (variable Geometrie) (vgl. Stubb 1996: 283ff.).

III.   Der Ist-Zustand: Legitimität und Demokratie in der EU

Die institutionelle Struktur der EU wies von Anfang an ein Defizit auf. Dieses besteht darin, daß sich „ [...] in Europa eine Situation der wachsenden Anhäufung von Macht ergibt, die demokratisch nicht kontrolliert ist, und zwar in dem Maße, wie die Gemeinschaft Zuständigkeiten übernimmt, die nicht mehr von den Parlamenten der Mitgliedstaaten überwacht werden" (Grespo 1989: 21). Diese demokratische Lücke kann wegen des Mangels an demokratisch legitimierter Kontrolle über die Rechtsetzung auch auf EU-Ebene nicht ausgeglichen werden. „Auf nationaler Ebene dürfen die Bürger mittun – da ist jeder Souverän. Auf europäischer Ebene müssen sie ohnmächtig mit ansehen, wie über ihr Schicksal verfügt wird – da ist der einzelne nur noch Untertan" (Lamprecht 1999). Auf der anderen Seite ist auch die Legitimation der EU defizitär. Die Legitimitätskette ist an vielen Stellen unterbrochen. Die wesentlichen Defizite lassen sich in drei Thesen zusammenfassen (vgl. auch Melchior 1997: 23ff.).

These 1: Die politische Willensbildung auf europäischer Ebene ist nicht demokratisch. Das äußert sich in der untergeordneten Rolle repräsentativer Organe (a), schwach ausgebildeten und fragmentierten intermediären Institutionen (b) und im Fehlen einer europäischen Öffentlichkeit (c).

a)   Das parlamentarische Regierungssystem ist dadurch gekennzeichnet, daß die Regierung gegenüber dem demokratisch legitimierten Parlament verantwortlich ist, in dem das Volk repräsentiert ist und die politische Willensbildung zentriert ist. In der EU aber spielen repräsentative Organe nur eine untergeordnete Rolle. Die üblichen Funktionen eines Parlaments wie Wahl- und Abberufungsfunktion, Legislativfunktion und Rückkopplungsfunktion bzw. Artikulationsfunktion und Unterrichtungs- und Aufklärungsfunktion sind nicht ausreichend vorhanden. Die Kommission monopolisiert die Initiativfunktion, da sie über ein uneingeschränktes Vorschlagsrecht im Gesetzgebungsprozeß der Gemeinschaft verfügt. Das EP dagegen beansprucht nur das indirekte Initiativrecht nach Art. 138b Abs.2 EGV. Lediglich das Instrument des Mißtrauensvotums (Art.114) ist eine wirksame Waffe des Parlaments. Allerdings ist nur eine kollektive Abberufung durch eine 2/3 Mehrheit möglich. Dabei besteht kein Recht auf Neuernennung. Theoretisch gesehen könnten die Regierungen das geschlossen zurückgetretene Organ also auch geschlossen wieder einsetzen. Durch die Säulenstruktur der EU sind dem Einfluß des EP ganze Politikfelder entzogen. Im Bereich der Justiz- und Innenpolitik und in der Gemeinsamen Außen- und Sicherheitspolitik besitzt es lediglich Informations-, beschränkte Anhörungs-, aber keine Mitbestimmungsrechte. Rechtsetzung findet durch die Regierungsvertreter im Ministerrat statt. Das ist demokratietheoretisch nicht zu rechtfertigen. Europawahlen erfüllen somit nicht die Funktion von Wahlen, denn die Wähler bestimmen noch nicht einmal die politische Richtung. Auch die Kontrollbefugnisse sind wenig ausgeprägt.

b) Institutionen sind schwach und fragmentiert. Intermediäre Organisationen, vor allem Parteien übernehmen gewöhnlich Aufgaben der Formierung eines substantiellen politischen Willens, der als repräsentativ gelten kann. Sie sind unverzichtbar für die Demokratie, da sie dazu beitragen, ein europäisches Bewußtsein herzustellen und den politischen Willen der Bürger zum Ausdruck bringen. (vgl. Kluth 1995: 64). In der EU aber dominiert vor allem die nationale politische Arena im Wahlkampf. Nationale Parteien wenden kaum Ressourcen für die Wahlen zum EP auf (vgl. Coultrap 1999: 111). Auch die Gewerkschaften sind strikt in nationale Strukturen eingebettet. Eine europäische Gewerkschaftsbewegung fehlt, die europäische Struktur ist insgesamt zu komplex und fragmentiert mit unterschiedlichen Interessen. Die Europawahl kann eher einen Trend der öffentlichen Meinung im Land bezeichnen, der anzeigt, wie es um die Popularität der Regierung bestellt ist.

c) Das führt auch dazu, daß eine europäische Öffentlichkeit und ein Raum politischer Kommunikation fehlen. (vgl. Grimm 1992: 57). Dabei ist es erst „der Kommunikationsraum, in dem Meinungen über das ausgetauscht werden, was im gemeinsamen Interesse aller Inhalt kollektiver Entscheidung sein soll" (vgl. Melchior 1998: 25).
Der öffentliche Austausch von Argumenten, politischer Information, die Darstellung von Interessen und die Analyse von Problemen dient dazu, Politik zu initiieren, zu rationalisieren und zu kontrollieren. Die Öffentlichkeit aber ist durch die Sprachenvielfalt und die fehlende transnationale mediale Infrastruktur national parzelliert.

These 2: Die europäischen Regierungsstrukturen sind nicht demokratisch. Es fehlt eine verantwortliche Regierung (a), die Gewaltenteilung ist unvollständig (b), und der politische Prozeß und das Regierungshandeln sind intransparent (c).

a) In der EU fehlt eine Regierung, die einem Parlament verantwortlich ist. Allein die Frage, wer regiert, ist nicht leicht zu beantworten. Als Regierung wird normalerweise die Spitze des exekutiven Apparates bezeichnet, dem die Letztverantwortung für die Implementierung von Gesetzen und die Durchführung von Politiken zukommt. In der Regel erfolgt dies über eine zentralisierte und hierarchische Entscheidungs- und Verwaltungsstruktur, mit deren Hilfe die Entscheidungen exekutiert werden. Daneben initiiert und bereitet sie Gesetze vor. In der EU trifft diese Rollenbeschreibung für Rat und Kommission zu. Die Kommission besitzt zwar das alleinige Initiativrecht, ist aber auf informationelle und substantielle Inputs angewiesen. Zu diesem Zweck bedient sie sich einer Vielzahl von Gremien, die entweder Experten oder Konsultativfunktionen erfüllen. Sie ist vielfältigen Einflußnahmen ausgesetzt. Insgesamt kann man weder Rat noch Kommission als Regierung der EU bezeichnen.

Melchior schlägt deshalb vor, die Kommission als „promotional broker" zu bezeichnen (1888: 29), d.h. er schreibt ihr eine aktive, den Integrationsprozeß vorantreibende aber im wesentlichen vermittelnde Rolle im politischen Entscheidungsprozeß zu.

Der Rat ist der wichtigste Gesetzgeber in der EU. Er besitzt aber nur limitierte exekutive Befugnisse, ist zudem nicht direkt legitimiert. Der Schluß liegt nahe, die EU als ein System des „Regierens ohne Regierung" zu bezeichnen. Daher kann man auch von Volkssouveränität kaum sprechen. Die Staaten sind die „Herren der Verträge", man müßte insofern eher von „Staatensouveränität" sprechen (ebd.: 28). Der einzelne verliert an Entscheidungseinfluß: „Die Staatengemeinschaft ist alles, der einzelne nichts." (Lamprecht 1999).

b) Eine Gewaltenteilung existiert genau genommen nicht. Vielmehr wird getrennt zwischen der Ermächtigung zur Gesetzesinitiative auf seiten der Kommission und Beschlußfassung und Ratifizierungsvollmachten in den Händen des Rates. Die Verwaltungsdurchführung verbunden mit einem Monopol zur Ausarbeitung und zur Vorlage von Gesetzesvorhaben liegt ausschließlich bei der Kommission. Der Ministerrat dagegen, als formal höchstes und letztinstanzliches Entscheidungsgremium, verfügt über kein eigenständiges Vorschlagsrecht. Es gilt also das „Primat der bürokratischen Initiative" (Bach 1999: 16).

Die Kommission plant und arbeitet Gesetzesvorschläge aus, erläßt Durchführungsmaßnahmen und den Haushaltsplan.

Weiterhin spielen die einzelnen Mitglieder des Ministerrats als Gesetzgeber der EU und Mitglieder der Regierungen in den Mitgliedstaaten eine Doppelrolle. Die Entscheidungsgewalt des Ministerrats macht die Bundesregierung für das in Deutschland geltende EG-Recht zur gesetzgebenden und gesetzesvollziehenden Gewalt. Auch fehlt eine Kontrolle von Ministerrat und Kommission durch das EP. So können sich die Regierungen der Mitgliedsländer der Kontrolle durch die nationalen Parlamente entziehen.

Das Demokratiedefizit der EU in Hinblick auf die Frage der Gewaltenteilung besteht also darin, daß die Kommission und der Ministerrat jeweils bedeutende legislative und exekutive Funktionen besitzen, sie sich aber gleichwohl effektiver parlamentarischer Kontrolle entziehen können, sowohl auf europäischer Ebene als auch auf Ebene der Mitgliedstaaten. Viele Entscheidungen werden in ad-hoc-gebildeten Fachausschüssen gefällt, ohne daß sie Kompetenzen besitzen.

c) Das am meisten bemängelte Defizit ist die Intransparenz und Unüber-
    sichtlichkeit über die Rechtsakte der EU: Je nach Politikbereich und
    Materie gibt es unterschiedliche Entscheidungsmodi im Rat. Vielfältige
    Kooperationsprozeduren zwischen den Organen und den angegliederten
    Gremien machen den Entscheidungs- und Willensbildungsprozeß in-
    transparent und kaum nachvollziehbar (vgl. Suski 1996: 107ff.). Bei der
    enormen Komplexität bei rund zwölf grundlegenden Verträgen und
    Rechtsakten, Protokollen und 800 Artikeln mangelt es an Transparenz.
    Mit dem Vertrag von Amsterdam sind noch einmal 14 Protokolle und
    46 Erklärungen hinzugekommen. „Ein Rekord, der nicht gerade zur
    Lesbarkeit des Vertrags beiträgt" (Leiße 1998: 229).
    Sowohl Beratung als auch Lobbying können Bestandteil des demokrati-
    schen politischen Prozesses sein. Spielregeln fehlen und im Nachhinein
    wird nicht transparent, wer in welcher Form die Entscheidungsprozesse
    beeinflußt hat.
    Nach der Geschäftsordnung des Rates vom 24. Juli 1979 (ABL L. 268/
    1979) tagt der Rat nicht öffentlich und entzieht sich somit einer Kon-
    trolle. Begründet wird die Nichtöffentlichkeit mit der Sicherung seiner
    Arbeitsfähigkeit.
    Um die Zustimmung aller Beteiligten im Ministerrat zu erlangen, wer-
    den zudem Pakete geschnürt. Zustimmung wird erkauft, so daß mit ho-
    her Wahrscheinlichkeit große Externalitäten für diejenigen produziert
    werden, die am jeweiligen Entscheidungsverfahren nicht beteiligt sind.
    Die Ergebnisse solcher Verhandlungen weichen ab von den Interessen,
    welche die Verhandlungspartner offiziell vertreten.
    Auch die Vorbereitung von Gesetzesvorschlägen findet ohne regelmä-
    ßige Information der Öffentlichkeit statt. Oft fahren Regelungen aus
    Brüssel ohne Vorwarnung hernieder – „wie der sagenhafte Blitz aus hei-
    terem Himmel" (Lamprecht 1999: 30/31).

These 3: Die europäische Integration verursacht eine Beeinträchtigung der
          Demokratie auf nationaler Ebene. Dadurch entsteht ein Dilemma
          zwischen Effizienz und Demokratie, das zugleich ein Spannungs-
          verhältnis von Föderalismus und Demokratie ist.

a) Mit der Zunahme der Bürger fällt das relative Gewicht der einzelnen
    Stimme und damit der Einfluß jedes einzelnen auf den politischen Pro-
    zeß. Die fehlende Stimmenrechtsgleichheit ist Ausdruck eines Kom-
    promisses zwischen dem völkerrechtlichen Prinzip der Staatengleichheit
    und dem demokratischen Prinzip der Wahlrechtsgleichheit (vgl. Com-
    michau 1997: 130). Während auf einen Luxemburger Abgeordneten
    90.000 Wähler kommen, vertritt ein deutscher Abgeordneter 700.000
    Wähler. Überhaupt ist es ein Unterschied, ob die Bürger alle 669 Abge-
    ordneten des Bundestages wählen dürfen, oder nur 99 von 626 Abge-
    ordneten des EP. Die Kompetenzen der 669 Volksvertreter sind um

zwei Drittel geschrumpft. Die von den deutschen Wählern gewählten Abgeordneten können sich nur als Minderheit zu Wort melden. Im Rat – er beschließt mit der Mehrheit seiner Mitglieder – bedarf es 87 Stimmen zu einer Mehrheit. Zehn fallen auf die großen Staaten, zwei auf Luxemburg. „Die Bundesrepublik ist mit 11,5 Prozent im Rat so stark wie die Pünktchenpartei FDP zu ihren besten Zeiten in Bonn" (Lamprecht 1999).

Auch steigen bei der Größe der Union die Kosten, den Bürgern das nötige Wissen über die transnational zu entscheidenden Fragen zu vermitteln. „Für ein repräsentatives Europa ist die europäische Union zu groß."[3]

Verschlechtert wird die Repräsentation noch dadurch, daß es bei der Wahl zum EP sechzehn verschiedene Wahlverfahren gibt (vgl. Andersen/Eliassen 1996: 5). Nicht alle Stimmen zählen deshalb gleich viel. Das Europäische Parlament verteilt sich über drei Städte. Brüssel, Sraßbourg und Luxemburg. Das ist wenig effektiv und teuer.

Das Spannungsverhältnis zwischen Föderalismus und Demokratie besteht also darin, daß im europäischen Föderalismus kleinere Länder überrepräsentiert sind. Damit erhalten die Stimmen ein unterschiedliches Gewicht. Diese Überrepräsentation gilt für den Ministerrat und das EP. Das widerspricht der Identität von Regierenden und Regierten.

III.1 Legitimität in der EU

Demokratische Legitimität erfordert eine ununterbrochene Legitimationskette vom Volk zu den mit staatlichen Aufgaben betrauten Organen und Amtsverwaltern. Doch „[...] von einer Kette kann kaum die Rede sein. Übriggeblieben ist allenfalls ein hauchdünner Faden" (Lamprecht 1999). Rolf Lamprecht scheint in die Legitimität der EU also kein großes Vertrauen zu haben. In diesem Teil soll überprüft werden, inwieweit die zuvor dargelegten Kriterien von Legitimität in der EU erfüllt sind.

Die EU ist sogar doppelt legitimiert, nämlich auf der konstituierenden Stufe durch die Staaten und auf der konstituierten durch die gegründeten Institutionen und ihre Verfahren. Auf erster Stufe vollzieht sich die Legitimation im Wege der Gründung der EU durch die Mitgliedstaaten. Hier erfolgte durch die parlamentarische Ratifikation der Verträge die funktionelle und institutionelle Legitimation der EU, sowie die primäre materielle Legitimation der Union durch die Übertragung von Hoheitsrechten.

---

3 Viele Autoren meinen daher, das EP könnte die nationalen Parlamente nicht vollständig ersetzen. Sie fordern, daß nationale Parlamente und EP besser zusammenarbeiten und sich nicht so sehr als Rivalen sehen, wie es bisher oft der Fall war.

Auf der konstituierten Stufe operieren die Mitgliedstaaten im Rahmen der Gemeinschaftsorgane. Hier erfolgt die personelle Legitimation im Wege der Bestellung durch die Regierungen der Mitgliedstaaten oder durch den Rat. Die inhaltliche Legitimation wird durch die Beschlüsse der ihrerseits permanent verantwortlichen Ratsmitglieder und damit durch die Teilhabe der nationalen Parlamente an der unionswärtigen Politik ihrer Regierungen vermittelt.

Problematisch ist, daß die Hoheitsgewalt eines mitgliedstaatlich strukturierten Gemeinwesens schon um der Rechte der kleineren Länder willen nicht dem demokratischen Grundsatz individueller Stimmengleichheit entsprechen kann.

Konsens und Akzeptanz werden in einem politischen System durch Wahlen, Mehrheitsentscheide, zeitgebundene Bestellung der Amtsträger, Partizipationsmöglichkeiten und die freie Meinungsäußerung verwirklicht. Als Elemente der Legitimität wurden die Offenheit des Systems, das Mehrparteiensystem, die Verantwortlichkeit der Regierung, eine hohe Intensität des politischen Wettbewerbs, die Herstellung klarer Verantwortlichkeiten und die Grundrechtsgarantie genannt.

Diese Kriterium ist in der EU verwirklicht. Zwar hat das EP auf die Zusammensetzung und Abberufung des Rates keinerlei Einfluß. Die Minister sind jedoch aus demokratischen Wahlen hervorgegangen, unterliegen also der Kontrolle demokratisch gewählter Volksvertretungen. In allen Staaten ist eine Abberufung möglich. Somit ist eine „parzelliert-nationale", aber keine „genuin europäische" Legitimation gegeben (Suski 1996).

Durch das Recht des konstruktiven Mißtrauensvotums kann das Parlament die Kommission verantwortlich halten. Auch die Ernennung des Präsidenten und der Kommissionsmitglieder unterliegt einem Zustimmungsvotum des EP. Damit ist die Kommission sogar doppelt legitimiert, da sie sowohl von den Mitgliedstaaten als auch vom EP mandatiert ist.

Die positiv-affektive Einstellung der Bevölkerung zu den Institutionen des politischen Systems läßt sich an der Zufriedenheit der Bürger und an der aktiven Partizipation der Wähler messen. Insgesamt besteht ein einhelliger Konsens über die Leitwerte der Einigung: Frieden, Sicherheit, transnationale Kooperation, Wirtschaftswachstum durch Binnenmarktverwirklichung, Grenzabbau und Freizügigkeit (vgl. Bach 1999: 83). Auch wenn die Zustimmung in Deutschland gesunken ist – sie betrug im Herbst 1973 noch 63 Prozent, mittlerweile nur noch 52 Prozent (Eurobarometer 1999: 18). – zeigt das Eurobarometer, daß die Bürger im großen und ganzen eine positive Einstellung zu dem europäischen System haben. Nur 11 Prozent lehnen die EU ab. In Irland (79%), Luxemburg (77%), Niederlande (75%), Italien (68%) und Griechenland (67%) ist die Zustimmung sogar noch höher (ebd.: 41).

Insbesondere in den strukturschwachen Regionen ist die Wahrnehmung der Vorteilhaftigkeit der EU ausgeprägt. Offenbar führt das alltägliche Erleben von zwischenstaatlichen Grenzlagen dazu, daß die Sinnhaftigkeit der Integration intensiver wahrgenommen wird (Eurobarometer 1999: 18). 85 Prozent der Iren erwarten Vorteile durch die EU, aber nur 42 Prozent der Deutschen (vgl. Schmidberger 1997: 209).

Die Beitritte mehrerer EFTA-Staaten in den letzten Jahren und Beitrittsbestrebungen vieler osteuropäischer Länder stärken noch die Legitimationsbasis.

Die Teilnahme an den Europawahlen zeigt allerdings, daß die aktive Unterstützung der EU nicht sehr hoch ist. So betrug die Wahlbeteiligung im Juni 1999 insgesamt nur 56,8 Prozent (Generaldirektion 1999: 6). Während in Deutschland noch 60 Prozent wählten, gingen in den Niederlanden nur 35,6 Prozent an die Urnen. Insbesondere in den Feldern der Entwicklungsarbeit, in Wissenschaft und Forschung, in der Außenpolitik und im Kampf gegen Drogen wird eine Zusammenarbeit in der EU gern gesehen (vgl. Laufer/Fischer 1996: 138 u. Eurobarometer 1999: 52). In den Feldern Gesundheit und Soziales und im Bildungs- und Erziehungswesen wollen dagegen nur 35 Prozent der Europäer eine gemeinsame Beschlußfassung (Eurobarometer 1999: 55). Hier meinen die Bürger, daß die Staaten effizienter arbeiten können. Das zeigt schon, daß die Legitimität stark mit der erbrachten Leistung der EU zusammenhängt.

Die hohe Leistungsfähigkeit und Effizienz des Systems ist ebenfalls ein wichtiges Kriterium. Die EU müßte demnach werteverwirklichende und gemeinwohlfördernde Tätigkeiten entwickeln, für Sicherheit, Frieden und einen Mindeststandard an Grund- und Menschenrechten sorgen.

Gemessen am Normenoutput scheint die EU solide legitimiert. An der Masse der Rechtsakte (1990 = 7000) läßt sich eine beträchtliche Handlungsfähigkeit der EU ablesen (vgl. Bach 1999: 44). Der EuGH hat die Mitgliedstaaten nur 35 Male wegen Verstoß gegen ihre Verpflichtungen nach dem Gemeinschaftsrecht nach einem Vertragsverletzungsverfahren verurteilt (ebd.: 84).

Die Legitimität beruht also auf einer Kalkulation von Kosten, Wohlfahrt, Profit und Nutzen und auf dem Glauben, daß Frieden, Sicherheit und Grundrechte am besten innerhalb eines supranationalen Staatensystems verwirklicht werden können (vgl. Kohler-Koch 1998: 15).

Insgesamt haben wir in der EU ein gravierendes Demokratiedefizit zu verzeichnen, die Legitimität aber scheint gegeben zu sein (vgl. auch Kluth 1995: 110). Demokratie und Legitimität in der EU dürfen anscheinend nicht mit denen nationaler politischer Ordnungen verglichen werden. Denn die Europäische Gemeinschaft besitzt die erforderlichen strukturellen und gesellschaftlichen Voraussetzungen nationaler Systeme nicht.

Demokratie erfordert die Existenz einer belastbaren kollektiven Identität, von der auf europäischer Ebene keine Rede sein kann. Vor allem erfordert Demokratie eine funktionierende politische Infrastruktur, die zwischen den Entscheidungsinstanzen und den Bürgern vermittelt. In den Mitgliedstaaten wird diese Funktion von den politischen Parteien und dem mediengestützten öffentlichen Diskurs wahrgenommen. So werden auch komplizierte Sachfragen anhand klar identifizierbarer Konfliktlinien in eindeutig wahrnehmbare Entscheidungsalternativen umgeformt. Themen können aber nur unter großen Schwierigkeiten europaweit politisiert werden. Eine radikale Vereinfachung der Entscheidungsprozeduren in der EU wird es daher nicht so schnell geben können. Die doppelte Legitimation durch Parlament und Rat ist nötig wie die doppelte Legitimationsbasis aus Unionsbürgern und Regierungen (vgl. ebd.: 95).

Die EU steht also vor verschiedenen Dilemmata. Das erste besteht in der Frage von Effizienz und Demokratie (vgl. Goodman 1996: 183). Die politisch gewollte Europäisierung der Wirtschaft erfordert politische Entscheidungskompetenz auf europäischer Ebene. Der Versuch, diese demokratisch zu kontrollieren, stößt jedoch auf die begrenzte Europäisierungsfähigkeit der gesellschaftlichen Voraussetzungen von Demokratie.

Zweitens ergibt sich aus Struktur einerseits und Legitimität andererseits ein Dilemma. Die Komplexität dieses Verhandlungssystems beschafft einerseits die Legitimation der dominanten politischen Akteure der Mitgliedstaaten und sichert damit die Handlungsfähigkeit der Union. Gleichzeitig aber entstehen dadurch Intransparenz und die Diffundierung politischer Verantwortlichkeit als demokratische Defizite (vgl. Morass 1997: 226).

Somit werden sich die Defizite auch nicht über eine Parlamentarisierung beheben lassen. „Denn ohne Unterstützung von Parteien, Öffentlichkeit und Verbänden hängt jedes Parlament in der Luft, entbehrt es Legitimität, Kontrolle und Effektivität" (Kocka 1995: 47). Eine volle Verlagerung der Rechtsetzungsbefugnisse auf das EP wäre mit dem Demokratieprinzip insoweit nicht vereinbar, als es die demokratische Legitimation und Verantwortlichkeit der Mitgliedstaaten in den verbliebenen Politikbereichen aushöhlen würde. Insbesondere die Akzeptanz von Mehrheitsentscheidungen ist an die Form sprachvermittelter sozialer Interaktion gebunden und fest im Horizont kulturell geprägter gemeinsamer Wertorientierungen verankert.

Mit der Forderung nach Parlamentarisierung wird verkannt, wie weit sich das Institutionengefüge der EG hinsichtlich seiner Legitimationsprämisse, Binnenordnung und Steuerungsfunktionen von den herkömmlichen einzelstaatlichen Strukturen bereits verselbstständigt hat. Längst hat sich ein autonomes staatsähnliches Institutionengebilde eigener Souveränität und Legitimität herausgebildet. Die Verfassungs- und Legitimitätsdiskussion kann deshalb nicht in Termini des gängigen demokratietheoretischen Verständnisses geführt werden (Bach 1999: 40). Das Schlagwort vom „Demokratiedefizit" verstellt den Blick auf die Einzigartigkeit des Regimes (vgl. die Übersicht in Schley/Fischer 1999[2]).

Wer die EU demokratisieren möchte, muß alle Ebenen des Regierens einbeziehen.

IV.   Modelle in der politischen Diskussion

Die Integration wurde immer schon durch eine Diskussion über verschiedene Leitbilder begleitet. Drei dieser Leitbilder sollen in diesem Abschnitt auf eine bessere Demokratietauglichkeit geprüft werden. Das *„Europa der Vaterländer"* wird vor allem von denjenigen bevorzugt, die wünschen, daß die Staaten als „Herren der Verträge" immer das letzte Wort haben (vgl. Lepsius 1992: 181). Vertreter eines föderalen Europas wünschen einen *„europäischen Bundesstaat"*, und ein *„Europa der Regionen"* wird von den Regionen selbst am meisten favorisiert.

IV.1   Europa der Vaterländer

Vertreter eines „Europa der Vaterländer" gehen davon aus, daß die europäische Demokratie am besten innerhalb der Nationalstaaten gesichert ist. Nur sie hätten die Autorität und politische Wirksamkeit. Es sei „eine Schimäre zu glauben, man könne etwas Wirksameres schaffen, und daß die Völker etwas billigen, was außerhalb oder über dem Staat stehen würde" (de Gaulle am 5. September 1960, s. Siegler 1996). Dieser Ansatz knüpft an die realistische Tradition an, welche die Rolle der Staaten in den internationalen Beziehungen betont. Nach dem französischen Präsidenten de Gaulle wird ein solches Europa auch „Gaullistisches Europa" genannt (Kinsky 1969: 22). Insbesondere die britische Regierung bevorzugt dieses Modell.

Ein Vaterland ist eine soziokulturelle Einheit, die als Heimat erfahrbar wird. „Ein Vaterland zu haben, bedeutet Glied eines Gemeinwesens zu sein, dem man nicht nur gewohnheitsmäßig, nach Überlieferung und Sitte verbunden war, sondern dessen Wertemphase, dessen Willen, dessen Zielsetzungen und Unternehmen man teilte" (Lipp 1996: 105).

Es ist „das Gemeinwesen, für das man sich heißen Herzens mit Verstand und bestem Gewissen zugleich begeistern konnte. Die Willen der Vielen schienen mit dem Willen der Allgemeinheit und beide zusammen mit dem Gebot der Vernunft, dem Versprechen eines verstetigten zivilisatorischen Fortschritts, dem man folgte, hier zusammenzufallen" (ebd.: 106).

Die intergouvernementale Zusammenarbeit souveräner Staaten solle den Kern des Integrationsprozesses ausmachen (vgl. Goodman 1996: 178). Deshalb müßten die Staaten jederzeit das Recht haben, an gemeinsamen Aktionen nicht teilzunehmen, wenn ihre Interessen davon berührt werden würden (Recht des Opting out).

Europa solle nur reformiert werden, um den Nationalstaat zu kräftigen. Das EP dagegen hätte keine legislativen Befugnisse, sondern nur beratende Rechte, und die Autonomie der Kommission solle rückgängig gemacht werden, sie solle eher als untergeordnetes Sekretariat dienen. Auch die Rolle des

Gerichtshofs sollte nicht höher sein, als die der nationalen Gerichte. Im Ministerrat solle Einstimmigkeit erforderlich sein (ebd.: 179). Europäische Politiken sollten autonomieschonend formuliert werden. Die Staaten würden lediglich zusammenarbeiten. Die wichtigsten Entscheidungen würden vom Rat gefällt werden. Die Zusammenarbeit wäre auf die Wirtschaft beschränkt (vgl. Kinsky 1969: 22).

Gegner unterstellen, daß ein solches Europa nicht demokratischer sei (vgl. Goodman 1996: 186). Auch könne keine effektive Antwort auf die Globalisierung gegeben werden. Die Vorstellungen de Gaulles hätten die Notwendigkeit supranationaler Integration angesichts der weltweiten und vor allem der europäischen wirtschaftlichen Verflechtung verkannt.

Ein solches Europa wäre auch eine „Beute der Politikverflechtungsfalle" (Leiße 1998: 253). Es entstünde ein Mehrebenensystem mit prohibitiven Austrittskosten, das nur mittels Konsensentscheidungen zu verändern wäre. Das verletze die Reversibilitätsbedingung als einen integralen Bestandteil des demokratischen Prozesses.

Befürworter betonen, daß dieses Europa der Bevölkerung leichter zu verkaufen sei.[4]

IV.2 Bundesstaat Europa

Die am weitesten reichende Perspektive der Fortentwicklung der EU ist das Modell „Bundesstaat".

Ein Bundesstaat ist „ein Bündnis souveräner Staaten, die sich zur Wahrung bestimmter Aufgaben gemeinsame Einrichtungen geben, ohne ihre völkerrechtliche Unabhängigkeit aufzugeben (Kinsky 1969: 13). Die Gliedstaaten verlieren ihre Staatlichkeit nicht. Die völkerrechtliche Souveränität dieses Gebildes aber liegt allein beim Zentralstaat, der nach außen hin als völkerrechtliches Subjekt auftritt, während er im Innern aus mehreren Staaten besteht. Er hat bei Konflikten das letzte Wort, nimmt allein die auswärtigen Angelegenheiten und die Verteidigung wahr. Ein solcher Föderalismus zielt auf Vielheit in der Einheit, aber auch auf Einheit in der Vielheit (Huglin 1997: 97).

Beim Staatenbund bleiben die Gliedstaaten dagegen auch im völkerrechtlichen Sinne souverän, und die Mitgliedstaaten besitzen das Recht zum Austritt.

---

4 Lepsius' Nationalitätenstaat ist ähnlich. Ähnlich auch die Zweckverbandstheorie von Hans-Georg Ipsen (1993). Hier nehmen die Staaten die Dienstleistungen des Verbandes bei Bedarf in Anspruch, sonst ignorieren sie ihn. Für ihn ist die EU nicht demokratiefähig, da sie durch die Mitgliedstaaten geprägt ist. Sie beschränkt die Gemeinschaft auf das Management internationaler wirtschaftlicher Interdependenz.

Auf europäischer Ebene würde die Dualität der Legitimationsbasis der Herrschaftsordnung aufgehoben werden, so daß die eigentlichen Souveränitätsrechte dem Bundesstaat zuständen (vgl. Lepsius 1992: 182). Dann verhielten sich die Nationalstaaten zum Bund wie die Länder in Deutschland zum Bund. Sie würden nicht länger das Recht haben, Entscheidungen in bisherigem Ausmaß zu fällen, und sie dürften sich nicht von EU-Beschlüssen ausklinken und eine unabhängige Politik fahren. Die Teilstaaten hätten nur eine begrenzte autonome Handlungsfähigkeit, ein Verwaltungsmonopol, begrenzte eigene Einnahmen und ein limitiertes Mitbestimmungsrecht bei der Bundesgesetzgebung. Der Bund dagegen verfügte über die wesentlichen Gestaltungsrechte, Kompetenz-Kompetenz und zentrale Ressourcen.

Rechtlich gesehen würde Bundesrecht Landesrecht brechen und Verfassungsgerichte wie das BVerfG verlören ihre bisherige Zuständigkeit (vgl. Steiger 1995: 52). Essentiell bei einer solchen Ordnung wäre eine europäische Verfassung mit klarer Verantwortung für die einzelnen Ebenen (vgl. Schley/Fischer 1999[2].[5]

Institutionell gesehen erhielte das EP größere Kontroll-, Haushalts- und Legislativrechte und würde neben dem Rat der Union, der aus dem Ministerrat hervorgehen würde, zur zweiten Kammer der Gesetzgebung. Die erste Kammer wäre für die Repräsentation der Einzelstaaten zuständig, die zweite für die Vertretung des Volkes.

Die Kommission würde vom EP als Regierung gewählt werden. Der EUGH würde oberstes Verfassungsgericht werden.

Befürworter dieser Lösung führen an, daß bei dieser Variante weitestgehende Staatlichkeit unter gleichzeitiger Gewährleistung des Friedens und der Sicherheit, sozialer Entwicklung, Identität und Eigenstaatlichkeit gewahrt bleiben könnte (vgl. z.B. Steiger 1995: 55).

Herrschaftsverhältnisse würden überschaubar fixiert werden, einheitliche Handlungskriterien sollen festgelegt werden, und außerdem würde schon eine Kampagne zur Einführung einer Verfassung die notwendige Diskussion und Mobilisierungen eine Europäisierung von Wählern und Parteien bewirken (vgl. auch Lietzmann 1999: 157).

Weiterhin spricht für diese Lösung, daß zahlreiche Politikbereiche übernational besser wahrgenommen werden könnten, als auf nationalstaatlicher Ebene. Dies wäre insbesondere in den Bereichen Infrastruktur, Forschung, Umwelt und Migration der Fall. Probleme aufgrund der großen Unterschiedlichkeiten der Länder gäbe es nicht. Schließlich vereinten auch die Schweiz, Belgien und Indien sprachlich, ethnisch oder religiös unterschiedliche Gruppen von Menschen.

---

5   Eine solche Übersicht in: Schley, Nicole und Thomas Fischer: Europa föderal organisieren. Essentialien einer Strukturreform der EU zur Jahrtausendwende. Strategien für Europa. 2. Aufl., Gütersloh 1999.

Bedenken gegen den Föderalismus stammen vor allem aus Großbritannien. Ein föderales Europa würde unter denselben Druck kommen wie nationale Staaten. Allein die europäischen Eliten würden profitieren (vgl. Goodman 1996: 182). Außerdem würde dieses Europa mehr Zentralisierung bedeuten, was bei einer mangelnden Zustimmung zu Europa nicht legitimitätsförderlich wäre.

Resultat des deutschen Verbundföderalismus ist die Politikverflechtung, die inzwischen nahezu unisono als so undemokratisch wie ineffizient kritisiert wird. Die EU, so der Vorwurf, habe sich schon in diese Richtung entwickelt: Unnötig detaillierte Gesetzgebungsverfahren erschwerten eine flexible Integration. Die höhere Ebene gewinne nach und nach den ganzen Gestaltungsraum bis der europäische Kompetenzanspruch alle traditionellen Staatsaufgaben erfassen würde (vgl. Lepsius 1992: 183). Das Kriterium der Gleichartigkeit der Wettbewerbsbedingungen eröffnete bereits weiten Eingriffsraum in die Sozialsteuer, Umwelt, Regional und Kulturpolitik der Mitgliedstaaten.

Problematisch sei, daß bei insgesamt neun Sprachen eine Ausbildung einer kulturellen Einheit unterbleiben würde. Ohne gemeinsame Parteien, Gewerkschaften, Berufsverbände und Massenmedien wäre Europa ein „Staat ohne Nation" (ebd.: 185). „Wo [...] die Homogenität fehlt, könnten Parlamente sich als diktatorische statt als demokratische Agenten erweisen, weil das normale parlamentarische Verfahren auf der einfachen Mehrheitsregel basiert und als solches mit dem Problem struktureller Minderheiten nicht umzugehen vermag" (Abromeit 1997: 111).

Auch die außerordentliche Aufgabenfülle könne zur Überforderung, Sachfremdheit von Zielen und Problemen führen (vgl. Steiger 1995: 58), und pluralisiertes Regieren im europäischen Mehrebenensystem führe zu einer Spaltung in Modernisierungsgewinner und –verlierer (Huglin 1997: 104). So argumentieren auch die Gegner des folgenden Leitbildes.

IV.3 Europa der Regionen

Das „Europa der Regionen" steht für ein Europa, das die Eigenständigkeit der unteren politischen Ebenen sowie die Bürgernähe von Entscheidungen betont. Europäische Demokratie soll gewissermaßen von unten geschaffen werden. Das erscheint auf den ersten Blick am vernünftigsten, wurde doch die Globalisierung definiert als ein Prozeß, der Grenzen auflöst und Räume verbindet. Das „Europa der Regionen" ist ein Schlagwort, das die „Konferenz Europa der Regionen" in der Vorphase zu Maastricht zur Beeinflussung der EG und nationalen Regierungen prägte.

Unter Region versteht man „eine nach bestimmten Kriterien als homogen abgrenzbare räumliche Einheit" (Fürst 1995: 539). Eine solche Gemeinschaft ist gekennzeichnet durch eine „geschichtliche oder kulturelle, geographische oder wirtschaftliche Homogenität oder eine Kombination dieser Kennzeichen, die der Bevölkerung eine Einheit verleiht in der Verfolgung gemeinsamer Ziele und Interessen" (Knöpfel 1988: 187).

Regionen spielen eine große Rolle in der wirtschaftlichen Entwicklung der EU. Eine große Lobby hat sich in Brüssel niedergelassen, die oft mit dem Ausschuß der Regionen zusammenarbeitet oder gegen ihn. Seit 1992 sind alle deutschen Länder in Brüssel vertreten. Allein 1994 waren insgesamt 80 Regionalbüros in Brüssel aktiv. Regionen bilden überregionale Verbindungen und Partnerschaften. 1992 gab es schon 322 Euroregionen (vgl. Woyke 1998: 181). Oft betrachten sie sich als Rivalen der Staaten, sehen Europa aus anderer Perspektive und arbeiten eng mit der Kommission zusammen, die sich ihrerseits der Regionen als Gegengewicht zu den Staaten bedient (vgl. Marks/ Mc Adams 1998: 112).

Substaatliche Bewegungen wissen Europa für ihre Belange zu nutzen. So fordern die Walisische Plaid Cymru, die Schottische SNP und die irische SDLD ein Europa ohne Nationalstaaten.

Dennoch bleiben die strukturellen Möglichkeiten zur zukünftigen Mitgestaltung der europäischen Integration durch die dritte Ebene im Ausschuß der Regionen begrenzt. Denn der Ausschuß der Regionen ist gemäß Art. 198a (EGV) recht machtlos. Er darf nur beratende Stellungnahmen abgeben, muß aber außer bei regionalen Gesetzentwürfen von den Entscheidungsorganen nicht einmal gehört werden. In ihm sitzen Personen, die auf Vorschlag der jeweiligen Mitgliedstaaten vom Ministerrat ernannt werden. Ihre Repräsentativität für die jeweiligen subnationalen Einheiten ist daher bestenfalls zufällig, da die Zahl pro Mitgliedstaat sich nach Gewicht in der EU bemißt, nicht nach Größe und Gewicht seiner Regionen. Ihre Zahl entspricht nicht einmal grob den tatsächlichen subnationalen Einheiten.

Auch verfügen nicht alle Mitgliedstaaten über eine Untergliederung, die vergleichbar wäre. Es herrscht eine völlige Ungleichheit der Vertretungen in Hinblick darauf, was sie vertreten sollen. Da gibt es Länder mit Staatsqualität und einer Regierung, aber auch Verwaltungsbezirke und Kommunalverbände, die im Ausschuß vertreten sind. Je geringer der Status der subnationalen Einheiten, und je unklarer der Bezug zu existierenden Regionen, desto wahrscheinlicher ist, daß Ausschußmitglieder faktisch nicht anderes vertreten als nationales Interesse. Bei den kleineren Staaten wie Irland, Dänemark, Niederlande fallen die Regionen mit den Nationalstaaten sogar zusammen. In einigen größeren müßten Regionen erst gebildet werden.

Sicherlich ist die Legitimität der Institutionen um so größer, desto näher sie an den Bürgern sind. Eine andere Meinung ist, daß so die Verschiedenheit in der Einheit am besten verwirklicht werden könne (vgl. Goodman 1996: 180).

Würde der Ausschuß der Regionen allerdings aufgewertet, müßten die Repräsentanten zu „echten" werden und von der jeweiligen nationalstaatlichen Regierung als solche anerkannt sein. Unglücklicherweise sind die meisten Staaten Einheitsstaaten, ihrer Aufteilung in gesamteuropäisch vergleichbare Regionen würde ein hohes Maß an Künstlichkeit anhaften, womit die Repräsentativität ihrer Vertreter grundsätzlich in Frage stehe. Vertreter von nicht existenten Einheiten würden entweder „Kirchtumspolitiker" sein oder sich als zusätzliche Delegierte der nationalen Regierungen erweisen (Abromeit 1997: 111). Skeptiker behaupten, daß die Befürworter dieses Modells die Kräfte der Globalisierung unterschätzen, auf der anderen Seite aber die verminderte Rolle der Staaten übertreiben (vgl. Goodman 1996: 182). Vermutet wird auch, daß der Binnenmarkt und die Währungsunion den schwächeren Regionen nur wenige Chancen eröffnen (vgl. Morass 1998: 233).

IV.4   Zusammenfassung und Fazit

Insgesamt läßt sich sagen, daß alle Modelle einem multidimensionalen Mehrebenen-Entscheidungssystem nicht gerecht werden. Das „Europa der Vaterländer" betont die Souveränität des Staates, die aber im Zuge der Globalisierung nicht aufrechtzuerhalten ist. Das Demokratiedefizit bleibt solange bestehen, „wie unser Denken im konzeptionellen Käfig des Nationalstaats gefangen bleibt" (Leiße 1998: 254).

Das bundesstaatliche Europa wäre den Europäern wohl zu fremd. Es ist nicht möglich, das politische Europa nach dem Begriffsschema einer nationalen Öffentlichkeit zu entwerfen, zu einer Zeit, in der der Bezugsrahmen des Nationalen zerbricht und neue lokale und globale Identitäten entstehen. Das „Europa der Regionen" scheint mehr ein Schlagwort als ein hinreichendes Konzept zu sein. Regionen differieren nicht nur nach ihrem rechtlichen Status, ihrer Wirtschaftskraft oder sozio-kulturellen Merkmalen, sondern auch nach Fläche und Bevölkerung, was einer Repräsentativität grundsätzlich Probleme bereitet. Insgesamt kann daher nicht festgestellt werden, daß eines der Modelle eine wirkliche Alternative zur jetzigen Verfassung der EU wäre. Keines zeigt auf, wie die verschiedenen Ebenen komplett berücksichtigt werden können und sinnvoll miteinander agieren könnten. Eine Stärkung des EP allein reicht aber auch nicht, um das Defizit zu lösen, und die Verträge einfach mit einer Verfassung zu ersetzen, ist eine Manifestierung der Tatsache, daß die EU unter den momentanen Bedingungen als parlamentarische Demokratie nicht funktionieren kann (Coultrap 1999: 126).

Was Europa ist und sein soll, muß nicht aus der Vergangenheit hervorgezaubert werden, sondern als politische Antwort neu entworfen werden. Aus der Globalisierungsfalle gibt es keinen nationalen Ausweg, wohl aber einen transnationalen. Demokratie läßt sich nicht nur in einer Form verwirklichen.

Vielmehr sind Demokratie und Effizienz in der EU nur möglich, wenn das Regieren als ein Prozeß begriffen wird, welcher der Struktur der EU Rechnung trägt. Es muß ein Regieren im Mehrebenensystem stattfinden, bei dem alle Ebenen einbezogen und beteiligt werden. In dieser Vielfalt soll der Staat nur eine mögliche Rolle spielen.

Was man braucht, ist ein Modell eines Mehrebenen-, multidimensionalen politischen Systems, das staatliche Elemente und intergouvernementale sowie inter-sozietale Kooperationsformen nachzeichnet und die Interventionspunkte anzugeben vermag, an denen Partizipation ansetzen könnte und sollte.

V.   Die Zukunft: Demokratie auf europäisch?

Ein Ansatz für eine demokratischere und effizientere EU darf daher nicht in konventionellen Theorien und Konzepten gesucht werden. Vielmehr gilt das, was Alexis de Tocqueville schon 1840 vorausgesehen hatte: „Eine völlig neue Welt bedarf einer völlig neuen politischen Wissenschaft." In dem Maße, wie das Regieren jenseits des Nationalstaats an Bedeutung gewinnt, gilt es darüber nachzudenken, wie sich demokratische Legitimation neu konstituieren kann. Auch wenn diese Ansätze utopisch klingen mögen: (vgl. Goodman 1996: 183) „Without some theory of the form of, and possibilities for, a more democratic world or alternative paths of historical development which can be explored through collective political achtion might also fail to be identified."

V.1   Modell 1: Ein System von Vetorechten

Heidrun Abromeit schlägt ein Modell vor (vgl. 1997:109ff.), das die demokratische Legitimation europäischer Entscheidungen sowohl auf der territorialen als auch auf der sektoralen Dimension ermöglicht.

Solle den regionalen Identitäten und Diversitäten sowie dem Verfassungsstatus der betreffenden Einheiten in Bundesstaaten tatsächlich Gerechtigkeit widerfahren, müsse das Verfassungsmonopol der Nationalstaaten gebrochen werden, d.h. nach Methoden direkter regionaler Repräsentation gesucht werden.

Sie bedient sich daher eines Ansatzes der Vertragstheorie, der betont, daß jeder Beteiligte das Recht habe, zuzustimmen und seine Zustimmung zu verweigern. Des weiteren beruft sie sich auf die Fiskaltheorie. Demnach dürfen Entscheidungen nur dann auf der Zentralstaatsebene getroffen werden, wenn dort in dem betreffenden Politikfeld Einstimmigkeit zu erzielen ist: Sie müssen auf regionaler Ebene getroffen werden, wenn auf der Ebene Einstimmigkeit erzielt werden kann, und sie dürfen überhaupt nicht getroffen werden, wenn auf keiner Ebene Einstimmigkeit erzielbar ist. Dies impliziere, daß Gesetzgebungskompetenzen nur mit der Zustimmung aller Beteiligten an diesem Prozeß zuzuordnen seien, und sowohl regionale als auch sektorale Repräsentation möglich wäre.

Einstimmigkeit kann definiert werden, als die Abwesenheit von Dissens.

Fast-Einstimmigkeit kann auch ex negativo erzielt werden, indem man Gruppen bzw. Untereinheiten mit direktdemokratischen Veto-Rechten ausstattet. Wenn immer die bestehenden Entscheidungsinstitutionen der EU eine europäische Regelung beschlossen haben, sollte eine vorweg definierte Gruppe das Recht haben, ein Veto dagegen einzulegen, sofern eine Mehrheit ihrer Mitglieder in einem Referendum entsprechend votiert. In dem Fall würde die widersprechende Gruppe oder Region nicht etwa sich selbst ausklinken (opting-out), sondern die betreffende Regelung wäre auf europäischer Ebene blockiert, und die entsprechende Frage wäre von den Mitgliedstaaten separat zu regeln.

Einem Referendum unterlägen alle Entscheidungen, welche die Entscheidungsregeln änderten und Entscheidungen, die in die Autonomiesphäre der Regionen eingreifen würden. Darüber hinaus sollten regionale und sektorale Gruppen das Recht haben, ihr Veto gegen jede europäische Politik einzulegen, die ihre kulturelle Identität und Integrität, sektorale Organisationsrechte und Menschenrechte tangiert. Referenden sollten auch dann zugelassen werden, wenn sich Ministerrat und EP in einer Sachfrage nicht einig sind.

Da Begehren von sektoralen Gruppen zu grenzüberschreitenden Referenden führen sollten, könnte in ihrem Fall die einfache Mehrheit der Abstimmenden für den Referendumserfolg ausreichen, vorausgesetzt daß diese Mehrheit tatsächlich multidimensional ist. Bei einem Veto regionaler Einheiten sei es sinnvoll, eine qualifizierte Mehrheit zu fordern, gegebenenfalls gefolgt von einem Referendum im jeweiligen Gesamtstaat, das dann mit einfacher Mehrheit zu entscheiden wäre.

Gegen Argumente ihrer Gegner führt Abromeit an, daß kein Mangel an Entscheidungseffizienz bestehe würde und Probleme durchaus lösbar seien. Auch würden die Referenden nicht mehr Zeit beanspruchen, als es die Gesetzgebungsverfahren jetzt schon tun. Das Veto würde die EU sogar veranlassen, eine weniger aktive Rolle zu spielen und die europäische Regulierung auf wenige Politikfelder sowie auf Rahmenrichtlinien zu beschränken.

Insgesamt werde dieses Modell wohl nicht ineffezienter sein, aber akzeptierter, denn Demokratie brauche ihre Zeit, und zwar um so mehr, desto heterogener die Gesellschaft sei.

V.2   Modell 2: Die EU als pluralistisches Universum

Olaf Leiße bedient sich der Ansätze des Pluralismus und des Kommunitarismus.

Die Theorie des Pluralismus respektiert Eigenheit und Besonderheiten der Teilsysteme, weist den Anspruch eines übergeordneten Ganzen zurück, eine höhere Ordnung zu repräsentieren und daher in das Eigenleben der Teile eingreifen zu dürfen (vgl. Leiße 1998: 242). Der Kommunitarismus will Aufgaben und Pflichten der Gemeinschaft vermehrt in die Hände der Bürger legen. Es geht um den Aufbau von Bürgernetzwerken, ehrenamtlichen Leistungen, Gründung von Beiräten und Selbstverwaltung von bisher öffentlichen Einrichtungen. Sie sollen durch verstärkte Partizipation auf allen Entscheidungs- und Beteiligungsebenen den verlorengegangenen Bürgersinn reaktivieren (vgl. Barber 1994).

Die These von Leiße ist, daß lokaler Gemeinsinn und überregionaler, rechtlich fixierter Pluralismus die beiden untrennbar verbundenen Seiten der europäischen Medaille seien.

Auf kommunaler Ebene bedient er sich daher des kommunitarischen Ansatzes. Die lokale Ebene gilt ihm als Schule der Demokratie, als „face-to-face-Demokratie", als Experimentierfeld für plebiszitäre Elemente. Plebiszite führten zur Entlastung politischer Repräsentationsbeziehungen und erhöhter Bürgerbeteiligung. Die Bürger würden erkennen, daß sie sich in wichtigen Sachfragen nur nach „Ja", „Nein", „Pro" und „Contra" unterscheiden, nicht nach Nationalitäten. Das führe langfristig zu einer Ausbildung einer europäischen Identität. Kurzfristig aber komme es schon zur öffentlichen Deliberation und Legitimation (vgl. auch Lindblom 1965). Schon die den Referenden vorausgehende Diskursphase wäre mindestens so bedeutsam wie die Abstimmung selbst (Puntscher-Riekmann 1997: 105).

Auf supranationaler Ebene wählt Leiße den pluralistischen Ansatz. Da nicht jeder Bürger über alle Angelegenheiten Bescheid wissen kann, muß europäische Politik zwangsläufig arbeitsteilig und repräsentativ wahrgenommen werden. Das EP müsse konsequent auf überregionaler Ebene einbezogen werden. Daneben sollten elektronische Medien flächendeckend eingeführt werden bis hin zur Computerdemokratie. Plebiszitäre Elemente wie konsultative Verfahren, um die europäische Gemeinschaft der Völker weiter zu integrieren, sind ebenso geplant.

Dieses pluralistische Konzept könnte in Europa deshalb bestens greifen, da in diesem Konzept die Parteien schwach sein dürfen und Interessengemeinschaften Druck auf den Entscheidungsprozeß entfalten können, um ihre Interessen durchzusetzen. Sie könnten Sub-Regierungen beeinflussen und die wiederum die Regierung. Die Bedeutsamkeit von Parteienwettbewerb ist bei diesem Paradigma gering und Souveränität liegt beim pluralistischen Modell an keinen bestimmten Ort. Minderheiten müßten stets berücksichtigt werden. Die Theorie des Pluralismus respektiert Eigenheiten und Besonderheiten der Teilsysteme. Die Verknüpfung zwischen den Teilsystemen besteht im Pluralismus immer nur teilweise und temporär und ist ganz auf einen bestimmten Zweck hin gerichtet. Die EU wäre in dieser Hinsicht ein funktionaler Zusammenschluß der europäischen Gesellschaften zur Erreichung bestimmter Ziele. Ziele und Mittel sind nicht absolut festgelegt, sondern Ergebnis von Interessenvermittlung und Kompromiß. So gewinne die europäische Politik an Offenheit, Dynamik und Zwangslosigkeit (vgl. ebd.). Die Union könnte eine neue, europäische Dimension des Pluralismus ausbilden, die zu einer einzigartigen Legitimität beiträgt.

VI.   Fazit und Ausblick

Vorteil dieser Modelle ist insbesondere die Berücksichtigung aller Ebenen und ihre Selbstregierung. Sie sind daher eine passende Antwort auf das Mehrebenenproblem, das in dem Aufsatz erörtert wurde. Hierarchisches Regieren ist in einer Zeit, in der Handlungszusammenhänge sich auflösen und neu bilden, der Staat an Einfluß verliert und Grenzen unterlaufen werden, nicht mehr aufrechtzuerhalten. Die EU kann nicht in das starre Korsett alter Leitbilder gezwungen werden – Regieren in der EU muß sozusagen neu erfunden werden. Eine neue Demokratietheorie ist notwendig, die der verflochtenen Politik angemessen ist, und die sowohl die demokratische Partizipation neu definiert, als auch die Wechselbeziehungen zwischen hierarchischen und selbstkoordinierenden Politikfeldern.

Als theoretische Anleitung dazu mögen insbesondere pluralistische Modelle dienen. Denn pluralistische Paradigmen treffen den Charakter der EU eher als parlamentarische. Die EU ist zu groß und zu komplex, um eine verantwortliche Regierung haben zu können. Keine Institution kann für die ganze europäische Gesellschaft verantwortlich sein. Die EU muß ihre Legitimität vielmehr aus ihrer Struktur gewinnen. Interessengemeinschaften, regionale und sektorale Gruppen könnten die Lücke füllen, die durch die Abwesenheit von europäischen Parteien und Verbänden klafft.

Zudem geht der Pluralismus davon aus, daß die wesentliche politische Integrationsinstanz der Nationalstaat ist und voraussichtlich noch eine Weile bleiben wird. Er steht dann neben einer Vielzahl anderer Gruppen und Bewegungen wie ein Stein im Mauerwerk. Dem Staatenverbund fehlt die verfassungspolitische Fähigkeit, aus sich heraus Demokratie zu bilden. Der Staat könnte aber als „manager in the middle", eine aktive Rolle in den Prozessen der arbeitsteiligen konsensabhängigen Problemverarbeitung moderner Gesellschaften übernehmen (Scharpf 1992: 105).

Die aufgezeigten Utopien sollten erste Möglichkeiten demonstrieren und sind durchaus ernstzunehmen, denn: „Utopien sind, nicht nur abstraktes wishful thinking, [...] sondern sie geben einen Vorgeschmack oder ein versuchtes Gemälde von Tendenzen und Latenzen in der gegenwärtigen Gesellschaft. [...]. Man hat diese Wesen, womit die gegenwärtige Gesellschaft schwanger ist, in Freiheit zu setzten (Bloch 1970: 71).

Der verhandelnde und befehlende Staat

Rainer Prätorius

Der „verhandelnde Staat"[1] ist ein Thema, das die deutsche Politikwissenschaft in den frühen neunziger Jahren stark beschäftigte (vgl. zur Literatur: Czerwick 1999). Wie viele solcher Themenkonjunkturen, entsprang auch diese nicht ganz jungfräulichem Boden, sie folgte vielmehr auf zyklische Schwankungen rund um ähnliche Streitpunkte. Während in den frühen siebziger Jahren konservative Staatsrechtslehrer eine Aushöhlung staatlicher Substanz durch „Demokratisierung" und soziale Mildtätigkeit befürchteten, hielt ihnen die Linke schon wenige Jahre später die Rückkehr des starken Staates entgegen – nämlich als Terroristen und Extremisten bekämpfender „Sicherheitsstaat" (dieser Pendelausschlag ist dokumentiert durch Saage 1983: 23ff.). Bald aber dominierte schon wieder der geschwächte Staat in den politologischen Zeitdiagnosen: die Idee der „aktiven Politik" wurde mit dem Abgesang auf die sozialliberalen Reformprojekte zugleich aus dem Verkehr gezogen, die schon früher attestierte „anachronistische Souveränität" wurde als Erosion des Nationalstaates durch Globalisierung / Internationalisierung / Integration neuerlich hervorgehoben; der Globalisierungsaspekt diente dabei zugleich als ein Argument für die Oberhand der Ökonomie gegenüber den politischen Gestaltungsambitionen. Deutlich ablesbar ist dies an den Bewertungen der „konsensuellen" bzw. „Konkordanz"-Systemen: beanspruchten noch in den achtziger Jahren vor allem solche Systeme das Interesse der vergleichenden Politikwissenschaft, die durch interne, korporatistische Abstimmungen ein hohes Maß an Sozialstaatlichkeit und politisiertem Wirtschaften gegen allgemeine „Neoliberalismus"-Tendenzen abschirmen konnten (vgl. z.B. Freeman 1989: 97ff.), so steht die Faszination des „Vorbildes Niederlande" (vgl. Grande 1999: 207f.) während der 90er Jahre für ein Interesse an Systemen, die solchen Konsens intern mobilisieren, um sich vor ökonomischem Wandel nicht abzuschirmen, sondern um ihm Rechnung zu tragen, also „globalisierungstauglich" zu werden. Die Anpassungsanforderungen an Wettbewerbsfähigkeit in übernationalem Maßstab und die daraus folgende Minderung der Wirtschaftsgestaltung durch nationale Politik ist aber nur eine Seite

---

1 Der Staatsbegriff wird nachfolgend absichtlich diffus gebraucht, denn es geht um Tendenzen, die sich über alle Ebenen des politischen Systems erstrecken. Der Begriff erfaßt alle demokratisch legitimierte Entscheidungszentren, die Rechtssetzungsbefugnis mit territorialer Geltung haben und über bürokratische Apparate bestimmen. Die Rede vom „local state" mit Bezug auf Kommunen ist also zulässig (vgl. Gurr/King 1987: 43ff.). Natürlich ist auch die Gleichsetzung „state"= „Staat" heikel, doch für feinsinnige Begriffsspiele fehlt hier der Platz.

der Schwäche-Diagnose; das populäre Schlagwort „glocalization" (Watts 1996: 5) markiert eine weitergehende Behauptung: Nationale Politiken verlieren danach Gestaltungsfähigkeit „aufwärts" (Europäische Integration, Internationale Organisationen und Regime), „seitwärts" (nationale Verbandsabstimmung, Wirtschaftsmacht, Justitialisierung, Zentralbanken) und „abwärts" durch Bedeutungsgewinn der lokalen und regionalen Ebenen (am Beispiel des Vereinigten Königreichs: „The Economist", Nov. 6, 1999: „Survey Britain").

Die Abwanderung von Aufgaben bedeutet nicht immer ein Zugewinn an Gestaltungskraft für die aufnehmende Stelle: nicht nur in Deutschland können z.b. die lokal Verantwortlichen bewegte Klage darüber führen, daß das Abwälzen z.b. von sozialen Problemen durch die nationale Politik mehr Ressourcen bindet als politische Optionen öffnet. Aber die Abwanderung hat zumindest für unser Thema den relativ eindeutigen Effekt, daß die Verhandlungskomponente in den politisch administrativen Entscheidungsabläufen an Gewicht gewinnt. Der Abstimmungszwang zum europäischen „Mehrebenengeflecht" hin findet seine Entsprechung in einer Kommunalpolitik, die immer öfter auf „Public-Private-Partnerships", „contracting out" und kommunitäre Modellprojekte mit Bürgermobilisierung zurückgreift: in beiden Fällen geht Akteursouveränität verloren. Besonders wenn Positivzustände mit wirtschaftlichen Implikationen angestrebt werden, kann diese Marschrichtung nicht einfach von einem zentralen, politischen Willen aus befohlen werden.

Die altbekannte Schwäche des „Steuerstaates" (Schumpeter 1976: 349-352), nämlich von dem Eigensinn jener Kühe abhängig zu sein, die er melken will, hat gerade dort, wo sich das liebe Vieh als besonders wanderlustig erweist, den politischen Akteuren eine eher umwerbende Verhandlungsattitüde nahegelegt. Nehmen wir aber nur einmal die lokale Perspektive wahr, dann ist nicht deswegen schon ausgemacht, daß damit zugleich auch die Diagnose „schwacher Staat" zutrifft. Durch Standortwettbewerb und „Stadtmarketing" präsentieren sich zwar viele Kommunen als beflissene Umwerber von Investoren, doch einer der wichtigen Standortvorzüge, der dabei angeboten wird, ist auch lokale, innere Sicherheit. Das gemeinsame Bemühen von Kommunalpolitikern und lokalen Wirtschaftsmächtigen, „Störer" und „soziale Problemgruppen" aus guten Geschäftslagen zu verdrängen, wird häufig als eine Rückkehr des starken Sicherheitsstaates in dezentralem Gewande gedeutet (vgl. z.B. Beste 1998; Hansen 1999).

„Glocalisation" regt die Politikwissenschaft also gegenwärtig zu sehr verschiedenartigen Deutungen an. Während der Nationalstaat mit seinen internationalen Verflechtungen und seiner neoliberalen Willfährigkeit gegen erpresserische Kapitalmobilität häufig als „loser" portraetiert wird, findet man jüngst auch wieder das Bild eines lokalen Staates als Muskelmann – wenn auch zwar in Abhängigkeit von privilegierten Interessen, so doch fähig, Sanktionen durchzusetzen. In beiden Fällen erscheint die Diagnose kongruent mit der Beobachtung von „Verhandlungssystemen" verbunden: die nationalen Politikrepräsentanten und Eurokraten, die an der Harmonisierung des europäischen Wirtschaftsraumes und seiner Einbindung in internationale Regime mitwirken, verhandeln vertikal in gestuften „Mehrebenensystemen" und horizontal unter sich selbst und mit Wirtschaftseliten. Wie im Großen so im Kleinen: die lokalen Politiker, Polizisten und Bürokraten, die eine Stadt von „Störern" und Kriminalitätsfurcht befreien wollen, um die Standortattraktivität zu heben, verhandeln mit ihren eigenen Verwaltungsorganisationen, mit lokalen Wirtschaftsrepräsentanten, aber auch mit Bürgerorganisationen z.b. in Problemgebieten, um ein abgestimmtes Agieren zu diesem Ziele hin zu initiieren.

Aus dieser Vielschichtigkeit folgt für die Thematik:
– das Phänomen „Verhandlung" ist relativ neutral gegenüber der Diagnose „schwacher" oder „starker" Staat;
– es ist eigentlich nicht so neu, wie es durch die Themenkonjunktur anmutet, lediglich einige Anwendungsfälle begründen dieses aktuelle Interesse;
– es steht in keinem gegensätzlichen Verhältnis zur befehlenden Natur der Staatlichkeit und der ihr angemessenen Organisationsformen.

Von diesen drei Behauptungen ist die erste die nächstliegende und eigentlich trivialste. Wenn jemand verhandelt, dann ist damit noch nicht bestimmt, aus welcher Position er/sie das tut. Auch für den Staat – genauer: für oberste Entscheidungsträger politischer Systeme jedwelcher Ebene – kann verhandeln zu *müssen* Ausdruck einer Schwäche, verhandeln zu *können* hingegen Ausdruck einer Stärke sein. Damit ist auch immer noch nicht ausgesagt, *welche* Ressourcen ein Verhandlungspartner in eine solche Konstellation einbringt, wenn wir auch pauschal annehmen, daß deren relative Bemessenheit im Verhältnis zu den Gegenübern die „Stärke"-Frage vorentscheidet. Aus diesem Grunde schlage ich vor, den Befund „verhandelnder Staat" auch gegenüber gängigen Policy-Typologien neutral zu halten. Verhandlungen sind zum Beispiel nicht selbst ein „Policy-Instrument", sondern eine Akteurskonstellation, in die diverse, solche Instrumente von verschiedenen Seiten als Ressourcen eingebracht werden. Die beliebte Unterscheidung von „sticks", „carrots" und „sermons" kann hier als Illustrationsstoff genügen, ohne daß wir diese Typologie als der Weisheit letzten Schluß preisen müssen.

Evert Vedung (1998) unterscheidet diese Formen des politisch-administrativen Handelns entlang eines absteigenden Kontinuums des Zwangsgehaltes. Relevant ist hierfür weniger, wie stark eine Maßnahme auf den Spielraum eines Adressaten einwirkt, sondern wie sie in der Erscheinung *ausgeformt* ist: ob sie also ein Befehl/Verbot mit Strafandrohung beim Zuwiderhandeln ist („sticks"), ob sie einen ökonomischen Anreiz darstellt („carrots"), oder ob sie persuasiv auf die Überzeugungen oder gar Werte der Adressaten einwirken soll („sermons"). Dennoch wird die Wirkung nicht ausgeblendet, denn es wird ein grundsätzlicher Unterschied in der Eingriffsintensität je nach gewähltem Instrument unterstellt:

„A *ban* on the production of cigars is more constraining than a tax levied
on the production of them, which is in turn more constraining than information to the effect that these means of sensual gratification should not be produ-
ced. (...)You are a lawbreaker if you violate a regulation, but a law-abiding
citizen if you take an action in spite of the fact that you must pay a tax if you
do it." (Vedung 1998: 35)

Will man diese Typologie der deutschen Diskussion um Verhandlungen
gefügig machen, darf nicht übersehen werden, daß „Zwang" den hier angesprochenen Grad von „coerciveness" nur ungenau übersetzt. Die Konnotation
bei Zwang ist, daß mit einer solchen Einwirkung die Handlungsalternativen
des Adressaten gegen Null hin reduziert werden, wohingegen bei einer
Machtausübung auch der Adressat noch eigene Ressourcen der Gegenmacht
behält, die bei aller Asymmetrie auch von dem Akteur balancierend einbezogen werden müssen (vgl. Luhmann 1975: 9f.). Das schließt brutale Einseitig-
keit nicht aus, doch selbst ein Erpresser *verhandelt* in der Regel noch mit
dem Erpreßten in dem Sinne, daß er dessen Schmerzgrenze und die Bereitschaft, die Androhung einfach hinzunehmen, kalkulierend einbeziehen muß.
Diese Machtausübung in einer asymmetrischen Verhandlungssituation unterscheidet sich aber von dem, was mit dem Instrumententyp „sticks" und seiner
„coerciveness" gemeint ist. Hier geht es vielmehr um eine *einseitige* Willens-
festlegung, die zwar den Entscheidungsspielraum des Adressaten nicht tilgt,
aber andererseits mit ihren Sanktionen auch nicht als Verhandlungsgegen-
stand konzipiert ist. Die klassische Form ist ein Verbot mit einer Strafandrohung bei Übertretung. Soweit wir uns im Bereich des Strafrechts bewegen, ist
auch nachvollziehbar, daß diese Sanktion mit einem gesellschaftlichen
(Un)Werturteil verbunden ist und darum von der sanktionierenden Instanz
nicht zur Disposition gestellt wird, sondern nach der Tatbestandserkundung
in einem geregelten, fairen Verfahren einfach verhängt wird, um damit auch
die Autorität der normativen Ordnung *oberhalb* des singulären, verletzenden
Handelns zu bestätigen.

Dies ist die Idealwelt des *Verfahrens*, in der die urtümliche Gewalt des
Staates als befehlende und strafende Instanz oberhalb seiner Gesellschaftsmitglieder seine Bändigung fand, um so Akzeptanz über nackte Furcht hinaus
zu ermöglichen. „Sticks" treten aber auch in anderer Form auf, unterstellt
man nur die verfahrensgebundene Sanktionshoheit des Staates als Kriterium.
Dann ist nämlich auch eine Abgabe, die erhoben wird, wenn z.B. eine Pro-
duktionsstätte Richtwerte verfehlt, oder ein Zuschuß, der zurückgefordert
wird, weil der Begünstigte damit verbundene Auflagen nicht erfüllt, nach der
staatlichen *Handlungslogik* ein „stick". Vedung aber würde dieser Einordnung wohl nicht zustimmen. Für ihn zählt zu allererst, daß solche pekuniäre
Positiv- und Negativanreize durch die Adressaten in eine Gesamtbilanz der
Anreize kalkulierend aufgenommen und damit als „carrots" interpretiert würden. In diesem Sinne ist der Eigner eines umweltschädigenden Betriebes, der
verhaftet und dessen Anlagen zwangsweise stillgelegt werden, in einer *quali-*

tativ anderen Situation als jener Konkurrent, der Bußgelder zahlt, weil diese sich immer noch besser „rechnen" als das Erfüllen der Auflagen.

Aus dieser Ambivalenz folgt, daß wir einige weitere Aspekte berücksichtigen müssen, um die Tendenz zum „verhandelnden Staat" auf die Raster der „Policy-Instrumente" beziehen zu können. Es zeigt sich nämlich, daß Instrumente interpretationsabhängig sind, daß also der Staat in vielen Fällen nicht mehr „Herr des Verfahrens" ist, der aus einer einseitigen Zwecksetzung ebenso einseitig in ein objektiv vorgegebenes Werkzeugarsenal befehlender, verbietender, anreizender oder überzeugender Instrumente zugreift.

Diesen Wandel reflektieren z.b. Theorieansätze in der Policy-Forschung, die Instrumentenbildung als eine „konstitutive" Leistung in der Interaktion *zwischen* den Akteuren in einem Politikfeld auffassen (eine Übersicht zu den Ansätzen: Linder / Peters 1998: 40f.). Die kalkulatorische Umwandlung einer Buße in einen Kostenfaktor wäre ein Beleg für eine solche Sichtweise – und für ihre Triftigkeit. Die Einschätzung der Instrumentenwahl durch die Regierungen bzw. staatlichen Entscheidungsträger ist eine Sicht unter anderen, ihre Präferenzen und Deutungen müssen nicht Bestand haben im Zeitverlauf, nicht einmal in Anwendung auf identische „Policies". Lehrbuchwissen der Policy-Forschung ist es, daß in Demokratien die Politik von der nationalen Ebene her bevorzugt auf gesetzliche Gebote und Verbote einerseits sowie auf persuasive Kampagnen andererseits zurückgreife (vgl. Howlett 1991: 11 u. 14), da gesetzliche Regelungen und Überzeugungsarbeit vordergründig nicht wie Subventionen in die Ressourcen eingreifen und scheinbar endlos mehrbar sind. Außerdem haben sie, solange die Verbote allgemein auf die Gesamtheit der Staatsbevölkerung zielen und nur die Ränder der Normalität bewachen, *beide* eine relativ geringe Eingriffsintensität gegenüber der Gesellschaft. Darum ist aber auch ihre Steuerungswirkung gering, wenn es darum geht, nicht nur einen erreichten Zustand zu stabilisieren, sondern zielgerichtete Veränderungen gesellschaftlicher Zustände zu betreiben. „Aktive Politik", Umverteilung im Sinne von Gerechtigkeitsidealen, Mobilisierung zugunsten von „large scale-policies", die zu nationalen Zielen stilisiert werden, all diese Aufgabenstellungen eines interventionsfreundlichen Staatsverständnis verbanden sich in der jüngeren Vergangenheit eher mit einer Instrumentenwahl unter den „carrots": Transfers, Steuervergünstigungen, soziale Dienstleistungen, Subventionen, öffentlich geförderte Modellprojekte usw.

Diesem Arsenal ist der „neoliberale" Zeitgeist der achtziger und neunziger Jahre nicht mehr gewogen gewesen – auch, aber nicht nur, weil die Rückführung der Staatsquote allenthalben die Kostenträchtigkeit dieser Instrumente akzentuierte. Auch ihre Eingriffsintensität wurde zum Problem – und darin erwies sich ihre Interpretierbarkeit. Von den Prämissen einer sakrosankten Privateigentumsordnung aus betrachtet (wie bei Epstein 1993), macht es z.B. keinen großen Unterschied, ob der Staat Verfügungsmacht dadurch einschränkt, daß er durch gesetzlichen Befehl seinem Gebrauch engere Grenzen setzt, oder ob er das erreicht, indem er begünstigende Verträge mit

Eigentümern schließt, die diesen bei Strafe des wirtschaftlichen Untergangs nur noch bestimmte Nutzungen ihrer Verfügungsmacht offenlassen. Insbesondere für die Gesamtheit der Eigentümer sei damit eine Einschränkung des Verfassungsprinzips „Eigentumsfreiheit" durch einen intervenierenden Staat zugemutet, obwohl sie selbst gar nicht beim begünstigenden Vertrag zugegen waren.

Das mag wie abgehobene Prinzipienreiterei einer marktdoktrinären Ideologie klingen, entspricht aber einflußreicher Rechtsauslegung z.B. in den USA und auch einem Grundzug der europäischen Integration der letzten Jahrzehnte. Die Gesamtheit der Eigentümer ist nämlich nach liberaler Weltsicht nicht allein dadurch geschädigt, daß ein Begünstigter durch Verzicht auf Verfügungsautonomie das Verfassungsprinzip aufweicht, sondern auch dadurch, daß über Wettbewerbseinschränkung die Begünstigung den Eigentumsgenuß Dritter mindert. Genau hier hat die marktöffnende, „negative" Integration Europas für mehrere Jahrzehnte angesetzt, was aber nicht ausschließt, daß die Rückführung nationaler Transfer-, Subventions- und Protektionspolitiken auch wieder mit der Verteilung sozialer Vorteile durch die Europäische Union selbst einher gehen konnte (vgl. Genschel 1998). Allerdings ist das Bemühen, Benachteiligte besser zu stellen, das früher in der nationalstaatlichen Sozialpolitik die Ausgabe vieler „carrots" inspirierte, im europäischen Kontext hauptsächlich in regulative Maßnahmen abgewandert (vgl. Walby 1999) – etwa indem Zugangs- und Mobilitätsbarrieren für Arbeitskräfte abgeschafft wurden oder Diskriminierungsverbote (auch gerichtlich) durchgesetzt wurden. Für die Nutznießer ist es zweitrangig, ob die soziale Besserstellung durch die Stärkung der Rechte gegenüber Dritten statt durch die Auszahlung von Sozialtransfers oder durch subventionierte Einrichtungen zustandekommt; jene Dritte mögen die einwirkenden Instrumente aber sehr wohl unter „sticks" verbuchen.

Zumindest bereichsweit hat die europäische Integration die Instrumentenwahl für nationale Regierungen eingeschränkt zu Lasten bestimmter protektionistischer und umverteilender „carrots", ohne dabei die prinzipielle Mehrdeutigkeit von politischen Maßnahmen aufzuheben.

Diese Mehrdeutigkeit stellt sich nicht allein aus den Perspektiven der Akteure (Entscheider, Adressaten, Dritte usw.) heraus ein, sondern auch im Zeitverlauf. Eine gewährte finanzielle Unterstützung kann beispielsweise sich vom Positivanreiz zum Druckmittel wandeln, wenn ihr Entzug existenzgefährdend wirkt, die Weiterzahlung aber an Bedingungen geknüpft wird – unter der Hand wandelt sich so Begünstigung in „Strafandrohung", die zudem noch spezifischer zugeschnitten werden kann als die generalisierten Normen eines Gesetzes. Umgekehrt kann aber durch Einrichtung von „Futtertrögen" aus öffentlichen Mitteln auch gegenläufige Abhängigkeit entstehen: einmal geschaffene Strukturen entwickeln einen Druck auf Fortbestand, den zu ignorieren wegen Arbeitsplätzen, politischen Loyalitäten, Personalverfilzungen usw. riskant wäre.

Verhandlungen sind der Versuch, diese Mehrdeutigkeiten einzufangen, indem man sie zum Thema macht und institutionell-prozedural verankert. Das Problem selbst soll somit zum Pfad der Problemlösung gewandelt werden. Dafür ist es aber erforderlich, daß sich die Verhandlungen verstetigen – ob dafür dann der Begriff „Verhandlungssysteme" taugt, ist Geschmacksache. Jedenfalls kann in einem Politikbereich der Staat dem Bedeutungswandel im Zeitverlauf dadurch Rechnung tragen, daß er dauerhafte Verhandlungsbeziehungen mit den Adressaten einrichtet. Eine Regelung muß nicht immer wieder durch Neuregelungen ersetzt werden (z.B. Gesetzesnovellen), sondern kann selbst so beschaffen sein, daß sie für Anpassungen offen bleibt. Auch das Perspektivenproblem kann internalisiert werden, indem möglichst viele Betroffene eines Regelungsbereichs einbezogen werden; der Staat kann somit „über die Bande spielen", indem er widerstreitende Interessen im Politikfeld sich wechselseitig neutralisieren läßt oder er kann sich von Kompensationsansprüchen entlasten, indem er Adressaten und Dritte „kurzschließt".

Freilich sind das „Kann"-Aussagen: Verhandlungsarrangements können genauso spektakulär scheitern wie einseitig autoritative Initiativen. Diese unterliegen allerdings einer stärkeren Formbindung. Der Anspruch des Staates, Gehorsam für seine Normen zu verlangen, basiert in der Demokratie auf einem relativ breiten (und damit unbestimmten) Konsensvorschuß: Vertrauen in Verfassungsgarantien und -prozeduren, pauschale Ermächtigung der gewählten Mehrheit innerhalb dieser Grenzen, bei geschützten Positionen und Einwirkungsrechten für die Minderheit. Ein solcher Vorschuß würde schnell verbraucht durch eine Instrumentenwahl aus der Wundertüte. Nicht nur aus rechtsstaatlichen, sondern gerade auch aus demokratischen Gründen müssen sich die staatlichen Handlungsformen dem Allgemeinheitsgrad der Legitimation angleichen. Gebote und Verbote z.B. müssen aus generalisierten Normen abgeleitet sein, „ohne Ansehen der Person" gelten, in vorgeprägten Verfahren abgewickelt und in standardisierte Formen gegossen werden.

Dort, wo der Staat einseitige Willensakte etabliert, herrscht zudem das Prinzip der *Isolation*. Im steuerlichen Veranlagungsverfahren interessiert der Bürger nicht als Übertreter der Straßenverkehrsordnung, umgekehrt im Bußgeldverfahren nicht als Steuerpflichtiger. Verhandlungen hingegen erlauben diese Adressatenisolation, die sich mit Formbestimmtheit verbindet, abzumildern: auf höchster Ebene werden Reformversprechen zur Unternehmensbesteuerung mit Initiativen zur Lehrstellenproblematik verknüpft, auf lokaler Ebene werden polizeiliche Strategien zur verschärften Durchsetzung von Platzverweisen und Ordnungsstrafen im Innenstadtbereich „getauscht" gegen die Mitwirkung von Geschäftsleuten und Vereinen bei Jugendbetreuung und Kriminalitätsprävention (vgl. Prätorius 2000). Die Fähigkeit staatlicher Instanzen, sanktionierend und befehlend aufzutreten, wird somit zu einer Ressource unter anderen, die in die Verhandlungssituation eingebracht wird; es kann sich dabei um den Eingriff gegen einen Verhandlungspartner handeln, aber – wie das zweite Beispiel illustriert – auch um den Eingriff gegen

Adressaten (hier: Störer in guten City-Geschäftslagen), die im Verhandlungskontext nicht repräsentiert sind.

Aus diesem Grund steht der „verhandelnde" Staat in keinem Gegensatz zum „befehlenden Staat"; er nimmt manchen Befehlen nur ihren Automatismus: Verhandlungsgrundlage können nur Eingriffe sein, die gegebenenfalls gegen Eingriffsverzicht oder alternative Instrumente ausgetauscht werden. Das autoritativ ausgerichtete Verfahren, sei es nun ein Verwaltungs- oder ein Gerichtsverfahren, ist hingegen auf eine vorher festgelegte und bestimmte Instrumentenwahl ausgerichtet, die zwar auch ausbleiben kann, aber dann nicht als austauschbare Option, sondern bei Vorliegen bestimmter Tatbestandsvoraussetzungen eher als „Muß"-Lösung.

Doch man kann die Entgegensetzung von Verfahren und Verhandlungen auch übertreiben (vgl. Vollmer 1996). Auch Verfahren, die in ihrem „output" auf *eine* Ergebnis*form* festgelegt sind (Urteil, Verwaltungsakt), gewinnen ihre Legitimation nur, weil sie an der „input"-Seite relativ offen konstruiert sind: sie erlauben den Verfahrensbeteiligten und potentiellen Entscheidungsadressaten aktive Einflußnahme auf die eingebrachten Tatbestände und der Bewertung; sie unterscheiden sich damit nicht von der „prozeduralen Rationalität" von Verhandlungen, die nicht reines positionales Feilschen, sondern inhaltliche Argumentation über Entscheidungsgegenstände eröffnen (vgl. Peters 1991: 239). In *beiden* Fällen hängt die Akzeptanz der Entscheidung zu erheblichen Teilen an dem Fairnessgrad, den die Beteiligten bei der Eingabe ihrer Sicht der Entscheidungsgegenstände erfahren; auch die oft gescholtene Länge der Verfahren spielt dabei eine positive Rolle, denn sie gewährleistet, daß die Informationseingabe nicht nur einer einzigen staatlichen Entscheidersicht anheimfällt – dies ermöglichen Widerspruchsverfahren ebenso wie die Stadien der Strafprozeßordnung von polizeilicher Erforschung über staatsanwaltliche Ermittlung bis zur gerichtlichen Verhandlung.

Wir sahen, daß die Verstetigung von Verhandlungen demselben Zweck dient; das verlangt aber, daß die Beteiligten ihre Rollen antizipierend stabil halten können – insofern verlangen auch langfristige Verhandlungsbeziehungen Formalisierung und werden so selbst zu „Verfahren" (Benz 1994: 308).

Bedeutende Unterschiede bleiben gleichwohl: der Zu- und Abgang von Verhandlungspartnern erfolgt in der Regel freiwilliger als bei Verfahrensbeteiligten; ja, die Beteiligung (und ihre Verweigerung) kann selbst Verhandlungsressource sein. *Eine* Informationseingabe dominiert stärker im Verfahren: die Orientierung der staatlichen Instanzen an der Deduktion aus den generellen Normen des Gesetzes. Die Fiktion, daß der Staat einseitiger Garant des Gemeinwohls oberhalb der Partikularinteressen bei dieser Interpretationsaufgabe sei, läßt sich nicht mehr aufrecht erhalten (vgl. Horn 1993): die gekennzeichnete Offenheit beim „input" in Verfahren bewirkt, daß die Gemeinwohlermittlung „pluralistisch" gedacht werden muß, nämlich auch als Aggregation der Einwirkungen. Dabei bleibt aber die Einwirkung der rechtlichen Normen eine übergeordnete, die Ermessensspielräume der Verwaltung gerade beim hoheitlich eingreifenden Verfahren müssen innerhalb dieser Normen und ihrer Intention gemäß genutzt werden, auch wenn sie die Gegensicht des Verfahrensadressaten gerade durch Verhältnismäßigkeitskriterien einbeziehen sollen.

Gerade diesem Ziel dient das Verfahren – durch die Tendenz zu Verhandlungslösungen kommen aber neue Varianten des Ermessensgebrauchs (vgl. Prätorius 1998: 216f.) auf, in denen sich die Abwägung auf das Verfahren selbst richtet: dieses erscheint dann nämlich als Kostenfaktor für Staat und Adressaten, den es von beiden Seiten her gegen antizipierte Resultate zu kalkulieren gilt.

Hier liegt der eigentlich neue Aspekt des heutigen Interesses am „verhandelnden Staat", denn ansonsten ist überhaupt nichts Besonderes am Tatbestand, daß staatliche Instanzen in Verhandlungsprozesse eintreten. Nicht nur als völkerrechtliches Subjekt, sondern auch als Tarifpartei, als Partner in der föderalen Kooperation, als Auftraggeber von wirtschaftlichen Kontraktnehmern, bei der Aquisition von internationalen Großaufträgen, bei entwicklungspolitischer Zusammenarbeit oder im „Wohlfahrtskorporatismus" haben alle Ebenen des politischen Systems schon seit langem „verhandelt". Neu ist nur, daß dem Eingriffsmodus traditionell vorbehaltene Regelungsbereiche zur Verhandlungsmaterie werden, weil sowohl der Eingriff selbst als auch das ihm dienende Verfahren staatlicherseits auch aus Betroffenenperspektive bewertet werden. Nicht zufällig wurde darum gerade der Umweltschutzbereich zu jenem Feld, in dem die entsprechenden Institutionalisierungen am üppigsten sprossen. Im Grunde verhandelt der Staat, wenn er z.B. emissionsmindernde Auflagen gegen Wirtschaftsunternehmen durch einvernehmliche Lösungen ersetzen will und wenn er Genehmigungsverfahren mit einem Ausgleich zwischen Investoren- und Umweltschützerinteressen unterlegen will, gleichzeitig mit sich selbst: sowohl das Umweltschutz- wie das wirtschaftliche Prosperitätsziel sind politisch repräsentiert und finden auch auf der staatlichen Verhandlungsseite Artikulation. Da aber das Umweltschutzziel stärker durch die eingreifenden Instrumente des Staates getragen wird und da die Verfahren des Eingriffs allein durch ihre zeitliche Erstreckung prosperitätshemmend anmuten können, eröffnet Verhandlung das Angebot, durch Konsenssuche den Akzent zugunsten der konkurrierenden Ziele zu verschieben. Das gelingt aber nur, indem die Bereitschaft, auf dieses Angebot einzugehen, nachhaltig dadurch stimuliert wird, daß die autoritative Einflußnahme als Alternative dräuend im Hintergrund bleibt (Benz 1994: 309). Selbst bei umweltpolitischen Mediationsverfahren, in denen der Staat sich vorgeblich in eine eher neutrale Rolle zwischen Produzenten und Umweltschützern zurückzog, erlaubte er indirekt erfolgsträchtige Verhandlungsmacht nur dadurch, daß er über einklagbare Rechtspositionen der „ökologischen Partei" potentielle „sticks" für die alternative Instrumentenwahl bereitstellte (vgl. Jansen 1997: 291).

Hinter dem verhandelnden Staat bleibt also der befehlende Staat in Reserve, nur deshalb ist der Staat als Verhandlungspartner überhaupt ernstzunehmen. Übertriebene Hoffnungen auf eine Ablösung von Hierarchie und Autorität durch allseitige Konsenssuche sind also ebensowenig am Platze wie Furchtszenarien einer Auflösung staatlicher Gesamtverantwortung in partikularistische Verhandlungsspiele, in die nur privilegierte Partizipanten Zugang finden. Da mit dem Staat als befehlender Instanz zugleich jene Instanz als Gegenüber gesucht wird, die allgemeine Normen als legitime Begründung der Befehle generieren darf, ist die Bewahrung der Eingriffsautorität zugleich die Frontlinie, an der der fortbestehende mehrheitsdemokratische, parlamentarische Charakter (Benz 1998) dieser politischen Ordnung gewahrt wird.

New Public Management – auf dem Weg zur Reorganisation grundlegender staatlicher Leistungen

Klaus Lenk

Nachdem die achtziger Jahre sich für die Verwaltungsreform in Deutschland als „verlorene Dekade" erwiesen, erreichte die weltweite, von Großbritannien ausgehende Bewegung des *New Public Management* zu Beginn der neunziger Jahre auch uns. Es kam zu einer deutschen Aus- und Umprägung im „Neuen Steuerungsmodell" der Kommunalen Gemeinschaftsstelle (KGSt). Wegen der bis dahin unbefragten Autorität, die diese Organisation als Motor der Verwaltungsrationalisierung genoß, griff die kommunale Praxis die neuen Vorstellungen mit großem Schwung auf. Eine wahre Literaturflut wurde durch die grundlegenden KGSt-Veröffentlichungen ausgelöst. Auf sie kann hier nur global verwiesen werden, so insbesondere auf die „Gelbe Reihe" der Berliner „edition sigma", mit (Anfang 2000) über 30 Bänden (vgl. auch Damkowski/Precht 1995 u. 1998).

Brachte das „Neue Steuerungsmodell" schon die lang erwartete Verwaltungsreform? Oder beruhte sein Überzeugungserfolg darauf, daß es gut geeignet ist, mit geschickter Rhetorik den von der Mittelknappheit angeheizten Innovationsdruck aus Bürgerschaft und Politik abzuwenden? Beide Vermutungen verfehlen den Kern dieses Modells. Es war noch nicht die Reform. Aber es ist mehr als Rhetorik. Es hat den Einstieg in einen Reformprozeß bewirkt, der über dieses Modell jedoch hinausführen muß (vgl. auch schon Klages 1995). Diese Erweiterung ist in Ansätzen bereits zu spüren.

Die deutliche Verengung der spezifisch deutschen Variante des New Public Management auf ein nach innen gerichtetes, auf Steuerung durch Zuweisung finanzieller Ressourcen ausgerichtetes „Neues Steuerungsmodell" bedarf näherer Betrachtung. Außerhalb der Landesgrenzen ging man schon frühzeitig andere Wege. In der Schweiz werden im Modell der „Wirkungsorientierten Verwaltungsführung" die Ergebnisse des Handelns einbezogen (vgl. Schedler/Proeller 2000). Mit Vorstellungen einer „Citizens Charter", mit der bestimmte Leistungen und ihre Qualität garantiert werden, ist in vielen Staaten ein Gegengewicht gegen eine reine Einsparungsorientierung geschaffen.

Weil das „Neue Steuerungsmodell" (nur) ein Managementmodell ist, können wir es nicht als das Ziel betrachten, das uns am Ende des Reformweges erwartet, den die deutschen Verwaltungen gegenwärtig beschreiten. Aber mit der Umsetzung einiger oder aller seiner Grundsätze, überall oder auch nur teilweise, wird der Weg in eine neue Verwaltung leichter. Man mag das Neue Steuerungsmodell, das von der deutschen Betriebswirtschaftslehre, insbesondere ihrem auf öffentliche Verwaltungsbetriebe und öffentliche Unternehmen gerichteten Zweig, voll in Beschlag genommen wurde, als eine Art Treppenleiter sehen, auf die man steigen kann, um die Früchte einer Verwaltungsreform zu ernten. Aber wie diese Reform aussehen muß, ist auch heute (2000) noch nicht klar.

Weitere Reformfortschritte sind überfällig. Die Forderung an die Verwaltung, billiger oder – wie manche fälschlich sagen – schlanker zu werden, kann in einem neuen Konjunkturaufschwung bestenfalls ein wenig abgemildert werden. Sie bleibt bestehen, weil sie strukturell bedingt ist. Die Produktivität vieler Dienstleistungen wächst in geringerem Maße als die der industriellen Produktion. Damit ist eine strukturelle Umgestaltung von Staat und Verwaltung als Daueraufgabe fest etabliert. New Public Management bleibt auf der Tagesordnung.

I.   Grundlagen des „Neuen Steuerungsmodells"

Hinter diesem Modell, das hier nicht noch einmal wiedergegeben werden soll[1], steht eine durchaus klassische Managementkonzeption, die in der Art eines Kreislaufs beschrieben werden kann. Eine Steuerungsinstanz – vielleicht sollte man besser Regelungsinstanz sagen – steuert eine operierende Einheit, wobei die Steuerungsinstanz selbst wieder bestimmten Vorgaben unterliegen kann. Der gesteuerten Einheit werden nun nicht Vorgaben bis ins Detail gemacht. Man rechnet vielmehr damit, daß diese Einheit viele Dispositionen selbst treffen kann. Dies gilt ganz unabhängig davon, ob ein ganzes Amt oder ein sogenannter Fachbereich gesteuert wird, eine einzelne Person oder ein Prozeß. Menschen sind zum Mitdenken fähig, und daher kann man weitgehend auf Selbststeuerung bauen. Lediglich dort, wo die Selbststeuerung in eine falsche Richtung zu laufen droht, müssen Vorgaben gemacht werden, im Sinne eines „tipping the balance" (vgl. Dunsire 1990).

Die Vorgaben sind somit Globalvorgaben. Sie beziehen sich auf zweierlei: auf die zur Verfügung gestellten Ressourcen und auf das Leistungsziel, wobei letzteres zwischen den beiden Stellen, der Steuerungsinstanz und der gesteuerten Einheit, vereinbart wird. Hier finden sich die Grundgedanken des *Management by Objectives* (MbO) wieder, des Managements durch Zielvereinbarung, das vor 25 Jahren auch in der öffentlichen Verwaltung bei uns hier und da Eingang fand. Die ursprüngliche Vorstellung des Management by Objectives war, daß die einzelnen Glieder der hierarchischen Anweisungskette durch Kreisläufe zwischen Steuerungsinstanz und gesteuerter Einheit ersetzt werden (vgl. Wild 1973). Das erstreckt sich über mehrere Hierarchiestufen bis ganz nach unten; in letzter Instanz soll es immer die einzelne Person sein, mit der der unmittelbare Vorgesetzte Ziele vereinbart, um dann an-

---

1   Zu empfehlen ist der Blick in Arbeiten, die dieses Modell in einen weiteren Zusammenhang einbetten (vgl. u.a. Schedler/Proeller 2000 u. Heinz 2000).

schließend das Ergebnis ihres Handelns an dieser Vereinbarung zu messen und dementsprechend Belohnungen auszuteilen oder Ressourcen für die nächste Zeitperiode zuzuweisen. Das mit dieser Vermaschung von Kreisläufen intendierte Gegenstromverfahren war freilich wenig praktikabel, solange man an der Idee einer tiefgegliederten hierarchischen Organisationsstruktur festhielt. Der Aufwand war zu groß.

Die unteren Ebenen des Modells des Management by Objectives einfach zu kappen, wie es das „Neue Steuerungsmodell" vorsieht, erscheint gleichwohl nicht unbedenklich. Denn wenn die gesteuerte Einheit ein Fachbereich oder ein Dienst mit 1000 Mitarbeitern ist, so ist zu befürchten, daß doch nur wieder ein kleiner Zentralist entsteht und daß die Steuerungsinstanz letztlich abdankt. Die Verbindung zwischen einer Systemsicht des Managements und der Sorge um die Motivation der Mitarbeiter, welche für das Management by Objectives kennzeichnend war, geht so wieder verloren.

Viel sorgfältiger als auf die Zielvereinbarungen geht die Praxis des Neuen Steuerungsmodells auf den Rückmeldestrang ein, der von der gesteuerten Einheit zur Steuerungsinstanz führt. Ressourcenverbrauch und Leistungserbringung müssen gemessen werden. Traditionell leistet dies das Rechnungswesen, genauer das interne Rechnungswesen. Bei Unternehmen, die ihre Leistungen am Markt verkaufen müssen, zeigt das monetäre Rechnungswesen recht zuverlässig, wie die Leistung des Unternehmens bei den Kunden eingeschätzt wird. Denn jeder Verlust, jeder Gewinn schlägt sich nieder.

Auf ein solches Rechnungswesen, das man als ein großes Informationssystem verstehen kann, setzt dann, gleichsam als ein kleines Häubchen, das Controlling auf. Es verdichtet die Informationen und leitet sie in Berichten an die Steuerungsinstanz weiter. Es kann freilich auch unmittelbar Informationen an die arbeitende Ebene geben und dieser damit behilflich sein, Kurskorrekturen vorzunehmen, ohne daß die Steuerungsinstanz einschreiten muß (vgl. König 1994). Allerdings schillert der Begriff des Controlling in vielen Farben (vgl. zum Überblick Küpper/Weber/Zünd 1990; Brüggemeier/Küpper 1992 u. Brüggemeier 1998[3]). Für viele ist Controlling nichts anderes als das, was der Controller tut. Und dann kommen auch andere Funktionen in den Blick, beispielsweise die, ein funktional zersplittertes Management, bei dem Produktion, Absatz, Beschaffung, Forschung und Entwicklung in verschiedenen Händen liegen, wieder zu einer ganzheitlichen Sicht seiner Aufgabe anzuleiten. Wie alle umfassenden Managementkonzepte (Total Quality Management, Marketing, Management by Objectives) lebt auch Controlling davon, daß es altbewährte Instrumente und Konzepte nachträglich bei sich einbürgert und für neu ausgibt.

Damit das Controlling seine Aufgabe erfüllen kann, benötigt es hinreichende Informationen über die Ressourcen. Hier taucht schon das erste Problem auf. Die wichtigste Ressource der Verwaltung sind die Menschen, die in ihr arbeiten. Das hat man auch schon für Unternehmen erkannt. Aber in Verwaltungen gilt dies in noch viel höherem Maße. Das Rechnungswesen bewertet nun nicht das Wissen, das Geschick, die Berufserfahrung, die Teamfähigkeit der einzelnen Mitarbeiterinnen. Es kann nur die Preise ansetzen, die für die Mitarbeiter gezahlt werden, also einen Input-Faktor. Das Potenzial, das die Mitarbeiter darstellen, und das dann in der täglichen Arbeit zum Tragen kommt, kann aber bei gleicher Besoldung sehr unterschiedlich sein. Investiert eine Verwaltung in qualitative Personalentwicklung, um vielleicht mit Fortbildung das Potential schlicht zu verdoppeln, dann schlagen von einer solchen Maßnahme nur wieder die Kosten zu Buche. Das Potenzial wirkt sich nur mit Zeitverzögerung auf die Leistung aus, und nur dann, wenn es gebraucht wird und wenn das sonstige Umfeld „stimmt". Dann kommt es etwa zu verbesserter Servicequalität oder zu gezielten, besonnenen Reaktionen in Katastrophenfällen. Aber das läßt sich schwer erfassen und bewerten.

Weil im Regelfall Verwaltungen ihre Leistung nicht am Markt anbieten, müssen Surrogate für den Markt gefunden werden. Diese Surrogate klammern sich heute geradezu ängstlich an die Person des Kunden, soweit diese Person auszumachen ist. Das geht natürlich im Falle der Müllabfuhr oder des Patienten im Krankenhaus. Aber Servicequalität ist nicht alles. Die Produktqualität ist im Regelfall wichtiger, und sie läßt sich nicht immer von identifizierbaren Kunden bewerten. Positive und negative externe Effekte, beispielsweise ein ordentliches Straßenbild bei der Müllabfuhr oder Volksgesundheit beim Krankenhauswesen, werden herausdefiniert, wenn nicht politische Meßlatten angelegt werden. Während man ursprünglich den Sinn öffentlichen Handelns darin erblicken konnte, daß der Verwaltung bestimmte Aufgaben aufgebürdet werden, gerade weil sie nicht nur die Kunden zufriedenzustellen hat, so wird jetzt über Kosten-Leistungs-Rechnung das Rad wieder zurückgedreht. Der „meritorische" Zusatznutzen wird wegoperiert. Es kommt zu einer Mikroökonomisierung des Verwaltungshandelns, welche auch zwischen den einzelnen Teilbereichen einer Kommunalverwaltung wieder Schotten einzieht (Lenk 1997). Die früher so hochgehaltene Idee der Einheit der Verwaltung wird heute kaum noch beschworen.

Die Gefahr ist nach alledem groß, daß die Steuerungsinstanz Signale erhält, mit denen sie zwar so steuern kann, daß der Ressourcenverbrauch minimiert wird. Unklar ist aber, ob die ebenfalls angestrebte Leistungssteigerung tatsächlich auf diese Weise realisiert werden kann.

Immerhin, eines wurde erreicht. Die Verwaltung hat in den vergangenen Jahren einen Blick dafür bekommen, was ihre Prozesse tatsächlich kosten. Das ist dem Neuen Steuerungsmodell zu verdanken. Es fordert eine dezentrale Verantwortung für Aufgaben und für Ausgaben, verbunden mit einer Kostenrechnung, die realistisch auswirft, welche Ergebnisse um welchen Preis zu haben sind. In Kenntnis der Kosten und auch der erstellten Leistungen sollen Vergleiche angestellt werden. Indem die Verwaltung hiermit ihre Schwachstellen besser erkennt, ist ihr tatsächlich eine Treppenleiter zur Reform hingestellt. Aber zur Kenntnis der Schwachstellen muß das Wissen um die Möglichkeiten der Verbesserung und das Geschick zur Durchführung von

Innovationen hinzukommen (vgl. AWV 1999; Lenk 1998; Gerstlberger/ Grimmer/Wind 1999).

II. Betriebswirtschaftliche Verkürzung des Modells

Das Neue Steuerungsmodell stellt sich in seinen Frühfassungen als eine Ansammlung betriebswirtschaftlicher Instrumente dar, die aus einem Lehrbuch entsprungen zu sein scheinen. Man erfährt wenig über das eigentliche Geschäft der Verwaltung, über die Vielfalt ihrer Leistungen, die jeden Manager in der Wirtschaft zur Verzweiflung treiben müßte und dennoch so gut wie nicht reduziert werden kann. Der modische, nicht auf Deutschland beschränkte Hintergrund ist der „Managerialismus": der allmächtige Manager wird es schon richten. Manager sind zum Leitbild geworden, nach Priestern, Offizieren, Gelehrten oder Ärzten. Sie sprechen sich immer höhere Bezüge zu, was mit einer Art Allroundkompetenz gerechtfertigt wird. Wer eine Ladenkette führen kann, muß doch auch zur Leitung einer Oberfinanzdirektion befähigt sein. Von Steuerverwaltung oder gar von Steuerrecht braucht er oder sie (Frauen sind in diesem Beruf nach wie vor die Ausnahme) nichts zu verstehen.

Daß die Manager die Primärprozesse nicht allzu genau zu kennen brauchen, um sie zu steuern, diese Vorstellung ist tief verwurzelt. Sie hat vielleicht dort noch eine gewisse Berechtigung, wo diese Prozesse gering an Zahl und einander recht ähnlich sind, also etwa im Einzelhandel, in Banken und Versicherungen. Aber in der öffentlichen Verwaltung haben wir es mit Tausenden von Aufgaben zu tun, vor allem in den Großstädten. Daran ändert sich zunächst gar nichts, wenn man die Aufgabenerfüllungsprozesse in Geschäftsprozesse umtauft bzw. ihre Ergebnisse in Produkte. Erst dann ändert sich etwas, wenn man diese Prozesse so genau unter die Lupe nimmt, wie ein Systemanalytiker dies zu tun gewohnt ist, um Ähnlichkeiten zu entdecken oder um ihr standardisierbares Gerüst herauszuschälen.

Wenn man immer nur von Steuerung redet, kommen die Primärprozesse, die Arbeitsebene nicht in den Blick. Man fragt nicht genau genug, was eigentlich getan werden soll,[2] was die Besonderheiten ausmacht in der Arbeit eines Forstbeamten, eines Sozialarbeiters, eines Tiefbauingenieurs, einer Schulverwaltungskraft oder einer Kämmereibediensteten. Und damit fehlen dann Kriterien um festzustellen, ob die neuen Steuerungsinstrumente angemessen sind. Unterstellt man freilich dogmatisch, was für die Steuerung eines

---

2   Differenzierte Darstellungen finden sich vor allem für die Sozialverwaltung (vgl. z.B. Pitschas 1994 sowie mehrere Beiträge in Damkowski/Precht 1998).

Bauhofs gut sei, müsse auch dem Jugendamt frommen, dann ist das natürlich kein Thema.

Schon vor einem Vierteljahrhundert schrieb man viel über outputorientierte Budgetierung, also die Zuweisung von Mitteln in Abhängigkeit vom Ergebnis ihrer Verwendung in vorausgegangenen Zeiträumen oder von der ex-ante-Abschätzung dieses (wahrscheinlichen) Ergebnisses. Aber damals war noch klar, daß man z.b. wissenschaftliche Forschung nicht über ihren Output, sondern nur über Input steuern kann. Denn sie lebt von ihrem Potenzial, und oft braucht ein großes Werk zehn Jahre oder länger. Ergebnisorientierung verführt zum typisch amerikanischen Kurzfristdenken, zur Kurzatmigkeit. Das schon sprichwörtliche Langfristdenken der Japaner sieht ganz anders aus: geduldiges Investieren, lange bevor man zu kassieren beginnt. So wie in der Wissenschaft sieht es in vielen Zweigen der Verwaltung aus. Oft muß Potenzial vorgehalten werden, so wie unser Körper Fett für den Notfall sammelt. Wie anders als politisch wollen wir über die Sollstärke einer städtischen Feuerwehr entscheiden? Warum sollen wir uns einen Katastrophenschutz leisten? Wohlgemerkt, dies ist kein Argument für die Beibehaltung des überkommenen Zustands. Es zielt darauf, sich des Potenzials bewußt zu werden und rational darüber zu entscheiden, wieviel wir es uns kosten lassen wollen.

III.   Wandel der Verwaltungskultur

Die angesprochenen und andere unaufgearbeiteten Fragen des Neuen Steuerungsmodells treten in dessen Umsetzung als Schwierigkeiten zutage. Über diese Umsetzung ist seit etwa 1997 viel Ernüchterndes geschrieben worden. Gleichwohl, das Modell selbst hat unbestreitbar einiges in Bewegung gebracht. In dem Schwung, der die Kommunalverwaltung ergriffen hat, liegt eine Stärke, die jene nicht erkennen, die nur wie auf einer Schnur Kritikpunkte aufreihen. Wenn die Verwaltungsmodernisierung endlich greifen soll, dann ist Schwung nötig, viel Schwung. Nicht wenig davon hat das Neue Steuerungsmodell gebracht, auch wenn jetzt die Begeisterung wieder deutlich nachläßt. Erreicht wurde – und dies ist nicht wenig – ein beginnender Wandel der Verwaltungskultur, der nicht mehr rückgängig gemacht werden kann.

Die Wissenschaft sollte freilich manche verbalen Übertreibungen zurechtrücken. Oft richten sich diese gegen die rechtlich gebundene bürokratische Verwaltung. So vordringlich eine Rechtsvereinfachung auch ist: globale Bürokratenschelte und Geringschätzung des Juristischen sollten wir nicht einfach durchgehen lassen (so zu Recht auch Schedler/Proeller 2000: 175ff.). Das Juristische stellt nichts anderes dar als die Sprache, mit der der politische Souverän seine nicht immer botmäßige Dienstmagd Verwaltung an die Leine legt und sie berechenbar macht, für ihn selbst wie für die Betroffenen. Die

Verrechtlichung der deutschen Verwaltung, die mühsam mit den Gerichten gegen den alten Schlendrian erkämpft werden mußte, sorgt – modern gesprochen – für eine hohe Produktqualität im Bereich der rechtlich gebundenen Verwaltung. Nach 1945 bedurfte es zweier Jahrzehnte, um diese Rechtsbindung wirklich durchzusetzen. Später, ab 1968, machten Demokratisierung der Verwaltung und Bürgernähe gewisse Fortschritte. All dies der unaufschiebbar gewordenen stärkeren Ökonomisierung zu opfern, wäre kurzschlüssig (König 1995).

IV. Das „magische Dreieck" der Organisation

Weil gewissermaßen unter der betriebswirtschaftlichen Schale des „Neuen Steuerungsmodells" die Dimension des kulturellen Wandels sichtbar wird, tut dieses Modell schon einen Riesenschritt hin zu dem eigentlichen Kern der Verwaltungsmodernisierung. Aber man darf nicht auf der Managementebene stehenbleiben, will man diesen Kern erkennen. Fassen läßt er sich in dem Bild eines „magischen Dreiecks" der Organisation (*Alfred Kieser*). Organisation, Personal und Informationstechnik bezeichnen dessen drei Ecken.

Um beim *Personal* zu beginnen. Mit einer gewissen Verzögerung gegenüber der Wirtschaft wird es auch in der Verwaltung als wichtigste Ressource entdeckt. Diese ist nicht nur weithin unausgeschöpft, sondern sie wird oft schlicht vergeudet durch „die unangepaßte Führung, die weder richtig autoritär ist noch den Verhältnissen vor Ort entspricht. Die Mitarbeiterinnen und Mitarbeiter fühlen sich in ihrer Arbeit letztlich allein gelassen." (Plamper 1995). Sie erhalten zu wenig Anerkennung. Nicht die Erfolge zählen, sondern das Vermeiden von Fehlern, das den Mitarbeitern aber oft genug durch ungenügende Information über die Erwartungen schwergemacht wird.

Informationstechnik: Während Personalentwicklung im Zusammenhang mit dem „Neuen Steuerungsmodell" schon hier und da genannt wird, gilt dies noch kaum für die Informationstechnik, geschweige denn für die künftig anzustrebende optimale Verknüpfung von menschlichen und maschinellen Arbeitsbeiträgen. Die unterschiedlichen Verwendungsformen dieser Technik werden selten auseinandergehalten (vgl. Lenk 1994: 317ff.). Noch weniger wird gefragt, welche ihrer Potenzialfaktoren auf dem Weg in eine bessere Verwaltung heute weiterhelfen können.

Der erste dieser Potenzialfaktoren ist die Automation, die in der Verwaltung immer nur eine Teilautomation sein kann. Mit ihr wurden erhebliche Personaleinsparungen teilweise schon vor Jahrzehnten gleichsam schleichend realisiert, indem größere Fallzahlen mit dem nicht gewachsenen Personal bewältigt werden konnten. Vielfach hat sich auch eine gewisse Luft in der Organisation dadurch angesammelt, daß diese Potenziale erst nach einigen Jah-

ren realisiert werden konnten. Dann fehlte es aber an den nötigen Organisa-
tions-Überprüfungen und die Beteiligten gewöhnten sich an die neue Be-
quemlichkeit.

Der zweite Potenzialfaktor kann als Datenintegration beschrieben werden, sowie als Zusatznutzung der Information. Das in den siebziger Jahren
sich verbreitende Bild der „Datenbank" zielte auf Mehrfachnutzung des In-
formationskapitals der Verwaltung, modern gesprochen auf Wissensmanage-
ment. Große Konzepte landesweiter Informationssysteme wurden in Kenntnis
dieses Potenzials entworfen. Später kam mehr und mehr die Möglichkeit hinzu, den Raum durch Datenfernübertragung und durch die Digitalisierung der
Telekommunikation zu überwinden.

Zum dritten Eck des „magischen Dreiecks", der *Organisation*: Die Entwicklung der Informationstechnik mußte zahlreiche Auswirkungen auf die
Prozesse der öffentlichen Verwaltung haben. Kommunikationstechniken verändern die Notwendigkeit der Präsenz im Raum grundlegend. Die Informationstechnik ist eine Organisationstechnik (vgl. Lenk 1993; Lenk 1999). Sie eröffnet die Perspektive einer viel besseren Gestaltung von Geschäftsprozes-
sen, wenn man sie dazu benutzt, über die 1:1-Umstellung vorhandener Abläufe hinauszugehen. Dies war freilich in den Frühzeiten wegen der noch
ausstehenden Gewöhnung an die Technik vielfach schwierig; die Ände-
rungswiderstände waren groß.

Inzwischen muß man die Lage neu bewerten. Und dies führt zu einer
grundlegenden Besinnung auf die Geschäftsprozesse, wie sie mit der fast
schon missionarisch auftretenden Bewegung des Business Process Reengineering eingefordert wird (Lenk 1995). Die Durchforstung aller Abläufe der
Verwaltung stellt heute den entscheidenden Ansatz dar. Nur wenn alle drei
Ecken des Dreiecks gleichgewichtig in den Blick genommen werden, ist der
Weg zu einer durchgreifenden Modernisierung geöffnet. Das vielbeklagte
Produktivitätsparadoxon der Informationstechnik hat seine Ursache darin,
daß Abläufe weiterhin so behandelt wurden, als gäbe es die Informations-
technik nicht.

Die an sich faszinierende Idee des Business Process Reengineering leidet
in der Praxis immer noch unter unzureichenden Methoden (vgl. Reinermann
1999). Was wir vorfinden, sind Methoden des Software-Engineering, die sich
gleichsam ins Vorfeld der Anforderungserhebung vorwagten. Nur in Ansätzen und für einzelne Teilschritte im Rahmen von Verfahren der Organisati-
onsänderung gibt es Methoden, welche einen vom Personal her getriebenen
und zugleich qualitätsbezogenen Prozeß der Organisationsentwicklung unter-
stützen. Konzentriert sich alles auf Spezifikationen für das Software-Engineering, dann fällt viel Organisationsrealität durch die Maschen. Ganzheitli-
che Organisationsentwicklungsprozesse können so nicht unterstützt werden.

Von den Reformnotwendigkeiten her betrachtet, führen unsere Überlegungen zu einem Dreieck Organisations*entwicklung* – Personal*entwicklung* –
Informationssystem*entwicklung)*. Das weist hin auf die Stufe der Reform, die

nach dem New Public Management kommen bzw. zu der dieses sich erweitern muß.

V. Über den Kulturwandel hinaus: Perspektiven der Staatsreform

Man hat das neue öffentliche Management verglichen mit russischen Puppen (Bellamy/Horton 1992). Öffnet man die betriebswirtschaftliche Hülle der rezeptartigen Managementkonzepte, so kommt darunter die Notwendigkeit eines grundlegenden Wandels der Verwaltungskultur zum Vorschein. Öffnet man aber auch die Kulturpuppe, so kommen wir zur Kernfrage. Wieviel Staat, wieviel Verwaltung wollen wir uns eigentlich leisten, und zu welchem Zweck? Eine Reform, die nicht geleitet ist von der Besinnung auf die Grundaufgaben von Staat und Verwaltung, wird sich über kurz oder lang in Selbstbeschäftigung erschöpfen.

Vor einer Verbesserung der Verwaltung steht die Frage, ob man sie in Teilbereichen nicht abschaffen kann. Dies bedeutet Aufgabenkritik in der Form der Zweckkritik. Aber über Staatszwecke nachzudenken fällt uns nicht leicht. Die Wissenschaft hat bekanntlich kräftig dabei mitgeholfen, uns Denkverbot über die Staatszwecke zu erteilen. Wenn nicht alles täuscht, wird die Diskussion dennoch in diese Richtung fortschreiten (Lenk 2000).

Weil überkommene Verfahrensweisen nicht mehr finanzierbar oder akzeptierbar sind, bleibt Verwaltungsmodernisierung ein Dauerthema. Wie sie im einzelnen verläuft ist abhängig von einer Reihe von Rahmenbedingungen; diese und die Zielkonstellationen, unter denen die Verwaltung im 21. Jahrhundert handeln wird, sind wichtig, wenn es um eine Abschätzung von Kräften der Beharrung und Veränderung geht.

Zu diesen Rahmenbedingungen gehört eine Weltentwicklung, die durch eine – auch von der informationstechnischen Vernetzung stark beförderte – Globalisierung gekennzeichnet ist und in der die Staaten und ihre Verwaltungen sich wandeln. Sie stoßen alte Aufgaben ab, oftmals nicht weil dies politisch so gewünscht wird, sondern weil man glaubt, daß diese Aufgaben in wirtschaftlich vertretbarer Weise nicht mehr zu erfüllen sind bzw. rechtlich unter Rückgriff auf das territorial verankerte Gewaltmonopol des Staates nicht mehr durchsetzbar erscheinen. Die Staaten übernehmen andererseits neue Aufgaben, wobei sie sich in Netzwerken der Politikformulierung mit anderen Akteuren wiederfinden. Auch vernetzen sie sich für die Durchführung dieser Aufgaben mit unterschiedlichen Verwaltungsträgern und mit kommerziellen oder gemeinnützigen privaten Unternehmungen.

Das Umfeld wandelt sich, in dem der Staat und die Verwaltung als sein exekutiver Arm künftig Leistungen erbringen müssen. Zumindest einige Hinweise müssen daher gegeben werden zur Funktionsbestimmung des Staats in der heutigen (Risiko-, Informations- etc.) Gesellschaft.

– Innere und äußere Sicherheit als grundlegende Staatszwecke,
– Schutz der ökologischen und sozialen Voraussetzungen des Zusammenlebens angesichts der sich entfaltenden und oft destruktiven ökonomischen Kräfte,
– Beherrschung und Domestizierung der realisierten Technik und des Technikpotenzials,
– Erschließung des gesellschaftlichen Nutzens neuer technikgestützter Systeme durch staatliche Pionierleistungen,

mit diesen Kurzformeln können heute die entscheidenden öffentlichen Aufgaben bezeichnet werden. Mit dem Bewußtsein von ihnen, welches sich allmählich einstellt, verändern sich allmählich die Funktionen von Regierung und Verwaltung. In kurzfristiger Betrachtung ist dies kaum erkennbar. Es geschieht auch nicht notwendig in dem Sinne, daß bewußt Kräfte gesammelt werden („Capacity Building"), um mit den neuen Herausforderungen fertig zu werden. Bisherige Selbstverständlichkeiten, wie etwa die Verantwortung des Staates für die Garantie von Vollbeschäftigung, können wegbrechen oder langsam erodieren. Der Bedeutungsgehalt von „Good Governance" verändert sich damit inhaltlich. Gleichwohl, nach wie vor muß staatliches Handeln fünf modalen Zielwerten gerecht werden, welche als Oberziele für eine zukunftsfähige Verwaltung gesehen werden können:

1. *Demokratische Entscheidung*: Politisch muß entschieden werden über Art, Menge und Qualität der erforderlichen Einwirkungen auf die Gesellschaft, einschließlich der zu erbringenden Sach- und Dienstleistungen.
2. *Effektivität*: Das zur Umsetzung des Entschiedenen erforderliche Handeln muß effektiv sein. Der Staat tut, was er sagt.
3. *Rückbindung* des Verwaltungshandelns an den politischen Auftrag: politische Verantwortlichkeit und Transparenz des Verwaltungshandelns. Der Staat sagt auch, was er tut.
4. *Kapazitätsentwicklung und -pflege*: Aufbringung und Sicherung der für das Handeln erforderlichen Ressourcen: Geld, Legitimation, Menschen, Informationstechnik, Arbeitsorganisation, Sachmittel, Wissen.
5. *Effizienz* der Tätigkeit (der Leistungserstellung) in unterschiedlich breitem Rahmen: outputbezogen, wirkungsbezogen.

Deutlich wird mit Blick auf diese fünf Zielwerte, daß eine ihren Namen zu Recht tragende Verwaltungsmodernisierung der Zusammenfassung ganz unterschiedlicher Ansätze und Sichtweisen bedarf. Teils bilden diese sich von selbst heraus, teils sind sie politisch zu fördern. Unbeschadet unserer Erfahrungen mit den flickenhaften, instrumentengetriebenen Ansätzen der neunziger Jahre ist für die Zukunft Optimismus durchaus angebracht. Es ist mit einem Zusammenfließen unterschiedlicher Antriebskräfte eines Neubaus von Staat und Verwaltung zu rechnen (vgl. auch Mauch 1999). Endogene Kräfte wie das New Public Management treffen sich mit exogenen, aus der Sorge um durchhaltbare Weltentwicklung erwachsenen. Mit Blick auf die Potentialfaktoren der Informationstechnik wird Electronic Government hier einen wichtigen Platz einnehmen.

Der Staat zwischen Globalisierung und Effizienz

Peter Nitschke

Der Staat modernen Typs als Leistungs- und Anstaltssystem zur Absicherung und Steuerung sozialer Bedürfnisse ist signifikant in einer Krise – und zwar in einer Krise, die ausgelöst worden ist durch eine Wandlung der ökonomischen Produktionsprozesse. Das, was hierbei unter dem Paradigma von der sogenannten *Globalisierung* firmiert, bezieht sich im wesentlichen auf ökonomische Steuerung und Rationalisierung von Arbeitsvorgängen, die sowohl in einer Entgrenzung wie auch in einer Verflechtung nationaler und internationaler Strukturen gesehen werden können. Kurzum: der Staat ist in einer Krise, weil die Welt sich wandelt.

Diese Krise ist strukturell, weil damit einerseits der nationale Raum als Bezugsgröße entgrenzt wird und zugleich die Steuerungskapazität des Staates sukzessive verloren geht oder minimiert wird (vgl. auch Weidenfeld u.a. 1998: 18). Andererseits bleiben aber die sozialen Bedürfnisse, weswegen sich bürgerliche Gesellschaften auf einen *Staat* mit bürokratischem Apparat und Gewaltmonopol eingelassen haben, bestehen – streng genommen, wachsen sie sogar. Unter dem Schlagwort der *Glocalization* läßt sich diese Ambivalenz noch konkreter ausdifferenzieren und auf die Minimierung nationalstaatlicher Hegemonie hin festmachen:

a) der Verlust an Souveränität zugunsten einer supranationalen Politikstruktur
b) die Kompensationsgewinne auf der horizontalen (nationalen) Politikebene durch Verbände und andere gesellschaftliche Interessensgruppen
c) die Regionalisierung und Lokalisierung von Politik.

Die Akteurssouveränität geht in der Gemengelage dieser drei Faktoren sukzessive in eine neue Gestaltungskonfiguration über. Es ist zwar keineswegs so, daß der Nationalstaat seine Machtmöglichkeiten völlig abgibt oder in Zukunft abgeben würde, jedoch verändert sich sein Gestaltungsvermögen in gravierender Weise. Nicht mehr in jedem Politikfeld wird man in Zukunft von nationaler Handlungsmächtigkeit, mitunter auch gar nicht mehr von der Definitions- und Dezisionsfähigkeit ausgehen können. Es ist zwar richtig, daß hinter dem verhandelnden Staat auch weiterhin der befehlende Staat existent bleibt, allein da, wo bisher traditionell befohlen wurde und nunmehr verhandelt wird, kann man nicht mehr vom *starken Staat* ausgehen. Vielleicht sollte man dies auch nicht, verbindet sich doch damit in gewisser Weise auch ein paternalistischer Reflex auf den *objektiven Staat* hegelscher Prägung. Demgegenüber ist ein Verständnis von Staatlichkeit im Sinne einer Interessenvermittlungsagentur, als „Aggregation der Einwirkungen" (wie es

Prätorius formuliert), tatsächlich ein realistischeres Beschreibunsgmodell im Rahmen der Theorie vom demokratischen Staat.

Doch die Frage *Wieviel Staat?* ist nicht einfach nur eine Frage der Quantität oder funktionaler Output-Mechanismen. Zugleich ist hiermit zu hinterfragen *Was ist Staat?* im Sinne einer legitimatorischen Prämisse. Wozu denn noch Staatlichkeit, wenn die Shareholder-Gesellschaft sich im Zeitalter der *elektronischen Herde* im internationalen Aktien- und Versicherungsgewerbe selbst steuern und alimentieren kann (vgl. Friedman 1999). Der Managerialismus feiert hier dann fröhliche Urstand wie selbst im klassischen (goldenen) Zeitalter des Manchester-Liberalismus noch nicht gesehen. Funktionale Effizienz ist Trumpf, die Legitimität staatlichen Handelns mag atavistisch hinten anstehen. In einer solchen Konstellation, bei der die nationalen Ressourcen in individuellen Anlagestrategien global neu gewichtet werden, kann nicht verwundern, daß der Intergouvernementalismus (nicht nur bei der Europäischen Integration) weltweit zunimmt. Nationalstaatliche Politik, egal auf welchem Kontinent, kann damit nur (halbwegs) den Verlust und die Minimierung seiner Steuerungskompetenz auffangen. Denn die klassische Ausgangsposition der staatlichen Politik, demzufolge der, wer den Raum beherrscht auch die Steuerung der Raum-Insassen kontrolliert, gilt nicht mehr. Dort, wo der territoriale Staat mit seiner nationalen Identitätsbindung auf eine Begrenzung des Flächenreservoirs Wert legte, haben wir es nunmehr mit einer Entgrenzung in Form einer funktionalen Ausweitung der arbeitsteiligen Prozesse des Marktes zu tun. Das führt zu einer schleichenden Deregulierung staatlicher Steuerungskompetenz bei gleichzeitiger Verdichtung nicht nur in supranationale, sondern auch in subnationale Räume und ihre politische Agglomerationsforen. Die Rolle des Staates verschwindet deshalb nicht, doch der Querschnitt der Funktionen bekommt eine neue Zuweisung, was die Relationen untereinander angeht. Vom Überwachungs- und sozialen Sicherheitsagenten hin zum Kommunikationsmoderator unterschiedlicher Leistungsinteressen der Gesellschaft. Faktisch initiiert auch nichts mehr der Staat, wie mitunter noch gemutmaßt wird (vgl. z.B. Weidenfeld u.a. 1998: 19), er folgt lediglich den Selbstinszenierungen der Gesellschaft und ihrer Märkte da, wo die öffentliche Relevanz (oder das Echo auf die Inszenierung) am größten wird. Insofern ist es nicht die Frage, was aus dem *big government* der Nachkriegszeit nun an *small government* herauskommt, sondern welcher Art das *central government* der Zukunft sein wird?

Wenn sich in der Globalisierung die drei Faktoren *Arbeit*, *Material* und *Kapital* grundlegend verändern oder bereits verändert haben (vgl. u.a. Barber 1996, Cohen 1998[2], Friedman 1999, Yergin/Stanislaw 1999), indem sie eine neue Relation eingehen, dann obliegt es erst recht der Politik, diese Relation zu definieren bzw. zu arrangieren und zu kontrollieren. Insofern ist die Privatisierung staatlicher Leistungen ein Vorgang, den man nicht um jeden Preis machen darf und machen kann, sondern der im Sinne einer *schlanken Privatisierung* gesteuert werden muß. Wie Lenk hervorgehoben hat: auf den Input kommt es beim Staat fast mehr noch an als auf den Output! – Gerade da, wo es nicht eindeutig taxierbare Kosten für das Gemeinwohl gibt, wie etwa im Bereich der Sozialpolitik und der Inneren Sicherheit, da bleibt das Prinzip einer Steuerungsgarantie des Staates im Rahmen einer öffentlichen Verwaltung elementar. Im übrigen gilt auch zu beachten, daß selbst der Markt *Politik* in dem Sinne ist, in dem er auf diverse Transaktionen und Steuerungsleistungen der staatlichen Politik stets wie selbstverständlich zurückgreift. Wenn Streit am Markt ist, entscheidet nie der Markt selbst, wie der Streit gelöst werden soll: bisher ist und bleibt es Sache dessen, was wir gegenwärtig als *Staat* bezeichnen. Wie auch immer dieser in der Zukunft aussehen wird, ob metanational oder subnational oder (wahrscheinlicher) beides zusammen (gleichzeitig), die Politik ist als Rahmenwerk von Polity stets dabei, wenn der Markt agiert.

Doch problematisch ist bei diesem Befund, der an und für sich den Stellenwert des Staates als Dienstleistungsagent für soziale Belange unterstreicht, daß die kognitive Herausforderung für staatlichen Wandel lediglich mit ökonomistischer Brille besetzt wird. Wie Alain Touraine unlängst diagnostiziert hat, wird allzu schnell oberflächlich plakatiert und vordergründig als Output-Strategie angegangen, was eigentlich eine Input-Angelegenheit ist (Touraine 2000: 106): „Je schneller wir uns von der Industriegesellschaft entfernen, desto weniger analysieren wir die inneren Probleme von Gesellschaften." In den postmodernen Ausfilterungsprozessen der *global economy* wird es immer schwieriger, ein Zentralproblem als Kernfrage politischen Handelns zu formulieren. Die Steuerungsfragen entgleiten, nicht nur der Politik, sondern grundsätzlich auch dem einzelnen Individuum. Müssen wir daher auf den Bürgerbegriff der Selbstverantwortung vor der Gemeinschaft verzichten? – Wohl kaum – denn sonst wären wir im Ameisensystem angekommen. Allerdings müssen wir den Begriff der Selbstverantwortung neu definieren. Die Steuerungsprozesse sind nunmehr transsystematischer Art, wenn wir den nationalen Staat als Grundsystem der sozialen Integration annehmen. Jetzt geht es um neue, sich überlappende Systeme, sowohl auf der subnationalen als auch auf der metanationalen Ebene. Eigentlich zerfällt damit eher der Systembegriff als der Individualbegriff. Wenn man von der strukturellen Gewalt ausgeht, sind es immer noch Personen, die handeln, und zwar um ihrer individuellen oder rituellen Präferenzen Abhängigkeiten schaffen und damit zu einer komplex verdichteten Interaktion führen, die wir „Globalisierung" nennen. „Die Welt wird kleiner und die Organisation wird weltweiter sein", hat Gaston E. Thorn jüngst konstatiert.[1]

Insofern ist es nur folgerichtig, wenn Intergouvernementalismus und Supranationalität staatliches Handeln immer mehr dominieren. Doch mit der

---

1 Anläßlich einer Diskussionsveranstaltung zum Thema „Werte, Macht und Recht – Auf der Suche nach einer neuen europäischen Ordnung" im Österreich-Pavillon auf der EXPO 2000 am 7. Juni.

Netzwerk-Souveränität etwa der Europäischen Union schleicht sich auch ein Typ politischen Handelns ein, den man eigentlich in demokratischen Systemen überwunden wissen wollte: die Welt der *arcana imperii* mögen so kryptisch und so barock-absolutistisch sein, wie sie wollen, sie sind aktuelle politische Praxis in der Netzwerkkonstellation der Ad-Hoc-Kommissionen und Unterausschüsse der Europäischen Integration ebenso wie im Erfolgsgebahren eines amerikanischen Bürgermeisters wie dem von Boston (vgl. Schabert 1989). Hier tun sich durchaus Abgründe auf: die Parlamente, immerhin gedacht als Ort der Legitimation durch das Volk, versagen in der Transparenz dessen, was man einmal *Volkssouveränität* nannte. Sie werden oder sind es bereits zu einem guten Stück entmachtet durch die Prärogative der Exekutive. Damit gewinnt das Problem einer Abkoppelung von *Legitimation* und *Effizienz* an gesteigerter Bedeutung. Vermutlich ist es nie deckungsgleich gewesen, wie uns die klassische Staatslehre in ihrer kantianischen oder hegelianischen Heuristik glauben machen wollte. Doch der Spagat ist nun mehr als nur der einer Differenz zwischen Sein und Sollen, Wirklichkeit und Ideal. In der Komitologie einer supranationalen Veranstaltung wie der Europäischen Union kann man sehen, wie die (an sich) nationale Gewaltenfrage zunehmend zerschreddert wird zwischen ungeklärten und nicht-abgestimmten Zuständigkeiten mit der Einführung alternativer Entscheidungsstrukturen, die die Dinge zwar zum Laufen bringen oder laufen lassen, aber hinsichtlich ihrer Legitimierung durch den Souverän obskur sind. Eine Aussage, wie des eines europäischen Spitzenbeamten ist dann ebenso symptomatisch wie beunruhigend (Adam 1999: I): „Was heißt hier Demokratie? – Hier geht's um etwas anderes, um Effizienz."

Genau daran aber wird sich der Umbau des Staates messen lassen müssen, daß es nicht nur um Effizienz geht, sondern auch um demokratische Legitimation. Zur Erinnerung: der Siegeszug des modernen Staates begann als Leistungsanstalt im Interesse des Volkes, führte zu einer Ausweitung des politischen Lebens gegenüber dem Ancien Règime zugunsten der Partizipationsmöglichkeiten aller. Die „Schrumpfung des politischen Lebens", von der manche Kommentatoren im Kontext der Globalisierung sprechen (Cohen 1998[2]: 120), führt zur zentralen Frage zurück: welcher Art soll die kollektive Identität und Solidarität der Bürgerinnen und Bürger, der Familien und Kinder, der Taubenzüchtervereine und der Internet-Surfer im *Staat* sein? – Die Politik und mit ihr die politische Wissenschaft tun gut daran, sich dieser Frage aufrichtig zu stellen. Bisher sind die Antworten darauf keineswegs zufriedenstellend.

Vielleicht sollte man es zumindest mit dem versuchen, was Magaret Thatcher als Maximen ihres politischen Handelns und damit als Aufgabenkern des Staates angesehen hat (Yergin/Stanislaw 1999: 166/67).

„Erstens die Finanzen in Ordnung zu halten. Zweitens eine solide Grundlage zu sichern, so daß Industrie, Handel, Dienstleistungen und der Staat gedeihen können. Drittens Verteidigung. Erziehung das Vierte, der Weg zu den

Chancen. Das Fünfte ist das soziale Netz. Die Gesellschaft ist komplexer und muß differenzierter auf grundlegende Fragen antworten. Wie kann sie ein wirkungsvolles Sicherheitsnetz bieten, ohne eine Abhängigkeitskultur zu schaffen oder zu verstärken? Wie können wir die Tugenden der Zivilgesellschaft hochhalten? Eine gewisse Summe muß für die Infrastruktur und ein gewisser Betrag für die Grundlagenforschung ausgegeben werden. Und vergessen Sie nicht Thatchers Gesetz: Das Unerwartete passiert. Darauf sollte man vorbereitet sein."

Insbesondere das letzte ist zu unterstreichen: man sollte beim Staat und seinen Leistungen vorbereitet sein – nicht auf Alles, aber eben darauf, daß auch das Unerwartete passiert, das alles ganz anders kommt, als gedacht und geplant.

Staatshandeln:
Der Staat auf neuen Wegen: methodische und inhaltliche Neuorientierungen

Perspektiven des Wohlfahrts- und Sozialstaates in Deutschland

Annette Zimmer

Im Rahmen der Diskussion um die Veränderung von Staatlichkeit kommt dem Wohlfahrts- und Sozialstaat insofern ein zentraler Stellenwert zu, als der Terminus primär zur Beschreibung eines bestimmten Typus von Staatstätigkeit dient, die einerseits in erheblichem Umfang Ressourcen auf sich zieht und der andererseits eine normative Orientierung zugrundeliegt (Alber 1991: 636).

Während am Beginn der wohlfahrts- und sozialstaatlichen Entwicklung im 19. Jahrhundert nur eine rudimentäre staatliche Absicherung gegenüber den Risiken der Industriegesellschaft stand, entwickelte sich der Wohlfahrts- und Sozialstaat im 20. Jahrhundert zu einem umfassenden gesellschaftlichen Strukturprinzip. Insbesondere in der Nachkriegszeit wurde der Wohlfahrtsstaat zum Garanten sozialer Sicherheit, individueller Freiheit und wirtschaftlicher Prosperität und damit zur Zielgröße westlicher Demokratien mit marktwirtschaftlicher Ordnung. Der Wohlfahrtsstaat steht für ein umfassendes Verständnis staatlicher Aufgabenwahrnehmung, das sich vom Staatsverständnis des 19. Jahrhunderts, das zunächst vom Polizei- und dann vom Rechtsstaat geprägt war, nachhaltig unterscheidet (Grimm 1994).

Allerdings traf das umfassende Staatsverständnis mit der normativen Zielsetzung einer Verbesserung der Chancenstruktur der Bevölkerung nie auf ungeteilte Zustimmung. Zunächst waren es die Altliberalen, wie etwa von Hayek, die in einer zunehmenden Staatstätigkeit eine Gefährdung individueller Freiheiten sahen (vgl. Kaufmann 1997: 5). In den siebziger Jahren geriet der Wohlfahrtsstaat sowohl von rechts als auch von links unter Druck. War das wohlfahrtsstaatliche Projekt aus neo-marxistischer Sicht aufgrund der „Strukturprobleme des Spätkapitalismus" insofern in Zweifel zu ziehen, als in hochentwickelten Industriegesellschaften der Staat nur noch damit beschäftigt ist, die Folgeprobleme der Ökonomie zu beseitigen und damit im wesentlichen als „Reparaturwerkstatt" der Wirtschaft zu fungieren, wurde aus konservativer Perspektive der Wohlfahrtsstaat als Verursacher von „Unregierbarkeit" diagnostiziert. Wohlfahrtsstaatliche Politik, so die Analyse, habe eine zunehmende Anspruchshaltung weiter Teile der Bevölkerung zur Folge, die à la longue die Leistungsfähigkeit des Staates überstrapaziere und damit zunächst zu Frustration, Partei- und Politikverdrossenheit sowie im Ergebnis zum Vertrauensverlust gegenüber dem politischen System und damit letztlich zum Verlust der Legitimation des Staates führe (vgl. Zimmer 1999: 220f.).

Ergänzt wurde die Wohlfahrtsstaatskritik in den achtziger Jahren zum einen durch die fiskalischen Argumente der Neo-Liberalen sowie zum anderen durch die Bürokratiekritik der neuen Linken. Während Neo-Liberale den Wohlfahrtsstaat vor allem als Kostentreiber und als Gefährdung des Wirtschaftsstandortes brandmarkten, kritisierte die neue Linken seinen hierarchischen Aufbau und seine bürokratischen Strukturen, die nicht nur mangelnde Effizienz, sondern vor allem auch eine eklatante Bürgerferne wohlfahrtsstaatlicher Dienstleistungserstellung zur Folge hätten. In den neunziger Jahren gewann die Wohfahrtsstaatsdiskussion schließlich eine internationale Dimension, da seither infolge der Globalisierung von einer deutlichen Abnahme der Steuerungs- und Interventionsfähigkeit des Staates ausgegangen wird. Nach übereinstimmender Diagnose hat die Globalisierung die Kräfterelation zugunsten der Kapitalseite verschoben und einen heftigen Wettbewerb unter den Wirtschaftsstandorten in Gang gesetzt, der die Politik dazu veranlaßt, Unternehmen und Kapitaleinkommen von Steuerung und Abgaben zu entlasten, dabei gleichzeitig wohlfahrtsstaatliche Leistungen einzuschränken und soziale Sicherungssysteme abzubauen (Scharpf 1998: 151).

Vor diesem Hintergrund drängt sich die Frage nach der Zukunftsfähigkeit und den Perspektiven des Wohlfahrtsstaates als normatives Leitbild staatlichen Handelns auf. Hat der Wohlfahrtsstaat in den Zeiten von Globalisierung, Deregulierung und Entbürokratisierung überhaupt noch eine Chance? Interessanterweise erreicht der Wohlfahrtsstaat, trotz düsterer Prognosen der Sozialwissenschaft, unter der Bevölkerung nach wie vor vergleichsweise hohe Zustimmungswerte (Mau 1997; Roller 1996). Danach ist der Wohlfahrtsstaat zwar reformbedürftig, doch will man auf keinen Fall auf ihn als Leitbild verzichten. Insofern erweist sich der Wohlfahrtsstaat als stabile Größe, die über eine erhebliche Beharrungskraft verfügt. Selbst rigorosen Wohlfahrtsstaatsgegnern, wie etwa Ronald Reagan und Margaret Thatcher, ist es nicht gelungen, den Wohlfahrtsstaat in seinen Kernelementen zurückzudrängen (Pierson 1996).

Vor dieser Erfahrung hat die Wohlfahrtsstaatsdebatte eine neue, im wesentlichen von den Neo-Institutionalisten geprägte Qualität gewonnen. Realistisch wird inzwischen weder von einem generellen Abbau noch von einem grundsätzlichen Umbau der gewachsenen wohlfahrtsstaatlichen Arrangements ausgegangen. Vielmehr wird in der internationalen wie nationalen Debatte eine pfadabhängige Veränderung in den Grenzen der historisch-gewachsenen Strukturen und Handlungskorridore antizipiert (vgl. die Beiträge in Esping-Andersen 1996), wobei jedoch eine Berücksichtigung alternativer Gestaltungsformen und -modelle im Sinne eines Benchmarking nicht ausgeschlossen, sondern sogar als sehr wahrscheinlich eingeschätzt wird. Die Frage, ob es infolge der Globalisierung zu einer allgemeinen Konvergenz der unterschiedlichen wohlfahrtsstaatlichen Arrangements bzw. der verschiedenen „Welfare Capitalism" (Esping-Andersen 1990) kommen wird, oder ob die Divergenz der Systeme erhalten bleibt, wird daher inzwischen sowohl von der vergleichenden politischen Ökonomie als auch der vergleichenden Wohlfahrtsstaatsforschung mit einem abgewogenen Sowohl-Als-Auch beantwortet (Esping-Andersen 1996). Danach wird eine generelle Konvergenz der Systeme aufgrund der institutionellen Beharrungstendenzen der spezifischen Arrangements als eher unwahrscheinlich erachtet; gleichzeitig wird jedoch aufgrund der geteilten Problemhorizonte der Wohlfahrtsstaaten, wobei die Globalisierung als externer und die demographische Entwicklung als interner Faktor an erster Stelle zu nennen sind, auch nicht davon ausgegangen, daß die Divergenz der Systeme in der bestehenden Form erhalten bleibt.

Entsprechendes gilt auch für den Wohlfahrtsstaat als normatives Leitbild staatlichen Handelns. Auch hier ist nicht von einem Abbau, sondern von einer Neuinterpretation wohlfahrtsstaatlicher Verantwortlichkeit und für einen veränderten Zuschnitt des wohlfahrtsstaatlichen Handlungsrepertoires auszugehen. So definiert beispielsweise Girvetz den Wohlfahrtsstaat als „institutionelle(n) Ausdruck der Übernahme einer legalen und damit formalen und ausdrücklichen Verantwortung einer Gesellschaft für das Wohlergehen ihrer Mitglieder in grundlegenden Belangen" (zitiert bei Kaufmann 1997b: 21). In seinem Standardwerk der Wohlfahrtsstaatsforschung nimmt Peter Flora Bezug auf das auf Max Weber zurückgehende Konzept der Lebenschancen, wobei er drei Qualitäten von Lebenschancen differenziert, nämlich *„having* which basically refers to the level of living, *being* which points to the potential of self-actualization, and *loving* which is related to solidarity and belongingness" (Flora 1986: XV). Nach Flora besteht der normative Gehalt wohlfahrtsstaatlicher Politik darin, „to stabilize the life chances of, in principle, the entire population and to make their distribution more equal" (ebd.). Bisher wurde allerdings in erster Linie versucht, dieser Zielsetzung durch monetäre Transferleistungen nachzukommen. Aufgrund der zurückgehenden Steuerungskapazität des Staates wird es jedoch zunehmend schwieriger, staatlich festgelegte Transferzahlungen auf einem vergleichsweise hohen Niveau zu garantieren. Der Wohlfahrtsstaat steht daher aktuell vor einer Neubestimmung seiner Aufgabenstellung.

Was bedeutet dies für die deutsche Situation? Welche Zukunftsperspektiven und Handlungsalternativen lassen sich vor dem Hintergrund der allgemeinen Debatte um die Reform des Wohlfahrtsstaates für den Sozialstaat in Deutschland erkennen, wie er sich als spezifisches institutionelles Arrangement seit den Anfängen unter Bismarck entwickelt hat und als offenes Staatsziel in Art. 20 (1) und Art. 28 (1) grundgesetzlich verankert ist (Leisering 1999: 181). Diese Fragestellung wird im folgenden behandelt, wobei zunächst auf die terminologische Differenzierung zwischen Wohlfahrts- und Sozialstaat eingegangen und das deutsche Modell des Wohlfahrtsstaates unter Bezugnahme auf die von Esping-Andersen entwickelte Typologie der „Three Worlds of Welfare Capitalism" näher charakterisiert wird. Im Anschluß daran werden die sich in der internationalen Debatte herauskristallisierenden Reformperspektiven im Hinblick auf die Situation in Deutschland diskutiert.

Abschließend wird auf die aktuelle Debatte zur Aktivierung bürgerschaftlichen Engagements als Ressource einer gleichzeitigen Reform von Wohlfahrtsstaat und Demokratie Bezug genommen.

I.   Vom Erfolg zur Krise – das deutsche Modell des Wohlfahrtsstaates

Im Gegensatz zur internationalen Debatte hat sich der Terminus *Wohlfahrtsstaat* zur Bezeichnung einer aktiven Staatstätigkeit im Dienst der Förderung einer größeren Gleichheit der Lebenschancen in Deutschland nur bedingt durchgesetzt. Hierbei handelt es sich nicht um eine terminologische Spitzfindigkeit, vielmehr kommt darin eine bewußte Absage an eine als negativ empfundene ausufernde Staatstätigkeit, insbesondere im Hinblick auf die Wirtschaft, zum Ausdruck. Nach Alber ist der Terminus Wohlfahrtsstaat in Deutschland negativ besetzt und wird „als eine krebsartig wuchernde Entartung" dem in positiverem Licht gesehenen, maßvolleren Sozialstaat (Alber 1991: 637; vgl. zur Begriffsgeschichte Ritter 1991: 10f.) gegenübergestellt.

Während wohlfahrtsstaatliche Politik aus einer international vergleichenden Perspektive als Einheit von Sozial- und Wirtschaftspolitik betrachtet wird, wurden diese beiden Politikfelder in der Bundesrepublik eher getrennt, wenngleich auch eng aufeinander bezogen konzipiert. So besteht zwischen der Wirtschafts- und Sozialpolitik ein Verhältnis der Komplementarität, nicht jedoch, wie es in den wohlfahrtsstaatlichen Konzeptionen der Nachkriegszeit in Großbritannien oder Schweden angelegt war, ein enger Planungsverbund. Klar zum Ausdruck gebracht wird die Komplementarität von Sozial- und Wirtschaftspolitik im Terminus „soziale Marktwirtschaft". Danach gehört eine Steuerung und Modifizierung der Marktkräfte gerade nicht zum staatlichen Aufgabenrepertoire, sondern dieses ist ganz explizit auf Maßnahmen der sozialpolitischen Flankierung zu beschränken.

Trotz dieses ordo-liberalen Konzeptes war die Bundesrepublik von Anfang an ein aktiver Sozialstaat (Überblicke der sozialpolitischen Entwicklung bei Schmidt 1998; Alber 1989; Hentschel 1989). Gerade in der stark marktwirtschaftlich orientierten Adenauer-Ära der fünfziger Jahre übertraf die Sozialleistungsquote der Bundesrepublik – abgesehen von Österreich – alle anderen OECD-Länder (Schmidt 1998: 84). Nach Leisering war die Entwicklung der Sozialstaatlichkeit der Bundesrepublik aufgrund der Inklusion weiter Bevölkerungsteile durch umfassende Expansion geprägt (Leisering 1999: 186). So hat sich die Sozialleistungsquote in den fünf Jahrzehnten seit Gründung der Bundesrepublik mehr als verdoppelt und erreicht inzwischen ein Niveau, das etwa einem Drittel des Bruttoinlandsproduktes entspricht. Mehr als ein Drittel der Bevölkerung lebt mittlerweile als Anbieter oder Klienten direkt vom Sozialstaat; und über 90% der Bevölkerung sind in bezug auf Alter, Krankheit und Invalidität durch öffentliche Versicherungssysteme abgesichert (ebd.).

Es gehört sicherlich zu den Paradoxen der Entwicklung der Bundesrepublik, daß einerseits der Wohlfahrtsstaat als Ausdruck einer zu engen Verknüpfung von Wirtschafts- und Sozialpolitik abgelehnt wurde, sich der Sozialstaat aber andererseits zu einem tragenden Pfeiler bundesdeutschen Selbstverständnisses und zu einer Legitimationsquelle des Staates entwickelte. Kaufmann charakterisiert die Komplementarität von Wirtschafts- und Sozialpolitik sogar als „Basiskonsens" der Bundesrepublik (Kaufmann 1997a: 173). Nach der Einschätzung von Leisering verlagerte sich der Schwerpunkt des Staatsverständnisses seit den Anfängen der Bundesrepublik sukzessive von den klassischen Sicherungsaufgaben zunehmend hin zur sozialen Sicherung, wobei „Wohlfahrts- und Teilhabeaspekte zur zentralen Legitimationsquelle des Staates" wurden (Leisering 1999: 186).

Aufgrund seiner integrativen und stabilisierenden Funktion gilt der Sozialstaat der Bundesrepublik als Erfolgsmodell. Auf die Frage, worauf dieser Erfolg zurückzuführen sei, gibt Kaufmann (1997) unter Bezugnahme auf eine Reihe ausgewählter Nutzenfunktionen eine Antwort, die explizit die gesellschaftliche Funktionalität wohlfahrtsstaatlicher Arrangements herausstellt. Hierbei definiert Kaufmann Sozial- und Wohlfahrtsstaatlichkeit zunächst als spezifisches Arrangement und komplexes Beziehungsgefüge, das die Bereiche Staat, Markt und Gemeinschaft miteinander verknüpft und aufeinander bezieht (Kaufmann 1995). Dem Staat kommt in diesem Beziehungsgefüge in seiner Eigenschaft als Sozial- und Wohlfahrtsstaat die Funktion des Vermittlers bzw. der Koppelungsinstanz zwischen Markt und Gemeinschaft zu. Mit der Zielsetzung der Erhöhung des gesamtgesellschaftlichen Nutzens wird im Wohlfahrtsstaat durch Politik die Verteilung von Chancen sowie von Einkommen und Vermögen beeinflußt und korrigiert. Dem Staat als Wohlfahrtsstaat werden somit Aufgaben übertragen, die weder von der Wirtschaft als unkoordiniertes Agglomerat von Unternehmen noch von den einzelnen Bürgern in Einzelinitiative übernommen werden können. Aus dem Erfolg dieser Vermittlerrolle bezieht der Staat der Industriemoderne seine Legitimation. Das spezifische Arrangement von Staat, Markt und Gemeinschaft, wie es in der Sozial- und Wohlfahrtsstaatlichkeit zum Ausdruck kommt, zeitigt nach der Analyse Kaufmanns einen erheblichen Nutzen, und zwar sowohl in ökonomischer als auch in politischer sowie in sozialer und kultureller Hinsicht:

– In ökonomischer Hinsicht besteht der Nutzen des Wohlfahrtsstaates in seiner komplementären, Marktversagen ausgleichenden Funktion, indem durch Sozialleistungen Humankapital verbessert und Arbeitskraft wiederhergestellt wird. Sozialleistungen wirken zudem antizyklisch, indem sie Kaufkraft stabilisieren. Darüber hinaus hat sich der Sozialbereich, konkret das Gesundheitswesen und die Sozialen Dienste, auf-

grund der arbeitsmarktpolitischen Relevanz zu einem ökonomischen
Faktor von erheblicher Bedeutung entwickelt.

– In politischer Hinsicht wirkt der Wohlfahrtsstaat pazifizierend und sorgt
insofern für stabile politische Verhältnisse. Sozialen Reformen gingen
meist spannungsreiche Umbruchsituationen voraus, wobei wohlfahrtsstaatliche Politik harmonisierend wirkte und im Dienst der Pazifizierung
von Klassengegensätzen stand.

– In sozialer Hinsicht stabilisiert der Wohlfahrtsstaat den Bereich der Lebenswelt und trägt so wesentlich zur Regeneration und Reproduktion
von Humanvermögen bei.

– In kultureller Hinsicht wird durch wohlfahrtsstaatliche Politik gesellschaftliche Integration gefördert. Unter einem Kulturverständnis als
Sinnstiftung und Konsensbildung symbolisiert Wohlfahrtsstaatlichkeit
die Umsetzung der Idee vom guten Leben und einer gerechten Ordnung.
Als in Form gegossenes Wertesystem dient der Wohlfahrtsstaat dem gesellschaftlichen Zusammenhalt und damit gleichzeitig der Integration
des einzelnen in die Gemeinschaft (vgl. Kaufmann 1997: 14, 1997b u.
1995: 21).

War der Nutzen dieses Arrangements für die Bundesrepublik bereits in den
siebziger Jahren in Frage gestellt worden, so wurden im Zuge der Eingliederung der fünf neuen Bundesländer in den sozialpolitischen Kontext der Bundesrepublik seine Vorteile auch von einer breiteren Öffentlichkeit zunehmend
kritisch hinterfragt. Mitte der neunziger Jahre wurden sozialpolitische Themen in der öffentlichen Diskussion verstärkt diskutiert. Nach Einschätzung
von Heinze u.a. entwickelte sich der Wohlfahrtsstaat sogar „zu einem regelrechten Renner in den Medien" (Heinze u.a. 1999: 11). Ausschlaggebend
hierfür waren zum einen die kontinuierlich steigenden Arbeitslosenzahlen sowie zum anderen die Perzeption einer allgemeinen Blockade der Politik, die
trotz zunehmender Problemhorizonte sich als reformunfähig oder auch re-
formunwillig erwies (vgl. hierzu Heinze 1998; Dettling 1995 u. 1998).

Somit wurde Mitte der neunziger Jahre erstmals die Legitimität des Sozialstaates der Bundesrepublik, wie er sich seit 1945 entwickelt hatte, auch von
einer breiteren Öffentlichkeit eher kritisch betrachtet, wobei sich im wesentlichen zwei unterschiedliche Krisendiagnosen herauskristallisierten. So wurde auf einer eher populärwissenschaftlichen Ebene sowie in der Presse zur
Charakterisierung des Sozialstaates zunehmend die Metapher der „Hänge-
matte" bemüht und damit assoziiert, daß die sozialpolitischen Leistungen zu
umfangreich seien und sich vor allem kontraproduktiv auf die Leistungsbe-
reitschaft weiter Teile der Bevölkerung auswirkten. Schützenhilfe bekam diese Argumentation insbesondere von Wirtschaftswissenschaftlern der FDP
wie auch von Teilen der CDU, die eine Entartung der sozialen Marktwirtschaft konstatierten und als Therapie ein Zurück zu den Wurzeln der sozialen
Marktwirtschaft empfahlen (vgl. hierzu etwa Dierkes-Zimmermann 1996).
Im Unterschied zu den Krisenanalysen der siebziger Jahre wurde jedoch nicht

die Legitimität des Staates im Sinne einer Unregierbarkeit diagnostiziert, vielmehr sei das Pendel, so die Diagnose der Kritiker, zu stark zur sozialstaatlichen Seite ausgeschlagen, so daß die Konkurrenzfähigkeit der Wirtschaft und damit das Fundament der sozialen Markwirtschaft untergraben werde. In Umkehrung des „Basiskonsenses" der Bundesrepublik wurde daher erstmals „als Erfolgsbedingung der Wirtschaftspolitik [...] ein Zurückdrängen der Sozialpolitik" gefordert (Kaufmann 1997a: 173).

Demgegenüber kam eine eher soziologisch orientierte Wohlfahrtsstaatsforschung zu einem differenzierteren Urteil. Die Krise, so die Analyse, sei durch ein „Veralten des wohlfahrtsstaatlichen Arrangements" (Kaufmann 1997b: 49) bedingt. Aus modernisierungstheoretischer Sicht betrachtet, sei der Wohlfahrtsstaat in der heutigen Form ebenso ein Produkt der Industriemoderne wie die Arbeitsgesellschaft oder die Rollenverteilung unter den Geschlechtern (vgl. Beck 1997: 21f.). Oder anders ausgedrückt: Das derzeitige wohlfahrtsstaatliche Arrangement beruhe nach wie vor auf den Prämissen der klassischen Moderne, deren konstitutive Merkmale etwa von Giddens (1997: 186f.) als Trias von industrieller Lohnarbeit, patriarchalischer Familie und nationalstaatlich gebundener Solidarität charakterisiert werden. Dieses Arrangement sei aber nicht mehr zeitgemäß, da der sozialstrukturelle Kontext sich mittlerweile entschieden verändert habe. In der Tat sind an die Stelle des „Normalarbeitnehmers" inzwischen diskontinuierlich verlaufende Erwerbsbiographien getreten; die Geschlechterrollen haben sich aufgrund der beruflichen Qualifizierung und Eingliederung der Frauen in den Arbeitsmarkt maßgeblich verändert; und schließlich ist aufgrund der Folgen von Globalisierung und Internationalisierung die Autonomie des nationalen Sozialstaates als Interventions- und Steuerstaat mittlerweile beträchtlich eingeschränkt. Darüber hinaus, so die kritische Analyse, sei der Sozial- und Wohlfahrtsstaat heute mittlerweile ein Opfer des eigenen Erfolgs, wobei insbesondere auf das demographische Altern Bezug genommen wird, das letztlich auf den sozial- und wohlfahrtsstaatlichen Errungenschaften einer maßgeblich verbesserten medizinischen Versorgung und der allgemeinen Anhebung des Lebensstandards basiert (vgl. hierzu besonders Offe 1995). Im übrigen findet die Sozialstaatskritik ihr Pendant in den Veröffentlichungen der vergleichenden politischen Ökonomie, wobei die Frage nach der Überlebensfähigkeit des „Modell Deutschland" bzw. des Rheinischen Kapitalismus verstärkt thematisiert wird (vgl. Streeck 1996; im Gegensatz dazu Hall 1996 sowie Albert 1999). Im Prinzip wird, parallel zur Zurückdrängung der Sozialstaatlichkeit, der Übergang vom „Rheinischen" zum „liberal capitalism" nach dem Modell der Vereinigten Staaten und Großbritanniens als Therapie für den in die Krise geratenen Wirtschaftsstandort Deutschland empfohlen.

Zwar sehen sich derzeit alle Wohlfahrtsstaaten mit dem Problem konfrontiert, ihr institutionelles Arrangement den veränderten Umweltbedingungen anzupassen. Gleichwohl scheint der deutsche Sozialstaat sich mit dieser Herausforderung besonders schwer zu tun. Aus Sicht der vergleichenden

Wohlfahrtsstaatsforschung ist dies einerseits bedingt durch seine spezifische Ausprägung als Bismarckscher Sozialversicherungsstaat, der sich in vergleichsweise hohem Maß durch Lohnarbeitszentriertheit auszeichnet. Andererseits zählt der deutsche Sozialstaat zur Gruppe der christdemokratisch geprägten Wohlfahrtsstaaten (van Kersbergen 1995), deren ideologisches Fundament maßgeblich in der katholischen Soziallehre verankert ist, wodurch sich eine starke Familienzentrierung und ein vergleichsweise patriarchalisch geprägtes Rollenverständnis ergibt. Ein Blick auf die von Esping-Andersen entwickelte Typologie wohlfahrtsstaatlicher Arrangements macht deutlich, warum der deutsche Sozialstaat zu Strukturkonservativismus neigt und sich bisher grundlegenden Reformen entzogen hat.

II.   Der deutsche Sozialstaat im internationalen Vergleich

In dem Klassiker der vergleichenden Wohlfahrtsstaatsforschung „The Three Worlds of Welfare Capitalism" betrachtet Esping-Andersen (1990) analog zu Kaufmann den Wohlfahrtsstaat als gesellschaftspolitisches Strukturmodell bzw. „Regime", das die Bereiche Staat, Markt und Gemeinschaft auf spezifische Weise miteinander verknüpft. Wie die sozialstaatlichen Leistungen erstellt werden, wie sie finanziert werden und für welchen Adressatenkreis sie jeweils konzipiert sind, ist für Esping-Andersen ebenso Ergebnis spezifischer Machtkonstellationen und historisch-gesellschaftlicher Prozesse, wie die Zielvorstellungen und Leitbilder, die den unterschiedlichen wohlfahrtsstaatlichen Arrangements zugrunde liegen. Von Esping-Andersen wird das Strukturmuster der empirisch vorfindbaren Wohlfahrtsstaaten als abhängige Variable der historisch-gesellschaftlichen Kontextbedingungen betrachtet. Wohlfahrtsstaaten sind somit auch nachhaltig geprägt von den Zielvorstellungen und Leitbildern ihrer Entstehungsgeschichte. Hat diese Grundstruktur sich jedoch einmal verfestigt und zu einem bestimmten institutionellen Arrangement verdichtet, so verfügt diese über erhebliche Beharrungstendenzen.

Im einzelnen unterscheidet Esping-Andersen drei wohlfahrtsstaatliche Ordnungsmodelle, die er als „liberalen", „konservativen" und „sozialdemokratischen Typus" charakterisiert. Diese Idealtypen differieren unter anderem hinsichtlich:

– ihrer Entstehungszeit und historischen Bedingungsfaktoren,
– der sozialpolitischen Gestaltungsformen sowie vor allem
– der durch sie vertretenen gesellschaftspolitischen Zielvorstellungen oder Leitbilder (Esping-Andersen 1990: 9-35; vgl. auch Kohl 1993).

Während das „konservative" und das „liberale" Modell des Wohlfahrtsstaates über eine lange Tradition verfügen, ist das „sozialdemokratische" erst entstanden, nachdem sich die Sozialdemokratie zu einer prägenden politischen

Kraft entwickelt hatte. Zu den Bedingungsfaktoren dieses Modells gehören ein hoher Organisationsgrad der Arbeiterschaft, eine starke sozialdemokratische Partei – am besten in der Regierungsverantwortung – sowie ein eher zersplittertes bürgerliches Lager. Die gesellschaftspolitische Zielsetzung des sozialdemokratischen Modells besteht in der Nivellierung von Statusunterschieden, oder anders ausgedrückt: Der sozialdemokratische Wohlfahrtsstaat ist bemüht, jedem die bestmöglichen Bedingungen für die Entfaltung und Entwicklung seiner Fähigkeiten bereitzustellen. Das steuernde Moment des Wohlfahrtsstaates ist bei diesem Modell besonders ausgeprägt. Zwei Elemente sind für den sozialdemokratischen Typus des Wohlfahrtsstaates daher charakteristisch: einerseits eine über das allgemeine Steueraufkommen finanzierte „Staatsbürgerversorgung", die jeden Bürger unabhängig von seiner beruflichen Stellung gegen die Risiken der Industriegesellschaft, wie etwa Arbeitslosigkeit, Krankheit oder Invalidität, absichert sowie andererseits eine Sozialpolitik, die schwerpunktmäßig in die Entwicklung von Humankapital investiert und die den individuellen Entfaltungsmöglichkeiten einen hohen Stellenwert einräumt. Zugerechnet werden dem sozialdemokratischen Modell die skandinavischen Länder Schweden, Norwegen und Dänemark sowie mit einigen Abstrichen und Modifikationen auch die Niederlande.

Im Unterschied zum sozialdemokratischen Modell war für die Entstehung des „liberalen Typus" des Wohlfahrtsstaates die Schwäche der organisierten Arbeiterschaft, der starke bürgerliche Parteien gegenüberstanden, konstitutiv. Das „liberale Modell" ist in hohem Maße marktorientiert, wobei der Staat sich möglichst von jeder Form der sozialen Protektion zurückhalten soll, da die unsichtbare Hand des Marktes am besten geeignet ist, die allgemeine Wohlfahrt zu garantieren, während Sozialleistungen zu moralischer Korruption und Anspruchshaltung führen. Das liberale Modell setzt im wesentlichen auf Chancengleichheit. Zumindest zu diesem Zweck kann der Staat im liberalen Modell regulierend eingreifen. Ansonsten fallen die wohlfahrtsstaatlichen Leistungen eher gering aus; sie sind selektiv angelegt und als „Ausfallbürgen" von Marktversagen konzipiert. Konstitutiv für das liberale Modell ist die private Vorsorge. Die Eigeninitiative wird groß geschrieben, insofern kommt auch den freiwilligen Leistungen und dem ehrenamtlichen Engagement im liberalen Modell ein hoher Stellenwert zu. Nach liberaler Doktrin soll von der Gemeinschaft ausgeglichen werden, was der Markt und die Wirtschaft nicht zu leisten vermögen. Als liberale Wohlfahrtsstaaten gelten USA, Kanada, Australien und seit den achtziger Jahren auch Großbritannien und Neuseeland.

Im Gegensatz zum „liberalen Modell" fällt das sozialpolitische Engagement im „konservativen Wohlfahrtsstaat" nicht selektiv, sondern sehr umfassend aus. Doch im Unterschied sowohl zum liberalen als auch sozialdemokratischen Modell wurde der konservative Wohlfahrtsstaat in seinen Anfängen vor allem von den alten Eliten getragen, die ihn als Reform von oben entwickelt haben. Verwurzelt in einem paternalistisch-autoritären Etatismus

basiert das konservative Modell ursprünglich auf einem Bündnis von bürgerlichen und Bauernparteien. Die gesellschaftspolitische Zielvorstellung dieses
Modells bestand in der Beibehaltung der vormodernen ständestaatlichen
Ordnung. Erreicht wurde dies durch die Einführung berufs- bzw. statusbezo-
gener Leistungssysteme, die den neuen Stand der Industriearbeiterschaft zwar
einschlossen, ihm gegenüber aber Angestellten und insbesondere Beamten
einen klar nachgeordneten Status zuordneten.

Ferner weist das „konservative Modell" eine starke Affinität zu dem von
der christlichen Soziallehre geprägten „Subsidiaritätsprinzip" auf. Hier wird,
ganz im Gegensatz zum „liberalen Modell", wo eine zentrale Rolle dem
Markt zukommt, als ausgleichendes und die allgemeine Wohlfahrt beför-
derndes Moment auf die Familie gesetzt. Die sozialen Dienste – angefangen
bei Kindergärten und Kindertagesstätten bis hin zu Alten- und Pflegeheimen
– sind in konservativen Wohlfahrtsstaaten „unterentwickelt", da hier Pflege-,
Betreuungs- und Kindererziehungsarbeit vorrangig als Aufgabe der Familie
betrachtet werden. Strukturell besonders benachteiligt sind damit im konservativen Wohlfahrtsstaat Frauen, die systematisch vom öffentlichen Leben
und vom Arbeitsmarkt ferngehalten werden, damit sie schwerpunktmäßig für
Reproduktions- und Familienarbeit zur Verfügung stehen. Ein nach Berufs-
bzw. Statusgruppen gegliedertes Sozialversicherungssystem mit einer besonderen Stellung der Beamten, die Dominanz monetärer Transferleistungen
sowie eine starke Familienzentriertheit sind daher konstitutiv für konservative Wohlfahrtsstaaten, zu denen Deutschland, Österreich und Italien sowie
mit einigen Modifikationen auch Frankreich gerechnet werden.

Betrachtet man die drei Wohlfahrtsstaatsmodelle hinsichtlich ihrer systemischen Verankerung und den individuellen Erwartungshaltungen, zeigen
sich deutliche Unterschiede. „Jeder ist seines Glückes Schmied", so in etwa
läßt sich das Motto des liberalen Wohlfahrtsstaates auf eine knappe Formel
bringen. Vom Staat wird wenig erwartet, statt dessen wird auf die Initiative
des Entrepreneurs im Dienst der Wirtschaft, aber auch des Einzelnen für die
Gemeinschaft gesetzt. Dies führt zu dem für Europäer schwer verständlichen
Phänomen, daß gerade in den USA mit dem bekanntermaßen eher rudimentä-
ren Wohlfahrtsstaat Idealismus und freiwilliges soziales Engagement stark
ausgeprägt sind. Gleichzeitig stellt, so makaber es auch klingen mag, ein Zu-
rückschrauben der wohlfahrtsstaatlichen Leistungen im liberalen Modell kein
gravierendes und schon gar nicht ein die Legitimation des Staates gefährden-
des Problem dar. Nicht der Staat ist im liberalen Modell für das allgemeine
Wohl verantwortlich, sondern in erster Linie die Gemeinschaft, die je nach
lokalem Umfeld den Maßstab für das Modell vom guten Leben und der gerechten Gesellschaft setzt. In dieser Tradition liegt die Wurzel des Kommunitarismus, der als amerikanisches Exportprodukt nach und nach auch in Europa rezipiert wird (vgl. Etzioni 1997).

Vergleichsweise schwieriger gestaltet sich dagegen ein Zurückdrehen der
Wohlfahrtsstaatlichkeit im sozialdemokratischen Modell. Von relativ umfas-

send ausfallenden Sozialleistungen verwöhnt, fällt es hier dem einzelnen zunächst schwer, den „Gürtel enger zu schnallen" und von einer gewohnt gewordenen Anspruchshaltung Abstand zu nehmen. Gleichwohl ist die Adaptionsfähigkeit auch dieses Modells an veränderte Umweltbedingungen relativ hoch. Einerseits werden hier Kürzungen global vorgenommen und die Wohlfahrtsverluste somit generalisiert. Andererseits kann der einzelne aufgrund der über das allgemeine Steueraufkommen finanzierten „Staatsbürgerversorgung" keine individuellen Rechts- und Versorgungsansprüche geltend machen. Nach einer gewissen Phase gesellschaftlicher und politischer Turbulenzen erreichen die nach dem sozialdemokratischen Modell gestalteten Wohlfahrtsstaaten, wie ein Blick auf Schweden oder gerade die Niederlande zeigt, daher einen neuen gesellschaftlichen Grundkonsens. Dabei wird an der „Staatsbürgerversorgung" festgehalten, allerdings fällt das staatlich garantierte Wohlstandsniveau jetzt deutlich niedriger aus. Durch die Staatsbürgerversorgung wird nur noch eine relativ niedrige Grundsicherung garantiert, für darüber hinausgehende Ansprüche muß der einzelne selbst aufkommen. Insofern wird, ähnlich wie im liberalen Modell, die Sicherung des Lebensstandards individualisiert. Flankiert wird dieser Umbau des Wohlfahrtsstaates, der im Prinzip die Aufgabe der Leitidee der sozialen Gleichheit beinhaltet, durch massive Investitionen in Bildungs- und Ausbildungsprogramme. Der Staat ist hier immer noch steuernd tätig, allerdings nicht mehr mit der Zielsetzung einer egalitären Gesellschaft im Hinblick auf Einkommen und Vermögen, sondern vielmehr im Hinblick auf Bildungschancen und Qualifikationsmöglichkeiten.

Wie gestaltet sich nun die Adaptionsfähigkeit des konservativen Typus des Wohlfahrtsstaates, dem der deutsche Sozialstaat in hohem Maße entspricht? Als starker Widerstand erweist sich hier die Dominanz des Versicherungsprinzips. Hierbei ist zu berücksichtigen, daß der sozialstaatliche Basiskonsens auf der Erwartungshaltung einer annähernden Äquivalenz von Beitragszahlungen und Versicherungsleistungen beruht, was jedoch infolge der zunehmenden Finanzierungsprobleme der Sozialkassen kaum mehr gewährleistet ist. Am deutlichsten zeigt sich dies bei der Rentenversicherung. Infolge der Entstandardisierung der Erwerbsbiographien, der demographischen Alterung der Bevölkerung sowie aufgrund der hohen Arbeitslosenzahlen geht die derzeitige Generation der Beitragszahler kaum noch davon aus, in den Genuß lebensstandardsichernder Renten nach ihrem Ausscheiden aus dem Erwerbsleben zu kommen. Wenn auch nicht, wie ein überregionales Magazin bereits behauptete, von einem „Generationenkrieg" gesprochen werden kann, so werden die auch im internationalen Vergleich vergleichsweise hohen Sozialabgaben nicht nur zunehmend als Belastung, sondern in Ansätzen auch als „ungerecht" empfunden, da inzwischen nicht mehr mit einem adäquaten individuellen Leistungsausgleich gerechnet wird. Neben den Renten gilt entsprechendes auch für die Leistungen des Gesundheitssystems, die trotz steigender Beitragszahlungen aufgrund der genannten Faktoren – weniger Beitragszahler und mehr ältere Leistungsempfänger – sukzessive eingeschränkt werden.

Doch auch die ausgeprägte Familienzentriertheit des konservativen Wohlfahrtsstaates mit der Orientierung am sogenannten *Bread-Winner-Model* des arbeitenden Ehemanns erweist sich als strukturkonservativer Hemmschuh einer Anpassung an veränderte Umweltbedingungen. Obgleich allgemein bekannt ist, daß die Integration von Frauen in den Arbeitsmarkt in erheblichem Umfang Arbeitsplätze vor allem bei den haushaltsbezogenen Diensten schafft, wurde die Familienzentriertheit des Sozialstaates bisher eher verstärkt als abgeschwächt (vgl. hierzu Bleses/Seeleib-Kaiser 1999). Vor allem wurde bisher immer noch nicht hinreichend darauf geachtet, die infrastrukturellen Voraussetzung der Vereinbarkeit von Familie und Berufstätigkeit zu verbessern. In diesem Kontext ist die geringe Verfügbarkeit von Ganztagsschulen ebenso zu nennen wie die wenig flexiblen Öffnungszeiten von Kindergärten und Kindertagesstätten. Negativ für eine dauerhafte Integration von Frauen in den Arbeitsmarkt wirkt sich auch das Festhalten an dem sogenannten *Drei-Phasen-Modell* aus, wobei ein „Ausstieg" aus der Berufstätigkeit für die Zeit der Kindererziehung und nach erheblicher zeitlicher Unterbrechung in der dritten Lebensphase ein „Wiedereinstieg" in den Beruf propagiert wird. In der Regel ist dieser Wiedereinstieg mit erheblichen Problemen belastet, da in der Zwischenzeit keine beruflichen Kompetenzen mehr erworben wurden und die Basiskenntnisse mittlerweile veraltet sind.

Im Gegensatz zum liberalen wie auch zum sozialdemokratischen Modell, die bemüht sind, den Kreis der Erwerbstätigen kontinuierlich zu erweitern, unterliegt die Frauen- und Familienpolitik des konservativen Wohlfahrtsstaates der Logik, die Kernarbeitnehmerschaft möglichst klein zu halten und dieser ein vergleichsweise hohes Verdienstniveau zu garantieren (vgl. Esping-Andersen 1990: 144ff.). Berücksichtigt man, daß das Qualifikationsniveau von Frauen kontinuierlich gestiegen ist und inzwischen auch im hochqualifizierten Bereich das der Männer erreicht hat, so ergibt sich auch hier infolge des Strukturkonservatismus des konservativen Wohlfahrtsstaatsmodells, analog zu den nicht mehr beitragsäquivalenten Versicherungsleistungen, mittlerweile eine „Gerechtigkeitslücke". Die Kombination von Versicherungs- und Familienzentrierung führt dazu, daß die Anpassung des konservativen Wohlfahrtsstaatmodells an den veränderten sozialstrukturellen Kontext sich wesentlich schwieriger gestaltet als dies beim liberalen oder auch sozialdemokratischen Modell der Fall ist. Vor allem ist es schwieriger, einen neuen, den veränderten Umweltbedingungen angepaßten gesellschaftlichen Basiskonsens zu finden, da zum einen die Gemeinschaftsorientierung des Modells in hohem Maße an die klassische Rollenverteilung unter den Geschlechtern gekoppelt ist (vgl. hierzu Giddens 1997: 239) und zum anderen aufgrund des Versicherungs- und Äquivalenzprinzips dem Sozialstaat eine auf individuellen Nutzenkalkülen basierende Erwartungshaltung entgegengebracht wird. Von Ausnahmen abgesehen (vgl. zum Ansatz von Biedenkopf bei Heinze u.a. 1999: 175f.) wurde unter der christdemokratisch-liberalen Koalition weder das Versicherungsprinzip noch die Familienzentriertheit der Sozialpolitik in Frage gestellt. Der Grund hierfür lag einerseits in der altersmäßigen Zusammensetzung der Wählerschaft sowie andererseits in der Nähe der Regierungspartei zum katholischen Milieu. Aus der Retrospektive erscheint daher die Aufschiebung einer grundlegenden Diskussion über die normativen Fundamente des deutschen Sozialstaates als das gravierendste Versäumnis der Politik der achtziger und neunziger Jahre.

III. Handlungsoptionen einer Reform des Sozialstaates

Welche Handlungsoptionen stehen dem deutschen Sozialstaat zur Reform und zur Anpassung an die veränderten Kontextbedingungen zur Verfügung? Im wesentlichen werden in der internationalen Debatte die folgenden drei Reformansätze diskutiert:
– Re-Individualisierung der Lebensstandardsicherung,
– Übergang von der Lebensstandardsicherung zur Sicherung von Chancengleichheit,
– Vergemeinschaftung der personenbezogenen sozialen Dienstleistungserstellung.

International läßt sich eine klare Tendenz in Richtung Re-Individualisierung der Lebensstandardsicherung und der Rückführung der wohlfahrtsstaatlichen Leistungen auf ein Grundsicherungsniveau feststellen. So kommt Esping-Andersen bei seiner vergleichenden Betrachtung aktueller Entwicklungen zu folgendem Ergebnis: „We witness a seminal retreat from the guaranteed >peoples< pension in Scandinavia (more income-testing), as well as from the earnings-replacement guarantee in Continental Europe (benefits will depend more on contribution record) [...] The Chilean privatization reform of pensions – even if deeply flawed – is being launched as a model for policy-making on a world scale" (Esping-Andersen 1997: 237).
Was bedeutet diese Beobachtung für den deutschen Sozialstaat? Übereinstimmend ist man der Meinung, daß mit einer Rückkehr zu den „guten alten Zeiten" des Sozialstaates nicht zu rechnen ist. Nach Kaufmann spricht wenig dafür, „daß sich die relative Position der europäischen Wohlfahrtsstaaten im internationalen Vergleich halten läßt" (Kaufmann 1997: 7). Vielmehr ist von einer Persistenz prekärer Beschäftigungsverhältnisse, zunehmender Segmentierungstendenzen auf dem Arbeitsmarkt sowie einer verhältnismäßig schwachen Binnennachfrage auszugehen, so daß sich auch in Zukunft die Kassenlage der Sozialversicherungssysteme nicht grundlegend verbessern dürfte. Insofern ist auch in Deutschland mit einem relativen Bedeutungsverlust der für den Sozialstaat typischen umfassenden staatlichen Versi-

cherungssysteme zu rechnen. Auch der deutsche Sozialversicherungsstaat wird vermutlich eine Entwicklung in Richtung einer Annäherung an das liberale Modell des Wohlfahrtsstaates, das dem Staat lediglich die Rolle der Sicherung eines letzten sozialen Netzes zuweist, eine umfassende Risikovorsorge auf hohem Niveau sowie insbesondere die Lebensstandardsicherung jedoch der individuellen Entscheidung überläßt, vollziehen. Vor allem die aktuelle Diskussion über die Reform der Rentenversicherung, die der privaten Vorsorge erstmals einen erheblichen Stellenwert einräumt, geht tendenziell in diese Richtung. Gleichzeitig sprechen die bekannten Vorteile des derzeitigen Systems (Leisering 1995: 871f.) jedoch auch gegen eine generelle Abschaffung der gesetzlichen Pflichtversicherungen. Besonders deutlich wird dies am Beispiel des Gesundheitswesens. Das weitgehend auf privaten Versicherungen basierende System der Vereinigten Staaten ist im internationalen Vergleich nicht nur mit Abstand das teuerste, sondern gleichzeitig auch das in sozialer Hinsicht exklusivste, da beinah 40% der Bevölkerung gar nicht abgesichert ist. Kontrovers wird in Deutschland derzeit die Einführung einer sogenannte *Grundsicherung* diskutiert. Während Teile von Bündnis 90/Die Grünen darin eine adäquate Antwort auf die veränderten Erwerbsbiographien sowie eine verbesserte Absicherung von nicht oder nur partiell erwerbstätigen Frauen sehen, besteht bei diesem System die Gefahr, daß die Höhe der Sicherung zu gering angesetzt wird und Zahlungsempfänger unter die Armutsgrenze fallen (zu den verschiedenen Konzepten vgl. Heinze u.a. 1999: 175-182). Als Gegenargument ist jedoch anzuführen, daß auch die derzeitige Lösung der Sozialhilfezahlungen insofern unbefriedigend ist, als sie das Armutsproblem kommunalisiert. Doch gerade diejenigen Kommunen, die aufgrund hoher Arbeitslosenquoten den größten Bedarfen ausgesetzt sind – wie etwa in den neuen Ländern oder in den Altindustrieregionen – sind am wenigsten in der Lage, die umfangreichen Kosten der Sozialhilfeleistungen aufzubringen. Gleichzeitig können diese Kommunen infolge ihrer leeren Kassen keine entsprechende Qualifizierungs- und Weiterbildungsmaßnahmen auflegen, um effektiv gegen Arbeitslosigkeit vorzugehen.

Im internationalen Diskurs wird jedoch dies – eine umfassende Bildungsoffensive – als das zentrale Element eines den veränderten Umweltbedingungen angepaßten Wohlfahrtsstaates betrachtet. Mit der Zielsetzung Langzeitarbeitslosigkeit zu verhindern, plädiert etwa Esping-Andersen für eine „active social investment strategy" (1996: 17). In diesem Kontext wird die Bereitstellung von Bildungs- und Qualifizierungsangeboten als „Empowerment" bzw. als Hilfe zur Selbsthilfe verstanden. Ohne daß dies explizit zum Ausdruck gebracht würde, wird damit aber gleichzeitig eine Neubestimmung der Zielsetzung wohlfahrtsstaatlichen Handelns vorgenommen. Es steht nicht mehr die Lebensstandardsicherung und auch nicht mehr vorrangig die Absicherung gegenüber den Risiken des Erwerbsalltags – Krankheit, Unfall, Invalidität – im Vordergrund, sondern der Staat wird als „aktivierende oder ermunternde" (Blanke/von Bandemer 1999; Evers/Leggewie 1999) Instanz konzipiert, die den einzelnen in die Lage versetzen soll, über Erwerbsarbeit oder Entrepreneurship sich selbst zu helfen. In den Worten von Esping-Andersen ist der derzeitige Wohlfahrtsstaat noch zu sehr auf die Sicherung des Lebensstandards mittels monetärer Transferzahlung angelegt. Im Gegensatz dazu propagiert er eine Umsteuerung wohlfahrtsstaatlicher Aktivität in Richtung der Ermöglichung von „lifelong education and qualification" (Esping-Andersen 1996: 260). Damit wird eine grundlegende Abkehr von einem im öffentlichen Bewußtsein fest etablierten Paradigma wohlfahrtsstaatlichen Handelns und sozialstaatlicher Zielsetzung vollzogen. Insbesondere in der vergleichenden Wohlfahrtsstaatsforschung wurde, explizit basierend auf den Arbeiten von Esping-Andersen, zur Messung der Ausprägung von Wohlfahrtsstaatlichkeit das Konzept der „Dekommodifizierung" verwandt. Danach wird der Erfolg sozialer Sicherung daran gemessen, inwiefern sie den Mitgliedern einer Gesellschaft erlaubt, unabhängig vom Arbeitsmarkt auf der Basis von über Bürgerrechte vermittelten wohlfahrtsstaatlichen Leistungen zu leben (vgl. Sachße 1993: 66). In den neueren Arbeiten von Esping-Andersen ist vom Konzept der Dekommodifizierung nicht mehr die Rede, vielmehr soll Wohlfahrtsstaatlichkeit jetzt daran gemessen werden, inwiefern Wege aus struktureller Arbeitslosigkeit mittels Qualifizierung und Empowerment eröffnet werden. Konkret führt Esping-Andersen hierzu aus: „What people do here and now matters much less than what are their longer term career prospects. There is nothing inherently bad about working in a poorly paid or unpleasant job if it does not affect a person´s life chances [...] If there is one thing that research has concluded beyond any doubt, it is that education and skills are the single best guarantee against becoming entrapped in marginality, poverty, or suboptimal employment" (Esping-Andersen 1997: 240).

Auch einer umfassenden Bildungsoffensive stehen im deutschen Sozialstaat eine ganze Reihe struktureller Barrieren entgegen. So hat sich in den vergangenen Jahrzehnten der Kulturföderalismus in der Bundesrepublik als Hemmschuh einer grundlegenden Reform und umfassenden Modernisierung der Hochschulen und Institutionen der weiterführenden Bildung erwiesen (Katzenstein 1987: 296f.). Auch wird bereits seit den siebziger Jahren erfolglos versucht, das dreigliedrige Schulsystem mit dem Gymnasium als zentralen, zum Besuch der Universität primär qualifizierenden Schultyp durch vergleichsweise egalitärere und Aspekte der Chancengleichheit stärker berücksichtigende Schultypen zu ersetzten. Bildungsexperten sind sich inzwischen einig, daß insgesamt eine Verschlechterung des Niveaus der Schulausbildung insbesondere an den Gymnasien, die zum zentralen Schultyp avanciert sind, festzustellen ist. Unter Druck gerät derzeit auch das „duale System" der beruflichen Ausbildung in Deutschland, das im internationalen Vergleich aufgrund der verhältnismäßig niedrigen Quoten jugendlicher Arbeitsloser bisher relativ gute Noten erhielt. Das durch die Kammern gesteuerte System der beruflichen Ausbildung gilt als zu wenig flexibel für die sich schnell veränderten Arbeitsmärkte. Als besonders problematisch wird mittlerweile die mangelnde Verzahnung der verschiedenen Ausbildungsgänge erachtet. Die vom deutschen Sozialstaat mit seinem auf die Berufsgruppen bezogenen Versicherungssystemen geförderte spezifische Berufs- und Statusorientierungen sind mit dem Konzept eines lebenslangen Lernens nur schwer in Einklang zu bringen. Auch hier wird von einem Drei-Phasen-Modell des Lebensverlaufs ausgegangen: die Studien- und Lehrjahre qualifizieren für bestimmte Berufe – wie etwa Anwalt, Lehrer oder Handwerker –, die bis zum Erreichen des Rentenalters bei einer sehr begrenzten Zahl von Arbeitgebern kontinuierlich ausgeübt werden. Noch hat die Thematisierung des Verhaltens des institutionellen Arrangements des Bildungssystems in Deutschland im Gegensatz zu anderen Ländern keinen besonderen Stellenwert auf der politischen Agenda. Vor dem Hintergrund der internationalen Entwicklung ist jedoch davon auszugehen, daß Qualifizierung und Bildung sich auch hier zu einem ganz wesentlichen Aspekt der Reform des Sozialstaates entwickeln werden.

Schließlich läßt sich auch der dritte Reformansatz des Wohlfahrtsstaates nicht nahtlos auf den deutschen Kontext übertragen. Als dritter Ansatz wird international die Vergemeinschaftung der personenbezogenen sozialen Dienstleistungen diskutiert. Reformpotentiale werden hierbei insbesondere mit dem „Dritten Sektor" als Bereich zwischen Markt und Staat in Verbindung gebracht, dessen Organisationen in privater Regie Leistungen für die allgemeine Öffentlichkeit erstellen und insofern im deutschen Kontext als gemeinnützig zu charakterisieren sind (vgl. Etzioni 1973; Anheier u.a. 1997). In den USA und in Großbritannien wurde der „Dritte oder Nonprofit-Sektor" als sozialpolitisch relevante Größe im Zuge der großangelegten Privatisierungskampagnen der Thatcher-Reagan-Regierung und der Administration entdeckt. Empirisch wurde nachgewiesen, daß soziale Dienstleistungserstellung aufgrund mangelnder Rationalisierungspotentiale nur bedingt für eine marktförmige Erstellung geeignet ist. Gleichzeitig wurde im internationalen Vergleich deutlich, daß im Prinzip nur in den skandinavischen Wohlfahrtsstaaten die soziale Dienstleistungserstellung primär in Staatsregie erfolgt, während sowohl in den nach dem liberalen wie auch nach dem konservativen Modell gestalteten Wohlfahrtsstaaten gemeinnnützigen bzw. Nonprofit-Organisationen hierbei ein beachtlicher Stellenwert zukommt (vgl. Kramer u.a. 1993; Salamon 1996).

Wurden in den Organisationen des „Dritten Sektors" Reformpotentiale zunächst verortet, weil ihnen die Fähigkeit zugesprochen wird, die Logik einer effizient geführten Unternehmung mit dem Gemeinwohlgedanken zu verbinden (vgl. Etzioni 1997), so rückte aufgrund zunehmender Bürokratiekritik am Wohlfahrtsstaat die zivilgesellschaftliche oder lebensweltliche Einbettung der Organisationen des „Dritten Sektors" ins Zentrum des Interesses. Besonders herauszustellen sind in diesem Zusammenhang die Arbeiten von Adalbert Evers, der vor dem Hintergrund der Erfahrungen der neuen sozialen

Bewegungen, insbesondere der Selbsthilfebewegung im Gesundheitsbereich, das Konzept des „new welfare mix" oder des Neuen Wohlfahrtspluralismus als Reformstrategie wohlfahrtsstaatlicher Leistungserstellung mit der Zielsetzung von mehr Bürgernähe propagiert. Dem „Dritten Sektor" werden im Rahmen dieser Konzeption neben der Bereitstellung bürgernaher Dienste in beachtlichem Umfang gesellschaftliche Integrations- sowie Sozialisationsfunktionen zugewiesen (Evers 1990; Evers/Olk 1996); oder wie Evers und Olk es ausdrücken: „Aus diesem Blickwinkel wird der „Dritte Sektor" als Teil des öffentlichen Raums in der Bürgergesellschaft [...] nicht nur als „Produktionsfaktor", sondern ebenso sehr als ein wesentliches Element der Reproduktion von Werthaltungen sowie der Vermittlung sozialer Integrations- und politischer Beteiligungsmöglichkeiten angesprochen" (Evers/Olk 1996: 34).

Angesichts der spezifischen Einbettungsstruktur des „Dritten Sektors" in Deutschland wurden jedoch frühzeitig erhebliche Bedenken angemeldet, ob der Sektor überhaupt in der Lage ist, die in ihn gesetzten Erwartungen zu erfüllen (vgl. etwa Bauer 1997 sowie ders. in diesem Band). Aus einer primär ökonomischen Perspektive, die die Größe des Sektors an der Anzahl der Arbeitsplätze und der getätigten Ausgaben festmacht, ist der Sektor in Deutschland nach den Ergebnissen des international vergleichenden Johns Hopkins Projektes (zum Projekt vgl. Salamon/Anheier 1994, 1998) in erster Linie von den sozialpolitischen Kernbereichen „Gesundheitswesen" und „Soziale Dienste" geprägt (Zimmer 1999). Etwa 60% der Gesamtausgaben bzw. knapp 70% der Beschäftigten des deutschen „Nonprofit-Sektors" entfallen auf diese beiden Arbeitsbereiche (Zimmer/Priller 1999: 21). Hinter den in diesen beiden Arbeitsfeldern tätigen Organisationen des „Dritten Sektors" verbergen sich im bundesdeutschen Kontext schwerpunktmäßig die Mitgliedereinrichtungen der Freien Wohlfahrtspflege bzw. der Wohlfahrtsverbände (Zimmer/Nährlich 1998; zu den Verbänden vgl. Boeßenecker 1998).

Der Grund für die herausgehobene Position der Wohlfahrtsverbände im deutschen „Dritten Sektor" liegt in der spezifischen Interpretation des Subsidiaritätsprinzips in der Bundesrepublik. Entgegen seiner ursprünglichen, in der Sozialenzyklika von 1931 festgelegten und vorrangig auf das Individuum gerichteten Intention, wonach das, was „der Mensch selbst tun kann, [...] ihm nicht durch gesellschaftliche Tätigkeit abgenommen werden" soll (Nell-Breuning 1957: 200), wurde das Subsidiaritätsprinzip in den Sozialgesetzen der 1960er Jahre auf Organisationen bzw. konkret auf die Freien Träger der Wohlfahrtspflege bezogen. Mit Schützenhilfe des Bundesverfassungsgerichtes wurde diesen die „Bestands- und Eigenständigkeitsgarantie [...] (bei) gleichzeitiger Förderungsverpflichtung und Gesamtverantwortung der öffentlichen Träger" (Sachße 1995: 133) zugesichert. Welche Folgen diese Interpretation des Subsidiaritätsprinzips für den „Dritten Sektor" in Deutschland hatte, läßt sich deutlich an seiner Finanzierungsstruktur ablesen.

Mit über 60% haben öffentliche Mittel – wozu im Rahmen des Johns Hopkins Projektes auch die Leistungsentgelte der Sozialversicherungen gerechnet werden – den größten Anteil an den Einnahmen des Sektors. International betrachtet liegt der Anteil der öffentlichen Finanzierung des „Dritten Sektors" in Deutschland damit um etwa 20 Prozentpunkte über dem Durchschnittswert. Von den untersuchten Ländern ist der deutsche „Dritte Sektor" am stärksten von öffentlichen Mitteln abhängig, wovon der Hauptanteil auf die Bereiche Gesundheitswesen und Soziale Dienste entfällt. Im Gegensatz zu den Leistungsentgelten der Sozialversicherungen, hatten Einnahmen aus Spendengeldern und Sponsoring mit etwa 8% einen verschwindend geringen Anteil an der Finanzierung des Sektors. Entsprechendes gilt auch für die Einnahmen aus eigenwirtschaftlicher Tätigkeit (vgl. Zimmer/Priller 1999: 17, 51). Hinsichtlich seiner Finanzierung zeichnet sich der deutsche „Dritte Sektor" durch eine extrem hohe Abhängigkeit von den Leistungen der Sozialversicherungen aus. In seinen Hauptbereichen ist der „Dritte Sektor" in Deutschland somit als privat organisierte Form des Sozialstaates zu charakterisieren, wobei den kirchennahen Verbänden, Caritas und Diakonie aufgrund ihrer Größe, ihrer arbeitsmarktpolitischen Relevanz und ihres politischen Gewichts ein herausragender Stellenwert zukommt (vgl. dazu Rauschenbach/ Schilling 1995 sowie Bundesarbeitsgemeinschaft der Freien Wohlfahrtspflege 1997).

In der neueren Literatur (Schmid 1996) wird diese zentrale Position von Caritas und Diakonie bei der Erstellung personenbezogener sozialer Dienstleistungen als Kompromißlösung des Staat-Kirchenkonfliktes, namentlich der Beilegung des „Kulturkampfes" als politische und gesellschaftliche Unterdrückung und Ausgrenzung der Katholiken, interpretiert. Der „Dritte Sektor" diente hierbei als Terrain des institutionalisierten Interessenausgleichs, wobei die Kirchen in dem lebensweltlich zentralen Bereich der Sozialpolitik und Wohlfahrtspflege ihren Einfluß auch unter den Bedingungen der Industriemoderne bewahren konnten (Zimmer 1997). Der Privilegierung der Wohlfahrtsverbände liegt daher das strategische Kalkül einer „defensiven Modernisierung" durch segmentierte, nach Religionszugehörigkeit differenzierte Integration zugrunde. Mit Hilfe des „Dritten Sektors" und der dominanten Stellung der Wohlfahrtsverbände wurde somit eine Korporatisierung des Gleichgewichts der etablierten Konfessionen, oder – wie Ralf Dahrendorf es einmal treffend ausgedrückt hat – eine paritätische „Konfessionalisierung" der Bundesrepublik erreicht. Dieses institutionelle Arrangement war in der Vergangenheit durchaus von Vorteil, da die kirchennahen Einrichtungen als vom Nationalsozialismus nicht „infizierte" Organisationen zur Vertrauensbildung in die Demokratie der jungen Bundesrepublik beitrugen und gleichzeitig durch ihren erheblichen verbandspolitischen Einfluß die Entwicklung der Bundesrepublik zu einem umfangreichen Wohlfahrtsstaat maßgeblich beeinflußt haben. Doch inzwischen haben sich die ursprünglichen Vorteile dieses spezifisch deutschen wohlfahrtsstaatlichen Arrangements mit der starken

Stellung der Verbände eher ins Gegenteil verkehrt. Gemäß dem Ansatz des Wohlfahrtspluralismus basiert das Reformpotential des „Dritten Sektors" auf der gesellschaftlich-lebensweltlichen Einbettung seiner Organisationen. Doch gerade diese ist bei den kirchennahen Wohlfahrtsverbänden Caritas und Diakonie infolge der gesellschaftlichen Säkularisierungs- und Individualisierungstendenzen nur noch bedingt gewährleistet (vgl. die Beiträge in Rauschenbach u.a. 1995 sowie für Ostdeutschland Angerhausen 1998; Zimmer 1999). Damit der „Dritte Sektor" in den Kernbereichen der Sozialpolitik – im Gesundheitswesen und den Sozialen Diensten – als Katalysator einer Reform im Sinne neuer Wohlfahrtsmixe und der Aktivierung zivilgesellschaftlicher Potentiale in Deutschland wirken kann, haben die in diesen Bereichen tätigen Organisationen – die Wohlfahrtsverbände – ihr ebenfalls veraltetes institutionelles Arrangement den veränderten Umweltbedingungen angepaßt und sich dementsprechend modernisiert. In diese Richtung weist die aktuell in Deutschland zunehmend geführte Diskussion über eine Aktivierung und verstärkte gesellschaftliche Anerkennung bürgerschaftlichen Engagements als ehrenamtliche Tätigkeit. Reformpotentiale werden hierbei nicht auf der Meso-Ebene der Organisationen, sondern vorrangig auf der individuellen bzw. Mikro-Ebene des einzelnen verortet.

Die Debatte um die Aktivierung bürgerschaftlichen Engagements ist eine spezifisch deutsche Antwort auf die Notwendigkeit, das derzeitige wohlfahrtsstaatliche Arrangement veränderten Kontextbedingungen anzupassen. Bei dem Begriff handelt es sich um einen relativ jungen Terminus, der semantisch noch nicht klar bestimmt ist. In der öffentlichen Diskussion wird „bürgerschaftliches Engagement" zunehmend als Oberbegriff für ein weites Spektrum von mitgliedschaftlichen, gemeinwohlorientierten sowie unkonventionellen politischen Aktivitäten verwendet, die jenseits der individuellen Privatsphäre und des im engeren Sinn staatlichen Entscheidungs- und Verwaltungshandelns angesiedelt sind (vgl. Zimmer/Nährlich 2000 sowie Heinze/Olk 2000). Die Spannweite des Begriffs reicht von der einfachen Mitgliedschaft und der ehrenamtlichen Tätigkeit, etwa in Parteien, Verbänden und Vereinen, über die freiwillige unbezahlte Mitarbeit in karitativen oder gemeinwohlorientierten Einrichtungen, wie etwa Krankenhäusern, Schulen oder Sportvereinen, bis hin zu den verschiedenen Formen direkt-demokratischer Bürgerbeteiligung (Volksbegehren, Volksentscheid) sowie zur Beteiligung an Protestaktionen im Rahmen der Bürgerinitiativbewegung oder auch der neuen sozialen Bewegungen, wie etwa der Ökologie-, Anti-Atomkraft- oder Frauenbewegung.

Derzeit läßt sich ein breit gestreutes politisches Interesse feststellen, so daß sich für die Förderung bürgerschaftlichen Engagements sowohl Vertreter der beiden großen Volksparteien als auch der kleineren Parteien aussprechen (vgl. Benitz 2000). Positiv besetzt wird der Begriff in engem Bezug zur Wiederentdeckung der Zivilgesellschaft als öffentliche Sphäre gemeinwohlorientierter Tätigkeiten gesehen. Hierbei wird dem bürgerschaftlichen Engagement

im Hinblick auf den politischen Entscheidungsprozeß und damit hinsichtlich
der Input-Seite des Staates eine Mitwirkungs- sowie auch Korrektivfunktion,
und zwar jenseits von Wahlen, Parteiarbeit und korporatistischen Arrangements zugesprochen. In dieser Dimension werden unter bürgerschaftlichem
Engagement, gemäß einer Klassifikation von Roland Roth (2000), unterschiedliche Formen der unmittelbaren politischen Beteiligung gerechnet, die
von gesetzlich geregelten Beteiligungsangeboten, wie etwa ehrenamtliche
Mitarbeit im Gemeinde- oder Stadtrat, über die informelle und aktivierende
Beteiligung mit einer unterstützenden öffentlichen Infrastruktur, wie etwa
Mitmachen bei Bürgerversammlungen, Mediationsverfahren oder Planungs-
zellen, bis hin zur Mobilisierung in Initiativen oder Protesten, wie etwa gegen
die Castor-Transporte, reichen (vgl. hierzu auch die Beiträge in Klein/
Schmalz-Bruns 1997).

Im Hinblick auf die Output-Dimension staatlichen Handelns wird der Be-
griff mit dem Übergang vom Wohlfahrtsstaat zur Wohlfahrtsgesellschaft in
Verbindung gebracht. Während ersterer durch bürokratisch-administrative
Dienstleistungserstellung gekennzeichnet ist, zeichnet sich die Wohlfahrtsgesellschaft durch die direkte Einbindung von Bürgern und Bürgerinnen bei der
Erstellung öffentlicher Leistungen aus (dazu etwa Heinze u.a. 1999: 183;
Dettling 1995; Evers 1998). Hierbei wird davon ausgegangen, daß gerade
personenbezogene soziale Dienstleistungen unter direkter Bürgerbeteiligung
sowohl individueller als auch bedarfsgerechter gestaltet werden können.
Neue und alte Formen sozial-karitativer Tätigkeit, wie etwa das milieugebun-
dene klassische soziale Ehrenamt in Wohlfahrtsverbänden, werden daher
ebenso zum bürgerschaftlichen Engagement gerechnet wie die verschiedenen
Spielarten der punktuell ansetzenden und zeitlich begrenzten „neuen Ehrenamtlichkeit". Unter anderem zählen hierzu die von Ehrenamtsbörsen oder
Freiwilligenagenturen vermittelten Tätigkeiten bei karitativen Vereinen oder
öffentlichen Einrichtungen, die Mitarbeit in sozial engagierten Gruppen und
Bewegungen, wie etwa den Pro-Asyl-Gruppen oder der Hospiz-Bewegung,
sowie die direkte wie auch die mittels Sach- und Geldspenden indirekte Unterstützung von unterschiedlichen Initiativen und sozial engagierten Gruppen,
wie etwa den „Tafeln" oder auch den Obdachlosen-Initiativen.

Schließlich wird auf bürgerschaftliches Engagement auch im Rahmen
der Debatte über die Modernisierung von Staat und Verwaltung, wie sie unter
dem Leitmotiv des New Public Management geführt wird, Bezug genommen
(vgl. Reichard 1999). Während traditionell Staat und Verwaltung sowohl die
Gewährleistungs-, als auch die Finanzierungs- und Vollzugsverantwortung
übernahmen, geht man heute bei der Erstellung öffentlicher Leistungen generell von Konzepten öffentlich-privater Partnerschaft aus. Hierbei verbleibt die
Gewährleistungsfunktion bei Staat und Verwaltung; die Vollzugs- wie auch
Finanzierungsverantwortung übernehmen jedoch ganz oder teilweise private
Akteure, darunter Vereine, Initiativen, Förderkreise und -gruppen wie auch
Einzelpersonen. In diesem Kontext wird unter dem Leitbild des „aktivieren-

den Staates" die kooperative Verteilung der Verantwortlichkeiten als die eigentliche Aufgabe der Staatsmodernisierung gefaßt (Wollmann 1999). Die Debatte über bürgerschaftliches Engagement ist somit als Klammer zu charakterisieren zwischen der Diskussion über die Neugestaltung der wohlfahrts- und sozialstaatlichen Aufgaben im engeren Sinne und der Reform des Wohlfahrtsstaates als bisher letztes Stadium der staatlichen Aufgabenwahrnehmung. Hierbei zeigt sich auch in Deutschland noch eine gewisse Unsicherheit im Hinblick auf die Neuorientierung staatlichen Handelns. So wird die momentane Konjunktur des Begriffs bürgerschaftlichen Engagements im zivilgesellschaftlichen Kontext eher als Zugewinn individueller Gestaltungsmacht und insofern als ein „Mehr an Demokratie" bewertet, im Gegensatz dazu gibt es jedoch auch zahlreiche kritische Stimmen, die eher einen Rückzug des Staates aus der Verantwortlichkeit für die allgemeine Wohlfahrt befürchten und den Verweis auf bürgerschaftliches Engagement als kostengünstige Lösung, insbesondere der Kommunen, in Zeiten leerer öffentlicher Kassen betrachten (Zimmer/Nährlich 2000a).

IV. Resümee

Infolge der weitgefaßten Aufgaben- und Funktionszuweisung wohlfahrts- und sozialstaatlichen Handelns ist die Diskussion über die Perspektiven des Sozialstaates auch in Deutschland einzubetten in die umfassende Debatte über die Veränderung von Staatlichkeit. Hierbei wird ein „Veralten" des Wohlfahrtsstaates als gewachsenes institutionelles Arrangement konstatiert, wie es sich unter den Bedingungen der Industriemoderne herausgebildet hat. Dieses Arrangement basiert auf der Trias von industrieller Lohnarbeit, patriarchalischer Familie und nationalstaatlich gebundener Solidarität. Aufgrund maßgeblich veränderter Umweltbedingungen, die sich mit den Stichwörtern Ende des Normalarbeitsverhältnisses, Globalisierung und Emanzipation der Frau auf den Begriff bringen lassen, stößt der Wohlfahrtsstaat in der derzeitigen Ausprägung nicht nur an die Grenzen seiner Finanzierbarkeit, sondern gleichzeitig wird auch seine Leitbildfunktion erstmals in Frage gestellt. Dies bedeutet jedoch nicht, daß der Staat von seiten der Bürger generell aus seiner Verantwortung für das allgemeine Wohl entlassen würde. Der Wohlfahrts- und Sozialstaat erhält nach wie vor von der allgemeinen Bevölkerung hohe Zustimmungswerte. Allerdings steht die Reformbedürftigkeit des derzeitigen wohlfahrts- und sozialstaatlichen Handlungsrepertoires außer Zweifel.

Hierbei wird im Sinne eines Benchmarkings in hohem Maße auf internationale Vorbilder rekurriert, wobei sich im wesentlichen drei Reformperspektiven abzeichnen:
1.   eine Re-Individualisierung der Lebensstandardsicherung bzw. eine Absenkung der gesetzlich garantierten Sozialleistungen,

2. eine Zunahme der Bedeutung staatlichen Handelns im Ausbildungs- und Qualifizierungsbereich,
3. eine Gemeinschaftsorientierung der sozialen Dienstleistungserstellung bzw. ein Appell an das Verantwortungsbewußtsein der Bürger und Bürgerinnen, sich aktiv für das Gemeinwesen zu engagieren.

Die Übertragung und Anwendung der internationalen Reformvorschläge auf den deutschen Kontext ist allerdings mit erheblichen Schwierigkeiten verbunden, die maßgeblich im „Bauplan" und den Strukturprinzipien des deutschen Sozialstaates als nationalstaatliche Ausprägung des konservativen sowie christdemokratischen Modells des Wohlfahrtsstaates begründet sind. Problematisch gestaltet sich vor allem die Erreichung eines neuen, den veränderten Bedingungen angepaßten Basiskonsenses. Als Hemmschuh erweisen sich hier einerseits die Familienzentrierung des deutschen Sozialstaates sowie zum anderen das auf dem Äquivalenzprinzip basierende Sozialversicherungssystem, aufgrund dessen dem Sozialstaat eine auf individuellen Nutzenkalkülen basierende Erwartungshaltung entgegengebracht wird.

Gleichwohl ist davon auszugehen, daß die gesetzlichen Sozialversicherungssysteme durch private Vorsorge im Dienst der Lebensstandardsicherung ergänzt werden, wie es sich im Rahmen der Debatte um die Rentenreform derzeit bereits abzeichnet. Analog der internationalen Entwicklung wird auch der deutsche Sozialstaat um eine vermutlich privatwirtschaftlich organisierte Versorgungskomponente ergänzt werden. In entsprechender Weise deutet einiges darauf hin, daß der Sozialstaat in Zukunft weniger an seinen monetären Transferzahlungen und damit an seinem Dekommodifizierungsindex, sondern eher an seiner Fähigkeit gemessen wird, Qualifizierungs- und Weiterbildungsmöglichkeiten und dadurch Hilfen zur Selbsthilfe bereitzustellen. Obgleich der ausgeprägte Kulturföderalismus sich hier derzeit noch als Hemmschuh einer progressiven Entwicklung auswirkt, nehmen bildungspolitische Themen sowie der gesamte Bereich der beruflichen Ausbildung und Qualifizierung einen zunehmend bedeutenderen Platz auf der tagespolitischen Agenda ein. Schließlich wird auch die internationale Diskussion über die Potentiale des „Dritten Sektors" im bundesdeutschen Kontext zunehmend positiv rezipiert. Dies gilt gerade auch für die Wohlfahrtsverbände, die nach wie vor in der einschlägigen Literatur eher als Verteidiger des überkommenen konservativen wohlfahrtsstaatlichen Status-quo gehandelt werden. Die umfangreiche Debatte über bürgerschaftliches Engagement als ehrenamtliche Tätigkeit ist vor dem Hintergrund der etatistischen sowie ausgeprägt korporatistischen Traditionen Deutschlands sicherlich positiv im Sinne eines Reform- und Modernisierungsansatzes zu bewerten. Allerdings bleibt abzuwarten, ob von seiten des Staates, insbesondere der Kommunen, nicht doch versucht wird, das Engagement der Bürger ausschließlich in den Dienst einer sparsamen Haushaltsführung einzusetzen, anstatt Freiräume bereitzustellen, aufgrund derer Bürger nicht nur an der Erstellung sozialstaatlicher Leistungen beteiligt werden, sondern auch Kompetenz- und Ermessensspielräume erhalten, wohlfahrts- und sozialstaatliches Handeln direkt mitzubestimmen.

Angebote und Reformen sozialer Dienstleistungen

Norbert Wohlfahrt

I. Inhaltlicher Reformbedarf der Angebote sozialer Dienste

Ich möchte mit einer Definition des Begriffs soziale Dienste beginnen: nach Schellhorn (1985) sind soziale Dienste und Einrichtungen „alle offenen, halboffenen und geschlossenen Institutionen, die der Erfüllung des sozialen Rechts des einzelnen auf Gewährung von Sozialleistungen dienen. Soziale Dienste sind dabei die Institutionen, die nicht Einrichtungen sind; hierzu können Haus- und Familienpflegedienste, Sozialstationen, Gemeindekrankenpflegestationen, Beratungs- und Behandlungsstellen aller Art und ärztliche Dienste gehören." M. Dieck nimmt diesbezüglich eine Einschränkung vor: für sie zählen nur solche sozialen Dienste, die

a) auf kommunaler Ebene zu erbringen sind, d.h. die von dort aus organisiert und in ihrer Bedarfsorientierung gesichert werden müssen.

b) nicht im Rahmen und auf der Grundlage der Finanzierung eines Versicherungssystems erbracht werden und

c) nicht in selbstverständlicher Wahrnehmung hoheitlicher Aufgaben des Staates behördlich vorgehalten werden.

Soziale Dienste zeichnen sich nach diesen Definitionen dadurch aus, daß sie nicht zur Abdeckung von sozialversicherungsrechtlich geregelten Lebensrisiken dienen, daß sie nicht durch staatlich kontrollierte und bereitgestellte Versorgungsangebote abgedeckt werden (z.B. Schulen) und daß sie zumeist nicht marktfähig produziert werden. Zweifellos ist die Bereitstellung von sozialen Dienstleistungen damit in erster Linie eine öffentliche Aufgabe, die in erster Linie den öffentlichen Dienst betrifft.

Nun gibt es seit Ende der 80er Jahre in der BRD eine Auseinandersetzung darüber, wie der öffentliche Dienst billiger und besser werden kann. Wenn man sich die gegenwärtige Entwicklung vor Augen hält, dann scheint es, als sei die Anforderung des „Billigerwerdens" gegenüber der des „Besserwerdens" in vielfacher Hinsicht dominant und die Annahme, der öffentliche Dienst könne nur durch Schrumpfen gesunden, ist so etwas wie ein Allgemeinplatz geworden. Bezieht man dies auf den wesentlichsten Anteil öffentlicher Dienstleistungserstellung – die sozialen Dienste – dann wird zwischen der Tatsache des Schrumpfens und des prognostizierten Anstiegs des Bedarfs sozialer Dienstleistungen ein Widerspruch offensichtlich: die Wachstumsdy-

namik sozialer Dienste begründet sich nämlich aus dem Tatbestand, daß es
sich vielfach um Arbeiten handelt, die traditionell privat (in der Familie, insbesondere von Frauen) erbracht werden und die durch die sich abzeichnende
Überlastung der Familien (wachsende Erwerbstätigkeit der Frauen und An-
stieg der Eineltemfamilien und nichtehelicher Lebensgemeinschaften) in Zukunft nicht mehr wie bisher durch diese sozialen Netze bereitgestellt werden.
Das für die Bundesrepublik typische zweigeteilte Existenzsicherungsmodell,
bei dem einerseits die individuelle Existenz durch Erwerbsarbeit und die er-
werbsarbeitsbezogenen Sozialversicherungsleistungen gewährleistet ist und
bei dem andererseits Frauen, die Haus- und Erziehungsleistungen übernehmen, durch privatrechtliche Unterhaltsleistungen geschützt sind und das damit den Typus der verheirateten, nichterwerbsfähigen, kindererziehenden
Frau zum Vorbild hat, wird durch diese Entwicklung in Frage gestellt.

Gleichzeitig signalisieren die Veränderungen im Altersaufbau der Bevölkerung eine Steigerung der Nachfrage nach personenbezogenen Dienstleistungen, die sich insbesondere durch folgende Problemlagen kennzeichnen
lassen:

– deutlich mehr alleinstehende ältere Menschen,
– mehr pflegebedürftige ältere Menschen,
– mehr Kinder und Jugendliche, deren Eltern z.B. wegen Alleinerziehung
  auf Unterstützung und Betreuung angewiesen sind,
– mehr Menschen, die aufgrund von Arbeitslosigkeit auf öffentliche
  Geldleistungen angewiesen sind und
– mehr Jugendliche, die in ihrer Entwicklung als gefährdet bezeichnet
  werden können.

In der Bundesrepublik ist die Erbringung sozialer Dienstleistungen in öffent-
lich-rechtliche Organisationsformen eingebunden: entweder auf der Basis ge-
setzlicher Aufgabendefinitionen und – oder durch die Finanzierung aus öffentlichen Haushalten. Dabei handelt es sich in der Regel um wohlfahrtsstaatliche Dienste, die deshalb öffentlich bereitgestellt werden, weil ihre Erbringung auf dem „Markt" hohe wirtschaftliche Risiken beinhaltet und
Marktmechanismen im Bereich sozialer Dienste kaum unterstellt werden
können. Um ein Beispiel zu nennen: Die Durchsetzung von Wettbewerbsprinzipien kann in der Preisentwicklung zum Gegenteil dessen führen, was
in der Güterproduktion unterstellt werden kann; während dort durch Wettbewerb die Preise eher gedrückt werden, drängt der Wettbewerb sie im Dienst-
leistungsbereich eher nach oben. Dazu trägt u.a. die geringe Durchschaubar-
keit des Preis-Leistungs-Verhältnisses von Dienstleistungen bei sowie die sogenannte Fremdproduktion, d.h. die Veranlassung von Dienstleistungen
durch die Anbieter. Die öffentliche Dienstleistungserstellung läßt sich in zwei
Formen unterscheiden:

a) Als persönliche Dienstleistung von Person zu Person im Sinne der Pflege, der Therapie, der Beratung, des Trainings usw. Dieser Kernbereich
   ist meist durch die „Koproduktion" und – oder das „uno-actu-Prinzip"

gekennzeichnet: Ersteres betont die Rolle der Nutzer im Herstellungsprozeß der Dienstleistung, letzteres betont das zeitliche Zusammentreffen von Herstellung und Nutzung (Produktion und Konsumtion der
Dienstleistung).

b) Von diesem Kernbereich persönlicher Dienstleistungen lassen sich diejenigen abgrenzen, die an mehr oder weniger große Gruppen und – oder
an von einer Person unabhängigen Problemen (Genehmigung; Prüfung
etc.) ausgerichtet sind. Diese Dienstleistungen sind auf die äußeren Lebensumstände gerichtet und – oder adressieren große Gruppen von potentiellen Nutzern. Hierzu gehören Erziehung, Bildung, Transport, Information und Kommunikation.

Die Entwicklung sozialer Dienstleistungen ist seit den 80er Jahren insbesondere durch den Versuch gekennzeichnet, den expandierenden wohlfahrtsstaatlichen Aufgaben entgegenzusteuern. Dabei sind gegenüber den „Boombereichen" der 70er Jahre (Bildungswesen, Wissenschaft, Forschung und
kulturelle Angelegenheiten), die in den 80er Jahren rückläufig sind, die Aufgaben der sozialen Sicherung auf hohem Niveau in etwa gleich geblieben,
während die Beschäftigten im Bereich Gesundheit, Sport und Erholung leicht
zunahmen. Privatwirtschaftliche Anbieter und die Wohlfahrtsverbände erbringen heute einen deutlich höheren Anteil an den sozialen Dienstleistungen
als 1970.

Sieht man von der Pflegeversicherung ab, dann richtet sich im Bereich
der sozialen Dienste der Versorgungsauftrag des Staates in erster Linie an die
kommunale Ebene. Für diese gilt nicht nur der verfassungsrechtliche Auftrag
zur „Daseinsvorsorge für die Anliegen der örtlichen Gemeinschaft", sondern
auch der in § 17 Abs. 2 SGB 1 festgeschriebene Auftrag zur Bereitstellung
einer angemessenen Versorgungsinfrastruktur. Die konzeptionelle Ausgestaltung und die praktische Gewährleistung sozialer Dienstleistungen sind originäre kommunale Angelegenheiten in Zusammenarbeit mit freien Trägern, an
die viele Aufgaben der Leistungserstellung delegiert sind.

Die sozialpolitischen Aufgaben der Kommunen erstrecken sich auf zwei
Felder: zum einen auf Pflichtleistungen und freiwillige Leistungen im Rahmen der kommunalen Selbstverwaltung, zum anderen auf Auftragsangelegenheiten, die Bund oder Länder an die Kommunen delegieren (z.B. Versorgung und Unterbringung von Asylbewerbern). Die Sozialdienste im Rahmen
des Bundessozialhilfegesetzes (BSHG) sowie Leistungen des Kinder- und
Jugendhilfegesetzes (KJHG) sind Pflichtleistungen der kommunalen Selbstverwaltung. Freiwillige Leistungen sind vorrangig Hilfen für Wohnungslose,
Arbeitslose oder Behinderte, Teile der „offenen Altenhilfe" oder der Beratungs- und Koordinationsstellen.

Sozialleistungen, die in der Erbringung von Diensten bestehen, etwa in
Form von Behandlung oder pflegerischer Unterstützung, werden in der BRD
in der Regel nicht von den leistungsverpflichteten Trägen, sondern von Dritten, z.B. Ärzten, Krankenhäusern, Alten- oder Pflegeheimen und ambulanten

Diensten, erbracht. Diese Dritten (im Sozialrecht *Leistungserbringer* genannt) sind unter marktwirtschaftlichen Gesichtspunkten Anbieter von
Dienstleistungen. Es besteht jedoch eine öffentliche Verantwortung dafür,
daß diese Dienstleistungen auch vorhanden sind. Insbesondere bleibt den
Kommunen eine gesetzlich festgeschriebene Infrastrukturverantwortung, die
in der Regel durch bestimmte Planungs- und Fördermaßnahmen wahrgenommen wird.

Im Bereich der Jugendhilfe obliegt den Trägern der öffentlichen Jugendhilfe die Gesamtverantwortung einschließlich der Planungsverantwortung
(§ 79 SGB VIII). Die Wohlfahrtsverbände und die Kirchen treten als Träger
eigener sozialer Dienste auf. Auf dem Gebiet der Sozialhilfe ist diesen Akteuren gesetzlich die Selbständigkeit und ein Anspruch auf öffentliche Förderung garantiert (§ 10 BSHG), auf kommunaler Ebene gilt das Subsidiaritätsprinzip, nach dem die Träger der freien Wohlfahrtspflege und die Kirchen
einen Vorrang vor den öffentlichen Trägern genießen.

In der Pflegeversicherung sind die kommunalen Pflichtleistungen nach-
rangig nicht nur hinter den frei-gemeinnützigen Trägern, sondern auch in bezug auf privatgewerbliche Träger (§ 11 Abs. 2 SGB IX). Bei der jüngsten Reform des Sozialhilferechts ist der bisherige Trägervorrang der freien Wohlfahrtspflege bei den in Einrichtungen zu erbringenden Diensten aufgehoben
worden.

Ein Blick auf die Entwicklung der Beschäftigten bei den Spitzenverbän-
den der Freien Wohlfahrtspflege (Caritas, Diakonisches Werk, Arbeiterwohl-
fahrt, Deutsches Rotes Kreuz, der Paritätische Wohlfahrtsverband und die
Zentrale Wohlfahrtsstelle der Juden in Deutschland) zeigt, daß diese mit über
60% den Hauptanteil der Beschäftigten organisieren und hierbei eine stetige
Expansion in den letzten 20 Jahren festzustellen ist.

Resümiert man die Aufgabenstellung der Kommunen im Bereich der sozialen Sicherung und sozialen Dienste, so lassen sich zwei Funktionen her-
vorheben:

a)   Die Kommunen haben die „Letztverantwortung" bei der Gewährlei-
     stung materieller Sicherungen. In Fortsetzung der Fürsorge liegt bei ih-
     nen die Zuständigkeit für die materielle Absicherung vielfältiger, sozi-
     alversicherungsrechtlich nicht abgedeckter Not- und Bedarfslagen.

b)   Des weiteren lag und liegt bei den Kommunen die Verantwortung für
     die Sicherstellung eines breitgefächerten Angebots von ambulanten,
     teilstationären und stationären Hilfen, wobei die Gestaltung der örtli-
     chen Infrastruktur zum Kernbereich der kommunalen Sozialpolitik
     zählt.

II. Veränderte Rahmenbedingungen sozialer Dienstleistungserstellung auf lokaler Ebene

Es steht also außer Zweifel, daß die kommunale Ebene für die Wachstumsdynamik sozialer Dienste eine erhebliche Rolle spielt. Nun ist seit einigen Jahren zu beobachten, daß sich die Rahmenbedingungen für die kommunalen Daseinssicherungsfunktionen erheblich verändern, insbesondere durch die immer weiter auseinanderklaffende Schere von Einnahmen und Ausgaben. Das explosionsartige Wachsen der kommunalen Sozialhilfeleistungen (von 3,5 Mrd. DM im Jahre 1970 auf 54,1 Mrd. DM im Jahre 1994, also eine Versechzehnfachung), die Übertragung von Rechtsansprüchen (z.B. Kindergartenplatz) ohne fiskalischen Ausgleich und die Transferzahlungen an die östlichen Bundesländer haben auf kommunaler Ebene zu einer Haushalts- und Finanzkrise geführt, die den Fortbestand der kommunalen Selbstverwaltung in Frage stellt. Vor diesem Hintergrund wird bereits offen über die Unabdingbarkeit von Leistungseinschränkungen gesprochen: „Wenn wir in den vergangenen prosperierenden Zeiten immer wieder neue soziale Ansprüche begründet haben, müssen wir in den jetzigen mageren Jahren naturgemäß auch Leistungsansprüche einschränken und aufheben sowie einmalige Leistungen pauschalieren. Dies bedeutet konkret, daß auch über die Frage, was eigentlich der Mindeststandard sozialer Ansprüche im Sinne eines menschenwürdigen Lebens in unserer Gesellschaft ist, intensiv nachgedacht werden muß. Bei Festlegung und Einigung auf einen derartigen Mindeststandard könnten die Kommunen als im Rahmen ihrer Daseinsvorsorge originärer Träger des Sozialstaats sehr viel stärker soziale Aufgaben übernehmen und flexibel ausfüllen. Notwendige Voraussetzung wäre aber, daß staatlicherseits überhöhte Standards im Sozialbereich abgebaut würden und es den Kommunen im Rahmen ihrer eigenen Leistungsfähigkeit überlassen würde, den festgelegten Mindeststandard gegebenenfalls zu gewährleisten" (Portz 1996: 283). Zugleich wird eine Vereinfachung der Rechtsanwendung und eine Entbürokratisierung gefordert, die das „Wirrwarr" aus Sozialhilfe, Arbeitslosenhilfe, Erziehungsgeld, Wohngeld, Ausbildungsförderung etc. beseitigt. Im Bereich der Sozialhilfe soll eine Effizienzsteigerung durch die Zusammenführung von Aufgaben- und Finanzverantwortung auf der Ebene der kreisangehörigen Städte und Gemeinden bei gleichzeitiger Senkung der Kreisumlage erzielt werden. So fordert der Deutsche Städte- und Gemeindebund, daß die kreisangehörigen Städte und Gemeinden zu örtlichen Trägern der Sozialhilfe erklärt werden können und damit ein entsprechendes Engagement in der Finanzierung der Hilfen zum Lebensunterhalt honoriert werden kann.

Auch die Finanzierung der Aufgaben der Jugendhilfe gilt als „mittelfristig nicht mehr gesichert" (Articus 1996: 434). Während die Ausgaben für soziale Leistungen zwischen 1992 und 1995 um 36% gestiegen sind, sind die KJHG-bedingten Ausgaben zwischen 1991 und 1994 um 64,8% angestiegen.

Die staatlichen Betriebskostenzuschüsse machen durchschnittlich 20% der Ausgaben für Kindertagesstättenplätze in den städtischen Verwaltungshaushalten aus.

Angesichts dieser finanziellen Strukturveränderungen gerät das Verhältnis öffentlicher und freier Träger in die Kritik und entsprechende Korrekturen werden gefordert. Dabei soll an die Stelle der „kostenorientierten" eine „leistungsorientierte" Förderung freier Träger treten, die zugleich in einem Preiswettbewerb in einen Vergleich gebracht werden sollen, so daß auf der Basis einer nach Kosten differenzierten Leistungsrechnung pauschale Zuwendungen für vergleichbare Fälle vergeben werden.

Parallel zu den Strukturveränderungen für die Erbringung sozialer Dienste auf kommunaler Ebene vollzieht sich auf der Ebene des Sozialrechts ein Schwenk vom Selbstkostenprinzip zum Budgetprinzip. Der § 93 BSHG sieht nun vor, daß Vereinbarungen nicht wie früher über die „Höhe der zu übernehmenden Kosten" getroffen werden, sondern über „Inhalt, Umfang und Qualität der Leistungen sowie über die dafür zu entrichtenden Entgelte" (§ 93 Abs. 2 BSHG).

Die Pflegeversicherung darf in diesem Zusammenhang als „neues Versicherungssystem" angesehen werden, das sich durch drei neuartige Strukturmerkmale kennzeichnet:

– klar begrenzte Leistungen der Versicherung;
– gesetzlich fixierter Beitragssatz;
– Kompensation der Belastungen der Wirtschaft.

Das bedeutet, daß angesichts der prognostizierten Bedarfsentwicklung durch die demographische Entwicklung bei begrenzten Leistungen und festgeschriebenen Beitragssätzen die Pflegeversicherung immer nur einen Teil, nicht jedoch den vollständigen Bedarf abdecken kann. Die Pflegeversicherung geht (ausgesprochen oder unausgesprochen) von einer Eigenbeteiligung der Versicherten aus, wobei das Verhältnis von Geld- und Sachleistung (die Geldleistung wird in der Höhe der Hälfte des Wertes der Sachleistung gewährt), zusätzlich den Druck auf die Verbilligung der Sachleistungen durch die Pflegekassen verstärkt.

Beide Entwicklungen – die Erosion der fiskalischen Handlungsspielräume der Kommunen und die Umpolung vom Bedarfs- zum Budgetprinzip – führen zusammengenommen zu einer Krise der sozialen Dienstleistungserbringung, die zu einer Gefährdung der Minimalversorgung bei bestimmten Not- und Bedarfslagen führen könnte.

Da die Finanzierung faktisch aller sozialen Dienstleistungsanbieter mehr oder weniger von der öffentlichen Hand abhängig ist, bedeutet diese Entwicklung eine erhebliche Gefährdung der Sicherstellung des Angebots, wobei der Rückzug der Kommunen aus sozialversicherungsrechtlich abgesicherten Leistungen (wie bei der Pflege) oftmals übersieht, daß diese eben nur ein Teilrisiko abdecken, keineswegs aber als Vollkasko-Versicherung angelegt sind.

In dieser Situation stellt sich die Frage nach Alternativmodellen zur Finanzierung der sich abzeichnenden Versorgungslücken. Hierzu lassen sich im wesentlichen zwei Grundvorstellungen voneinander unterscheiden: ein Privatisierungsmodell und ein Verrechtlichungsmodell.

1. Das Privatisierungsmodell, das in jüngster Zeit insbesondere von Vertretern der Freien Wohlfahrtspflege verstärkt ins Spiel gebracht wird, plädiert dafür, das Sozialleistungssystem auf ein vorrangiges Geldleistungssystem umzustellen (Linzbach 1996). Die Chance zur Ausgabenbegrenzung wird dabei im wesentlichen durch eine Stärkung der Konsumentensouveränität erwartet, wobei zwei Systeme als denkbar erachtet werden: ein monistisches System, in dem der Nutzer von Sozialleistungen eine Rechnung über die gesamte Leistung erhält oder ein duales System, in dem Investitionskosten etc. zusätzlich über staatliche Förderungen abgewickelt werden. Das wesentliche Novum zum bestehenden System wird darin gesehen, daß die jeweilige Leistung über das Medium *Geld* in jedem einzelnen Fall beziffert wird und der Nutzer dies sozusagen als „Meßlatte" der Inanspruchnahme persönlich zur Kenntnis bekommt. Des weiteren würden diejenigen, die über Zahlungsfähigkeit verfügen, auch zahlen. Für diejenigen, die über keine Zahlungsfähigkeit verfügen, wird die Gewährleistung eines Minimal- und Grundstandards durch gesetzliche Solidar- und Versicherungssysteme vorgeschlagen, analog zur bereits Beispiel gebenden Regelung des SGB IX. Der Leistungsumfang der gesetzlichen Versicherungen müßte dabei auf eine Grundleistung in zu beziffernder Höhe festgelegt werden, wobei diese „Teilleistungen" durch private Zuzahlungen bei weiterer Inanspruchnahme ergänzt werden müssen.

2. Das Verrechtlichungsmodell kritisiert die mit der Umstellung auf Geldleistungen zunehmenden sozialen Risiken. Würde man im Zuge der Vemarktlichung sozialer Dienste den Zugang primär über Geld regulieren wollen, so könnte dies zu sozialstaatlich inakzeptablen Verteilungseffekten führen, weil (ältere) Menschen mit geringer Kaufkraft, deren Bedarf an sozialen Dienstleistungen jedoch überdurchschnittlich hoch ist, de facto ausgeschlossen wären. Eine verstärkte Eigenbeteiligung müßte somit durch eine soziale Komponente ergänzt werden, die im Bedarfsfall auch die völlig kostenfreie Nutzung zulassen muß.

Typisch für die soziale Dienstleistungserbringung in der Bundesrepublik ist ihr unterdurchschnittlicher Verrechtlichungsgrad und ihre Misch-Finanzierungsstruktur, die zudem zahlreichen Unsicherheiten und ökonomischen Schwankungen unterworfen ist. Für die öffentlichen und frei-gemeinnützigen Träger sind die wichtigsten Finanzierungsquellen Sozialhilfemittel nach dem BSFIG (kommunale Finanzierung) und Jugendhilfe nach dem KJHG (überwiegend kommunale Finanzierung), Sozialversicherungsträger (Pflegeversicherung) sowie Eigenmittel. Aus der hieraus folgenden prinzipiellen Finanzierungsunsicherheit, die zudem konjunkturellen Schwankungen unterliegt, folgt für die Vertreter des Verrechtlichungsmodells die Notwendigkeit, soziale Dienste, die zum „Grundbedarf" zählen und die bislang nicht über die Sozialversicherung abgedeckt sind, zu verrechtlichen oder teilzuverrechtlichen. Ziel sollte es dabei sein, die relative Benachteiligung der nicht verrechtlichten sozialen Dienste im Verhältnis zu den von den Versicherungssystemen finanzierten Diensten zu überwinden: „Ortsnahe Sozialpolitik für alle Bürger und deren Wohlfahrt gehört auch heute noch originär zum Bild der Städte und Gemeinden und sollte aus Steuermitteln – aus eigenen und auch aus denen der Länder – finanziert werden. Das Streben nach Wirtschaftlichkeit in non-profit-Unternehmen sollte vor dem Abschieben von sog. Grundrisiken zurückscheuen" (Schewe 1996: 184).

Dieck (1996) schlägt als stark eingegrenzte Pflichtzuweisung an die Kommunen folgende Systematik vor:

–　Soziale Dienste, auf die Bewältigung des Lebensalltags bezogen (Hauswirtschaftliche Dienste, Dienste der Grundpflege, Mobilitätshilfen);

–　Soziale Dienste, auf die Verbesserung der Kompetenz zur Problemlösung bezogen (Sozialberatung, Erziehungsberatung, Beratung für Suchtkranke, Beratung zur Wohnraumanpassung);

–　Soziale Dienste, auf den Bedarf spezifischer Bevölkerungsgruppen bezogen (Dienste der Kindererziehung und Kinderbetreuung, Unterstütztes Wohnen für leistungsgeminderte, Betreuungsangebote für in ihrer Geschäfts- und Entscheidungsfreiheit eingeschränkte Menschen, Dienste der sozialpsychiatrischen Versorgung).

Da diese Dienste vorrangig aus Mitteln des BSHG finanziert werden, besteht die Gefahr, daß die Finanzierung von Hilfe zum Lebensunterhalt, auf die es einen klar formulierten Rechtsanspruch gibt, vor der Finanzierung von Diensten für Menschen in besonderen Lebenslagen fallen. Damit wäre angesichts der Bedarfsentwicklung für diese sozialen Dienste eine stabile Finanzierungsquelle nicht (mehr) gegeben.

Die aktuelle Finanzierung sozialer Dienste führt absehbar nicht nur zu einer Gefährdung der insbesondere in den Hilfen in besonderen Lebenslagen formulierten Leistungen, sondern auch zu weiteren Verschärfungen der Budgetierung sozialer Dienste. Schon jetzt geht den Kommunen als größter öffentlicher Investorengruppe ganz offensichtlich die Luft aus. Sie befinden sich in einer „Sozialstaatsfalle" (Huster 1997). Die von der Bundesregierung geplanten Einschränkungen etwa beim Arbeitsförderungsgesetz führen zu einer geschätzten Mehrbelastung von 800 Millionen DM in den kommunalen Sozialetats. Dies hat Rückwirkungen auf die originären freiwilligen Leistungen präventiver und rehabilitativer Art.

III. Gibt es einen Dritten Weg jenseits von Ökonomisierung und Subsidiarität?

In dieser Situation ist auf kommunaler Ebene die Forderung nach neuen wettbewerblichen Rahmenbedingungen für die Träger sozialer Dienste und sozialer Einrichtungen aufgekommen. Diese unter teilweise irreführenden Stichworten wie „Markt für soziale Dienste" oder „Leistungsverstärkung durch den Markt" (gemeint ist immer, wenn man genau liest, der Wettbewerb, siehe Kommunale Gemeinschaftsstelle (KGST 1995: 12), diskutierten neuen Rahmenbedingungen begründen sich gleichzeitig durch eine Abkehr von dem bislang praktizierten Prinzip, auf veränderte Bedarfslagen mit dem Ausbau von Diensten, Leistungen und Programmen zu antworten. Der ehemalige Leiter der Hamburger Sozialbehörde bezeichnet diesen Weg als „Sackgasse" und er skizziert die neue – wettbewerbsorientierte – Sichtweise der kommunalen Sozialpolitik: „Das Steuern der Prozesse und Strukturen zur Lösung sozialer Aufgaben konzentriert sich auf die Prävention sozialer Probleme, die Aktivierung der Bürger, die Förderung des Wettbewerbs und der Innovation, die Schaffung von Partnerschaften zwischen dem privaten, ehrenamtlichen, gemeinnützigen und öffentlichen Sektor, die Dezentralisierung der Verantwortlichkeiten usw." (Hartmann 1997: 134).

Faßt man die wesentlichen Prinzipien der beobachtbaren sozialpolitischen Umsteuerung zusammen, so zeigen sich folgende Bezugspunkte:
– eine marktorientierte Wohlfahrtsökonomie. Die Erstellung sozialer Dienste folgt danach einem durch Preise und Qualitäten regulierten Einkaufsmodell und einem wettbewerblich organisierten Angebot sozialer Programme;
– die Umstellung von Ressourcenorientierung zur Outputorientierung. Die Kommunen verlagern die Ziele sozialpolitischer Intervention von der Bereitstellung eines allgemeinen Dienstleistungsangebots zur Kontrolle des Outputs, also der Ergebnisse bzw. Produkte der Dienste. Ein Bestandteil der Umstellung auf Outputs ist die Frage nach der Berechtigung des Bezugs von Dienstleistungen (in Amerika offen als Ausschluß der für Wohlfahrt Unwürdigen diskutiert);
– Versorgungsmanagement. Die soziale Arbeit wird umprogrammiert von der vorherrschenden Einzelfallhilfe auf die Aktivierung von Leistungspaketen für unterschiedliche Bedarfslagen;
– Kontraktmanagement. Zwischen kommunalen Behörden und sozialen Diensten werden Leistungs-, Vergütungs-, und Qualitätssicherungsverträge abgeschlossen;
– Aktivierung von Selbsthilfe. Informelle Netze stellen einen zunehmend wichtigeren Bestandteil der örtlichen Versorgung dar;
– Konsumentenorientierung. Dienstleistungsnutzer werden verstärkt als Kunden oder Konsumenten betrachtet, die autonom auf dem Hilfemarkt

Entscheidungen treffen. Dies erfordert die Entwicklung advokatorischer Dienste, die Qualitätsstandards einfordern und i.S. der Konsumenten ein Beschwerdemanagement organisieren.

In Folge dieser Entwicklung werden die bisherigen „partnerschaftlichen" Beziehungen von Staat und Freier Wohlfahrtspflege zunehmend in Frage gestellt, das Selbstkostendeckungsprinzip aufgehoben und Wahlfreiheit und weltanschauliche Pluralität in ihrem Stellenwert gemindert. Im Unterschied beispielsweise zu den Niederlanden wird in der Bundesrepublik der Versuch unternommen, freien Verbänden und lokalen Vereinigungen die beabsichtigte Effizienzsteigerung etatistisch aufzuzwingen: die Verwaltung definiert die Vorgaben für das Handeln der freien Verbände, sie steckt einseitig den Finanzrahmen ab und definiert über Produkte und Kennzahlen die Kriterien über Umfang und Erfolg subventionierter verbandlicher Aktivitäten. Perspektivisch wird dies zu einer grundlegenden Veränderung des Subsidiaritätsprinzips im Sinne der bedingten Vorrangigkeit freier Träger führen, das in vielerlei Hinsicht zu einem formalen Vorrangprinzip degeneriert ist. Ein neuer welfare-mix von Staat, freien Trägern und privaten Anbietern zeichnet sich bereits ab, allerdings mit der fragwürdigen Konsequenz einer „Verbetrieblichung" der Träger und Einrichtungen der Spitzenverbände der Freien Wohlfahrtspflege. Diese sozialpolitisch bedenkliche Entwicklung führt zu der Frage, ob es nicht an der Zeit ist, über einen „Dritten Weg" jenseits von Ökonomisierung und traditioneller Subsidiarität nachzudenken, um zu einer qualitativen und sozialpolitisch begründeten Reform sozialer Dienste zu gelangen. Ich kann die Programmatik eines solchen Alternativmodells hier nur stichpunktartig andeuten: dabei müßte im Zentrum eine Revision der Fachlichkeit sozialer Arbeit und ihrer normativen Programmierung stehen, in deren Folge sowohl über die Angemessenheit der bisherigen Standards (ich nenne als Beispiel nur das Paradoxon eines dauerhaften Anspruchs der Refinanzierung sozialer Aufgaben) als auch über die Fehlprogrammierung von Professionalität nachgedacht werden müßte. Eine Orientierung an tatsächlichen Problemlagen statt an durch Gesetzesvorgaben induzierten Finanzierungsstrukturen, ein Einlassen auf Ko-Produktion statt der Orientierung an administrativ definierten Problemlösungen und die Aktivierung von Solidarität statt der Sicherung von Interventionsstandards und traditionellen Formen der Fallbearbeitung sind Beispiele einer sozialpolitisch begründeten Reformstrategie, die zwar um einiges komplexer als Produkt- und Kennzahlenbildung ist, dafür aber die eingangs dargestellte Alternative des „billiger" oder „besser" nicht nur in Frage stellt, sondern auch zu einer Reaktivierung dessen führen könnte, was den Diskurs über soziale Dienste gegenwärtig primär kennzeichnet: das Fehlen einer sozialpolitischen Perspektive angesichts wachsender sozialer Probleme einerseits und staatlicher Rückzugsstimmung andererseits.

Generationengerechtigkeit im politischen Prozeß?
Familienpolitik und die Frage des staatlichen Rückzugs

Irene Gerlach

I. Einleitung

„Wir sind nicht nur verantwortlich für das, was wir tun, sondern auch für das, was wir nicht tun" (Voltaire, zit. n. Peltzer 1974: 984), dieses Diktum Voltaires könnte handlungsleitende Maxime für die Familienpolitik und große Bereiche der Sozialpolitik in den letzten Jahrzehnten gewesen sein. Eine solche Behauptung läßt sich bezogen auf die Reformdefizite in der Rentenversicherung, in deren Folge nun das gesamte Alterssicherungssystem zu kollabieren droht (vgl. dazu Gerlach 1996a), ebenso problemlos veranschaulichen wie bezüglich der Familienpolitik – etwa am Beispiel des Familienlastenausgleichs, der nur durch massive Einflußnahme des Bundesverfassungsgerichtes in den letzten Jahrzehnten in die Nähe verfassungsgemäßer Größenordnungen gerückt worden ist. Sowohl die Alterssicherung als auch die teilweise mit dieser verknüpfte Familienpolitik stellen heute Politikfelder dar, deren politisches Leitmotiv ein „sustainable development" im reinsten Sinne sein sollte, da sie Strukturentscheidungen der Gesellschaft für die Zukunft in nicht mehr oder nur begrenzt zu korrigierender Weise festlegen. Nicht nur in Ausnahmefällen aber waren und sind in diesen Politikbereichen strukturelle Unfähigkeiten zu beobachten, in Entwicklungen einzugreifen, die weithin als unakzeptabel erachtet werden genau so wie ein Verzicht auf Eingriffe am Ursprung problematischer Kausalketten (Jänicke 1993: 64). Die Vermischung von politischer Interventionsschwäche und funktionaler Ineffektivität gewählter Lösungsansätze, die wir bezüglich beider Politikfelder konstatieren können, wird in der Politikwissenschaft seit Jahren als Staatsversagen eingeordnet (ebd.). Die folgenden Ausführungen werden dieses Ausmaß an Staatsversagen in der Familienpolitik skizzieren, nicht ohne dabei auch die Entwicklung der Familienpolitik unter der Perspektive ihrer primären Funktionen seit ihrer Entstehung in Deutschland, verbunden auch mit Hinweisen auf diejenige anderer Staaten Europas, zu beschreiben. Dabei wird davon ausgegangen, daß wir uns gegenwärtig in einer historischen Phase befinden, in der die Diskussion über eine Neubestimmung von Staatsaufgaben und eine Rückführung in die Gesellschaft Hochkonjunktur hat. Auslöser für diese Diskussion sind neben der abnehmenden Leistungsfähigkeit sowie fehlenden Effizienz des Staates und der durch ihn gesteuerten sozialen Sicherungssysteme,

die grundlegende Neuordnung der Beziehungen zwischen den Nationalstaaten einerseits und zwischen Individuum und Gesellschaft andererseits. Die Globalisierung von Wirtschaft und Politik zwingt die Nationalstaaten gegenwärtig ihre Selbstkonzeptionen vor dem Hintergrund veränderter politischer Gestaltungskompetenzen und -prozesse neu zu formulieren. Im Sinne eines „Benchmarking" werden in diesem Zusammenhang die klassischen sozialstaatlichen Konzeptionen miteinander verglichen und auf ihre Problemlösungsfähigkeit hin abgeklopft (vgl. dazu den Beitrag Zimmer in diesem Band). Insbesondere der konservative Sozialstaat Deutschlands zeigt im Gegensatz zum sozialdemokratischen skandinavischer Bauart aufgrund seiner Erwerbsarbeitszentrierung einerseits und seiner Familienzentrierung im Sinne des Bread-Winner-Modells als strukturprägendem Element des Versicherungssystems andererseits große Defizite und Anpassungsschwierigkeiten an die veränderten Rahmenbedingungen (vgl. dazu ebd.). Durch Säkularisierung und Individualisierung hat sich das Verhältnis zwischen Individuum und Kollektiv unter einer Vielzahl von Perspektiven geändert. Das gilt für die klassischen Formen der Interessenorganisation in politischen und gesellschaftlichen Großverbänden genauso wie für den ehemals quasi kollektiv gültigen Lebensentwurf oder die in den sozialen Sicherungssystemen kollektivierten Formen der Absicherung von Lebensrisiken wie Alter, Invalidität und Krankheit. Familie als intermediäre Institution zwischen Individuum und Gesellschaft hatte bzw. hat bezüglich sozialer Sicherungsfunktionen sowohl im vormodernen Staat als auch im Sozialstaat eine Schlüsselstellung inne. Während sie im ersten Fall noch Garantin der Leistungen im direkten Austausch zwischen den Familienmitgliedern war, wurde mit der Entstehung des Sozialstaates die Absicherung der Risiken durch die Schaffung zunehmend verbindlich inkludierender Solidargemeinschaften kollektiviert. Als „zweite Säule" neben der Beitragsleistung übernahmen die Familien auch als Garantinnen des Gleichgewichts von Beitragszahlern und Leistungsempfängern in diesem kollektivierten System wesentliche Leistungen. Leistungserbringung (durch die Geburt und Erziehung von Kindern) und Leistungsempfang (Rente) wurden jedoch entkoppelt. Dies blieb solange folgenlos wie der implizite Generationenvertrag ebenso unhinterfragt existierte wie der implizite Geschlechtervertrag. Die gesellschaftliche wie volkswirtschaftliche Leistung dieser „Vertragskonstruktion" wurde erst offensichtlich, als sie nicht mehr selbstverständlich erbracht wurde, da die impliziten Voraussetzungen von immer größeren Anteilen der (v. a. weiblichen) Bevölkerung nicht länger akzeptiert wurden. Insofern geht es derzeit in der Familienpolitik um die Neubewertung des Verhältnisses zwischen Familien und Gesellschaft im Sinne der Anerkennung erbrachter Leistungen. Damit sollte gleich zu Beginn die Antwort auf die in der Überschrift dieses Aufsatzes formulierte Frage deutlich geworden sein. Im Verhältnis von Familien und Gesellschaft (und implizit von Frauen und Männern) geht es derzeit um Strukturentscheidungen mit weitreichenden Konsequenzen für Wirtschaft und Gesellschaft, und daher kann an Rückzug nicht gedacht werden.

Kommen wir aber zunächst zu einem Überblick der Familienpolitik und ihrer Entwicklung.

II. Entwicklungslinien von Familienpolitik

Wenngleich die Entstehung des Sozialstaates der Bismarckschen Prägung mehrfach mit der Rolle der Familie verbunden war – einerseits diese mit dem Wegbrechen feudaler und familiärer Sicherungsstrukturen im 19. Jahrhundert mit zum Auslöser für dessen Entstehung wurde, andererseits durch den impliziten Geschlechtervertrag des Versicherungssystems quasi bezahlte Erwerbsarbeit und unbezahlte Familienarbeit gekoppelt wurden und schließlich mit der Rentenreform von 1957 durch die Umstellung vom Kapitaldeckungs- auf das Umlageverfahren und die „Geburt" des Generationenvertrages diese impliziten Voraussetzungen auf das anonymisierte Generationenverhältnis ausgeweitet wurden, ist Familienpolitik sehr viel jünger. Von einer Familienpolitik im eigentlichen Sinne, unter der man das „bewußte und planvollordnende, zielgerichtete und machtstützende Einwirken von Trägern öffentlicher Verantwortung auf Struktur und Funktion familialer Lebensgemeinschaften" (Wingen 1997: 9) versteht, kann im Grunde genommen erst lange nach der Gründung des westdeutschen Staates gesprochen werden.

In der retrospektiven Analyse kann sie differenziert werden als im Sinne

– einer Umverteilungspolitik zwischen Eltern und Kinderlosen als Politik des Familienlasten – oder wie es seit den 90er Jahren heißt *Familienleistungsausgleichs,*

– einer moralisch oder funktional motivierten Politik der rechtlichen Steuerung des familiären Binnenraumes,

– einer Politik der Steuerung der familiären Außenbeziehungen und schließlich

– einer Politik für eine Humanvermögensproduktion auf neuen Säulen oder einer Politik für die Neukonzeption des Sozialstaates.

In den verschiedenen Phasen der Familienpolitik, die z.T. sehr stark von jeweiligen parteipolitisch geleiteten Umschwüngen nach Regierungswechseln geprägt waren, waren diese Strukturelemente von sehr unterschiedlicher Bedeutung.

Die *Politik des Familienlasten- oder -leistungsausgleichs* nahm 1949 mit der Einführung eines Steuerfreibetrages von 600.-- DM für erste, zweite und dritte Kinder ihren Beginn (genauer auch für die weiteren Ausführungen

Gerlach 1996: 187 ff.).[1] Die Gründung des Ministeriums für Familienfragen im Jahr 1954 gab der Familienpolitik dann einen institutionellen Rahmen, jedoch bis weit in die 80er Jahre hinein nahezu keine federführenden Kompetenzen. Ab 1955 wurde ein Kindergeld ab dem dritten Kind gezahlt (durch Arbeitgeberkassen für Erwerbstätige und aus Bundesmitteln für Nicht-Erwerbstätige) und erst 1962 durch eines für zweite Kinder ergänzt (aus Bundesmitteln). Dieses Kindergeld bildete bis zur sogenannten *Kindergeldreform* von 1975 und nach dem Regierungswechsel von 1982 wieder das „zweite Standbein" im Konzept des dualen Familienlastenausgleichs.

Während sich der FLA aber in den ersten ca. 30 Jahren institutionalisierter Familienpolitik auf die Elemente Steuerfreibetrag, Kindergeld, Mitversicherung sowie familienspezifische Ausbildungs- und Wohnungsbauförderung beschränkte, kamen in den 80er Jahren konzeptionell neue Elemente hinzu. Zu nennen sind hier insbesondere das Erziehungsgeld und die Anerkennung von Erziehungs- und Pflegezeiten in der Rentenversicherung.[2] Damit wurde der FLA in seiner Begründung um Argumente der Gerechtigkeit einerseits zwischen den Geschlechtern und andererseits zwischen den Generationen ergänzt.

Die Änderungen im FLA der 90er Jahre und z.T. schon der 80er Jahre sind bis auf Erhöhungen weniger Folge aktiven familienpolitischen Gestaltungswillens gewesen,[3] sondern durch Urteile des Bundesverfassungsgerichtes erzwungen worden und im Sinne dieser Gesetzesgestaltungsfunktion des Bundesverfassungsgerichtes als Teil des eingangs konstatierten Staatsversagens zu qualifizieren. Wesentliche, den Familienlastenausgleich ergänzende Elemente, die auf diesem Weg zustande kamen, sind das steuerlich anzuerkennende Existenzminimum für Kinder und mit dem Urteilen aus dem Jahr 1998 zusätzlich die Anerkennung des Erziehungs- und Betreuungsbedarfes.[4] Mit diesen Urteilen ist ein Perspektivenwechsel hin zu einer prinzipiellen

---

1 Zum FLA gehören neben den direkten Förderungen wie Kinder- oder Erziehungsgeld und (kinderbezogenem) Wohngeld staatliche Steuerverzichte sowie monetäre und Sachleistungen durch Mitversicherung in der gesetzlichen Krankenversicherung und schließlich Leistungen aus der Rentenversicherung (Anerkennung von Erziehungs- und Pflegezeiten, „Frauenrente", Witwen- u. Waisenrente).

2 1979 war der mit 750 DM bezahlte Mutterschaftsurlaub eingeführt worden, den allerdings ausschließlich erwerbstätige Mütter nutzen konnten. Er entsprach damit weder dem Gleichberechtigungsgebot noch dem Konzept einer (tendenziellen) Gleichbehandlung von Erwerbsarbeit und Humanvermögensproduktion.

3 Hier ist insbesondere die Einführung des „Optionsmodells" 1996 gemeint, das parallelen Bezug von Kindergeld und Anrechnung der Steuerbeträge ausschließt und die Sicherung der existenzminimalen Kosten für Kinder in der Folge der Bundesverfassungsgerichtsurteile von 1990 und 1992 (BVerfGE 82, 60 und 82, 198) garantieren soll.

4 Zur Entwicklung und Bedeutung der Urteilssprechung des Bundesverfassungsgerichtes in der Familienpolitik vgl. Gerlach 2000.

Wertäquivalenz von Familien- und Erwerbsarbeit für die Politik vorgegeben,[5] dessen Notwendigkeit mit der Erodierung der „Normalbiographie" (mit durchgängiger männlicher Erwerbstätigkeit, Ehe, Elternschaft und weiblicher Drei-Phasen-Einteilung des Lebenslaufes) deutlich wurde. Diese Vorgaben bedürfen nun aber einer konsistenten Umsetzung im Gesetzgebungsprozeß. Gleichwohl sind bzw. wären bei Umsetzung entsprechende Maßnahmen solche der Steuergerechtigkeit und keine im Sinne eines Familienlasten- oder gar Leistungsausgleichs. In der familienpolitischen Rhetorik werden diese beiden Begriffe oft miteinander vermischt. Gerade an ihrer trennscharfen Verwendung lassen sich jedoch unterschiedliche, in der Familienpolitik wahrgenommene Staatsfunktionen verdeutlichen. Transferzahlungen an Familien bzw. entsprechende Steuerverzichte des Staates können danach dreifach eingeordnet werden:

1) als Maßnahmen der Realisierung horizontaler Gleichheit im Steuersystem, wenn unvermeidbare Kosten für Kinder steuerlich anerkannt werden; dies geschieht vor dem Hintergrund des Gleichheitsgebotes von Art. 3 GG und stellt keinen familienpolitisch motivierten oder begründeten Transfer dar;

2) als Maßnahmen, die im Sinne einer Bedarfsgerechtigkeit die Sicherung des Existenzminimums für jeden Bürger des Staates – und auch für die Kinder – garantieren, angestrebt durch Transferzahlungen in der Form des Kindergeldes; dies geschieht v. a. vor dem Hintergrund von Art. 1 GG im Rahmen der Garantie eines menschenwürdigen Existenzminimums;

3) als Maßnahmen der wirklichen Umverteilung zwischen Kinderlosen und Eltern vor dem Hintergrund politisch zu definierender Zielwerte. Diese Zielwerte können eine sozialpolitische Komponente beinhalten, wonach die Förderung mit abnehmendem Einkommen ansteigt, um allen Kindern Startchancengerechtigkeit zu gewährleisten, sie können aber auch verstanden werden als Entgeltung externer Effekte, die Familien für die Gesellschaft erbringen und stellen so eine Form der Leistungsgerechtigkeit dar. Erst hier beginnt eine v. a. auf Art. 6 GG (Schutz- und *Förderungsgebot* für die Familie) basierende Familienförderung im eigentlichen Sinne.

Eine solche unter 3. angesprochene Familienförderung durch den FLA beschränkt sich derzeit im wesentlichen auf Familien mit geringem Einkommen, mit wachsender Steuerprogression und Einkommen dagegen greift bei Familien mit höherem Einkommen nur noch das Prinzip der horizontalen Steuergerechtigkeit (dazu genauer Gerlach 2000). Von einem Ausgleich ex-

---

5   Dieser drückt sich dadurch aus, daß die durch Kinder verursachten Kosten in den drei Dimensionen Existenzminimum, Betreuung und Erziehung als effektiv einkommensmindernd anerkannt werden und nicht länger als „Privatausgaben" veranschlagt werden.

terner Effekte – etwa in der Form eigenständiger und ausreichender Renten-
ansprüche, die durch Familienarbeit erworben werden – sind wir heute noch
weit entfernt. Dieser wäre in der Form eines Familienleistungsausgleichs erst
realisiert, wenn die Transferbeträge, die nach Abzug der steuerlichen Über-
zahlungen im Rahmen der gebotenen horizontalen Gerechtigkeit übrig bleiben, eine wirkliche Äquivalenz zum Wert der externen Erträge von Familienarbeit darstellen würden.

Zusammenfassend kann die Entwicklung der Bedeutung des FLA (bezogen auf seinen Umfang) an den Anteilen gemessen werden, die Familienpolitik in den Haushalten der Bundesregierungen sowie der Bereich „Familie"
im Bruttosozialprodukt hatten. Die familienpolitischen Anteile in den Bun-
deshaushalten schwankten zwischen 1954 und 1993 zwischen 7% und
12,5%. Nach der Reform des Jahres 1996 lag der Anteil bei 3,7%[6]. Das Sozialbudget weist einen für Familie seit 1960 fallenden, nicht wie z.B. für den
Bereich „Alter" stark steigenden Anteil aus. Der Anteil für den Bereich „Ehe
und Familie" betrug 1969 noch 20,7%, fiel dann Mitte der 70er Jahre auf etwa 13% und betrug 1996 ebenfalls etwa 13%. 1996 hatte der Bereich „Familie" einen Anteil von 4,6% des Bruttosozialproduktes während der Bereich
„Alter" 12,4% umfaßte (Bundesminister für Arbeit und Sozialordnung 1998:
195ff.). Diese dreimal so hohen Kosten für den Bereich „Alter" sind aber nur
unter der Prämisse zu erwirtschaften, daß Familien entsprechend stabil, er-
tragreich und häufig sind. Trotz des auf den ersten Blick vorhandenen Aus-
baus des FLA 1996 und 1999 muß davon ausgegangen werden, daß sich die
relative Einkommenslage der Familien im Vergleich zu Kinderlosen v. a. in
den letzten beiden Jahrzehnten deutlich verschlechtert hat (Hauser 1995:
139f./Lampert 1998: 129ff.).

Umverteilungsanteile im Rahmen der öffentlichen Übernahme von Ko-
stenanteilen an den Aufwendungen für Kinder lassen sich auf einen Anteil
von 37,5% schätzen (Lüdeke 1995). An diesen Kosten beteiligen sich wiederum die Familien durch einen Selbstfinanzierungsanteil von 31,7% (Bundesministerium für Familie und Senioren 1994).[7]

Was die weiter oben aufgeführte familienpolitische Zielsetzung der
rechtlichen Steuerung des familiären Binnenraumes angeht, kann die Staatstätigkeit im Nachkriegsdeutschland in zwei Dimensionen geteilt werden: bezüglich des Verhältnisses der Ehegatten bzw. der Partner in nichtehelichen
Lebensgemeinschaften einerseits und des Eltern-Kind-Verhältnisses andererseits. Die Gesetzgebungstätigkeit galt dabei zunächst dem Ziel der Realisie-

---

6   Hierbei ist allerdings zu beachten, daß ab 1996 nur noch der Erstattungsbetrag für die Kin-
    dergeldzahlungen an die Bundesanstalt für Arbeit im Haushalt des Familienministeriums
    erscheint, die Kindergeldleistungen dagegen mit den zu zahlenden Steuern verrechnet wer-
    den, also im Haushalt des Bundesfinanzministeriums verbucht werden.

7   Damit ist die Tatsache angesprochen, daß Familien einen großen Teil der Leistungen im
    FLA durch Beitragszahlungen und Steuern selbst aufbringen.

rung von Gleichheit zwischen den Ehegatten entsprechend den Vorgaben von Art. 3 GG (1. Gleichberechtigungsgesetz 1957). Faktisch blieb aber der Grundsatz der Gleichberechtigung von Männern und Frauen in der Familie bis 1976 unrealisiert, als mit dem „Ersten Gesetz zur Ehe- und Familienrechtsreform" das Leitbild der Hausfrauenehe endgültig aufgegeben wurde und es von nun an den Ehepartnern überlassen blieb, die innerfamiliare und außerfamiliare Arbeitsteilung zu regeln. Ein Konsensualprinzip unter dem Primat der tatsächlichen Gleichheit wurde also bestimmend für das Ehe- und Familienverständnis des BGB. Eine ähnliche Entwicklung vollzog sich auch mit der gleichzeitig durchgeführten Reform des Scheidungsrechtes, derzufolge das „Schuldprinzip" durch das „Zerrüttungsprinzip" als Scheidungsgrund ersetzt wurde. Der Staat zog sich hiermit aus der „moralischen" Kontrolle des ehelichen Binnenraumes zurück. Im Anschluß an die „Entmoralisierung" des Ehe- und Scheidungsrechtes und die Anerkennung von Leistungen des nichterwerbstätigen Partners bzw. der Partnerin während der Ehe als geldwert durch die Reformen der späten 70er Jahre entstand mit der Individualisierung von Lebensentwürfen und der damit zusammenhängenden Ausdifferenzierung familiarer Lebensformen (dazu Peukert 1996)[8] – oder anders gesagt: durch die abnehmende Bedeutung der Ehe (bezüglich ihrer Häufigkeit und Stabilität) und die zunehmende Bedeutung nichtehelicher Lebensgemeinschaften – ein erneuter Regelungsbedarf für den Staat. Dieser richtet sich auf einfachrechtliche Bestimmungen im Miet- und Vertragsrecht, auf Umgangs-, Auskunfts- und Besuchsrechte, aber v. a. auch auf Unterhaltsverpflichtungen im Sozialrecht sowie auf die Regelung von Mitversicherungsrechten in der Kranken- und Rentenversicherung bis hin zu Möglichkeiten der Inklusion weiterer Lebensformen in den Verfassungsschutz (dazu genauer: Gerlach 1997). Betroffen sind hier nichteheliche genauso wie gleichgeschlechtliche Lebensgemeinschaften, getrennt lebende Familien genauso wie formal intakte Ehen (letzteres zu veranschaulichen an der Schaffung des Straftatbestandes Vergewaltigung in der Ehe). Hier sind Regelungsdichte und Regelungszielsetzungen bis in die Gegenwart hinein sehr disparat, denn sowohl im Sozialrecht als auch im Jugendhilferecht ist der Familienbegriff erheblich dehnbarer als etwa bezüglich der Interpretation von Art. 6 GG. Zudem kann davon ausgegangen werden, daß dieser noch nicht durchgängig vom Gesetzgeber aufgegriffene Regelungsbedarf den Entwicklungsprozeß, so wie ihn die Reformen der 70er Jahre als Rückzug des Staates aus der Bestimmung des partnerschaftlichen Binnenverhältnisses gekennzeichnet haben, wieder um-

---

8   Zumindest unterschwellig wirkt die moralische Komponente des Familienrechts bis heute weiter. So können nach einer aktuellen Entscheidung des Bundesfinanzhofs Ehepaare die Kosten für eine künstliche Befruchtung nur von der Steuer absetzen, wenn die Frau empfängnisunfähig ist und mit dem Samen des Ehemanns befruchtet wird, nicht jedoch, wenn sie sich wegen Zeugungsunfähigkeit des Mannes mit dem Samen eines Fremden befruchten läßt (AZ III R 84/96 und AZ III R 46/97 n. BIZZ, H. 3/00: 82).

gekehrt hat, indem hier die juristische Formalisierung nichtformaler Beziehungen notwendig geworden zu sein scheint. Es entstand also die paradox
anmutende Situation, daß die Individualisierung des Verhaltens zu einem erhöhten Regelungsdruck geführt hat.

Während der Staat sich aus der Regelung des familiären Binnenverhältnisses zwischen den Eltern zumindest bis in die 90er Jahre hinein zurückgezogen hat, hat er sein Handeln bezüglich des Eltern-Kind-Verhältnisses eher
ausgebaut. Wie vieles andere in der Familienpolitik auch initiierte das Bundesverfassungsgericht durch ein Urteil aus dem Jahr 1969 die Befassung mit
und Verabschiedung des „Gesetzes über die rechtliche Stellung der nichtehelichen Kinder" (1970). Dieses und das Adoptionsgesetz (1976) öffneten den
Familienbegriff bezüglich der Kinder, es wurde aber im Hinblick auf die
nichtehelichen Kinder noch keine vollkommene Gleichheit mit den ehelichen
hergestellt. Dies geschah erst im Jahr 1998 mit der Reform des Kindschaftsrechtes. Mit der Reform der elterlichen Sorge im Jahr 1979 hatte der Staat
Erziehungsziele und -stile vorgegeben, indem er vom Prinzip der „elterlichen
Gewalt" zum Prinzip der „elterlichen Sorge" überging, bestimmte Strafen
verbot und v. a. einen konsensualen Erziehungsstil anmahnte, in dessen Zusammenhang die Kinder mit wachsender Entscheidungsfähigkeit nach Alter
in die Entscheidungsfindung über ihr Leben miteinzubeziehen waren.
Gleichzeitig schuf er sich erweiterte Eingriffsmöglichkeiten für den Fall des
Versagens der Eltern bei der Erziehung. Hier war also das Ziel der rechtlichen Steuerung auf einen verstärkten Eingriff in das Binnenverhältnis zwischen Eltern und Kindern gerichtet und zwar unter der Perspektive eines
„vom-Kind-her-Denkens" (Deutscher Bundestag 1998: 312). Quasi den Notwendigkeiten gehorchend, die von der empirisch vorhandenen ausgeprägten
Instabilität von Ehen und anderen Lebensgemeinschaften ausgehen – wurde
1998 mit der Reform des Kindschaftsrechts auch eine Neuordnung des Sorgerechtes für getrennt lebende Eltern realisiert (nach Scheidungen gemeinsame Sorge im Regelfall, Umgangsrechte für den nichtehelichen Vater).

Im Rahmen der Diskussionen um die Revision des Grundgesetzes wurde
die Aufnahme von Kinderrechten und des ausdrücklichen Verbotes entwürdigender Erziehungsmaßnahmen in die Verfassung gefordert, jedoch im Anschluß nicht realisiert. Gegenwärtig (Frühjahr 2000) steht ein Gesetzesentwurf im parlamentarischen Beratungsprozeß, der zukünftig ein Recht auf gewaltfreie Erziehung im BGB verankern soll und damit sehr viel weitergehend
Erziehungsnormen vorgibt als dies bisher durch das Verbot entwürdigender
Erziehungsmaßnahmen der Fall ist (Änderung von § 1631 Abs. 2 BGB).

Den rechtlichen Regelungsbedarf betreffend scheint sich eine Dreiteilung
anzubahnen: Ehe, eheähnliche Lebensgemeinschaft – sonstiges eheähnliches
Zusammenleben (Schwab 1993: 65). Strukturierend für die weitere Rechtsentwicklung dürfte hier zunehmend das Merkmal „Kinder vorhanden" bzw.
„keine Kinder vorhanden" sein, was nicht zuletzt auch im Hinblick auf den
FLA an der mittelfristig zu erwartenden Reduzierung der Vorteile aus dem

Ehegattensplitting abzulesen ist. Stellte die Familie bisher in allen vorangegangenen Rechtsordnungen eine soziale Gruppe besonderer Qualität dar, was sich nicht zuletzt durch den Schutz der Privatsphäre und entsprechende weitgehende Eingriffsvorbehalte des Staates geäußert hat, so wächst mit der Individualisierung von Lebensformen einerseits und mit dem teilweisen Versagen von Familien vor dem Hintergrund durchgängig zur Norm erhobener Zielwerte von Erziehung (Gewaltfreiheit, Selbständigkeit) staatlicher Steuerungsbedarf.

Eine weitere Quelle für mögliche Familienrechtsreformen ist im europäischen Integrationsprozeß zu sehen. Dies gilt einerseits im Hinblick auf die Rechtsprechung des EuGH, andererseits bezüglich der sozialrechtlichen Harmonisierungserfordernisse.

Mit der weiter oben angesprochenen Politik der *Steuerung der familiären Außenbeziehungen* sind alle diejenigen infrastrukturellen Maßnahmen gemeint, die der Staat anbietet, um die Abgleichleistungen zwischen Familienaufgaben und Aufgaben und Anforderungen aus anderen gesellschaftlichen Teilsystemen zu erleichtern (was in der Regel – sofern in ausreichenden Maße angeboten – v. a. den Frauen zugute kommt). „Wesentliche Rahmenbedingungen sind in diesem Teilbereich die Versorgung mit öffentlich finanzierten Betreuungseinrichtungen für (Klein-)Kinder und Schüler, die Regelungen zum Mutterschaftsurlaub, der Erziehungsurlaub sowie die Freistellungsmodalitäten zur Betreuung kranker Kinder" (Deutscher Bundestag 1998: 279). Darüber hinaus wirken hier alle Maßnahmen der Flexibilisierung von Arbeitszeiten sowie Arbeitsplätzen, zur (Wieder-)Eingliederung von Frauen in den Arbeitsmarkt sowie zur Harmonisierung der Anforderungen von Bildungswesen und Erwerbsarbeit familienfördernd. Nicht zuletzt seien hier aber auch infrastrukturelle Maßnahmen genannt, die sich unter der Rubrik familienfreundliche Gestaltung des Städtebaus sowie des öffentlichen Verkehrssystems zusammenfassen lassen. In kaum einem anderen Bereich der Familienpolitik wird deren Charakter als Querschnittspolitik zwischen Frauen-, Kinder-, Arbeitsmarkt-, Städtebau- und Kommunalpolitik so deutlich wie hier. Schon im Tätigkeitsbericht der Bundesregierung für das Jahr 1966 ist zu lesen, daß der Bestand sämtlicher Kinderbetreuungseinrichtungen dem Bedarf bei weitem nicht gerecht werde (Presse- und Informationsamt der Bundesregierung 1966: 279). Dies hat sich bekanntlich bis heute nicht geändert. 1996 besuchten 7,5% der Kinder unter 3 Jahren eine Betreuungseinrichtung, 67,1% derjenigen zwischen 3 und 5 Jahren, 87% derjenigen zwischen 6 und 7 Jahren (Deutscher Bundestag 1998: 565/ Buchf.). Insbesondere den Versorgungsgrad mit Krippen- und Hortplätzen betreffend weist Deutschland im Zusammenhang des europäischen Vergleichs (v.a. mit Dänemark und Schweden) erhebliche Defizite auf. So stand 1994 ein (west)deutscher Versorgungsgrad mit Krippenplätzen von 2% einem dänischen von 48%, einem schwedischen von 31% und einem belgischen von 30% gegenüber. Hortplätze (für Kinder zwischen 6 und 10 Jahren) gab es im selben Jahr für 5% der westdeutschen Kinder, aber für 64% der schwedischen, 62% der dänischen und 30% der französischen Kinder (ebenda 569).[9] Mit dem Rechtsanspruch auf einen Kindergartenplatz ab 1996 wurde zwar die Versorgungssituation rein statistisch gebessert, Folge war aber u.a. eine erhebliche Steigerung der Kostenbelastung für die Eltern.[10] Als zentrales Problem der „strukturellen Gewalt" gegen Familien, wie es Franz-Xaver Kaufmann ausdrückte, muß aber v.a. die Rücksichtslosigkeit der Gesellschaft gegenüber den Familien angesehen werden, die sich z.B. in den Inkompatibilitäten zwischen Kinderbetreuung und anderen Lebensbereichen – insbesondere Arbeitswelt und Bildungssystem – zeigt. Hier ist der Staat als Initiator, Moderator und Fürsprecher der Familien in den notwendigen politischen und gesellschaftlichen Gestaltungsprozessen gefordert.

Ohne im einzelnen auf weitere Maßnahmen eingehen zu können, sei unter dem Stichwort „Familie" und Regelung ihrer Außenbeziehungen auf die unterschiedlichen Gesetze zum Schutz erwerbstätiger Mütter nach Geburten, Wiedereinstiegsmaßnahmen der Bundesanstalt für Arbeit, betriebliche Programme zur Familienunterstützung und Gleichstellungsmaßnahmen von Bund und Ländern verwiesen, zu denen auch das „Zweite Gleichberechtigungsgesetz des Bundes" von 1994 gehört, das zumindest theoretisch zu einer erheblichen Verbesserung der Vereinbarkeit von Familie und Beruf beitragen kann.[11]

Insbesondere in der Frage der Vereinbarkeit von Familie und Beruf (für Frauen) durch entsprechende Gleichstellungspolitik zeigt sich die enge Verknüpfung von Familien- und Frauenpolitik. Hier hat sich vor allem in den letzten Jahren die Notwendigkeit einer Neuorientierung zwischen nationaler Gleichstellungspolitik (Quotierung und positive Diskriminierung) und der nicht einheitlichen Rechtsprechung des EuGH ergeben (vgl. „Kalanke"- und „Marschall-Urteile" aus den Jahren 1995 und 1997). Aus familienpolitischer Sicht ist hier insbesondere die Frage von Bedeutung, ob in die positive Diskriminierung des unterrepräsentierten Geschlechts nicht auch spezielle familiäre Voraussetzungen miteinbezogen werden müßten oder aber, ob gerade

---

9   In den ostdeutschen Ländern ergab sich zu diesem Zeitpunkt noch ein sehr viel günstigerer Versorgungsgrad.

10   In diesem Zusammenhang sei auf die ambivalente Wirkung des derzeit sich in der Diskussion befindlichen Modells eines „Erziehungsgehaltes" aufmerksam gemacht. Entsprechende Modelle gehen zwar zunächst von einer durchaus zu begrüßenden Anerkennung von Familienarbeit aus, führen dann aber leicht zu einer Aufrechterhaltung der traditionellen familiären Aufgabenteilung, indem sie den zeitweisen Ausstieg aus der Erwerbstätigkeit nahelegen und zudem den Gesetzgeber von der Pflicht zu entbinden scheinen, ein bedarfsgerechtes und öffentlich finanziertes Betreuungsangebot zur Verfügung zu stellen.

11   Es regelt u.a. den grundsätzlichen Rechtsanspruch auf familienbedingte Teilzeitbeschäftigung (auch in höheren Funktionen) und Beurlaubung mit dem Verbot der Benachteiligung beim beruflichen Fortkommen sowie familiengerechte Arbeitszeit, gilt allerdings nur für den öffentlichen Dienst.

ein solches Verfahren dem Gleichheitsanspruch entgegenstünde (dazu: Koenig/Pechstein 1998: 63f.).

Familienpolitik schließlich als *Neukonzeption des Sozialstaates* einzuordnen, weist v. a. auf die gegenwärtigen Erfordenisse hin, zugleich aber auf die Defizite bisheriger Familienpolitik.

Sozialstaatliche Konzeptionen befinden sich derzeit in allen europäischen Staaten auf dem Prüfstand einerseits, weil sie nicht mehr finanzierbar erscheinen, andererseits, weil sie teilweise eine Reihe von nicht erwünschten oder sogar paradoxen Effekten verursacht haben (dazu z.b. Deutscher Bundestag 1998: 189). Dabei sind grundsätzlich die beiden Organisationsprinzipien des durch Steuern finanzierten und Ansprüche am Bürger- bzw. Bürgerinnenstatus festmachenden und des Versicherungsmodells zu unterscheiden, in dessen Zusammenhang Ansprüche einerseits aus Beitragszahlungen abgeleitet werden und andererseits aus dem Familienstand (Mitversicherung und Witwenrente) erwachsen. Zwischen jeweiligem Sozial- bzw. Wohlfahrtsstaatsmodell und den Kontexten und Strukturen der Interessenorganisation zur Zeit ihrer Entstehung lassen sich eindeutige Zusammenhänge herstellen, die zu der von Gosta Esping-Andersen geprägten Kategorisierung in sozialdemokratischen, konservativen und liberalen Wohlfahrtsstaat geführt haben (Esping-Andersen 1990, 1996; vgl. auch den Beitrag Zimmer in diesem Band). Familienpolitikmodelle in Europa fügen sich jedoch nur teilweise in dieses Kategorienschema, da Familienpolitik – zumindest in den weiter zurückliegenden Jahrzehnten – eben nicht nur Sozial- und gesellschaftliche Strukturpolitik war, sondern auch immer normativ ausgerichtete Verhaltenssteuerung. Diese normative – oder wenn wir z.B. an das BGB denken – auch moralische Komponente von Familienpolitik war allerdings nicht in allen europäischen Staaten gleichermaßen wirksam. Auch die Entwicklung familienpolitischer Stützungs- und Steuerungsapparate geschah in den Staaten Europas sehr unterschiedlich. In Frankreich z.B. gab es eine (stark bevölkerungspolitisch orientierte) Familienpolitik schon vor der Entstehung des eigentlichen Sozialstaates, was die Familienorientierung des französischen Sozialstaates und seiner Organisation z.b. in der Form der Familienkassen erklärt (vgl. dazu Schultheis 1999). So lassen sich Ansätze einer systematischen finanziellen Familienförderung z.b. in Frankreich schon zum Ende des 19. Jahrhunderts nachweisen, in anderen EU-Staaten erst lange nach dem zweiten Weltkrieg.

In der Entwicklung von Familienrecht (im Sinne einer säkularen Liberalisierung) und Familienpolitik standen bzw. stehen sich in der gleichen Tradition noch heute die reformierten Länder und die Länder der katholischen Gegenreformation gegenüber. Zusätzliche unterschiedliche Prägungen im Staatshandeln ergaben sich dadurch, daß es in einigen Staaten (z.B. Frankreich und Österreich) starke absolute Monarchien gab, die ihre eigenen Vorstellungen früher gegen die Kirche durchsetzen konnten, als dies in katholischen Staaten mit später und/oder schwacher Entwicklung des Zentralstaates möglich war (z.B. Italien, Belgien, Irland). In den Staaten, in denen Kirche und weltliche Macht Bündnisse geschlossen hatten, führte dies zu einer noch späteren Liberalisierung des Familienrechts (z.B. Spanien und Portugal) (vgl. Bahle 1995: 47). „Die Ablösung von der römisch-katholischen, traditionellen Auffassung von Ehe und Familie gelang am schnellsten, wo der kirchliche Einfluß seit langem gering war oder wo ein protestantisches Staatskirchentum im Rahmen von starken Monarchien entstand, wie in Schweden, Dänemark oder Preußen" (ebd: 47).

In der Familienpolitik wurde in Ländern mit protestantischem Staatskirchentum Gleichheit früh zum hervorragenden Ziel staatlichen Handelns, Familienpolitik war individualistisch ausgerichtet und mit interventionistisch-egalitären Maßnahmen verbunden. Sie läßt sich dort als *egalitär-universalistisch* kennzeichnen (ebd: 49). In Ländern mit starker Zentralstaatlichkeit und säkularem Staatswesen wetteiferten Staat, Kirche und „Verbände" um die Kontrolle der Familie, was zu einer frühen, aber im Kern vorherrschend konservativen Familienpolitik führte (Frankreich und Belgien). Hier können wir Familienpolitik als *konservativ-stützend* kategorisieren. Anders als in den Staaten mit protestantischem Staatskirchentum führte die Allianz zwischen katholischer Kirche und Staat in Staaten mit traditionalen Gesellschaften zu einer sehr späten Familienpolitik mit zunächst extrem schwachen interventionistischen Zügen (Spanien, Portugal, Irland). Sie ließe sich am ehesten als *subsidiär* bezeichnen. Keiner dieser familienpolitischen Handlungstypen erfaßt die Spezifik Englands, das früh einen starken Zentralstaat entwickelte, in dem aber das Prinzip des common law, eine unvollständige Reformation, die Entwicklung eines radikal-ethischen ‚Protestantismus' und ‚Liberalismus' verhinderten, daß der Staat früh zu einer interventionistisch-ausgleichenden Familienpolitik gelangte (vgl. Bahle 1995: 50).[12] So kann man die Familienpolitiken in Europa entsprechend ihrer Fürsorgetraditionen in vier Gruppen einteilen: Skandinavien, nordeuropäische Staaten, südeuropäische Staaten sowie Großbritannien und Irland (vgl. Ditch u.a. 1996: 43).

Aber nicht nur der Einfluß unterschiedlicher Sozialstaatstypen ist für die gegenwärtige familienpolitische Diskussion in den europäischen Staaten von Bedeutung, sondern auch die Tatsache, daß sich nicht nur zwischen den europäischen Staaten, sondern auch innerhalb der Rechtsordnungen der einzel-

---

12 Ein anderer Kategorisierungsversuch wurde in einer vom Bundesfamilienministerium geförderten Studie vorgelegt: Staaten mit aktiver Familienpolitik (Deutschland, Österreich, Belgien, Dänemark, Frankreich, Luxemburg), Staaten mit selektiver Familienunterstützung (Niederlande, Schweiz, Irland, Vereinigtes Königreich) sowie Staaten, die ihre Hilfe auf Familien mit besonderen Problemlagen konzentrieren (Italien, Spanien) (Bundesministerium für Familie und Senioren 1994: 528). Franz-Xaver Kaufmann hat zwischen folgenden Typen der Familienpolitik in Europa unterschieden (1993: 154ff.): explizite F. (Frankreich, Belgien, Luxemburg), egalitäre F. (Schweden, Dänemark, Finnland, Norwegen), verfassungsmäßiger Familienschutz (Deutschland, Österreich), „zurückhaltende" Sozialpolitik (Vereinigtes Königreich, Irland), weitgehende politische Zurückhaltung (Italien, Griechenland, Portugal, Spanien).

nen Staaten erhebliche Inkonsistenzen bezüglich der zugrunde liegenden Familienmodelle nachweisen lassen. So haben zwar die Familienrechtsreformen der 70er Jahre die Monopolstellung des patriarchalischen, auf der Ehe basierenden und nach dem Einverdiener-Modell" (Bread-Winner-Modell) orientierten Familientyps „aufgeweicht", im Sozialrecht fand jedoch nicht durchgängig eine entsprechende Angleichung statt (vgl. Scheiwe 1994). Entsprechende Regelungserfordernisse ergeben sich insbesondere für die in einem Teil der Staaten faktisch vorhandene Benachteiligungen von „Zweiverdiener-Modellen" (vgl. Ditch u.a. 1996: 27ff.), für die konzeptionelle Unterscheidung von Erwerbs- sowie Familien- und Freiwilligenarbeit und die (oft fehlende) Umverteilung der Kosten von „Humanvermögensproduktion". Dies gilt in geringerem Ausmaß für die Staaten des sozialdemokratischen Wohlfahrtsstaatsmodells, da hier grundsätzlich jeder Bürger bzw. jede Bürgerin eigene Versorgungsansprüche hat, die sich nicht aus der Erwerbstätigkeit ableiten. Familienförderung setzt hier schon seit langem ausschließlich am Kind, nicht etwa am Familienstand an.

Im deutschen, nach dem Versicherungsprinzip organisierten System der Sozialversicherungen zeigt sich aber ein wesentlicher Konstruktionsfehler in der nach dem „Bread-Winner-Modell" angelegten Rentenversicherung. Danach tragen Familien nicht nur die direkten Kosten der Erziehung für Kinder, sondern auch die Opportunitätskosten (im Sinne von Verzichtskosten bzw. Anspruchsreduzierungen), die denjenigen entstehen, die die Familienarbeit übernehmen. Der Wert dieser Kosten wird heute insgesamt pro Kind bis zum 18. Lebensjahr mit 500.000 DM veranschlagt (Bundesministerium für Familie und Senioren 1994: 291). Angesichts eines öffentlich übernommenen Anteils im Rahmen des FLA (vgl. die Ausführungen unter II.) von gut einem Drittel, der wiederum zu etwa einem Drittel durch Selbstfinanzierung der Familien zustande kommt, ergibt sich hier also Regelungsbedarf für die Politik angesichts der Tatsache, daß die Familien das System der gesetzlichen Rentenversicherung zweifach stützen, indem sie einerseits die Beitragszahler von morgen bereit stellen und andererseits (abhängig von der Erwerbstätigkeit) Beiträge einzahlen, die nicht nach Kinderzahl differenziert sind. D.h., unser Rentenversicherungssystem hat die Risiken des Alters zwar sozialisiert, einen großen Teil der Finanzierungskosten dafür aber privatisiert. Die Folgen sind bekannt: Im (weiblichen) Lebensplanungskalkül entscheiden sich mittlerweile fast 30% der Frauen gegen Kinder und der Hauptteil der weiteren für nur ein einziges (nicht bestandssicherndes) Kind (genauer: Gerlach u.a. 1996, dies. 1999, Lampert 1996 u. Bundesministerium für Familie und Senioren 1994).

So kommt es insbesondere im Rentenversicherungssystem zu erheblichen Transferströmen von den Familien zu den Kinderlosen.[13] Hier hat sich
für die Familienpolitik insbesondere nach der Bestätigung von Familienarbeit
als ausdrücklich bestandssichernd für unsere Rentenversicherungssystem
durch das Bundesverfassungsgericht (BVerfGE 82, 60 [80/81] sowie
BVerfGE 87, 1 [37]) ein wesentliches, neues Arbeitsfeld ergeben, dessen Ziel
die Realisierung einer eigenständigen Alterssicherung für erziehende Famili-
enangehörige ist. Lösungsmodelle liegen teilweise schon lange auf dem
Tisch, sind aber im politischen Diskurs bisher nicht thematisierbar gewesen.
In ihrem Kern ist diesen Modellen gemeinsam, daß die Standardrent-
ner(innen)figur zukünftig neben einer bestimmten Anzahl von versiche-
rungspflichtigen Berufsjahren auch die Erziehung von einem oder mehreren
Kindern vorweisen und ansonsten Abstriche bei der Rentenhöhe in Kauf
nehmen muß (Modelle z.b. bei Borchert 1993: 269ff., Gallon 1995, Gerlach
1999, Deutscher Bundestag 1998: 1995ff., Horstmann 1996, von Renesse
1997).

Leitprinzip einer familienpolitisch orientierten Neustrukturierung der
Alterssicherung im Sozialstaat für die nächsten Jahre ist damit das der inter-
und v. a. intragenerationellen Leistungsgerechtigkeit, einerseits zwischen Er-
werbs- und Familientätigen (d.h. in der Regel zwischen Männern und Frauen)
und andererseits zwischen Eltern und Kinderlosen. Maßstab wäre hier die
tendenzielle Anerkennung der Gleichwertigkeit von Erwerbs- und Familienarbeit. Damit fügte sich Familienpolitik in ein sozialstaatliches Konzept der
Anerkennung einer „gemischten Wohlfahrtsproduktion" ein, d. h. der Akzeptanz einer „wohlfahrtsschaffende[n] Bedeutung von Handlungen und Transaktionen [...], die sich ‚diesseits von Markt und Staat' abspielen. „Die herkömmlichen ordnungspolitischen Auseinandersetzungen beziehen sich ausschließlich auf das Verhältnis von Marktwirtschaft und Staat [...]. Das ist jedoch eine ideologisch verengte Perspektive: Sowohl die liberale Marktorientierung als auch die sozialdemokratische Staatsorientierung setzen den ‚gemeinschaftlichen' Bereich der mitmenschlichen Beziehungen in ihren herkömmlichen (z.B. Familie, Nachbarschaft) und neueren Formen (z.B. freie
Assoziationen und soziale Bewegungen) als gegeben und funktionsfähig voraus" (Kaufmann 1997: 99/100), was bei genauer Betrachtung systemgefähr-
dend für den bisherigen Sozialstaat geworden ist.

Steuerungsziele und Leitmotive der Familienpolitik haben sich in den 50
Jahren des Bestehens der Bundesrepublik Deutschland wesentlich geändert.

---

13 Bei einem 30%-Anteil Kinderloser an der Gesamtbevölkerung und einem weiteren von
    20% Ein-Kind-Paaren muß die Altersversorgung für die 30% voll und für die 20% zur
    Hälfte von Kindern anderer Leute erbracht werden, zusammen also 40%. Bei einem Volu-
    men der Alterssicherung von 300 Mrd. DM schon zu Beginn der 90er Jahre bedeutet dies
    Transferleistungen von 120 Mrd. DM von den Familien zu Kinderlosen (Borchert 1992:
    41).

Ausgehend von einem teilweisen Ausgleich der Kinderkosten v. a. für die Mehrkinderfamilie und dem Ziel der Realisierung von Rechtsgleichheit von Frauen und Männern in Familien, später von ehelichen und nichtehelichen Kindern, steht Familienpolitik bzw. sollte Familienpolitik heute im Zentrum der Neudefinition sozialstaatlicher Solidarstrukturen unter dem Aspekt der Leistungsgerechtigkeit stehen.

Gerechtigkeitsvorstellungen lassen sich in einer demokratischen Gesellschaft anhand der drei Prinzipien *Gleichheit, Bedürfnis* und *Leistung* auf einer ersten Stufe ordnen (Deutsch 1975), wobei sich das Gleichheitsprinzip wiederum nach Chancen-, Ressourcen- und Ergebnisgleichheit differenzieren läßt (Rosa 1999: 396). Insbesondere im Hinblick auf den Ausgleich (positiver) externer Effekte, die Familien für die Gesellschaft im Rahmen ihrer Arbeit verursachen, läßt sich das maßgebliche Legitimationsargument für eine ökonomisch argumentierende Familienpolitik im Sinne der Leistungsgerechtigkeit ableiten. Alle Mitglieder einer Gesellschaft haben danach das Recht an den Erträgen volkswirtschaftlicher Leistung entsprechend dem Wert ihres Beitrages zu partizipieren. Im familienpolitischen Diskurs ist daher verstärkt die Zweiteilung der Gesamtleistung in Erwerbs- und Familienarbeit zu betonen.

Die Frage der Staatsaufgabenreduktion kann sich aufgrund der Zuordnung von Familie zum „gemeinschaftlichen" Bereich, nicht zum Marktbereich, nur sehr bedingt stellen. Einer Diskussion dieser These sollen die Überlegungen des folgenden Abschnittes nun gelten.

III. Zur zukünftigen Funktion des Staates in der Familienpolitik

Maßnahmen im Rahmen der Deregulierung, Privatisierung und des staatlichen Rückzugs sind sinnvoll und durchführbar, wenn

– andere als staatliche Anbieter entsprechender Güter effektiver und effizienter arbeiten oder die Selbststeuerungsfähigkeit gesellschaftlicher Gruppen oder von Teilsystemen größer ist, als die Steuerungs- und Regelungsfähigkeit des Staates. Ersteres gilt z.B. für den Telekommunikationsmarkt, kommunale Abfallentsorgung und kommunale Verkehrsbetriebe, zweites für vielfältige Selbsthilfeorganisationen;

– wenn durch Deregulierung oder Privatisierung nicht rechtliche, insbesondere grundrechtliche Standards unterwandert werden

– und schließlich, wenn die in Frage stehenden Güter prinzipiell marktfähig sind, d. h. keine meritorischen oder Kollektivgüter sind.

Betrachten wir nun das „Politikfeld Familie", so erkennen wir, daß sich hier Entstaatlichung weitgehend verbietet, der Charakter der Probleme bei genauer Betrachtung zumindest in Bezug auf das Gros möglicher Perspektiven sogar eines Mehr an staatlicher Regelung bedarf.

Die Erfahrungen der letzten Jahrzehnte haben gezeigt, daß Zahl, Stabilität und Leistungsfähigkeit von Familien zum Politikum werden können. Vor dem Hintergrund der Erosion von „Normallagen" im Bereich der Familie, des Rückgangs der Familiengröße und ihrer Stabilität, der erhöhten Scheidungszahlen, des Anstiegs der Zahl alleinerziehender Eltern, weniger Geburten und der wachsenden Bedeutung nichtehelicher Lebensgemeinschaften scheint die Entwicklung von Selbstregulierungsmechanismen wenig wahrscheinlich. Ebenso ist eine systematische Übernahme familialer Aufgaben durch anderer Lebensgemeinschaften kaum zu erwarten. Dennoch gäbe es Potenziale für die Reform staatlichen Handelns im familienpolitischen Bereich. In diesem Zusammenhang ist eine Anknüpfung an Kernelemente gegenwärtiger Reformdiskussionen zum Staatshandeln sinnvoll, sind Umsetzungen auch im Ansatz schon realisiert. Insbesondere ist hier auf die Kommunitarismusdiskussion und auf das Konzept der Zivilgesellschaft zu verweisen (vgl. dazu auch den Beitrag Zimmer in diesem Band). Ergänzung von Politik durch gesellschaftliches Handeln unter dem Primat des Wertbezugs und Aktivierung der Gesellschaft für selbstorganisierte Problemlösungskonzepte sind die Schlüsselbegriffe (vgl. dazu z.B. Etzioni 1994, Rödel 1996, Berger 1997). Das neue Kinder- und Jugendhilferecht hat bewußt entsprechende Leitbilder für die Kinder- und Jugendhilfe geschaffen,[14] durch deren Umsetzung die Autonomie der Familie gestärkt und ihre eigenständigen Möglichkeiten zur Hilfe und Selbsthilfe aktiviert werden sollen (Bundesministerium für Familie, Senioren, Frauen und Jugend 1999: 11) Allerdings bemüht sich das KJHG nicht nur um eine Aktivierung von Selbsthilfepotenzialen und eine Vernetzung staatlicher und zivilgesellschaftlicher Hilfsangebote, sondern hat auch das Konkurrenzmoment im Sinne neuer kommunaler Steuerungsmodelle mit Instrumenten wie Zertifizierung, Selbstevaluation und Outputorientierung sowie systematischer Qualitätssicherung eingeführt (vgl. Pitschas 1994, KGSt 1995). Aktivierung zivilgesellschaftlichen Engagements, um bestimmte Defizite in der Leistungserbringung durch Familien auszugleichen – etwa durch Stadtteil-, Nachbarschafts- oder Belegschaftsnetzwerke – darf natürlich nicht bedeuten, daß der Staat sich aus seiner Verantwortung zurückzieht und auf die gesellschaftlichen Selbstheilungskräfte wartet. Vielmehr wäre seine Aufgabe durchaus in der Initiierung solcher Netzwerke zu sehen und letztendlich bliebe er in der Gewährleistungsverantwortung. Dies könnte in stärkerem Maße als es bisher durch direkte Stützungsmaßnahmen finanzieller oder infrastruktureller Art geschieht, auch durch die Schaffung steuerlicher oder sozialversicherungsrechtlicher Anreize

---

14 Gesetz zur Neuordnung des Kinder- und Jugendhilferechts (Kinder- und Jugendhilfegesetz
    – KJHG) v. 26.6.90 in der Änderungsfassung v. 16.2.93.

geschehen. Die Frage nach der Staatsaufgabendefinition wird hier also auch zu einer der Methodik und des Instrumentariums von Staatshandeln.

Familienpolitik ist ganz wesentlich durch rechtliche, insbesondere grundrechtliche Standards geprägt (Art. 1, 3 und 6 GG). Angesichts der Tatsache, daß der Gesetzgebungsprozeß in den letzten Jahrzehnten – beginnend mit der Verwirklichung von Gleichheit zwischen Männern und Frauen sowie derjenigen von ehelichen und nichtehelichen Kindern, über die unterschiedlichen Stufen der Entwicklung eines nun bald dreigliedrigen Kinderfreibetrags (Existenzminimum, Erziehungs- und Betreuungsbetrag) massiv von der Verfassungsrechtsprechung initiiert und gestaltet worden ist und nicht im Parlament (vgl. dazu Gerlach 2000), ist auch hier staatlicher Rückzug kaum denkbar. Dies gilt auch insbesondere vor dem Hintergrund der Tatsache, daß es in der Familienpolitik um den Ausgleich strukturell bedingter Nachteile geht, die sich aus der Leistungserbringung unter nicht marktmäßigen Bedingungen in Familien ergeben. Gleichwohl sind aber diese Leistungen in hohem Maße marktrelevant.

Vor allem aber kann Familienpolitik gegenwärtig nicht zum Rückzugsgebiet staatlichen Handelns erklärt werden, da sie zur Sicherung der Güterproduktion von Kollektivgütern beitragen muß: Sie sichert das, was man spätestens seit dem Erscheinen des Fünften Familienberichtes ganz offiziell im politischen Diskurs als Humanvermögensproduktion bezeichnet. Damit ist zumindest in der familienpolitischen Rethorik eine Zeitenwende markiert.

Die politische Praxis allerdings war bisher bezüglich der Aufgabenerfüllung in den oben skizzierten Handlungsbereichen eher defizitär. Die „Sache" der Familie wird nicht von der Politik vertreten, sie ist zum ständigen Mahnfall für das Bundesverfassungsgericht geworden, wenngleich es um die Sicherung wesentlicher sozialpolitischer Strukturen und um die Neugewichtung des Verhältnisses gesellschaftlicher Großgruppen unter dem Primat der Leistungsgerechtigkeit geht. Wenn also ganz offensichtlich in den Verhandlungsstrukturen des gegenwärtigen politischen Systems Interessen der Familie, an die die Bestandserhaltung zentraler Sicherungssysteme gekoppelt ist, nicht durchsetzungsfähig sind – selbst nicht, um eine Kongruenz von Sozialversicherungs- und Steuerrecht mit Verfassungsrecht herzustellen – dann ist der Staat hier gefordert die Gemeinwohlsicherung zu garantieren und ein Rückzug aus dem Politikgebiet verbietet sich.

IV.   Für einen rationalen familienpolitischen Diskurs

Verursacht durch die demographische Entwicklung sind heute wesentliche Kollektivgüter wie die soziale Sicherheit und die Harmonie des Miteinanderlebens von Generationen in Gefahr, weil Familienpolitik sich nicht laut genug in die Politik der 70er und 80er Jahre eingemischt hat. Die Weitergabe

tradierter und in ihrer Konsequenz eine Gesellschaft befriedender Verhal-
tenskonventionen ist nicht mehr durchgängig gewährleistet, weil v.a unvollständige Familien durch fehlende infrastrukturelle Leistungen ihre Aufgaben
nicht hinreichend erfüllen können. Familie ist ein gesellschaftliches Funkti-
onssystem, und als solches muß sie auch von Familienpolitik im Verteilungs-
kampf um knappe Güter repräsentiert werden.

Es sind zwar individuelle Kalküle, die Entscheidungen in Familien bestimmen, diese sind aber gesellschaftlich determiniert, und genauso verursachen sie gesellschaftliche Konsequenzen.

Der Nobel-Preis-Träger Gary S. Becker hat uns gelehrt, auch das Funktionieren sozialer Systeme auf ökonomische Grenznutzenkalküle zurückzuführen (vgl. Becker 1996). Eine solche ökonomische Erklärung von Verhalten greift z. B. durchaus, wenn wir die Entscheidung von Frauen erläutern
möchten, nicht zu heiraten oder keine Kinder zu haben. Die entsprechende
Argumentation im Sinne der Rational-Choice-Theorie müßte aber auch dem
familienpolitischen Diskurs zugrunde gelegt werden. Solch eine konsequente
Umorientierung hieße, den familienpolitischen Diskurs nicht mehr *wert-* sondern *zweckrational* zu führen. Wir müssen also danach fragen, unter welchen
Bedingungen die Kosten mangelhafter Humanvermögensbildung größer sind,
als diejenigen familienpolitischer Maßnahmen. Auf diese Art und Weise
kommen wir zu einer Bestimmung des familienpolitischen Grenznutzens.
„Dieser ist dann erreicht, wenn die Investitionskosten in die Humanvermögensbildung geringer ausfallen, als die zu erwartenden Folgekosten unter-
bliebener Investitionen; also erst, wenn Gefahr für den gesellschaftlichen Gesamtzusammenhang besteht" (Lewandowski 1996: 47). An diesem Punkt
sind wir heute angekommen. Daß die Höhe der Kosten, die durch unterlasse-
ne Investitionen verursacht wurden, erst heute erkannt wird, liegt an der Spezifik der Familienpolitik: Ihre Folgekosten treten erst in der Zukunft zutage,
sind also für den politischen Zyklus der parlamentarischen Demokratie eher
uninteressant.

Dies allerdings wußte schon Alexis de Tocqueville, als er schrieb, eine
charakteristische Schwäche der Demokratie läge in ihrem Unvermögen, „die
Leidenschaften zu beherrschen und die Bedürfnisse des Augenblicks zugunsten der Zukunft zu unterdrücken" (n. Schmidt 1998: 17).

Der Sozialstaat auf dem Prüfstand:
Der deutsche Sozialstaat im europäischen Vergleich

Rose Langer

I.   Bedeutung und Aussagekraft des Rechtsvergleichs

Wer aufgefordert ist, das deutsche System der sozialen Sicherheit mit anderen europäischen Systemen zu vergleichen, sollte zunächst einmal klären, zu welchem Zweck ein solcher Vergleich angestellt werden soll. Allzu oft wird der Vergleich mit anderen Rechtsordnungen herangezogen, um für eine interne politische Diskussion Argumente für die eine oder andere nationale Position zu finden und daraus entsprechende Schlüsse zu ziehen. Wer auf ausländische Systeme zurückgreift, um zu erläutern, warum diese oder jene Lösung favorisiert wird, muß sich jedoch häufig vorwerfen lassen, daß die Systeme nicht vergleichbar sind und deshalb der Hinweis auf eine ausländische Lösung nicht tragen kann.

I.1   Vergleichsrahmen

In der Tat unterscheiden sich die europäischen Sozialrechtsordnungen in einem solchen Maße, daß ein Systemvergleich nur mit aller Vorsicht vorgenommen werden sollte. Eine solche Vorsichtsmaßnahme ist es, wenn der Vergleichsrahmen nicht zu eng gezogen wird. Die Qualität einer einzelnen Sozialleistung kann nämlich nicht isoliert von den sonstigen Maßnahmen betrachtet werden, die einer bestimmten Person in einer vergleichbaren Situation zustehen. In diesem Zusammenhang ist stets auch zu bedenken, welche anderen Rechtsgebiete in einem konkreten Zusammenhang von Belang sein können. Das System des Sozialrechts ist nämlich eng verbunden mit dem Unterhaltsrecht, dem Steuerrecht und dem Arbeitsrecht.

Es kann daher nicht darum gehen, das System des Sozialrechts zu vergleichen ohne dabei die anderen Rechtsgebiete in Betracht zu ziehen. Durch den Umstand, daß in Deutschland das Arbeitsrecht und das Unterhaltsrecht dem Privatrecht zugeordnet und sowohl das Sozial- als auch das Steuerrecht Teile des öffentlichen Rechts sind, gibt es allerdings nur wenige rechtsvergleichende Untersuchungen, die die Gesamtheit der Systeme berücksichtigen.

Für den Rechtsvergleich erschwerend kommt hinzu, daß die Trennung der unterschiedlichen Rechtsgebiete wie sie in Deutschland vorgenommen

wird, nicht notwendigerweise auch in anderen europäischen Staaten so vorge-
funden werden muß. So mag es in Deutschland systematisch gerechtfertigt
sein, Arbeits- und Sozialrecht zu trennen, weil hier zumindest einige Bereiche des Arbeitsrechts im Wege der Privat- und Tarifautonomie geschaffen
werden, während das Sozialrecht ausschließlich durch Gesetzesrecht entsteht.
Diese Argumente gelten jedoch nicht notwendigerweise auch für andere europäische Staaten. So beruht das System der französischen Arbeitslosenversicherung auf Vereinbarungen der Sozialpartner, die für allgemeinverbindlich
erklärt werden. Folglich wird die Trennung von Arbeits- und Sozialrecht im
europäischen Sprachgebrauch nicht durchgehalten, vielmehr gehören beide
Bereiche zur Sozialpolitik.[1]

Darüber hinaus wird das Bild nur dann vollständig, wenn man auch diejenigen Rechtsgebiete einbezieht, die selbst in anderen europäischen Ländern
vom Sozialrecht zwar gesondert, aber nicht unabhängig sind. So hat das nationale Zivilrecht Einfluß auf die Gestaltung des Sozialrechts. Dies zeigt sich
ganz besonders deutlich beim Zusammenspiel von Unterhaltsrecht und Sozialrecht hinsichtlich der Familienleistungen und der Rechte der Hinterblie-
nen. Aber auch das Schadensersatzrecht beeinflußt die Ausgestaltung des Sozialrechts. Dies gilt sowohl für die Regelungen der gesetzlichen Unfallversicherung als auch für die anderen Zweige der Sozialversicherung, die durch
Regreßfragen berührt sein können, wenn es zum Beispiel um Rentenleistun-
gen an Hinterbliebene oder Aufwendungen der Krankenversicherung geht.

Die stärksten Verbindungen weisen jedoch möglicherweise das Steuer-
und das Sozialrecht auf. Dies beginnt bei der Finanzierung der Sozialleistungen, die steuerlich privilegiert oder ganz steuerfinanziert sind, und endet bei
der Frage der Besteuerung von Sozialleistungen. Dazwischen stehen wichtige
Bereiche, in denen es gilt, gesetzliche Entscheidungen darüber zu treffen, ob
beispielsweise die Entlastung der Familien oder behinderter Personen besser
durch Transferleistungen oder Steuernachlässe erfolgt.

I.2   Zweck des Rechtsvergleichs

Selbst wenn man den Vergleichsrahmen sehr weit zieht, so bleibt doch die
Frage zu beantworten, zu welchem Zweck Rechtsvergleiche stattfinden sollen. Ein Rechtsvergleich dient in erster Linie dem besseren Erfassen, Verstehen und Bewerten des eignen Rechtssystems. Darüber hinaus können wir von
den anderen Systemen lernen, insbesondere dann, wenn Probleme angegangen werden sollen, die sich für alle Systeme gleichermaßen stellen.

So stehen alle europäischen Systeme der sozialen Sicherheit vor dem
Problem steigender Kosten, die im wesentlichen drei Ursachen haben. Er-

---

1   Vgl. dazu das im Vertrag von Amsterdam eingefügte Kapitel über die Europäische Sozial-
     politik, in dem sowohl Arbeits- als auch Sozialrecht geregelt sind.

stens stellt die Arbeitslosigkeit von durchschnittlich 10 von Hundert im europäischen Durchschnitt eine doppelte Belastung der Sozialversicherungssysteme dar:[2] Arbeitslose können nicht zur Finanzierung der Sozialversicherungssysteme beitragen, sie konsumieren jedoch Sozialleistungen.[3] Zweitens führt der Zwang zur qualifizierteren Aus- und Weiterbildung dazu, daß die Relation zwischen der aktiv arbeitenden Bevölkerung und den noch nicht oder nicht mehr vollschichtig im Produktionsprozeß stehenden Personen immer ungünstiger wird. Drittens stellt die zunehmende Überalterung der Gesellschaft die Finanzierbarkeit der Systeme der sozialen Sicherheit ebenfalls in doppelter Hinsicht auf die Probe: Immer mehr Menschen werden immer älter und benötigen als ältere Menschen soziale Leistungen der Kranken-, Pflege- und Rentenversicherung, ohne in der Lage zu sein, sich maßgeblich an der Finanzierung dieser Leistungen beteiligen zu können. Der wissenschaftliche Fortschritt in der Medizin erlaubt es außerdem, menschliches Leben fast unbegrenzt zu verlängern. Allerdings sind gerade diese Maßnahmen mit ungeheuren Kosten verbunden.

Darüber hinaus könnte die Rechtsvergleichung als Vorbereitung dienen, wollte man die unterschiedlichen Systeme der sozialen Sicherheit in Europa harmonisieren. Durch den Vertrag von Amsterdam ist erstmals eine Gemeinschaftskompetenz zur Harmonisierung des Sozialrechts geschaffen worden, mit deren Hilfe in allen Mitgliedstaaten verbindliche Rechtsinstrumente zur Angleichung der Systeme geschaffen werden könnten. Davor gab es im europäischen Gemeinschaftsrecht nur auf dem Gebiet der Gleichbehandlung von Männer und Frauen sowie auf dem Gebiet des Arbeitsrechts, insbesondere des Arbeitsschutzrechts, Kompetenzen zur Harmonisierung. Da von dieser neuen Kompetenz im Bereich des Sozialrechts noch kein Gebrauch gemacht wurde, wird bislang das Recht der sozialen Sicherheit nur koordiniert, um grenzüberschreitende Situationen angemessen zu lösen. Eine darüber hinausgehende Angleichung der unterschiedlichen Systeme der sozialen Sicherheit in Europa ist von den nationalen Politikern aus unterschiedlichen und gewichtigen Gründen bislang abgelehnt worden. Wegen der Vergleichbarkeit der Probleme ist es aber nicht ausgeschlossen, daß künftig ein Wille vorhanden sein wird, von der im Vertrag von Amsterdam vorgesehenen Kompetenz zur Harmonisierung des Rechts der sozialen Sicherheit Gebrauch zu machen. Ob eine Harmonisierung notwendig ist, wäre allerdings an anderer Stelle zu diskutieren.

Faktisch wird jedoch im Rahmen der Wirtschafts- und Währungsunion die Frage der Kosten der nationalen Systeme der sozialen Sicherheit eine Rolle auf europäischer Ebene spielen. Stehen doch trotz der Unterschiedlichkeit der Systeme alle europäischen Staaten vor den gleichen Finanzierungs-

---

2   Aktuelle Zahlen können den Statistiken von Eurostat entnommen werden.
3   Vgl. hierzu die Berichte der Europäischen Kommission über die soziale Sicherheit in Europa. Der letzte Bericht stammt vom 21.03.2000 (KOM 2000, 163 endg.).

problemen, weil die Ursachen vergleichbar sind. Aus diesem Grund hat die Europäische Kommission auch den Aufruf für eine konzertierte Strategie des Sozialschutzes vorgeschlagen.[4] Parallel zu den intensiven Bemühungen im Rahmen des durch den Vertrag von Amsterdam neu geschaffenen Beschäftigungskapitels hat die Europäische Kommission darüber hinaus eine verstärkte Zusammenarbeit auf dem Gebiet des Sozialschutzes angeregt und dies nicht zuletzt deshalb, weil die Kosten des Sozialschutzes die Schaffung von Arbeitsplätzen fördern oder behindern können.[5] Dieses Ansinnen der Kommission hat die Portugiesische Präsidentschaft auf dem Gipfel von Lissabon im März 2000 aufgegriffen und unterstützt.

Sowohl für eine eventuelle Harmonisierung, aber auch für einen Wettbewerb der Systeme im Sinne des benchmarking oder des best-practice-Vergleichs ist die Kenntnis der Grundzüge der unterschiedlichen Systeme der sozialen Sicherheit zwingende Voraussetzung.

II.   Soziale Sicherheit in Europa: Zur Ausgangslage

Will man die europäischen Systeme der sozialen Sicherheit charakterisieren, so kann man sie grob in zwei Sparten aufteilen. Zum einen gibt es die traditionellen Systeme, die auf ähnliche Gesetze wie die Bismarcksche Sozialgesetzgebung für Arbeitnehmer zurückgehen und zum anderen gibt es Grundsicherungssysteme für alle Einwohner.

Typisches Merkmal des Bismarckschen Systems ist die Anknüpfung an vorangegangene Beschäftigung. Beschäftigung löst Versicherungspflicht und Beitragszahlung aus (Versicherungssysteme). Demgegenüber schützen die Grundsicherungssysteme alle Einwohner ohne Vorbedingungen und die Finanzierung erfolgt in der Regel aus dem allgemeinen Steueraufkommen.

Allerdings ist in keinen europäischen Staat nur das eine oder das andere System vertreten. Vielmehr kann es sein, daß einzelne Zweige der sozialen Sicherheit in ein und dem gleichen Land nach unterschiedlichen Prinzipien organisiert sind. So sehen inzwischen die meisten europäischen Staaten einen staatlichen Gesundheitsdienst vor,[6] jedoch gibt es unter diesen Ländern

---

4   Mitteilung vom 14.7.1999 (KOM, 1999, 347 endg).
5   Vorschlag für einen Beschluß des Rates zur Einsetzung eines Sozialschutzausschusses (KOM, 2000, 134).
6   Betrachtet man die Organisation der Krankenversorgung weltweit, so kann man eine Einteilung in drei Prototypen vornehmen: Eine rein staatliche Organisation findet man in Dänemark, Griechenland, Spanien, Irland, Italien, Portugal, Finnland, Schweden und dem Vereinigten Königreich. Ein Mixsystem bestehend aus einer gesetzlichen Versicherungspflicht und einer gemischten öffentlichen/privaten Organisationsstruktur weisen die Länder Belgien, Deutschland, Frankreich, Luxemburg, Niederlande und Österreich auf. Das fran-

gleichwohl eine ganze Reihe, die ihre Altersversorgung im Sinne des Versicherungsprinzip organisiert haben. Auch treten dort, wo selbst die Altersversorgung in Form einer Grundsicherung erfolgt, regelmäßig zweite Säulen der Altersversorgung hinzu, die häufig nach dem Versicherungsprinzip arbeiten und an vorangegangene Beschäftigung anknüpfen.

In diesem Zusammenhang ist zu beachten, daß in den Staaten mit Grundsicherungsmodell die zweite Säule der Altersversorgung nicht mit der derzeitigen betrieblichen Altersversorgung in Deutschland vergleichen werden kann. In der Regel ist in den Staaten mit einer Grundsicherung die zweite alterssichernde Säule nämlich gesetzlich vorgeschrieben, so daß sie Teil des gesetzlichen Systems sozialer Sicherung ist. Die betriebliche Altersversorgung in Deutschland ist demgegenüber freiwillig und nur durch Gesetz geregelt.

Im folgenden soll ausgehend vom deutschen System der Vergleich mit anderen europäischen Systemen anhand einiger typischer Unterscheidungsmerkmale dargestellt werden. Dabei beschränkt sich die Betrachtung auf die Situation der gegenwärtigen 15 EU-Mitgliedstaaten. Die mittel- und osteuropäischen Beitrittskandidaten in die Betrachtung einzubeziehen würde das Unterfangen sprengen, da deren Systeme der sozialen Sicherheit noch stark im Auf- und Umbau begriffen sind.

II.1   Strukturprinzipien

Die deutsche Sozialversicherung ist ein über mehrere Jahrhunderte gewachsenes System. Seine Ursprünge gehen zurück auf Unterstützungskassen, die in Eigeninitiative für bestimmte Berufszweige gebildet wurden. Da die Unfallgefahr im Bergbau stets sehr groß war, hatten die Bergleute die ersten Kassen gebildet, die jedenfalls der Witwe des verunglückten Bergmanns ein gewisses Auskommen sichern sollte. Später haben andere Berufszweige ähnliche Unterstützungskassen gebildet. Aufgrund dieses Ursprungs ist in Deutschland insbesondere die Altersversorgung nach wie vor nach Berufszweigen gegliedert.

Zwar spielt die Aufteilung in Arbeiter und Angestellte heute nur noch organisatorisch eine Rolle, aber immer noch gibt es völlig unterschiedliche Regelungen für die Privatwirtschaft einerseits und den öffentlichen Dienst andererseits. Durch die Privatisierung der Staatsbetriebe Bahn und Post, wird zwar der Anteil des öffentlichen Dienstes zurückgehen, jedoch bestehen kei-

---

zösische System wird derzeit immer mehr zu einer Volksversicherung umgebaut. Die Schweiz hat seit kurzem ein allgemeine Krankenversicherungspflicht, die zum Abschluß einer Krankenversicherung bei einem privaten Versicherungsunternehmen verpflichtet. Rein privat ist die Krankenversicherung nach wie vor in den U.S.A. Dort gibt es jedoch staatliche Systeme für ältere und minderbemittelte Menschen.

ne Tendenzen, die Sonderversorgungssysteme für den öffentlichen Dienst abzubauen. Ganz anders jedoch die Entwicklung in den anderen europäischen Mitgliedstaaten. Falls dort noch Sondersysteme für den öffentlichen Dienst bestehen, gelten sie nicht für Neuzugänge oder werden dem System der Privatwirtschaft angepaßt, so daß die Unterschiede nur noch die Organisationsstruktur betreffen.

Soweit Selbständige pflichtversichert sind, werden sie in Deutschland größtenteils in gesonderten Systemen für Handwerker, Landwirte und Künstler einerseits sowie in den berufsständischen Versorgungswerkensystemen der freien Berufe (Ärzte, Tierärzte, Architekten usw.) andererseits erfaßt. Diese Trennung betrifft nicht nur die Organisation, die bei den freien Berufen von Bundesland zu Bundesland unterschiedlich ist, sondern auch die rechtlichen Grundlagen.

Zahlreiche europäische Systeme sichern alle Einwohner ab, so daß die Unterscheidung in einzelnen Berufszweige entfällt. Erst bei der Zusatzversorgung, also der zweiten Säule, können dort unterschiedliche Berufssparten eine Rolle spielen.

Große Unterschiede zeigen sich bei der Betrachtung des versicherten Personenkreises. In Deutschland entscheidet sowohl in der Krankenversorgung als auch in der Altersversorgung in erster Linie die Zugehörigkeit zu einer bestimmten Berufsgruppe darüber, ob Versicherungspflicht besteht und in welchem System. Ein wesentliches Kriterium in diesem Zusammenhang ist die Frage, ob jemand als Selbständiger oder abhängig Beschäftigter tätig wird.

In allen Ländern mit Grundsicherungssystem spielt die Art der Beschäftigung kein Rolle für die Frage, ob ein Schutz hinsichtlich der Renten- und Krankenversicherung geboten wird. Auch ist es nicht denkbar, daß jemand wegen längerer Phasen der Unterbrechung seiner Erwerbstätigkeit in dieser Zeit oder im Anschluß daran Nachteile hinsichtlich der sozialen Sicherheit hat. So ist auffallend, daß in den Niederlanden selbst Männer zahlreich ihre Erwerbstätigkeit reduzieren oder Pausen einlegen. Da es in den Niederlanden in der Kranken- und Rentenversicherung eine Grundsicherung gibt, haben sie dadurch nur begrenzte Nachteile in der Sozialversicherung und sie können es sich erlauben, eine Pause einzulegen und dadurch Arbeitsplätze für andere Personen zu schaffen.

Da das deutsche System auf Erwerbstätigkeit abstellt, erwerben die nichterwerbstätigen Partner keine eigenständige soziale Absicherung. Allerdings sieht das Zivilrecht im Fall der Scheidung einen Anspruch auf Versorgungsausgleich gegen den erwerbstätigen Partner vor. Auch trägt das deutsche Sozialrecht dem Umstand Rechnung, daß zwischen Ehepartnern sowie Eltern und Kindern zu Lebzeiten Unterhaltsansprüche bestanden und gewährt im Todesfall Leistungen für die Hinterbliebenen.

Da die Grundsicherungsmodelle alle Personen ungeachtet ihrer Erwerbstätigkeit schützen, erwerben nichtberufstätige Partner dort den gleichen Anteil an der Grundsicherung wie die Beschäftigten, unabhängig davon, ob und wie häufig die Karriere unterbrochen wurde. Folglich sehen diejenigen Systeme, die alle Einwohner sichern, nur eine eingeschränkte Versorgung der Hinterbliebenen in der Altersversicherung vor.

Deshalb sollte man gerade im Interesse der eigenständigen Sicherung der Frau sehr genau hinsehen, wenn die Vorteile des einen oder des anderen Systems für den nichterwerbstätigen Partner hervorgehoben werden. Da die Grundrente für alle Einwohner in der Regel nur eine Mindestrente ist, erfolgt die Lebensstandardsicherung erst über die zweite Säule. Von dieser profitieren jedoch auch im Grundsicherungsmodell nur die Erwerbstätigen und es existieren abgeleitete Rechte allenfalls für die Hinterbliebenen, nicht jedoch für geschiedene Ehepartner. Das Institut des Versorgungsausgleich, das im Scheidungsfall eine Trennung aller Rentenanwartschaften vornimmt, ist eine deutsche Besonderheit.

III. Die Zweige der sozialen Sicherheit

Das deutsche System gliedert sich in Kranken-, Renten-, Arbeitslosen-, Pflege- und Unfallversicherung. Im europäischen Vergleich werden jedoch stets auch die Familienleistungen mit einbezogen, da ihre Höhe maßgeblich für das verfügbare Einkommen einer Person ist und die Familienleistungen häufig auf die aktuelle Lebenssituation zugeschnitten sind. So kennt beispielsweise das französische Recht keine Waisenrenten, allerdings erhöhte Familienleistungen für Waisen.

Hinsichtlich der grundsätzlichen Aufteilung in die unterschiedlichen Zweige lassen sich in Europa jedoch viele Gemeinsamkeiten feststellen. Allerdings haben einige Länder keine gesetzliche Unfallversicherung. Vielmehr werden Arbeitsunfälle dort von zivilrechtlichen Systemen bzw. von der Kranken- oder Invaliditätsversicherung abgesichert. Auch gibt es nur wenige Länder, die die Pflegebedürftigkeit im Rahmen einer eigenständigen Versicherung geregelt haben (vgl. Klaus Sieveking 1998). Vielfach werden in anderen europäischen Ländern die Leistungen bei Pflegebedürftigkeit von der Kranken-, Invaliditäts- oder Altersversicherung miterbracht. Verbreitet ist auch die Einbindung der Pflege in das Fürsorgesystem. Das bedeutet jedoch nicht, daß nur einkommensschwache Personen Zugang zur Pflegeversicherung haben, sondern daß die Pflege auf kommunaler Ebene bürgernah organisiert wird.

III.1   Rentenversicherung

Der versicherte Personenkreis:
Grundsätzlich sind in Deutschland Selbständige nicht versicherungspflichtig. Allerdings gibt es von diesem Grundsatz viele Ausnahmen. So sind
Handwerker, Landwirte, Künstler und zahlreiche Freiberufler über die Versorgungswerke der Kammern gleichwohl zwangsversichert. Auch solche
Selbständige, die als besonders schutzbedürftig gelten, wie Hauslehrer, sind
in der gesetzlichen Rentenversicherung pflichtversichert.
    Allerdings ist nicht zu erkennen, welches System hinter diesem Re-
gel/Ausnahmeverhältnis besteht. Einerseits sind solche Selbständige pflichtversichert, die aufgrund der Art der Tätigkeit und der Nähe zur Scheinselb-
ständigkeit als besonders schutzbedürftig gelten. Andererseits sind Kleinge-
werbetreibende nicht erfaßt, Freiberufler aber unabhängig von ihrer Schutzbedürftigkeit.[7] Im Grunde läßt sich das deutsche System daher nur historisch
erklären.
    Dabei fällt auf, daß die Zugehörigkeit zum Kreis der Pflichtversicherten
nur bedingt als Vorteil empfunden wird. Offensichtlich ist das Mißtrauen in
die Leistungsfähigkeit der gesetzlichen Systems so groß, daß es als Nachteil
empfunden wird, pflichtversichert zu sein.
    In Dänemark, den Niederlanden, Finnland und Schweden sind alle Ein-
wohner altersversichert. In Irland, Italien, Luxemburg, Portugal und im Vereinigten Königreich sind alle Arbeitnehmer und Selbständigen in der gesetzlichen Pflichtversicherung. In den übrigen Staaten besteht eine vergleichbare
Situation wie in Deutschland, d.h. nicht alle Selbständigen sind versichert,
sondern nur bestimmte Gruppen.

Die Bemessungsgrenzen:
    Arbeitnehmer und Selbständige sind in Deutschland nur bis zur Beitrags-
bemessungsgrenze pflichtversichert.[8] Das bedeutet, daß die Bezieher höherer
Einkommen mit ihrem die Beitragsbemessungsgrenze übersteigenden Ein-
kommensanteil nicht mehr zum Solidarsystem beitragen, allerdings insoweit
auch keine Leistungen mehr erwerben. In einer ganzen Reihe von europäischen Mitgliedstaaten gibt es keine Bemessungsgrenze hinsichtlich der Bei-

---

7   Selbständige sind versicherungspflichtig, wenn sie Lehrer, Erzieher, Pfleger, Hebamme,
     Entbindungshelfer, Seelotse, Künstler oder Publizist, Hausgewerbetreibende, Küstenschif-
     fer und -fischer, Landwirt oder Handwerker sind. Zu den Mitgliedern berufsständischer
     Versorgungseinrichtungen gehören Selbständige wie Ärzte, Apotheker, Architekten,
     Rechtsanwälte, Steuerberater und Wirtschaftsprüfer, die Pflichtmitglieder in berufsständi-
     schen Kammern sind.
8   Sie liegt für das Jahr 2000 bei 8.600 DM in den alten Bundesländern und bei 7.100 DM in
     den neuen Bundesländern.

tragspflicht, gleichwohl aber Grenzen hinsichtlich der höchstmöglichen Rente. Auf diese Art und Weise wird eine starke Umverteilung erzielt.

Die Rentenformel:

Obwohl der deutsche Gesetzgeber angetreten ist, die Rentenberechnung für jeden Betroffenen nachvollziehbar zu gestalten, ist die derzeit in Deutschland geltende Rentenformel ausgesprochen kompliziert. So ergibt sich die Rentenhöhe aus dem Rentenartenfaktor (z.B. Altersrente oder Witwenrente),[9] den individuellen Entgeltpunkten und dem aktuellen Rentenwert.

Die Entgeltpunkte werden ermittelt aus den Beitragszeiten (Pflicht- und freiwillige Beiträge) und den beitragsfreien Zeiten. Als beitragsfreie Zeiten können Ausbildung, Mutterschaft, Krankheit oder Arbeitslosigkeit in Frage kommen. Die Bewertung der beitragsfreien Zeiten ergibt sich aus der Gesamtleistungsbewertung, die aus einem Durchschnittswert des individuellen Versicherungsverlaufs ermittelt wird.

Der aktuelle Rentenwert ist ein fester DM-Betrag, der jährlich entsprechend der Einkommensentwicklung der Beitragszahler angepaßt wird.

Kennzeichen des deutschen Systems ist daher nicht nur eine hohe Komplexität, sondern auch das Bestreben, nach vollständiger Widerspiegelung des Versichertenlebens im Sinne der Beitragsäquivalenz. Zeiten mit hohen Einkommen sollen daher höher zu Buche schlagen als Zeiten mit niedrigerem Einkommen. Gleichzeitig zählen nur Zeiten, die als rentenrechtlich relevant anerkannt werden. Zwangsläufige Lücken in der Erwerbskarriere müssen daher fiktiv so behandelt werden wie Beschäftigungszeiten.

Ganz anders die Philosophie der einwohnersichernden Rentensysteme. Dort stehen Beiträge und Rentenhöhe nicht in einem Äquivalenzverhältnis. Vielmehr können alle Anspruchsberechtigen eine gleich hohe Rente erwerben, da allein die Anzahl der Wohnjahre zählt. Dabei ist es völlig unbeachtlich, was der oder die Betreffende in diesen Jahren gemacht hat, ob die Tätigkeit gesellschaftlich wertvoll war oder nicht. Auch Jahre im Strafvollzug zählen natürlich als Wohnjahre mit.

Aber auch die Staaten, die eine klassische beitragsfinanzierte Rente für Erwerbstätige vorsehen, arbeiten häufig mit Pauschalierungen. So zählen in einigen Staaten nur die zehn besten Verdienstjahre für die Höhe der Rente. Dabei hängt das Erreichen der höchstmöglichen Rente natürlich auch dort von der Anzahl der zurückgelegten Versicherungsjahre ab.

Der deutsche sehr auf Beitragsgerechtigkeit pochende Ansatz führt immer wieder zu Diskussionen darüber, wer die Kosten für die Lücken in der Rentenkarriere tragen soll. Wobei in erster Linie die Lücken der anderen Versicherten Gegenstand der Auseinandersetzung sind. Der stark individuali-

---

9   Der Rentenartenfaktor beträgt 1 bei einer Altersrente und bei einer Erwerbsunfähigkeitsrente, bei einer Hinterbliebenenrente 0,6; bei einer Berufsunfähigkeitsrente 0,6666 und bei einer sogenannten kleinen Witwenrente 0,25.

sierte Ansatz hat zur Folge, daß Versicherte sich weigern, sogenannte „versicherungsfremde Leistungen" für andere Versicherte aus ihren Beiträgen mitzufinanzieren.[10]

Auf der gleicher Linie liegt die Vorstellung vieler Versicherter, wenn sie ihre Beiträge auf dem Kapitalmarkt anlegen würden, könnten sie eine bessere Rendite als in der gesetzlichen Rentenversicherung erzielen. Hier ist zu berücksichtigen, daß erhebliche Unterschiede zwischen einer Altersversicherung und anderen risikobezogenen Versicherungen wie etwa einer Unfallversicherung bestehen. Bei einer Risikoversicherung kann Solidarität auch dadurch hergestellt werden, daß viele Versicherte für einen unwahrscheinlichen Schadensfall zusammenlegen. Bei der Altersversicherung kann dieser Gedanke jedoch nicht zum Tragen kommen, weil die Hoffnung besteht, das fast jeder Versicherte einmal in den Genuß der Leistungen kommt. Folglich entsteht ein Solidarsystem in der Rentenversicherung nicht schon durch das bloße Einzahlen von Beiträgen, sondern erst dadurch, daß ein Ausgleich auf der Beitragsseite zwischen den gutverdienenden und den weniger gutverdienenden Versicherten stattfindet.

III.2   Invaliditätsversicherung

Große Unterschiede bestehen auch hinsichtlich der Ansprüche bei Invalidität. Das deutsche System unterscheidet nach den Begriffen berufsunfähig oder erwerbsunfähig. Auch besteht in Deutschland eine starke Verknüpfung mit dem Arbeitsmarkt. Das heißt, der Anspruch auf eine Leistung setzt nicht nur eine Beeinträchtigung seitens des Versicherten voraus, sondern auch daß er/sie auf Grund dieser Beeinträchtigung keine oder nur verminderte Einkünfte erzielen kann. Deshalb sind komplizierte Feststellungen erforderlich, welche Möglichkeiten auf dem Arbeitsmarkt für den Betreffenden noch bestehen.

Andererseits wird in Deutschland großen Wert auf die Rehabilitation gelegt bzw. auf die Anpassung des Arbeitsplatzes an die Behinderung des Arbeitnehmers. Auf diese Art und Weise wird ein wichtiges sozialpolitisches Ziel erreicht, nämlich die Eingliederung behinderter Personen in das normale Arbeitsleben. Allerdings sind bei angespannter Arbeitsmarktlage die Vermittlungsaussichten für Personen mit Einschränkungen der Leistungsfähigkeit oft gering. Dann kann nur noch mit staatlichem Zwang, d.h. mit Abgabenpflichten reagiert werden, wenn Arbeitgeber nicht bereit sind, eine gewisse Quote von Arbeitnehmern mit Behinderung zu beschäftigen.

In vielen europäischen Staaten hat die Invaliditätsversicherung eher einen Entschädigungscharakter. Der Verlust eines Körperteils löst einen An-

---

10   Vgl. dazu die Verfassungsbeschwerde 1 BvR 679/98, die wegen Aussichtslosigkeit nicht angenommen wurde.

spruch unabhängig davon aus, ob dadurch die individuelle Fähigkeit, Einkommen zu erzielen, eingeschränkt ist oder nicht. Das Maß der Einschränkung wird in Prozentsätzen festgehalten und entsprechend entschädigt. Die Rehabilitation ist meist Angelegenheit der Krankenversicherung und die Integration der Behinderten muß auf andere Art und Weise sicher gestellt werden.

In allen europäischen Staaten gab es in der Vergangenheit Tendenzen, Langzeitarbeitslose durch Leistungen bei Invalidität zu versorgen, was allerdings ausgesprochen kostenträchtig ist.

III.3 Krankenversicherung

Wie schon bei der Rentenversicherung unterscheidet bei der gesetzlichen Krankenversicherung in Deutschland die Schutzbedürftigkeit des Betreffenden darüber, ob eine Versicherungspflicht besteht oder nicht. Allerdings ist die Abgrenzung in der Krankenversicherung klarer. Hier sind in der Regel nur Arbeitnehmer erfaßt und diese nur soweit ihr aktuelles Einkommen gewisse Grenzen nicht überschreitet[11]. Dies bedeutet, daß selbst Arbeitnehmer ab Erreichen eines gewissen Einkommens gar nicht mehr zu diesem Solidarsystem beitragen müssen, im Gegenzug jedoch davon auch nicht profitieren können. Allerdings können auch diejenigen, die aus der Versicherungspflicht hinausgewachsen sind, sich freiwillig versichern. Von dieser Möglichkeit wird jedoch nicht allzu häufig Gebrauch gemacht, denn es gilt in der Krankenversicherung als besonders prestigeträchtig, nicht dem gesetzlichen Zwangssystem anzugehören. Folglich wird bei der Vereinbarung des Gehalts seitens des Arbeitnehmers angestrebt, der nichtversicherungspflichtigen Gruppe zuzugehören.

Problematisch ist dies jedoch, weil diejenigen, die freiwillig auf den Schutz verzichtet haben oder nie in den Genuß kommen konnten, in anderen Lebensphasen unter Umständen nicht mehr die Möglichkeit haben, dem gesetzlichen System beizutreten. Das gegenwärtige System läßt ältere Personen nur noch dann in die Krankenversicherung hinein, wenn sie 9/10 der zweiten Hälfte ihres Erwerbslebens der gesetzlichen Versicherung angehört haben. Auf diese Art und Weise soll die Solidarität gestärkt werden. Dahinter steht die klare Vorstellung, daß Krankenversicherungsschutz im Alter verdient werden muß. Nicht immer ist die Tatsache, daß eine Person nicht freiwillig der Krankenversicherung beigetreten ist ein Akt der Entsolidarisierung. So hat auch die geschiedene Ehefrau eines nichtversicherungspflichtigen Arbeitnehmers nach der Scheidung keinen Anspruch auf Aufnahme in die gesetzli-

---

11 Für das Jahr 2000 liegt die Beitragsbemessungsgrenze bei 6.450 DM in den alten Bundesländern und bei 5.325 DM in den neuen Bundesländern.

che Krankenversicherung, obwohl sie selbst nie eine Entscheidung gegen die Mitgliedschaft getroffen hat.

Vergleichbare Regelungen wie in Deutschland, die Besserverdienende ausnehmen, gibt es nur in den Niederlanden. Alle anderen europäischen Systeme haben entweder ohnehin ein System, das alle Einwohner schützt, oder sie sind, soweit es sich um Versicherungssysteme handelt, für alle Personen unbeschadet ihres Status offen. Erstaunlicherweise werden diese letztgenannten Systeme, die also eine freiwillige Versicherung für alle vorsehen, von allen Berechtigten im europäischen Ausland gerne angenommen und genutzt. Allerdings bestehen auch keine Hürden für diejenigen, die sich erst spät entschließen, dem gesetzlichen System beizutreten.

Der freie Zugang zur Krankenversorgung gilt im übrigen Europa als unteilbares und notwendiges Angebot eines Sozialstaats und genauso wie die freie Benutzung der öffentlichen Straßen oder Schulen wird Krankenversorgung als Gegenstand der Daseinsvorsorge betrachtet. Dies bedeutet nicht, daß nicht auch die meisten ausländischen Systeme inzwischen eine unmittelbare Kostenbeteiligung des Patienten durch die Pflicht von Zuzahlungen vorsehen.

Im Ergebnis ist es jedoch in den anderen europäischen Ländern fast undenkbar, daß eine Person gar keinen Krankenversicherungsschutz hat. Allerdings spielt in den europäischen Ländern, die eine Grundsicherung haben, aber auch in denjenigen, in denen noch Versicherungssysteme bestehen, die private Zusatzversorgung eine große Rolle, die den Versicherten bessere oder zusätzliche Leistungen der Krankenversorgung anbietet.

III.4   Arbeitslosenversicherung

Nicht nur in Deutschland, sondern auch in fast allen anderen Mitgliedstaaten sind nur Arbeitnehmer gegen das Risiko der Arbeitslosigkeit versichert. Eine Ausnahme gilt jedoch für Dänemark, wo auch Selbständige freiwillig Mitglied der Arbeitslosenversicherung werden können. Die Gefahr des Mißbrauchs scheint dort nicht gesehen zu werden. Da die Übergänge zwischen selbständiger Tätigkeit und abhängiger Beschäftigung oft auch nur fließend sind, ist eine solche Möglichkeit arbeitsmarktpolitisch auch von gewisser Logik.

Strukturell sind die europäischen Arbeitslosenversicherungen sehr ähnlich ausgestaltet. Wiederkehrende Instrumente sind die Pflicht zur Aufnahme einer zumutbaren Beschäftigung und die Ausrichtung der Höhe der Leistungen am individuellen Bedarf des Arbeitslosen.

III.5   Unfallversicherung

Wie bereits erwähnt, haben zwei europäischen Staaten keine eigene gesetzliche Unfallversicherung. Es handelt sich dabei um Griechenland und die Niederlande. In diesen Staaten werden Arbeitsunfälle und Berufskrankheiten von Kranken- oder Invaliditätsversicherung übernommen bzw. von Rentenversicherung, wenn Leistungen an Hinterbliebene zu gewähren sind. In allen anderen europäischen Staaten gibt es der deutschen Unfallversicherung vergleichbare Systeme. Sie greifen ein, wenn es zu Arbeitsunfällen oder Berufskrankheiten kommt. Aus der Natur der Versicherung ergibt sich, daß diese immer nur erwerbstätige Personen erfaßt. Unterschiede ergeben sich im europäischen Vergleich nur hinsichtlich der Frage, welche Selbständigen mit erfaßt werden.

Mit Ausnahme von Dänemark und dem Vereinigten Königreich werden überall wie in Deutschland auch Wegeunfälle als Arbeitsunfälle erfaßt. Die Anerkennung einer Erkrankung als entschädigungspflichtige Berufskrankheit hängt in der Regel davon ab, daß es sich um eine in einer Liste erfaßte berufsbedingte Krankheit handelt, die zu einer Minderung der Erwerbsfähigkeit führt. Die Minderung der Erwerbsfähigkeit wird meist in Prozenten erfaßt und dieser Prozentsatz ist auch für die Höhe der Rente maßgeblich. Die Bemessung der Höhe der Rente erfolgt in den meisten Staaten auf der Grundlage des letzten Einkommens. Nur in Irland, Portugal und dem Vereinigten Königreich wird anstelle des individuellen Einkommens ein für alle Versicherten geltender Referenzwert genommen.

III.6   Familienleistungen

Infolge der Rechtsprechung des Bundesverfassungsgerichts sind die Familienleistungen in Deutschland in den letzten Jahren nennenswert verbessert worden und das deutsche System hat sich dem traditionell hohen Niveau in Frankreich, Belgien, Luxemburg und den Niederlanden angepaßt. Unterschiede ergeben sich insbesondere bei der gesetzlichen Motivation der Familienleistungen. In anderen europäischen Staaten gibt es keine historisch bedingten Hemmungen, Familien aus demographischen Erwägungen heraus zu fördern. Auf der anderen Seite unterstützt das deutsche System über das Erziehungsgeld die eigene Kinderbetreuung durch die engste Familie. Andere Staaten verbinden die Familienleistungen nicht mit solchen Zielvorgaben, sondern fördern außerhäusige Kinderbetreuung ebenso wie die Kinderbetreuung in der Familie.

IV.   Finanzierung und Verwaltung

Im Europäischen Vergleich gibt es rein steuerfinanzierte Systeme oder mischfinanzierte Systeme, die auf Beiträgen und staatlichen Zuschüssen beruhen. Hinsichtlich der Beiträge lassen sich die Systeme unterscheiden, die Fonds anlegen und solche die im Umlageverfahren arbeiten.

In Deutschland wird die Renten-, Kranken-, Arbeitslosen-, und Unfallversicherung durch Beiträge finanziert und diese fast durchgängig im Umlageverfahren sofort wieder ausgekehrt. Ausnahmen gelten nur für die Altersversorgung der Kammersysteme, die mit Rücklagen arbeiten. Hinsichtlich der Stabilität stehen jedoch auch die Versorgungswerke in absehbarer Zeit vor den gleichen demographischen Problemen wie die anderen gesetzlichen Systeme, die im Umlageverfahren finanzieren. Im übrigen setzt die stabile Finanzierung jeglicher Vorsorgeform – auch der privaten-, einen irgendwie gearteten Generationenvertrag voraus.

Allerdings werden in Deutschland längst nicht alle Leistungen allein durch Beiträge finanziert. Vielmehr gibt es beachtliche staatliche Zuschüsse in der Rentenversicherung. Auch die Krankenversorgung stützt sich nicht nur auf das Beitragsaufkommen, da zahlreiche Infrastrukturmaßnahmen wie Krankenhäuser, medizinische Ausbildung usw. aus den öffentlichen Haushalten finanziert werden, ohne daß diese Ausgaben von den gesetzlichen Kassen erstattet werden müssen. Die Familienleistung werden in Deutschland ausschließlich durch Steuermitteln getragen.

In denjenigen ausländischen Systemen, die die Pflicht zur individuellen Beitragszahlung vorsehen, findet in der Regel auch ein Bezuschussung aus dem Staatshaushalt statt. In einigen Ländern werden die laufenden Leistungen nicht nur im Umlageverfahren, sondern auch aus Fondsmitteln gezahlt. Dies gilt um so mehr, je näher das System der Privatversicherung nahe steht. Folglich findet es sich häufig bei der Unfallversicherung und bei der zweiten Säule der gesetzlichen Altersversicherung.

Im europäischen Durchschnitt werden 63% der Gesamtausgaben für den Sozialschutz durch Beiträge finanziert. Deutschland gehört zusammen mit Frankreich, Belgien, den Niederlanden, Italien und Spanien zu den Staaten, in denen noch mindestens zwei Drittel des Budgets für Sozialausgaben aus Beiträgen stammt. Im Vereinigten Königreich, Irland und Dänemark werden lediglich bis zu 25% aus Beiträgen aufgebracht und der überwiegende Teil stammt aus Steuermitteln. In den anderen europäischen Staaten wird die soziale Sicherheit etwa hälftig aus Beiträgen und aus dem Steueraufkommen finanziert. In der Tendenz steigt damit der Anteil der Steuerfinanzierung, allerdings gibt es immer wieder auch gegenläufige Bewegungen.

Große Betonung wird in Deutschland auf den Umstand gelegt, daß die gesetzlichen Kassen selbstverwaltet sind. Da die Mitglieder jedoch nur in den Versorgungswerken der freien Berufe durch Satzung die maßgeblichen Bedingungen festlegen können, sind nur sie wirklich selbst verwaltet. Bei den großen gesetzlichen Versicherungen werden hingegen die weichenstellenden Vorgaben vom Gesetzgeber getroffen, deshalb beschränkt sich die Selbstverwaltung auf die Organisation im Rahmen eines engen gesetzlichen Spielraums, die dazu noch von Aufsichtsbehörden und Rechnungshöfen überwacht wird.

In den anderen europäischen Staaten, die einen staatlichen Gesundheitsdienst haben, ist dieser Teil der staatlichen Verwaltung. Bei den europäischen Rentenversicherungsträgern ist zu unterscheiden, ob es sich um die erste oder um die zweite Säule der Altersversorgung handelt. Die Verwaltung der zweiten Säule erfolgt in der Regel staatsferner als die der ersten Säule. Besonderheiten finden sich in Finnland, wo die Rentenversicherungskasse allein der Kontrolle des Parlaments unterliegt.

Auffallend ist, daß das deutsche System nur relativ schwerfällig auf die gewandelte Arbeitswelt reagieren kann. Dies gilt zum einem hinsichtlich neuer Beschäftigungsformen, die weder eindeutig die Merkmale einer selbständigen noch die einer abhängigen Tätigkeit haben. Da das deutsche Recht bislang Arbeitnehmer und Selbständige unterschiedlich schützt, müssen Konstrukte wie etwa der Begriff der *Scheinselbständigen* gefunden werden, um zu verhindern, daß zu viele Personen aus dem auf Arbeitnehmer zugeschnittenen System hinauswachsen. Zum anderen muß das deutsche System jeweils im Einzelfall durch gesetzliche Regelung auf Unterbrechungen des Erwerbsverlaufs, die immer häufiger anzutreffen sind, reagieren. Erfolgt dies nicht genügend, so reduziert sich die Möglichkeit, Personen dafür zu gewinnen, ihre Karriere freiwillig zu unterbrechen oder zu verkürzen, um anderen eine Chance am Arbeitsplatz zu bieten. Insofern ist das deutsche System nach wie vor auf die langfristige vollschichtige Erwerbstätigkeit zugeschnitten, die in Realität immer weniger häufig anzutreffen ist.

Staatshandeln: Der Staat auf neuen Wegen – methodische und inhaltliche Neuorientierungen

Irene Gerlach

Sowohl das internationale Staatensystem als auch die politischen Systeme der Nationalstaaten befinden sich seit den letzten Jahrzehnten des 20. Jahrhunderts in Neustrukturierungsprozessen, die im Zusammenhang der Entwicklung moderner Staatlichkeit ohne Übertreibung als epochal eingeordnet werden können. Vielerorts wird dies – wie auch die Aufsätze im ersten Teil dieses Bandes gezeigt haben- als Krise des Staates in seinem „herkömmlichen Gewand" eingeordnet. Dies mag wohl v.a. darum der Fall sein, weil der Staat kaum noch als maßgeblich gestaltender Akteur von Gesellschaft auftritt, sondern eher in Reaktion auf die Erfordernisse, die aus Wirtschaft und Gesellschaft an ihn herangetragen werden. Heterarchische und in der Regel nicht formal legitimierte Steuerung in Netzwerkstrukturen gleicht weder dem klassischen Bild des uneingeschränkt herrschenden Leviathan Hobbes' noch den Begriffen von Macht und Herrschaft im Weberschen Sinne.

Im Mittelpunkt der Beiträge des ersten Teils des vorliegenden Sammelbandes stand dabei die Frage des „verfahrenstechnischen „Wie" eines sich unter den gegenwärtigen Bedingungen neu ausrichtenden Staatshandelns, verbunden mit der Frage nach dem „Warum" zwischen seinen Konkretisierungsextremen von Effizienz und Legitimität. Als Eckwerte des geänderten Staatshandels in einer globalen, entgrenzten Welt waren Souveränitätsverlust des Nationalstaates zugunsten supranationaler Politikstrukturen, Kompensationsgewinne durch Interessengruppen und schließlich Regionalisierung und Lokalisierung identifiziert worden (vgl. Zusammenfassung bei Nitschke). Inhalt und Charakter von Staatshandeln haben sich aber auch im Hinblick auf einen weiteren Aspekt maßgeblich geändert: in bezug auf das Verhältnis von Gemeinschaft und Gesellschaft im Sinne Ferdinand Tönnies' oder von Gemeinschaft, Markt und Staat wie Franz-Xaver Kaufmann die zentralen Spannungslinien markiert (1997). In der Geschichte der Entwicklung von Staatsaufgaben war dieser Aspekt zäsurbegründend. Eine bis heute für die soziale und politische Organisation der europäischen Gesellschaften sehr bedeutsame Zäsur lag mit der Entfaltung der Moderne, der Neubestimmung des Verhältnisses von Individuum und Gesellschaft und schließlich der Entwicklung von Sozialstaatlichkeit im 19. Jahrhundert, und eine eben solche Zäsur im Hinblick auf die Gestaltung von Sozialstaatlichkeit können wir derzeitig in allen europäischen Staaten ausmachen. Dabei geht es um eine Neugewichtung des Staatsanteils bei der Sozialisierung und Kollektivierung von Lebensrisiken unter neuen Randbedingungen. Es geht aber zugleich um Ausmaß und Voraussetzungen der Inklusion der Bevölkerung bzw. von Bevölkerungsteilen in individuell oder kollektiv wohlfahrtsmaximierende Prozesse. Und hier sind wir beim Thema des zweiten Teils dieses Sammelbandes angelangt.

Im Zentrum dieses Teils steht die Analyse konkreten Staatshandelns unter geänderten Bedingungen und zwar im Zusammenhang sozialstaatlicher Aufgabenerfüllung, was den Fokus der Betrachtung in zweierlei Hinsicht determiniert. Erstens ist die Entstehung des modernen Staates untrennbar mit der Kollektivierung der Risiken des Lebens im Zusammenhang der Sozialstaatlichkeit verbunden gewesen, die wiederum ein je nach Sozialstaatstyp unterschiedliches, aber dennoch hohes Umverteilungspotential (i.d. Form des Solidarprinzips in den Sozialversicherungen oder des progressiven Steuersystems) erforderte und legitimierte. Ehemals vorhandene personale Solidarpotentiale wurden durch anonyme sozialrechtliche Konstrukte ersetzt, orientiert einerseits an normativen Vorgaben über Mindestaustattungen sozialer Sicherung, andererseits aber an einer relativen Einheitlichkeit von Regellebensentwürfen. Individualisierungs- und Deinstitutionalisierungsprozesse haben aber inzwischen einer Kollektivierung von Risikoabsicherung auf der Basis von unterstellten Standardlebensentwürfen den Boden entzogen, da die Prinzipien der (ersten) Moderne in der zweiten wirksam geworden sind. Kennzeichen für die europäische Moderne ist die Selbstautorisierung des Individuums, so faßt Ulrich Beck diesen Schlüsselaspekt zusammen (Beck 1997: 9). Das Individuum wurde herausgelöst aus den traditionalen Strukturen sozialer Kollektivierung und „freigesetzt", sich seinen Platz in der Gesellschaft nach Vermögen und Leistung zu erkämpfen. Insoweit entsprach die soziale Absicherung v.a. im Rahmen des Bismarckschen Sozialstaates unter Einschluß des Äquivalenzprinzips dem Gedanken der „Selbstautorisierung" des Individuums. Selektionskriterium war dabei dasjenige der Teilnahme am Erwerbsprozeß. Gekoppelt war diese Art der sozialen Absicherung jedoch an die Vorstellung eines (männlichen) Erwerbstätigen, der nur in Kombination mit einer familienarbeitenden Ehefrau vorkam, d.h. an die Konzeption zweigeteilter Leistungserbringung im Erwerbssystem (nach den Prinzipien des Marktes) einerseits und in Familien (nach den Prinzipien von Gemeinschaft) andererseits. In der „Zweiten Moderne" wurden die formalen Freiheits- und Gleichheitsrechte der ersten Moderne in materielle, in tatsächlich gelebte umgesetzt. Wir entscheiden heute über den Weg und die Gestaltung unserer Lebensläufe, die – die ökonomischen Spielräume vorausgesetzt – zu „Bastelbiographien" geworden sind. Der Staat ist faktisch in dieser zweiten Moderne gefordert die frei gewählten Unübersichtlichkeiten in der Lebensorganisation der Menschen neu zu ordnen. Das gilt für das Privat- wie das Sozialrecht bis hin zu verfassungsrechtlichen Schutzgarantien. Der Weg von der ersten zur zweiten Moderne kann demzufolge auch als der von der Selbstautorisierung zur Selbstkonzeptionierung des Individuums beschrieben werden, für das sich zuvor nicht gekannte (nicht nur frei gewählte) Optionserweiterungen seines Lebenslaufes ergeben. Aber nicht nur Erwerbsarbeits- und Familienzentriertheit des Bismarckschen oder des konservativen Wohlfahrtsstaates, wie Gosta Esping-Andersen (1990) ihn unter Einschluß spezifischer partei-politischer Problemlösungsstrategien einordnete, kennzeichnen entsprechende Reformerfordernisse, sondern auch die Entgrenzung des Nationalstaates.

Zweitens wird nämlich Sozialstaatlichkeit im Zusammenhang von europäischer Integration einerseits und (v.a. wirtschaftlicher) Globalisierung andererseits mit regelrechten Imperativen der Neuorganisation konfrontiert, die wiederum zweifach determiniert sind. Sowohl aus Gründen der Finanzschwäche und Effizienzorientierung als auch solchen strukturell wirkender Verhaltensänderungen (Demographie und Wertewandel) begeben sich die Nationalstaaten einerseits auf die Suche nach Reformkonzepten für ihre nationalen Sicherungssysteme.

Andererseits erwächst aber für den Nationalstaat aus dem Entgrenzungsphänomen die Notwendigkeit der Neubegründung und Neugestaltung seiner praktischen wie symbolischen Existenz. D.h. er muß Abgrenzungskriterien dort entwickeln, wo Grenzen fortgefallen sind. In der Geschichte der Staatenbildung war ein jeweiliges „Außen" unterschiedlich begründet und zwar abhängig von der jeweils gültigen funktionalen und legitimatorischen Grundlage der politischen Gemeinschaft. Zunächst als Effizienzgemeinschaft mit der Zielsetzung der Garantie von äußerer und innerer Sicherheit gegründet und durch militärische Sicherheitsgemeinschaft sowie Verwaltungsgemeinschaft operationalisiert, entwickelten sich aus dieser – im Sinne von Kulturgemeinschaften – Traditionsgemeinschaften. Diese boten mit der Herausbildung von nationalen Symbolen und politischen Kulturen die Möglichkeiten für Identifikationsgemeinschaften. Parallel dazu entstanden – beginnend mit dem späten 19. Jahrhundert (in Europa) – unterschiedliche Sozialstaatsmodelle mit entsprechenden Fürsorgetraditionen. Ihre Existenz fußte im wesentlichen auf dem Verständnis von Solidargemeinschaften (Wehner 1992: 2ff.). Wenngleich hier nicht davon auszugehen ist, daß diese historische Konstruktion aus Effizienzgemeinschaft, Traditions- bzw. Kulturgemeinschaft, Identifikations- und Solidargemeinschaft jemals vollkommen deckungsgleich mit den territorialen Grenzen des Nationalstaates verlief, so doch davon, daß sie zumindest lange Zeit konzentrisch um diesen herum angesiedelt waren, quasi um eine gemeinsame Achse rotierten. Auch heute ist die Effizienzfrage unter den Bedingungen von Globalisierung und europäischer Integration eine, zunehmend *die* entscheidende Frage für politisches Handeln, wenngleich sie v.a. als Frage der Effizienz ökonomischer Abläufe zu verstehen ist. Sie organisiert sich nicht entlang der Nationalstaatsgrenzen, sondern im Rahmen weltweiter Gewinnkalküle. Äußerst problematisch – v.a. für die Frage der Realität von Solidargemeinschaften im sozialstaatlichen Verständnis – in diesem Zusammenhang erscheint die Tatsache, daß die Gemeinschaften der Leistungs- und Ressourcennutzung einerseits und -finanzierung andererseits auseinanderfallen. Die entsprechenden nationalen Leistungsgemeinschaften des Sozialstaates (je nach Tradition Steuer- und/oder

Versichertengemeinschaft) waren im Äquivalenzgedanken und in der kollektiven Identität der Nation verankert, wobei deren Gesellschaft als „Zusammenleben zwischen Abwesenden" zu verstehen war (Beck 1998: 12). „In der Erfahrung der Globalität wird die nationale zu einer *universellen* 'Gemeinschaft der Abwesenden' entgrenzt" (ebd.). Allein der Sozialstaat scheint in der jeweiligen Konkretisierung noch auf den nationalen Solidargemeinschaften zu beruhen, wenngleich sich insbesondere hier ein zwiespältiges Bild der Entwicklung zeigt. Von den Erfordernissen oder Folgen der ökonomischen Globalisierung ausgehend werden Harmonisierungs-, Flexibilisierungs- und Individualisierungsforderungen an die Sozialstaaten formuliert. Die Absicherung der Risiken muß dabei jedoch noch auf die Solidarpotenziale der Nationalstaaten zurückgreifen.

Die Beiträge des zweiten Teils greifen diese Kernelemente aktueller Sozialstaatsdiskussion aus unterschiedlichen Perspektiven auf.

Annette Zimmer analysiert Sozialstaatlichkeit unter den Bedingungen von Globalisierung, Effizienznotwendigkeit und Potenzialen der Zivilgesellschaft und arbeitet insbesondere die Defizite des deutschen Sozialstaatsmodells heraus, das aufgrund seiner Erwerbsarbeitszentriertheit und seiner Familienzentriertheit immer größere Teile der Bevölkerung aus der sozialen Absicherung (sieht man von der Basisabsicherung über die Sozialhilfe ab) ausschließt bzw. unverhältnismäßig belastet, aber aufgrund seines institutionellen Arrangements und insbesondere der spezifische Rolle der Träger der Wohlfahrtspflege – der Wohlfahrtsverbände – darin extreme Beharrungstendenzen zeigt. Aus der Wohlfahrts- und Sozialstaatsdiskussion leitet sie drei Reformperspektiven für die Neugestaltung von Sozialstaatlichkeit ab: Re-Individualisierung der Absicherung von Risiken, in Anknüpfung an die neueren Arbeiten von Esping-Andersen (1996) den Wechsel der sozialstaatlichen Strategie von der „Dekommodifizierung" zum „Empowerment", von der Herauslösung der Absicherung aus Marktabhängigkeit über Transferzahlungen zur Befähigung möglichst weiter Teile der Bevölkerung zur Teilnahme am (Arbeits-) Markt mit dem Mittel der Bildung und schließlich die Rückbesinnung auf die Potenziale der Zivilgesellschaft.

Norbert Wohlfahrt wendet sich insbesondere den Akteuren von Sozialstaatlichkeit auf der Ebene der Dienstleistungsanbieter zu. Hier verdeutlicht er nicht nur die Probleme des deutschen „Wohlfahrtsregimes" mit seiner zentralen Bedeutung der Wohlfahrtsverbände, sondern auch diejenigen der zentralen Rolle der Kommunen bei der Dienstleistungserbringung. In diesem Zusammenhang macht er – wie auch Annette Zimmer in ihrem Beitrag bezüglich der sozialstaatlichen Reformstrategie des Empowerments – auf Reformerfordernisse des deutschen Föderalismus aufmerksam. Marktorientierte Wohlfahrtsökonomie, die sich wandelt von der Ressourcen- zur Outputorientierung, vom Versorgungs- zum Kontraktmanagement, und deren leitendes Handlungsprinzip die Konsumentenorientierung im welfare-mix von Staat, freien Trägern und privaten Anbietern ist, bedarf aber v.a. einer advokatorischen Funktion, die Mindeststandards und -bedarfe jenseits der reinen Marktorientierung festlegt und deren Realisierung garantiert. Hier taucht der Staat zwar nicht mehr im klassischen Sinne, aber dennoch in zentraler Funktion wieder auf.

Der Beitrag von Irene Gerlach weist in das Zentrum des Spannungsfeldes, in dessen Zusammenhang die klassischen Prinzipien von Solidarität und Subsidiarität, von Markt, Gemeinschaft und Staat im Sozialstaat neu zu ordnen sind, die Familie. Sie stellt als die eine Hälfte der volkswirtschaftlichen Zweiteilung von Arbeit den Bereich dar, der weitgehend von Marktbezug abgelöst, aber dennoch für diesen existenziell ist. Die Unterschiedliche Leistungserbringung im Erwerbssystem über das Marktprinzip und im Familiensystem über gemeinschaftliche Kriterien hat – gekoppelt mit dem Wirksamwerden der Prinzipien der zweiten Moderne in Individualisierungs- und Deinstitutionalisierungsprozessen – dazu geführt, daß Risikoabsicherung und Risikofinanzierung (auch im Sinne nichtmonetärer Leistungserbringung) entkoppelt wurden und v.a. der Sozialstaat Bismarckscher Prägung damit in seiner Existenz in Frage gestellt wurde. Daneben wirft die Beschäftigung mit Familienpolitik im Zusammenhang der aktuellen Sozialstaatsdiskussion aber auch die Frage nach dem Verfahren der Gemeinwohlsicherung im Hinblick auf Leistungsgerechtigkeit auf. Hier hat nämlich das demokratisch Mehrheitsprinzip weitgehend versagt.

Rose Langer schließlich stellt sich in ihrem Aufsatz den Reformerfordernissen, die sich aus den Gestaltungskompetenzen der EU und deren Entwicklung zum politischen Akteur im Zusammenhang des europäischen Einigungsprozeß ergeben haben. So konkretisiert sich die Frage der Sozialstaatsreform in Europa für sie v.a. allem einerseits in den Harmonisierungserfordernissen, die sich aus den sehr unterschiedlichen rechtssystematischen Voraussetzungen in den Mitgliedsstaaten der EU ergeben. Andererseits aber ist durch den Vertrag von Amsterdam nicht nur die Gemeinschaftskompetenz für die Harmonisierung des Sozialrechts geschaffen worden, sondern durch die Aufnahme des Sozialprotokolls in das Vertragswerk nun erstmalig eine – wenn auch inhaltlich eingegrenzte – sozialpolitische Kompetenz der EU.

Die Aufsätze des zweiten Teils haben eine Reihe von zentralen Fragen zur Reform des Sozialstaates aufgeworfen, die am Ende dieser Zusammenfassung auch als Arbeitsprogramm für die zukünftige Diskussion noch einmal formuliert werden sollen:

1) Wie läßt sich das Maß der Beteiligung von Individuum, Staat und Solidargemeinschaft sowie darüber hinaus Zivilgesellschaft an den Kosten der sozialen Sicherheit neu bestimmen und legitimieren?

2) Was läßt sich im Sinne eines Benchmarking aus der Vielfalt europäischer Sozialstaatsregime einerseits für die nationalen Reformen und andererseits für die mit dem Vertrag von Amsterdam zumindest in Teilen möglich gewordene europäische Reform ableiten?

3) Welche Forderungen wären an eine globalisierte bzw. europäisierte „Arena" von Sozialpolitik zu formulieren, in deren Zusammenhang der Solidargedanke faktisch in entgrenzten Räumen neu zu verankern wäre und in deren Zusammenhang die Konkretisierung von sozialer Gerechtigkeit neu zu definieren und zu legitimieren wäre?

Demokratie, aber wie?
Die Rechte des Souveräns im Spannungsfeld zwischen
Effizienz und Legitimation

Legitimation durch Repräsentation: Praxis und Defizite der Konkurrenzdemokratie am Beispiel Großbritanniens

Roland Sturm

Die Suche nach Defiziten der Konkurrenzdemokratie in Großbritannien wird dem Wissenschaftler, so scheint es, heute von der britischen Regierung abgenommen. Die (New) Labour Party Tony Blairs hat nach ihrem Wahlsieg die Verfassungs- und Institutionenreform in den Vordergrund ihrer Reformpolitik gestellt. Eine Weile schien es sogar so, als würde die Labour Regierung sich in erster Linie auf diesem Felde und nicht auf dem traditionell unterschiedlich interpretierten Felde der Wirtschaftspolitik von ihrer konservativen Vorgängerregierung unterscheiden.

Über die Tragweite der geplanten institutionellen Reformen läßt sich trefflich spekulieren. Haben wir es mit einem politisch geplanten „Systembruch" zu tun, der die britische Konkurrenzdemokratie in Richtung Konsensdemokratie bewegt? Sind einige Reformbemühungen Ausdruck institutioneller Konvergenz EU-Europas? Aus deutscher Sicht wird beispielsweise gerne jede Form der innerstaatlichen Dezentralisierung (im britischen Kontext: „Devolution") als Indiz für einen möglichen europäischen „Siegeszug" des Föderalismus interpretiert. Oder findet in Großbritannien nur ein weiterer Schritt jener seit der Glorious Revolution von den Kontinentaleuropäern bewunderten evolutionären institutionellen Modernisierung statt, die stets die wenigen, aber entscheidenden Grundregeln der ungeschriebenen britischen Verfassung intakt ließ?

Um den Kern des Problems der Beurteilung der britischen Bemühungen um eine Verfassungs- und Institutionenreform zu erfassen, soll hier in einem ersten Schritt das Westminster-Modell parlamentarischer Demokratie dargestellt werden. In einem zweiten Schritt werden New Labours Reformbestrebungen in ihrer Intention und Reichweite an diesem Modell gemessen. Diese Gegenüberstellung erlaubt es dann, in einem dritten Schritt auf sichererem argumentativen Boden die oben skizzierten Thesen zur Reichweite des Wandels der britischen Konkurrenzdemokratie zu diskutieren.

I.   Das Westminster-Modell

Großbritannien ist bekanntlich ein Land ohne eine geschriebene, d.h. in einem einzigen Verfassungsdokument aufgezeichnete Verfassung. Auch ohne Rückgriff auf einen solchen Verfassungstext, lassen sich zwei Kategorien von verfassungsprägenden Regeln unterscheiden, die sich in der Geschichte des Landes herausgebildet haben und von allgemein anerkannten Interpreten der britischen Verfassung, den „three simplifiers" (so Mount 1992) Walter Bagehot, Albert Venn Dicey und W. Ivor Jennings, bestätigt wurden. Die erste Kategorie umfaßt allgemeine Verfassungsprinzipien, die zweite als verbindlich akzeptierte Verfassungskonventionen, die sich von den Prinzipien durch ihre größere situative Gebundenheit und ihre größere Nähe zu politischem Handeln unterscheiden.

Die Verfassungsprinzipien sind die Gesetzesbindung staatlichen Handelns („Rule of Law") und dessen Legitimierung letztendlich nicht durch den Volks-, sondern den Parlamentswillen (Parlamentssouveränität). Solange diese beiden Verfassungsprinzipien gelten, bleibt die Anpassungsfähigkeit der britischen Verfassung erhalten. Das souveräne Parlament ist zwar an das Gesetz, nicht aber auf Dauer an bestimmte Gesetze gebunden. Mit einfacher Mehrheit kann jedes bestehende Gesetz jederzeit quasi über Nacht verändert werden. Ohne geschriebene Verfassung gibt es keine Möglichkeit, alternative Interpretationen eines Verfassungsgerichts herbeizuführen und damit den Gesetzgebungsprozeß zu verzögern. Ebensowenig kann zwischen verfassungsändernden und einfachen Gesetzen unterschieden werden. Der Tatsache, daß das Parlament der einzige Hort der Souveränität ist, hat auch Konsequenzen für den Staatsaufbau. Eine föderale Ordnung, beispielsweise, bringt die Souveränität des Volkes nicht nur im Gesamtstaat, sondern auch durch subnationale Repräsentation zum Ausdruck. Das britische Parlament kann, will es souverän sein, neben sich keine Parlamente sui generis dulden. Der unitarische Staatsaufbau ist daher die logische Konsequenz der uneingeschränkten Parlamentssouveränität.

Die Verfassungskonventionen sind weit zahlreicher als die Verfassungsprinzipien. Sie konkretisieren unter anderem die normative Entscheidung für die Konkurrenzdemokratie, die sich nicht nur aus dem traditionellen Dualismus der parlamentarischen Machtkämpfe ablesen läßt, den bereits die Sitzordnung im Parlament dokumentiert. Konkurrenzdemokratie hat auch sehr viel mit einer frühzeitigen politischen Priorität in Großbritannien für Fragen des Machterwerbs zu tun, die ideologischen Streitfragen, einen geringeren Stellenwert zuwies. Das später so bezeichnete Schumpetersche Demokratiemodell konnte in Großbritannien auch aus sozialstrukturellen Gründen plausibel erscheinen. „Class-based voting" ist immer noch der geeignetste aller sozialstrukturellen Ansätze zur Erklärung von Wählerverhalten in Großbritannien, auch wenn dieser, wie alle sozialstrukturellen Ansätze in den westlichen Demokratien, zur Erklärung des Wählerverhaltens insgesamt gesehen rapide an Relevanz verliert (Sanders 1998: 221ff.).

Eine den konkurrenzdemokratischen Grundkonsens stützende Konvention ist das Mehrheitswahlsystem in Einerwahlkreisen, das den Gewinner im parteipolitischen Wettbewerb prämiert, gleichzeitig aber die Repräsentationswünsche aller Wähler, die für unterlegene Kandidaten bzw. Parteien gestimmt haben, ignoriert. Das Mehrheitswahlsystem strukturiert auch den Parteienwettbewerb, denn es belohnt die Hochburgenbildung und bestraft das Engagement für eine landesweite parteipolitische Präsenz einer Partei, solange sie eine gewisse Schwelle (von 30-35%) unterschreitet. Neben der Hochburgenbildung begünstigt das gegenwärtige First-Past-The-Post Wahlsystem bei Unterhauswahlen auch taktisches Wählen, also ein Wahlverhalten der Wähler, oft angeleitet durch entsprechende Informationen der Parteien, das gekennzeichnet ist durch den Verzicht auf eigene Präferenzen zugunsten der Unterstützung des aussichtsreicheren Oppositionskandidaten einer anderen Partei. Taktisches Wählen war in der Nachkriegszeit in Großbritannien noch nie ein so umfassendes Phänomen wie bei den Wahlen von 1997, die ihre Dynamik ganz im konkurrenzdemokratischen Sinne aus dem klar konturierten Gegeneinander von Regierung und „vereinter" Opposition bezog (Butler/ Kavanagh 1997: 309ff.).

Eng verbunden mit dem konkurrenzdemokratischen Grundkonsens ist auch die Abneigung gegen Koalitionsregierungen, die allenfalls in Kriegs- und Krisenzeiten plausibel erscheinen. Der Regelfall ist aber, daß der Gewinner in der Parteienkonkurrenz auch alleine die Regierungsverantwortung übernimmt. Nur so ist „responsible government", das dem Wähler Rechenschaft ablegen kann, möglich. Hinter den Kulissen (und außerhalb des Parlaments) geschlossene Koalitionsvereinbarungen oder -gremien verdecken nicht den Blick auf Verantwortlichkeiten. Um die Tugenden des responsible government zu wahren, sind Minderheitsregierungen oder vorzeitige Neuwahlen (wie praktiziert) immer die bessere Alternative zu Koalitionsregierungen.

Die Souveränität des Parlamentes ist de facto heute zu einer Souveränität des Unterhauses geworden. Daraus hat sich die Konvention entwickelt, die Zweite Kammer, das *House of Lords,* als v.a. Dingen sachverständig beratende Versammlung zu betrachten, meist außerhalb der Parteienkonkurrenz und wegen der Ernennung ihrer Mitglieder auch mit minderer Legitimation. Das Instrument der Ernennung, das letztendlich vom Premierminister kontrolliert wird, erschafft ein ganzes Universum von Patronagepositionen ohne Mitwirkung des Parlaments und stärkt damit dessen Rolle in der Regierung. Für das Ernennungsrecht quantitativ am bedeutendsten sind die sogenannten Quangos (quasi-autonomous non-governmental organisations), deren Zahl Mitte der 90er Jahre mit 5521 angegeben wurde (Sturm 1997: 259). Flankiert wird die Macht des Premierministers durch seine Organisationsgewalt im Bezug auf die Zusammenarbeit von Ministern und Beamte in Kabinettsausschüssen, die in Großbritannien in den meisten Fällen der eigentliche Ort von Regierungsentscheidungen sind, sowie eine Kultur der Geheimhaltung (Rogers 1997, Sturm 1994: 73ff.), die Phänomene wie offizielle und inoffizielle „undichte Stellen" in der Regierung bzw. als quasi-Kehrseite den anonymen Lobbyjournalismus hervorgebracht hat (ausführlicher Cockerell/Hennessy/ Walker 1984).

Die Parlamentssouveränität erlangt praktische Bedeutung auch dort, wo sich das Parlament als Wahrer der Einheit des Landes nach innen und außen versteht. Die Verteidigung von Souveränitätsrechten ist mit dem alle Staatsbürger des United Kingdom übergreifenden politisch-kulturellen Phänomen der „Britishness" eng verbunden, eine Identität, die sich mit der Ausdehnung des Empire weltweit bewährte, auch wenn nach innen das United Kingdom zumindest auf der politisch-kulturellen Ebene immer ein „Viernationenstaat" blieb (Crick 1991). Die Rolle des Parlaments als Hort der Souveränität macht dieses auch zum verantwortlichen Akteur in Fragen der Wahrung der Menschen- und Bürgerrechte. Der Abgeordnete wird zum anerkannten Mittler zwischen dem Bürger, der seine Rechte einklagt, und dem Parlament, das das Gemeinwohl wahrt. Es ist dies ein eminent politisch-gesellschaftlicher Prozeß. Grundrechtsgarantien werden nur im Ausnahmefall der Anrufung des Straßburger Menschenrechtsgerichtshofes juristisch eingefordert. Abgeordnete sind die Klammer zwischen dem Souverän mit seinen staatlichen Institutionen und Parteien, die in der Gesellschaft wirken. Letztere sind Teil der Gesellschaft und auch nicht ansatzweise, wie das deutsche Parteienstaatsvordenker als natürlich annehmen, staatliche Institutionen. Diese Zusammenhänge schließen eine staatliche Parteienfinanzierung selbstverständlich aus.

Daß das Verfassungsprinzip der Parlamentssouveränität inkompatibel mit föderalen Strukturen ist, wurde bereits erwähnt. Dies schließt die Dezentralisierung der Verwaltung – auch eine mit Vertretungskörperschaften – (Devolution) nicht aus. Sie wird aber immer von London aus zu organisieren sein, von dort finanziert werden, von dort mit einem Katalog von Aufgaben ausgestattet werden und kann durch das souveräne Parlament jederzeit verändert, ja abgeschafft werden, selbst wenn Wahlen zu Vertretungskörperschaften stattgefunden haben. Wahlen außerhalb der Wahlen zum Unterhaus binden dieses nie. Das gleiche gilt für Referenden. Zwar gibt es für die Regierung keine verfassungsrechtliche Hürde, Referenden in jeder Form durchzuführen, solange sie dafür die Mehrheit im Unterhaus findet. Die Ergebnisse dieser Referenden, mögen sie auch noch so eindeutig sein, könne de jure für das souveräne Parlament immer nur konsultativen Charakter haben.

II.   Die Reformvorhaben der Regierung Blair

Die Reformvorhaben der Regierung Blair stellen einen gewichtigen und wichtigen Teil dieser Konventionen der britischen Verfassung in Frage und beeinträchtigen damit deren Gültigkeit oder ersetzen sie möglicherweise bald durch neue. Dies hat, wie hier weiterführend argumentiert werden soll, Rückwirkungen sowohl auf die Verfassungsprinzipien des Westminster-Modells als auch auf den politischen Prozeß.

II.1   Die attackierten Konventionen

Tabelle 1 stellt die wesentlichen konstitutionellen Reformbemühungen der Regierung Blair denjenigen Verfassungskonventionen gegenüber, die durch diese verändert bzw. ersetzt werden sollen.

Tabelle 1: Verfassungskonventionen und Reformvorhaben

Gegenstand	Konvention	Reform
Menschenrechte	keine Kodifizierung	Import der Normen
Wahlsystem	first-past-the-post - system	additional membership-system
Koalitionen	keine	u.U. unumgänglich
Parteienfinanzierung	privat	teilweise staatlich
Dezentralisierung	top down (Zentra- lismus)	bottom up (Selbstregierung)
Identität	britisch	vier Nationen
II. Kammer	Ernennung	„Demokratisierung"
Transparenz des Re- gierungshandels	Geheimhaltung	Freedom of Information Act
Referenden	konsultativ	bindend

Im Bereich der Menschenrechte soll die Europäische Menschenrechtskonvention in britisches Recht übernommen werden, eine Konvention, die bereits seit 1953 für Großbritannien, das zu deren Erstunterzeichnern gehörte, gilt. Mit der Übernahme der Menschenrechtskonvention wird es in Großbritannien für einzelne Bürgerinnen und Bürger leichter, sich bei der Verletzung ihrer Menschenrechte zur Wehr zu setzen. Zu diesem Zwecke kann ein Brite sich bereits heute auf die Konvention beziehen, muß dafür aber vor das erwähnte Straßburger Gericht ziehen, aber nicht bevor er nicht alle Rechtsmittel in Großbritannien ausgeschöpft hat. Der „Import" der Menschenrechtskonvention würde dieser in Großbritannien viel unmittelbarer Geltung verschaffen. Sie wäre einerseits ein Einstieg in eine geschriebene Verfassung (Grundrechtsteil) und andererseits ein erster Schritt in Richtung einer richterlichen Überprüfung der Staatspraxis nach dem Vorbild der Verfassungsbeschwerde beim Bundesverfassungsgericht. Ganz im Unterschied zu ihren früheren Gewohnheiten sind die britischen Richter heute viel eher bereit, die Gesetze weitgehend auszulegen und damit aktiv öffentliche Kontroversen mitzuentscheiden (Marr 1995: 282ff.). Die Übernahme der Europäischen Menschenrechtskonvention in britisches Recht würde ihre entsprechenden Möglichkeiten entscheidend erweitern. Die britische Politik würde sich in ihrem Grad der „Verrechtlichung" der kontinentaleuropäischen annähern.

Reformiert werden soll das Wahlsystem des Landes. Erste konkrete Schritte wurden hier bereits unternommen mit der Änderung des Wahlsystems für die Europawahlen 1999 und der Festlegung in den entsprechenden Weißbüchern, daß die parlamentarische Versammlung in Wales und das schottische Parlament nach dem Additional Membership System gewählt werden sollen. Ohne hier auf die Spezifika und Konsequenzen des neuen Wahlsystems im einzelnen einzugehen (siehe dazu z.B. Curtice 1996) bleibt festzuhalten, daß das neue Wahlsystem durch seinen proportionalen Ausgleich auf der Ebene der Europawahlkreise, das „winner takes all"-Prinzip der Konkurrenzdemokratie in Frage stellt. Neben dem für die Konkurrenzdemokratie entscheidenden Prinzip der Bildung von regierungsfähigen Mehrheiten tritt nun das Prinzip der Repräsentation aller politischen Kräfte entsprechend ihrer relativen Stärke in der Bevölkerung. Dies hat auch weitreichende Folgen hinsichtlich der Wahlstrategie kleinerer Parteien (geringere Notwendigkeit der Hochburgenbildung, geringere Notwendigkeit des taktischen Wählens). Hinzu kommt, daß die Dichotomie des Parteienwettbewerbs erodieren könnte. Die schon von dem „Altmeister" der britischen Politikwissenschaft, S.E. Finer (1974), lange wortreich beklagte „adversary politics" könnte dem Zwang zur Kooperation, ja zur Koalition, weichen. Dies ist für die parlamentarischen Vertretungen in Schottland und Wales ein durchaus beabsichtigter Effekt. Das neue Wahlsystem stärkt auch die Parteiführungen gegenüber den bisher in ihren Entscheidungen relativ autonomen Wahlkreisorganisationen, v.a. Dingen weil diese sich die Benennung der Kandidaten für die über Listen zu wählenden „additional members" vorbehält. Auch parteiorganisatorisch wird damit das britische Demokratiemodell dem kontinentaleuropäischen ähnlicher.

Koalitionen, regional und in der Zentralregierung, sind nicht nur eine mögliche, sondern auch eine durchaus wahrscheinliche Folge der Reform des

Wahlsystems, die auch für die Unterhauswahlen angestrebt wird. Bereits im Wahlkampf 1997 hatte sich eine quasi-Koalition von Labour Party und Liberaler Partei angedeutet. Die Liberale Partei gab ihre traditionelle Äquidistanz zu den beiden großen Parteien auf und positionierte sich an der Seite von New Labour. Nach der Wahl setzte sich diese Zusammenarbeit in formalisierter Form fort. Die Liberalen sind Mitglied des Kabinettsausschusses, der sich mit der Verfassungs- und Wahlsystemreform beschäftigt.

Gedacht wird auch an die Einführung der staatlichen Parteienfinanzierung. Die großen Parteien halten diese aus unterschiedlichen Gründen und aus rein pragmatischen Überlegungen für wünschenswert. Der Labour Party würde die staatliche Parteienfinanzierung die angestrebte vollständige organisatorische Trennung von den Gewerkschaften erleichtern, die Konservative Partei könnte so Ersatz für die schon länger (und noch mehr in Oppositionszeiten) ausbleibenden Industriespenden finden. Übersehen wird bei solchen parteitaktische Überlegungen, die mit der staatlichen Parteienfinanzierung akzeptierte Aufhebung der traditionellen Staatsferne von Parteien.

Eine weitere Abweichung von den Traditionen des Westminster-Modells wird durch die vielfältigen geplanten Dezentralisierungsschritte herbeigeführt. Die Zwänge der Klientelpolitik zur Besserstellung der wirtschaftlich benachteiligten regionalen Hochburgen der Labour Party und zum Teil auch eine neue Sicht der Regionalpolitik veranlaßten die Labour Party, Regionen als politische Größen wieder anzuerkennen. Diese Abkehr vom Marktoptimismus des Thatcherismus wäre an sich noch keine für unser Thema relevante Trendwende. Auch das Westminster-Modell ist, wie die siebziger Jahre bewiesen, mit einer Regionalpolitik „von oben" vereinbar. Eine neue Qualität erhält diese aber, weil auch, sollten die Regionen dies wünschen, regionale parlamentarische Versammlungen eingerichtet werden sollen, die regionalpolitische Funktionen übernehmen können, nicht zuletzt im Hinblick auf die europäische Regional- und Strukturpolitik. Nicht nur ist dies ein Schritt zur Einschränkung der Londoner Budgetkontrolle, es ist auch eine Begrenzung des Patronagepotentials des Premierministers, der früher solche Regionalgremien als Quangos konzipiert hätte.

Eine viel weiterreichende Form der Dezentralisierung ist allerdings mit der Nordirland, Wales und Schottland betreffenden Devolutionpolitik in die Wege geleitet (ausführlicher Sturm 1997a). Im Westminstermodell wurde unter Devolution traditionell der Transfer von Staatsaufgaben von der Londoner Zentralregierung auf territorial organisierte Exekutiven (administrative Devolution) verstanden. Hinzukommen konnte der Transfer begrenzter Gesetzgebungskompetenzen auf regionale Parlamente (legislative Devolution) kommen. Diese Übertragung von Aufgaben und Funktionen bedeutete: erstens, daß alle diese im Devolutiongesetz aufzuführen sind, gegebenenfalls auch mit Bedingungen für bzw. eine zeitliche Begrenzung ihrer Wahrnehmung durch die regionalen Körperschaften; zweitens, daß sämtliche nichtgenannten Aufgaben und Befugnisse automatisch weiterhin von London aus wahrgenommen werden (Allzuständigkeitsvermutung), also für das regionale Parlament ultra vires bleiben, und drittens, die jederzeitige und uneingeschränkte Reversibilität der Aufgabenzuweisung bis hin im Extremfall der vollständigen Auflösung auch volksgewählter im Rahmen der Devolution eingerichteter Vertretungskörperschaften wird nicht ausgeschlossen.

Die Devolutionpolitik der Regierung Blair setzt sich zwar nicht ausdrücklich von diesen Prinzipien ab, in der Praxis aber tut sie dies sehr wohl. Im Falle Schottlands wurde der umgekehrte Weg der Auflistung der Kompetenzen des Londoner Parlamentes für die Devolutiongesetzgebung gewählt, die Allzuständigkeitsvermutung wurde beim schottischen Parlament angesiedelt. Vielleicht noch wichtiger ist die Tatsache, daß das entsprechende Weißbuch nicht mehr von der Reversibilität der Devolutionsentscheidung ausgeht. In größerem Rahmen gilt dies auch für Schottland und Nordirland. Wie sonst wäre es zu erklären, daß die britische Regierung gemeinsam mit der Regierung der irischen Republik im Januar 1998 im Verlaufe der Friedensverhandlungen in Nordirland einen Vorschlag zur Einrichtung neuer Institutionen vorgelegt hat, zu der auch ein sogenannter Inselrat (British-Irish Council) gehört. In ihm sollen u.a. ständig Vertreter der Parlamente Schottlands, Wales und Nordirlands vertreten sein.

Mit der Anerkennung regionaler politischer Forderungen einher geht auch die ebenfalls den unitarischen Staat in Frage stellende Anerkennung regionaler Identitäten. Zum einen wird heute kein politischer Beobachter mehr bestreiten, daß das Vereinigte Königreich ein Viernationenstaat ist. Die Konservative Partei, die sich am heftigsten gegen diese Einsicht sträubte, hat den Preis dafür bei den Wahlen 1997 mit einem Verlust ihrer parlamentarischen Repräsentation in Schottland und Wales bezahlen müssen. Mangels einer außenpolitischen Herausforderung, die die britische Identität bestärken könnte, und auch angesichts der nachlassenden identitätsstiftenden Wirkung des Königshauses, ist der Freiraum für alternative regionale Identifikationen größer geworden. „Englishness" früher eher deckungsgleich mit „Britishness" entwickelt sich zum einen als Reaktion auf das gestärkte Selbstbewußtsein der Schotten und Waliser und deren Forderungen an die gemeinsamen Ressourcen des britischen Staates und zum anderen als Reaktion auf Regionalisierungsprozesse innerhalb Englands zu einer neuen politisch-kulturellen Identität.

Ein weiteres Reformvorhaben betrifft die Zweite Parlamentskammer, das House of Lords. In einem ersten Schritt soll den Erbpeers das Stimmrecht entzogen werden, nur noch die ernannten Peers werden dann das suspensive Vetorecht gegenüber dem Unterhaus wahrnehmen. Wie uns die kanadischen Erfahrungen lehren (Sturm 1998), ist dies kaum mehr als eine kosmetische Reform. Weitergehendes ist allerdings durchaus in der Diskussion, wie die Volkswahl der Zweiten Kammer oder dem Umbau des House of Lords in eine Regionalkammer zur Vertretung der durch die Dezentralisierungspolitik geschaffenen Regionen.

Die Regierung Blair hat auch versprochen, die Transparenz des Regierungshandelns durch eine Stärkung der Rechte der Parlamentsausschüsse, v.a. der die Regierungspolitik kontrollierenden Select Committees zu verbessern (Donnelly 1997: 255f.). Ein, nach amerikanischem Vorbild konzipierter *Freedom of Information Act* ist in Vorbereitung. Er soll den Zugang der Öffentlichkeit zu Regierungsinformationen erleichtern. Die Regierung würde die gerne wahrgenommene Möglichkeit der Manipulation der Öffentlichkeit durch gezielte Indiskretionen oder die Instrumentalisierung des Lobby-Journalismus teilweise verlieren und damit das unter Margaret Thatcher arg beschädigte öffentliche Gegengewicht der Presse, sofern dies angesichts der Machtfülle von Rupert Murdoch auf dem Medienmarkt überhaupt noch möglich ist, im Sinne der pluralistischen Meinungsbildung stärken.

Es ist auffällig, daß die Reformpolitik eng verbunden ist mit dem fast inflationären Einsatz des Instrumentes des Referendums. Man mag politisch-taktische Gründe anführen, wenn über Devolution für Schottland und Wales, die Einführung einer Londoner Stadtregierung, die nordirische Friedenslösung, die Reform des Wahlsystems oder die Einführung des Euro durch Referenden entschieden werden soll. Wichtiger als die Einzelentscheidung ist der Gesamteindruck, den die Serie von Referenden hervorruft und den jedes weitere Referendum bestärkt. Referenden mögen de jure ihren konsultativen Charakter behalten, de facto aber ist das systematische Abfragen des Volkswillens sinnlos, ja gefährlich legitimitätsbedrohend, wenn die Regierung ernsthaft daran ginge, Entscheidungen zu treffen, die von den Referendumsentscheidungen abweichen.

II.2   Eine Herausforderung der Verfassungsprinzipien?

Welche systematischeren Folgen haben die zahlreichen Bemühungen der Regierung Blair, Verfassungskonventionen zu verändern? Diese Frage läßt sich am besten im Bezug auf die beiden eingangs vorgestellten Prinzipien der britischen Verfassung beantworten. Sollte sich herausstellen, daß diese in ihrem Kern durch die Reformbemühungen betroffen werden, wäre dies ein weiteres und sogar schwerer wiegendes Indiz für die Annahme einer Konvergenz des Westminster-Modells und der parlamentarischen Systeme des Kontinents.

Im Zentrum der Diskussion steht hier die Parlamentssouveränität. Wie souverän kann ein Parlament sein, das durch unveränderliche Regeln gebunden ist? Bereits im Zusammenhang mit internationalen Verträgen, v.a. aber dem EG-Beitritt Großbritanniens (Mount 1992: 51f.), war von Verfassungsjuristen behauptet worden, daß diese das britische Parlament binden. Noch unumstrittener wäre aber die Bindewirkung der Übernahme der Europäischen Menschenrechtskonvention in britisches Recht. Es gäbe nun einen anerkannten Katalog von Grundrechten, den parlamentarische Mehrheiten nicht ignorieren können. Wie einschneidend eine solche Grundrechtscharter in einem

Westminster-System wirkt, hat der kanadische Fall uns eindringlich verdeutlicht (ausführlicher Thunert 1992).

Vielleicht noch wichtiger als die mögliche Einschränkung der Parlamentssouveränität durch die Reformvorhaben der Regierung Blair ist, daß diese eine alternative Quelle von Legitimität für staatliches Handeln, die Volkssouveränität, mit Leben zu erfüllen scheinen. Die Anerkennung des durch Referenden formulierten Volkswillens deutet in diese Richtung. Das Einrichten regionaler Parlamente, insbesondere, wenn deren Auflösung keine Alternative für das Londoner Parlament mehr ist, ist ebenfalls nichts anderes als ein Legitimieren von Institutionen durch Volkssouveränität. Genauso sieht dies auch die Bevölkerung in den Regionen. Das Londoner Parlament tut etwas, was es, wenn das Prinzip der Parlamentssouveränität gilt, eigentlich nicht tun kann: es teilt diese auf Dauer mit anderen Repräsentativversammlungen.

III.   Wohin führen die Verfassungsreformen?

Glaubt man Peter Mandelson, dem Industrieminister der Regierung Blair, der als „graue Eminenz" der Regierung gilt, so ist Großbritannien in der Tat auf dem Wege zu einer geschriebenen Verfassung. In einem von Mandelson und Liddle (1996: 210) verfaßten Vorwahlband ist nachzulesen:

„In the long run the pressure will build for Britain to follow New Zealand, which, after years of debate, and a full referendum, adopted a formal written constitution with its 1986 Constitution Act. The first step, however, is to make explicit the rights that citizens have and to clean up the system and practice of our government. On those firm foundations, as citizens rather than subjects, we could then seek to build."

Praktische politische Notwendigkeiten und der Wunsch, ja der Imperativ, des Machterhalts lassen hinsichtlich solcher Prognosen allerdings Vorsicht angeraten sein. Samuel Beer (1998: 29) hat dies der Regierung Blair ins Stammbuch geschrieben:

„A truism makes the point: representative government must not only represent, it must also govern. Constitutional reform should be fitted to the need for coherence and effectiveness in enacting and administering policy."

Demokratie und Effizienzgebot scheinen im Widerspruch zu stehen. Tony Blair weiß sehr wohl, was damit gemeint ist. Nicht zufällig werden seine Reformvorhaben immer weniger radikal, je näher sie an den Machtbereich des Premierministers heranreichen. Er ist auch keinesfalls gewillt, wegen eines falsch verstandenen Reformehrgeizes aus prinzipiellen Gründen Reformen durchzusetzen, die unpopulär sind und seine Wiederwahl gefährden könnten.

Die Verschiebung der Abstimmung über die Mitgliedschaft Großbritanniens in der Europäischen Währungsunion ist typisch für solches Taktieren.

Den Verfassungsreformen liegt kein großer Entwurf zugrunde. Sie werden pragmatisch und entsprechend einem politischen Nutzen-Kalkül vorangetrieben. Ein verlorenes Referendum kann sie jederzeit stoppen. Vieles spricht dafür, daß dies geschehen könnte, z.B. beim Thema Wahlsystemreform. Der knappe Ausgang des walisischen Referendums war bereits ein Rückschlag. Die Prognose sollte deshalb vorsichtiger lauten: Die Flexibilität der britischen „ungeschriebenen" Verfassung hat sich erneut bewährt. Sie kann wohl auch in halbkodifizierter Form und mit Einsprengseln von Volkssouveränität gut überleben.

Legitimation durch Proporz und Kompromiß: Praxis und Defizite der Konsensdemokratie am Beispiel der Niederlande

Ralf Kleinfeld

Es gibt verschiedene Möglichkeiten, Konflikte in modernen Demokratien zu regeln. Hierzu zählen hierarchisch-autoritative Formen, Wettbewerb und Mehrheitsentscheid, aber auch Proporz, gütliches Einvernehmen und Aushandlungsverfahren. In den meisten westlichen Demokratien verfügen die politischen Systeme über mehrere Verfahren zur Konfliktregelung in unterschiedlichen Mischungsverhältnissen. Ziel dieses Beitrages ist es, am Beispiel der niederländischen Demokratie einen Beitrag zur Theorie und Praxis der Proporz-, Konkordanz-, Konsens- bzw. Verhandlungsdemokratie zu geben, wie politische Systeme vom Typus der Niederlande in der wissenschaftlichen Diskussion mit leicht unterschiedlicher Akzentsetzung genannt werden.

Einer der ältesten Ansprüche der vergleichenden Politikwissenschaft besteht darin, Merkmale für die Zuordnung von verschiedenen Ausformungen politischer Systeme zu finden, die als Grundlage für die Entwicklung einer Typologie dienen können, mit deren Hilfe dann wiederum diese politischen Systeme leichter zu- und eingeordnet werden können. Da sich die Aufmerksamkeit der Politikwissenschaft zu verschiedenen Zeiten auf verschiedene Dimensionen des politischen Systems erstreckt hat, gibt es nicht eine umfassende Typologie, sondern durchweg konkurrierende Typologien. Die verschiedenen Demokratietypen können auf ihre institutionelle Grundstruktur, ihre Funktionen und auf ihre Leistungsfähigkeit zur Integration gesellschaftlicher Gruppen sowie zur Bewältigung politischer Sachprobleme untersucht werden. Bezogen auf die Gruppe westlicher Demokratien können anhand relativ leicht und empirisch überprüfbarer Kriterien Monarchien und Republiken, präsidentielle und parlamentarische Demokratien, sowie politische Systeme mit stärker direkt- oder repräsentativdemokratischen Strukturen unterschieden werden.[1]

Für den internationalen Vergleich politischer Systeme hat sich neben den oben genannten älteren Unterscheidungen vor allem die Differenzierung zwi-

---

1 Die vergleichende Analyse zeigt, daß parlamentarischen Demokratien keineswegs ohne Probleme sind. Die typische Vorrangstellung von Parteien kann in Parteienmacht und Klüngel ausarten, in Patronage und üppige Parteienfinanzierung bis hin zu Formen parteipolitisch gedeckter Korruption.

schen Konkurrenz- und Konkordanzdemokratien (im Sinne von Lehmbruch 1967 u. 1996) bzw. zwischen Mehrheits- und Konsensdemokratien (im Sinne von Lijphart 1984 u. 1994) eingebürgert. Abgesehen von der Frage, inwieweit sich die verwandten und ähnelnden Begriffe von Proporz, Konkordanz, Konsens und Verhandlung klar definieren und voneinander unterscheiden lassen, besteht das Problem bei der Verwendung dieses Maßstabs für eine Typologie politischer Systeme darin, daß derartige Ausprägungen eines politischen Systems häufig nicht in der Verfassung oder in Gesetzen niedergeschrieben sind, Erscheinungsformen also der unmittelbaren Anschauung entzogen sind und es daher immer erst der analytischen Vorarbeit der vergleichenden Politikwissenschaft bedarf, um eine Aussage darüber treffen zu können, ob das politische System eines Landes zu einem gegebenen Zeitpunkt als Konsensdemokratie eingestuft werden sollte.

I.   Theoretisches Konzept der Konkordanz- bzw. Konsensdemokratie

I.1   Konkordanz- und Proporzdemokratie

In der angloamerikanischen Vergleichenden Politikwissenschaft war bis in die sechziger Jahre hinein die Annahme verbreitet, daß nur homogene, säkularisierte politische Kulturen die Stabilität und Leistungsfähigkeit pluralistischer Demokratien sichern könnten. Dies war der Fall in politischen Systemen, in denen der politische Wettbewerb in Analogie zu Marktprozessen durch ein Zweiparteiensystem, das regelmäßige Regierungswechsel ermöglichte, und unter Anwendung des Mehrheitsprinzips als Entscheidungsregel geformt war.[2] Diese Auffassung argumentierte damit, daß nur in Großbritannien und den USA die Entwicklung der Demokratie weitgehend friedlich verlaufen war und es gleichzeitig dort zur Herausbildung von stabilen und leistungsfähigen politischen Systemen gekommen ist. Beide Länder haben im 20. Jahrhundert bewiesen, daß friedliche Machtwechsel zwischen konkurrierenden politischen Lagern möglich waren, die Chancen für die Opposition auf Übernahme der Regierungsgewalt gewahrt blieb, und eine Integration zuvor ausgegrenzter politischer und gesellschaftlicher Gruppen möglich war. Das entscheidende Argument bildete der Verweis darauf, daß die angloame-

---

2   Die Mehrheitsregel kann Probleme erzeugen, wenn es nicht gelingt, die Gefahr der Mehrheitstyrannei durch „checks and balances" in den Griff zu bekommen. Überdies setzt die
     Mehrheitsregel bei den Beteiligten die Anerkennung widersprüchlicher Spielregeln voraus:
     Sie verlangt auf der einen Seite Gemeinwohlorientierung, zwingt aber gleichzeitig zum
     konkurrenzorientierten Verhalten.

rikanischen Demokratien vom Typus des „Westminster-Modells" die kritische Zeit zwischen den beiden Weltkriegen unbeschadet überstanden hatten, wohingegen die parlamentarischen Demokratien in einer Reihe von kontinentaleuropäischen Ländern faschistischen oder autoritären Regimes gewichen waren, z.B. in Italien und Deutschland. Als Vorteile dieses Demokratietypus gelten klare Entscheidungssituationen und eine klare Zuordnung von Verantwortlichkeiten, die Einfachheit der Entscheidungsregeln, mit denen individuelle Präferenzen in kollektive Entscheidungen umgesetzt werden sowie die regelmäßige Chance auf einen Regierungswechsel. Als größter Nachteil zählt, daß dieser Demokratietypus keine Vorkehrungen kennt, um auch die Verlierer einer Abstimmung in die Regulierung von Konflikten einzubinden (Schmidt 1997).

Vergleichende Studien der beiden kontinentaleuropäischen Politikwissenschaftler Gerhard Lehmbruch und Arend Lijphart seit Ende der 60er Jahre zeigten jedoch auf, daß die den angloamerikanischen Mehrheitsdemokratien zugeschriebenen Vorzüge – politische Stabilität, Überlebensfähigkeit und Leistungskraft – auch von einem anderen Demokratietypus erfüllt werden konnte: dem der „consociational democracy" oder Konsensdemokratie bzw. Proporz- oder Konkordanzdemokratie.[3]

Der vor allem von Gerhard Lehmbruch in die Vergleichende Politikwissenschaft eingeführte Begriff „Konkordanz" leitet sich aus dem lateinischen „concordantia" (Übereinstimmung) her. Konkordanzdemokratie bedeutete demnach wörtlich „Übereinstimmungsdemokratie". Eine derartige ex-ante Übereinstimmung ist aber definitionsgemäß in einer demokratischen Ordnung nicht vorauszusetzen und ihr Fehlen schafft eigentlich erst die Existenzberechtigung von Politik als einer gesonderten gesellschaftlichen Sphäre oder als ein ausdifferenziertes gesellschaftliches Teilsystem (Scharpf 1970).

Gemeint ist mit der Kategorie der Konkordanzdemokratie eine Demokratievariante mit Verhandlung als zentralem Koordinations- und Entscheidungsmechanismus. Auf dem Verhandlungswege werden bestimmte Kompromißtechniken zur Herbeiführung eines Konsenses über verbindliche Entscheidungen angewandt. Es ist also die Art der Konfliktregelung, die die Konkordanz- von der Konkurrenzdemokratie unterscheidet.

Nach Gerhard Lehmbruch (1996) finden sich historische Vorläufer für die Anwendung von Konkordanz bereits in der Entscheidungsmaxime des „gütlichen Einvernehmens" (amicabilis composito) als religionspolitischer Friedensformel des Westfälischen Friedensvertrags von 1648. Diese Formel der konfessionellen Parität wurde zu einer zentralen Verfahrensregel der Verfassungsordnung des Alten Reiches.[4] Im Laufe des 19. Jahrhunderts wurde

---

3   Einen sehr guten deutschsprachigen Überblick zum Thema bietet Czerwick (1999).
4   Parität bedeutet in diesem Sinne nicht primär Gleichberechtigung von Individuen, sondern die Gleichberechtigung vom Staat privilegierter Korporationen. Die großen Konfessionen durften seit den Religionsfriedensschlüssen im Reich nicht einfach überstimmt werden.

der Paritätsbegriff in Deutschland – aber auch in den Niederlanden – von konfessionellen und anderen Minderheiten als Kampfformel zur Erlangung bzw. Sicherung politischer, sozialer und ökonomischer Gleichberechtigung benutzt. Parität wurde dabei als Ordnungsformel für die Arbeitsbeziehungen, für die sozialen Sicherungssysteme bzw. für das Gesundheitssystem und andere Politikbereiche benutzt. Parität bedeutet die formal gleichberechtigte Vertretung zweier konkurrierender oder antagonistischer Kräfte oder Lager, selbst wenn diese real über ungleichartige Macht- und Einflußchancen verfügen (Ernst Fraenkel spricht in Bezug auf Tarifverhandlungen von „Waffengleichheit"). Für die Zuerkennung von Parität und Überwachung ihrer Einhaltung ist in der Regel ein außenstehender Akteur nötig, der gegenüber beiden Parteien über genügend Autorität verfügt (Gesetzgeber in der Demokratie).

Parität kann einen Sonderfall des Proporzes darstellen, dann nämlich, wenn es nur zwei Akteure gibt und diese zudem gleichstark sind. Im übrigen bedeutet Proporz eine Vertretung der relevanten Akteure in Entsprechung zu ihrer zahlenmäßigen Stärke. Proporzregelungen kommen insbesondere bei Abstimmungen und Wahlen sowie bei der Besetzung von Ämtern zur Anwendung. Sinn des Proporzes ist eine möglichst exakt die Stärke der einzelnen Akteure widerspiegelnde Vertretung. Entscheidend ist hier die vorab nötige Einigung aller Beteiligten darauf, welche Merkmale zur Bestimmung des Proporzes herangezogen werden sollen (Geschlecht, Parteizugehörigkeit, Konfession, regionale Herkunft, soziale Position etc.).

Im Gegensatz zu Mehrheitsdemokratien, für die das Prinzip „The winner takes all" gilt, zeichnen sich Konkordanzdemokratien durch eine Beteiligung von Minderheiten an politischen Entscheidungsprozessen aus, die entweder als abgestuftes, formelles *Teilhabe- und Vetorecht* ausgestaltet sind oder sich als informelle Spielregeln finden, die der parlamentarischen Opposition und anderen Minderheiten eine Anhörung und Mitwirkung zumindest entsprechend ihrer proportionalen Stärke ermöglicht. Als formelle Beteiligungsformen gelten z.B. die Einbindung oppositioneller Parteien in die Regierung einer großen Koalition oder die Einrichtung einer Allparteien-Koalition. Im Grenzfall gewährleistet das Einstimmigkeitsprinzip jedem Abstimmungsberechtigten ein Vetorecht. Derartige Kompromißverfahren werden abgesichert durch formelle oder informelle *Proporz- oder Paritätsregeln* bei der Besetzung öffentlicher Ämter (hierfür wird dann der Begriff der Proporzdemokratie angewandt), bei der Patronage im öffentlichen Dienst und in staatlich kontrollierten Bereichen der Wirtschaft sowie beim Zugang zu Massenkommunikationsmitteln. Dabei kann der Proporz materiell-inhaltlich vor allem die Teilhabe an staatlichen Zuwendungen (Subventionen, Fördermittel etc.) einschließen.

Geht man davon aus, daß sich ein politisches System eindeutig und vorrangig über das Kriterium der Konkordanz definieren läßt, können nur solche Systeme als Konkordanzdemokratien bezeichnet werden, in denen alle wichtigen Entscheidungsprozesse auf nationaler Ebene „formal oder durch informelle Verfahren außerparlamentarischer Verständigung vom Prinzip des gütlichen Einvernehmens unter Ausschaltung des Mehrheitsprinzips geprägt sind" (Lehmbruch 1996: 208). Allerdings sind in den meisten der in Frage kommenden Länder konkordanzdemokratische Verfahren nicht verfassungsmäßig verankert. Eine verfassungsmäßig vorgeschriebene Allparteienregierung wie in einigen österreichischen Bundesländern oder in Schweizer Kantonen stellt daher die Ausnahme dar.

Räumlich betrachtet hat sich die Konkordanz- bzw. Konsensdemokratie vor allem in kleineren kontinentaleuropäischen Ländern entwickelt, so insbesondere in Österreich, in der Schweiz, in den Niederlanden und in Belgien.[5] Im übrigen kennzeichnen konkordanzdemokratische Elemente auch einen erheblichen Teil der Entscheidungsstrukturen der Europäischen Union (Gabel 1998).[6] Nach Auffassung von Gerhard Lehmbruch (1996: 23) umfaßt die Ländergruppe in Europa, auf die sich Konkordanzdemokratie bezieht, primär jene „westmitteleuropäischen" Länder, die in der frühen Neuzeit aus dem Zerfall des spätmittelalterlichen „Heiligen Römischen Reiches" hervorgegangen sind. In diesen Ländern habe sich „über jeweils eigentümliche, aber parallele und auch miteinander verflochtene nationale Entwicklungspfade ein Demokratietypus *sui generis* ausgebildet, in welchem das Modell der ‚korporativen Verhandlungsdemokratie' eine wichtige Komponente darstellt". Anders als in den großen Monarchien Westeuropas blieb in diesen Staaten im 20. Jahrhundert nicht nur die Legitimität korporativer Repräsentation neben der Arena des parteiengestützten Parlamentarismus erhalten. In diesen Staaten blieb anders als in Frankreich und England der demokratische Prozeß angewiesen auf Verhandlungslösungen mit und zwischen korporativen gesellschaftlichen Akteuren – seien diese territorial (kommunal, föderal) oder funktional (insbesondere Interessengruppen) organisiert.

Zu den besonderen Leistungsmerkmalen der Konkordanzdemokratie zählen – wie Manfred G. Schmidt vergleichend bilanziert (1997) – ihre politische Stabilität sowie ihre Fähigkeit zur friedlichen Integration unterschiedlicher gesellschaftlicher Gruppierungen. Politische Stabilität trotz einer fragmentierten politischen Kultur setzt voraus, daß die Eliten der jeweiligen gesellschaftlichen „Lager" zu einem kooperativen Umgang miteinander finden. Als Folge verfügen Konkordanzdemokratien über bessere Voraussetzungen als Mehrheitsdemokratien, um historisch verwurzelte Konflikte zwischen ge-

---

5 Allerdings hat sich der konkordanzdemokratische Charakter Belgiens zugunsten der föderalistischen Lösung im Sprachenstreit und der korporatistische Charakter Österreichs aufgrund der aktuell sichtbar werdenden Abkehr von der Praxis großer Koalitionen sowie infolge abschmelzender Lagermentalitäten geschwächt (zu Belgien vgl. Fitzmaurice 1996; zu Österreich s. das Themenheft von „West European Politics" 1992).

6 Dies gilt vor allem für die Zeit vor der Einführung der Einheitlichen Europäischen Akte, die erstmals bereichsweise zumindest die Möglichkeit qualifizierter Mehrheiten an die Stelle des bis dahin vorherrschenden Einstimmigkeitsprinzips setzte.

sellschaftlichen Gruppen friedlich zu regeln (Luthardt 1988). Modellanalytisch werden in einer Konkordanzdemokratie die Zahl der Nullsummenspiele möglichst gering gehalten. Im Mittelpunkt stehen Nicht-Nullsummenspiele, in denen die Beteiligten nach Kooperation streben und hierdurch zusätzlichen Nutzen erzielen. In der Konkordanzdemokratie sind somit zwar die politischen Entscheidungskosten höher, dafür fallen in der Implementationsphase hier in der Regel niedrigere Kosten an als bei einer Konfliktregelung durch Majorz oder Hierarchie.

Achillesferse von Konkordanzdemokratien ist die Macht der zahlreichen „veto-players". Aufgrund des hohen Gewichts, die der Konsensbildung (hohe Mehrheitsschwellen und Entscheidungskosten) zugeschrieben wird, kann der Willensbildungs- und Entscheidungsprozeß durch kooperationsunwillige Gruppen einfach und nachhaltig blockiert werden. Schwer tut sich die Konkordanzdemokratie nach Ansicht von Schmidt (1997) besonders in Situationen und bei Herausforderungen, die rasche Anpassung, Innovation und größere Kurswechsel in kurzer Frist verlangen. Unter demokratietheoretischen Gesichtspunkten wird die Konkordanzdemokratie als „elitenlastig" kritisiert. Zudem sichere zwar die Konkordanzdemokratie die Rechte beteiligter Gruppen, dies schließe aber eine Einigung zu Lasten nicht-beteiligter Dritter keinesfalls aus.

Die Konkordanzdemokratie verfügt über die Fähigkeit, unterschiedliche gesellschaftliche Gruppen – im Extremfall sogar verfeindete gesellschaftliche „Lager" – auf friedliche Art und Weise in einem Staat zur Koexistenz und im günstigsten Falle zur Kooperation anzuleiten. Zum Beispiel sind Konflikte zwischen den Arbeitsmarktparteien meist weniger heftig und weniger zahlreich. Konkordanzdemokratien stehen in der Frauenförderung besser da und gehören zu den Vorreitern der Umweltpolitik. Überdies verfügen Konkordanzdemokratien meist über einen stärker ausgebauten Sozial- und Wohlfahrtsstaat als konkurrenzdemokratisch regierte Länder und haben mehr Erfolg bei der Bekämpfung von Arbeitslosigkeit und Inflation. Hingegen wächst in Konkurrenzdemokratien die Wirtschaft tendenziell schneller als die in Konkordanzdemokratien. Ziele der Verteilungsgerechtigkeit werden in Konkordanzdemokratien deutlich höher bewertet, während in Konkurrenzdemokratien der Schwerpunkt auf wirtschaftspolitischer Effizienz liegt.

Erklärungsbedürftig ist allerdings, warum in bestimmten Ländern die stärksten politischen Gruppen freiwillig auf die Anwendung der Mehrheitsregel verzichten, unter welchen Bedingungen verhandlungsgestütztes Konfliktmanagement gelingt oder fehlschlägt und unter welchen Voraussetzungen konkurrierende Eliten, die gesellschaftspolitische „Lager" oder „Säulen" vertreten, zusammenarbeiten.

Einen stark rezipierten Erklärungsversuch hat der aus den Niederlanden stammende, seit mehr als dreißig Jahren aber in den USA arbeitende Politikwissenschaftler Arend Lijphart mit seinem Konzept der „consociational democracy" unternommen (in späteren Arbeiten verwendet Lijphart den Begriff der Konsensus-Demokratie).[7] Danach entstehen Konkordanzdemokratien, wenn die Eliten rivalisierender „Lager" in einer bestimmten historischen Situation die Entscheidung treffen, ihre stabilitätsbedrohenden Konflikte mittels Autonomie-, Kooperations- und Kompromißtechniken zu überbrücken. Als Fallstudie für seine Behauptung dienten Lijphart die Niederlande.[8] Ein Schlüsselbegriff in diesem Konzept wurde der in der niederländischen Soziologie entwickelte Begriff der „Versäulung" (ähnlich sprach Lorwin 1971 von einem „segmentierten Pluralismus"; im deutschen Sprachgebrauch, besonders in Österreich wird stattdessen der Begriff des „Lagers" oder „Milieus" bevorzugt). Das von Lijphart Mitte der 70er Jahre weiter entwickelte Modell der „consociational democracy" als Demokratieform in pluralistischen Gesellschaften (Lijphart 1977: 25) kennt vier Merkmale: Große Koalitionen, Vetorechte, Proporz sowie Autonomie der Segmente, allerdings bieten diese Merkmale noch keine empirisch eindeutig operationalisierbaren Maßstäbe.[9]

Die Thesen Lijpharts sind auf einige grundsätzliche Einwände gestoßen. Kritiker haben zu zeigen versucht, daß die Beilegung solcher Konflikte nicht nur als Ergebnis eines konkordanzdemokratischen Elitenkartells, sondern auch als Voraussetzung für das Entstehen derartiger Elitenkartelle interpretiert werden kann (z.B. Barry 1975, Schendelen 1984).

Ein anderer Erklärungsversuch zur Entstehung von Konkordanzdemokratien in einer ausgewählten Gruppe von Ländern betont das Gewicht historisch gewachsener Traditionen. Diesem Argument zufolge konnte die Konstruktion eines politischen Systems auf der Grundlage einer Konkordanzdemokratie nur dort zum Tragen kommen, wo bestimmte Techniken der Kompromißfindung historisch bereits zum bewährten Standardrepertoire gesellschaftlicher Konfliktlösung gehören (für die Niederlande: vgl. Daalder 1971, für Österreich und die Schweiz: vgl. Lehmbruch 1967). Im Gegensatz zu den

---

7   Vergleiche seine Selbstdarstellung in Daalder 1997. Seinem Werk ist auch das Sonderheft der Zeitschrift Acta Politica (1984) über „Consociational Democracy in the Low Countries" gewidmet.

8   Für die Niederlande bezieht er sich vor allem auf die *pacificatie* von 1917, als die Führer der großen Parteien die Absprache trafen, die bestehenden politischen Konflikte über das Schulsystem und über die Wahlrechtsfrage durch eine Paketlösung zu regeln. Vergleichbar wäre die Bildung der österreichischen Koalitionsregierung nach dem II. Weltkrieg, die von den Parteiführern selbst als Konsequenz aus den traumatischen Erfahrungen der 30er Jahre verstanden wurde.

9   Entsprechend der Kernaussage, derzufolge das politische Lernen von Eliten von ausschlaggebender Bedeutung ist, hat Lijphart in späteren Jahren eine beachtliche Tätigkeit als Politikberater für unterschiedliche, durch „cleavages"-Konflikte bedrohte politische Systeme (Irland, Südafrika) entfaltet. Allerdings erkennt Lijphart in anderen Beiträgen an, daß es wünschenswert ist, wenn einige günstige Bedingungen für die Entstehung von Konkordanzdemokratie vorliegen. Dazu zählen ein ungefähres Machtgleichgewicht zwischen den politischen Hauptkräften mit möglichst mehr als nur zwei Lagern und ein Mindestbestand an überwölbenden nationalen Loyalitäten (vgl. Lijphart 1977).

Auffassungen Lijpharts entstehen Konkordanzdemokratien diesem Argument zufolge als Ergebnis langer historischer Reifeprozesse und nicht plötzlich durch bewußte und freiwillige Willensakte zwischen sich vertragsförmig einigenden Elitengruppen.

Ein dritter Ansatz schließlich, der maßgeblich von Gerhard Lehmbruch entwickelt wurde (Lehmbruch 1967, 1969 u. 1996), sieht den Schlüssel für das Verständnis von Konkordanzdemokratie vor allem im Erlernen von Spielregeln und Techniken der Situationsdeutung sowie in der Kosten-Nutzen-Abwägung der beteiligten Akteure, die in bestimmten Entwicklungsphasen kulturell-fragmentierter Gesellschaften von reinen Mehrheitsstrategien keine sicher kalkulierbaren Gewinne erwarten. Diese Argumentationslinie kann dahin gehend verlängert werden, wonach die Entstehung von „versäulten" Organisationsnetzwerken „selbst eine Strategie zur institutionellen Absicherung der Position ihrer Elitegruppen gegen gesellschaftlichen Wandel darstellt" (Lehmbruch 1996: 210).

Schaut man sich die zentralen Akteure in einer Konkordanz- oder Verhandlungsdemokratie an, sind dies die verschiedenen staatlichen Bürokratien, verschiedene Formen organisierter Interessen, politische Parteien und die mehr oder weniger autonom agierenden Gebietskörperschaften. Im Gegensatz zur Mehrheitsdemokratie dominiert hier auch zwischen Parteien der Interaktionsmodus der Kooperation und Koalition. Gerade durch die Verflechtung mit den verhandlungsdemokratischen Strukturen bleibt die Reichweite des Parteienwettbewerbs deutlich begrenzt (vgl. Lehmbruch 1998).

In den letzten Jahren ist besonders die Analyse des engen Zusammenhangs zwischen Konkordanzdemokratie und neokorporatistischer Interessenvermittlung, d.h. der Zusammenarbeit von Staat und großen Interessenorganisationen in der Politikformulierung und Politikdurchsetzung, erneut auf die internationale Forschungsagenda gesetzt worden. Dies gilt sowohl für den klassischen Bereich der Lohn- und Einkommenspolitik, der Arbeitsmarktpolitik, vielen Feldern der Sozialpolitik, aber auch der nationalen Umweltpolitik. Der Zusammenhang wird als linear begriffen: Je stärker die konkordanzdemokratischen Strukturen ausgebaut sind, desto tendenziell stärker ist der Neokorporatismus (vgl. Lijphart u. Crepaz 1991).

Neokorporatismus im sozio-ökonomischen Bereich setzt insbesondere die Integration der organisierten Arbeiterschaft in die politische Herrschaftsstruktur voraus. Dies geschah in den skandinavischen Ländern über den Aufstieg der Sozialdemokratie zur lange Zeit vorherrschenden Regierungspartei. In ideologisch fragmentierten und organisatorisch versäulten Gesellschaften Westmitteleuropas, in denen Sozialdemokraten nicht stark genug waren, um eine Mehrheitsstrategie erfolgreich anzustreben, wurde die Einbeziehung der Sozialdemokratie (und der mit ihr verbundenen Gewerkschaften) in konkordanzdemokratische Arrangements zur politischen Voraussetzung für die Absicherung eines funktionierenden Korporatismus (vgl. Lehmbruch 1996). In Konkordanzdemokratien findet eine Regierungsbeteiligung von konservativen oder liberalen Parteien im Vergleich zu Konkurrenzdemokratien seltener statt, während konfessionelle und christdemokratische Parteien überdurchschnittlich stark an Regierungen beteiligt sind.

II.2 Konsensus- und Verhandlungsdemokratie

Konsens ist ein Begriff, der ein in Gesellschaft und Politik real existierendes Phänomen umschreibt.[10] Konsens umfaßt Verhaltensweisen auf einem Kontinuum zwischen passiver Duldung, Zustimmung und aktiver Unterstützung. Allerdings ist Konsens kein Begriff, der sich exakt bzw. unmittelbar messen läßt wie z.b. das Wahlverhalten der Bürger oder das Investitionsverhalten von Unternehmen. Nicht Konsens ist beobachtbar, sondern bestimmte Ausprägungen und/oder Wirkungen, die Konsens zugeschrieben werden. Nachbarbegriffe sind Harmonie, Gleichgewicht und Kompromiß.

Konsens vollzieht sich immer als Interaktion (durch Sozialisation oder durch Kommunikation) verschiedener individueller und/oder kollektiver Akteure, es handelt sich immer um eine besondere Art von Vermittlungsleistung. Die Herstellung von Konsens überschreitet die Handlungsperspektive einer einzelnen Person, Institution, einer einzelnen Partei oder Interessengruppe. Dies im Gegensatz zum Infragestellen oder zum Aufkündigen von Konsens, das durch einen einzelnen Akteur möglich ist.

Konsens ist außer als Argument in der politisch-ideologischen Debatte meist kein Wert an sich, sondern bezieht sich immer auf bestimmte Probleme, Fragestellungen oder Themen.

In jedem Fall bedarf es einer ausdrücklichen Zuschreibung dessen, was unter Konsens verstanden wird. Dies geschieht durch politische Akteure, durch Medien oder durch die Wissenschaft. Meist geschieht die Zuschreibung von Konsens in einer ex-post Perspektive. Sie kann als Beobachtung erfolgen oder mit einer Bewertung verbunden sein. Über Konsens kann also gestritten werden.

Konsens steht am Ende von Verhandlungen und Kompromißsuche und ist in der Regel bezogen auf eine zur Entscheidung stehende Sach- oder Personalfrage. Konsens kann sich aber auch erstrecken auf Verfahrens- und Entscheidungsregeln oder auf die Anerkennung von grundlegenden Normen und

---

10 Gegenbegriff zum Konsens im gesellschaftlichen Raum ist der Konflikt. Hierunter verstehen Sozialwissenschaftler die Auseinandersetzung zwischen mindestens zwei Individuen oder Kollektivakteuren im Konflikt um begehrte materielle oder immaterielle Güter, die sich entweder auf die zu erreichenden Ziele und/oder den Weg dorthin beziehen kann. Im engeren politischen Bereich wird unter Konflikt insbesondere die Gegnerschaft respektive die Auseinandersetzung zwischen politischen Akteuren um begehrte Güter oder Werte verstanden. Voraussetzung für die Teilnahme an politischen Konflikten ist ein Mindestmaß an Konfliktfähigkeit, das bestimmt wird durch Organisationsmacht, Marktmacht und politischer Macht des betreffenden Akteurs.

Werten. Konsens wird entweder aktiv hergestellt als Ergebnis von Verhandlungen oder eines öffentlichen Diskurses und bezeichnet dann das mehr oder weniger dauerhafte Resultat eines politischen Willensbildungs- und Entscheidungsprozesses. Oder Konsens wird als jener „geronnene" Bereich in Gesellschaft und Politik definiert, der sich dem aktuellen Wettstreit von Interessen, Werten und Normen entzieht. Unter Bezug auf die neopluralistische Theorie Ernst Fraenkels könnte man hierfür den Begriff des nicht-kontroversen Sektors in der Politik verwenden. Entsprechend handelt es sich bei Konsens und Konkurrenz nicht um Merkmalsausprägungen, die auf unterschiedliche politische Systeme verteilt sind, sondern um Merkmalsausprägungen, die in je spezifischem Mischungsverhältnis in jedem demokratisch strukturierten politischen System anzutreffen sind.

In pluralistischen Gesellschaften läßt sich Konsens nicht als Dekret verkünden, gesetzlich auferlegen oder mit staatlichen Zwangsmaßnahmen herbeiführen und schützen. Auch kann in pluralistischen Gesellschaften die Politik nicht davon ausgehen, daß Konsens voraussetzungslos existiert. In einer klassischen Umschreibung hat Fritz Scharpf Anfang der 70er Jahre Politik als die Herstellung (und Umsetzung) von verbindlichen Entscheidungen verstanden, ohne daß von einem vorausgehenden Konsens Sprache ist. Damit wird auch darauf verwiesen, daß Politik grundsätzlich im Stadium von Ungewissheit und Unsicherheit betrieben wird. Insbesondere kontrolliert Politik nicht allein und nicht vollständig jene Randbedingungen, die für die Herstellung und Festigung von Konsens notwendig sind.

Konsensbildung in einer pluralistischen Gesellschaft setzt also widerstreitende Interessen, Meinungen, Werte und Normen voraus. Nicht die Homogenisierung dieser Vielfalt ist das Ziel von Konsens in einer Demokratie, sondern ein in Wettbewerb, Streit und in Verhandlungen erzielbares Arrangement der Beteiligten. Es geht nicht um die Zustimmung und Unterstützung aller, sondern (mindestens) um die Akzeptanz aller Beteiligten. Je größer die Gruppe der im Entscheidungsprozeß Ausgeschlossenen, um so größer ist allerdings die Gefahr, daß die Reichweite des Konsenses begrenzt bleibt bzw. nicht mehr tragfähig ist. Solange die Beteiligten sich über Verfahrens- oder Spielregeln einig sind, können Differenzen in Wert- oder Normfragen bestehen bleiben ebenso wie konfligierende Interessen. Werden jedoch Werte, Normen oder Interessen absolut gesetzt, verlieren Verfahrens- oder Spielregeln an Wert und letztlich ihre Gültigkeit. Es geht um verschiedene Spiele. Wo es um Wahrheit geht oder gar um letzte Wahrheiten, wird nicht Konsens angestrebt. Dann geht es um Dominanz, die für alle anderen nur die Wahl läßt, sich dieser Position anzuschließen oder als Feind der Wahrheit, des Guten und des Richtigen gebrandmarkt zu werden. Als einer der klassischen Vordenker einer pluralistischen Gesellschaft, die Konsens und geregelten Konflikt einschließt, kann in Deutschland Ernst Fraenkel angesehen werden. Mit seinem „Parallelogramm der Kräfte" hat er eine Metapher geschaffen, die das Zustandekommen von Konsens auf der Basis divergierender Kräfte, de-

mokratischer Verfahren und ohne den Rückgriff auf ein vorausgesetztes All-
gemeinwohl anschaulich macht. Mit seiner Forderung nach „Waffengleichheit" hat er die besondere Bedeutung des Parität-Prinzips in den deutschen
Arbeitsbeziehungen unterstrichen. Und schließlich hat er mit seinem Nach-
druck auf die Gleichzeitigkeit eines kontroversen und eines konsensualen
Sektors in der Politik, ein wichtiges Strukturprinzip für die Dynamik und
Stabilität pluralistischer Demokratien umrissen. Noch weitergehend könnte
man in Analogie zur ex-post-Konstruktion des Gemeinwohls in den Arbeiten
Ernst Fraenkels die Hypothese aufstellen, daß sich Konsens ebenfalls nur ex-
post und als Parallelogramm divergierender Kräfte ergibt. Damit wäre der
Weg frei, um demokratietheoretisch Konsens als eine andere Umschreibung
des Gemeinwohls zu sehen.

Ein Vorzug der später entwickelten typologischen Einordnung zwischen
Konsens- und Konkurrenzdemokratie bei Lijphart (zuvor: consociational versus. majoritarian democracies) besteht darin, daß er versucht Idealtypen zu
umschreiben, die sich durch einen Satz jeweils gegensätzlich aufeinander be-
zogener Merkmale unterscheiden, wobei für jedes der Merkmale ein eigener
meß- und vergleichbarer Indikator zur Verfügung gestellt wird. Eine idealty-
pische Konsensusdemokratie wird bei Lijphart (1984) durch acht Merkmale
charakterisiert.[11]

1) Machtteilung auf Seiten der Exekutive, insbesondere Machtaufteilung
   auf mehrere regierende Parteien, z.B. in einer Großen Koalition;
2) formelle und informelle Gewaltenteilung sowie relative Unabhängigkeit
   der Exekutive und der Legislative;
3) Mehrparteien-Koalitionen;
4) multidimensionales Parteiensystem im Sinne des Vorhandenseins mehrerer Konfliktlinien, z.B. einer Klassen- und einer religiösen Konfliktlinie;
5) Verhältniswahlrecht;
6) Zweikammersystem, vor allem starke Stellung der zweiten Kammer;
7) föderalistischer und dezentralisierter Staatsaufbau und
8) eine nur schwer zu verändernde geschriebene Verfassung, deren Änderung die Zustimmung von Minoritäten, die über gesicherte Vetopositio-
   nen verfügen, voraussetzt.

Die Konsensusdemokratie begrenzt den Spielraum der Mehrheit der Legislative und der aus ihr hervorgehenden Exekutive. Die Konsensusdemokratie
betont die Aufsplitterung von Macht mittels Gewaltenteilung. Außerdem
strebt sie eine möglichst lineare Transformation der Wählerstimmen in Par-
lamentsmandate mittels des Verhältniswahlsystems an. Sie delegiert Macht

---

11 Im Gegensatz zur Charakterisierung der Mehrheitsdemokratie findet der Unterschied zwischen Repräsentativ- und Direktdemokratie nicht Eingang in Lijpharts Idealtypus der Konsensusdemokratie.

an territoriale oder funktional organisierte Gruppen. Radikale politische Kurswechsel sind in einer Konsensusdemokratie oder in einem Land mit starken konsensusdemokratischen Komponenten nur schwer möglich. Selbst große Regierungswechsel ziehen keine größeren Kurswechsel in der Staatstätigkeit nach sich, wenn sich nicht ausnahmsweise offene oder verdeckte Große Koalitionen auf Politikwenden geeinigt haben (Schmidt 1997).

Die Konsensusdemokratie ist nicht völlig identisch mit dem Modell der Konkordanzdemokratie. Nach Auffassung von Schmidt strebt die Konsensusdemokratie eine Machtteilung an, wohingegen die Konkordanzdemokratie sie erfordert. Beide zielen auf die Berücksichtigung aller wichtigen Gruppen ab. Ferner begünstigt die Konsensusdemokratie stärker die Autonomie von Subgesellschaften, während die Konkordanzdemokratie deren Autonomie voraussetzt. Insofern liegt die Konsensdemokratie idealtypisch zwischen Mehrheits- und Konkordanzdemokratie, allerdings verortet sie sich deutlich näher am konkordanzdemokratischen Pol (vgl. auch Lijphart 1989: 41).

I.3   Exkurs: die Bundesrepublik als Verhandlungsdemokratie?

Kompromißtechniken sind nicht auf die klassischen Konkordanzdemokratien begrenzt, sondern finden sich in abgestufter Form auch in anderen politischen Systemen. So stuft Abromeit (1993) die Bundesrepublik Deutschland als Mischform auf einer Achse zwischen Konkurrenz- zur Konkordanzdemokratie ein. Die Demokratie der Bundesrepublik liegt ziemlich genau in der Mitte zwischen den beiden Polen Mehrheitsdemokratie und Konsensusdemokratie. Aufgrund ihrer bundesstaatlichen Struktur und der Bedeutung des Bundesverfassungsgerichtes nimmt Deutschland auf einer Föderalismus-Unitarismus-Skala eine ausgeprägt föderalistische Position ein. Im Gegensatz zum Westminster-Modell verfügt Deutschland über ein hochgradig differenziertes System von Gegenkräften und Gegengewichten zur Zentralregierung und zur Parlamentsmehrheit (vgl. Lehmbruch 1998, Schmidt 1992 u. 1996). Ein Beispiel sind die Techniken der föderalistischen Selbstkoordination der deutschen Bundesländer (z.B. im Bildungswesen, im Beziehungsgeflecht zwischen Bund und Ländern, bei der Besetzung oberster Bundesgerichte, bei verfassungsändernder Gesetzgebung und in der Patronagepolitik der öffentlich-rechtlichen Rundfunkanstalten). Ein anderes Beispiel ist die „Große Koalition", welche durch das Gewicht des Bundesrats im Gesetzgebungsprozeß auch die Oppositionsparteien im Bundestag, sofern sie an einer Landesregierung beteiligt sind, als eine Art „Nebenregierung" einsetzt (Katzenstein 1987; Schmidt spricht von Deutschland in einem jüngeren Aufsatz als „Grand Coalition State"; vgl. Schmidt 1996).

Neben der Prägung als föderale und parteienstaatliche Wettbewerbsdemokratie ist Deutschland immer auch ein „Netzwerkstaat" gewesen (Lehm-

bruch 1997), für den vielfältige politikfeldbezogene Kooperationsformen
zwischen Unternehmen, Verbänden, Wissenschaft, Parteien und Staat prägend sind. Je nach Blickwinkel als „kooperativer Staat" oder „Korporatismus" bezeichnet, trugen derartige Interessenkoalitionen in der Vergangenheit
wesentlich dazu bei, daß sich in Deutschland eine „Politik des mittleren
Wegs" durchsetzen konnte (vgl. Schmidt 1992). Klassisches, wenngleich nur
begrenzt erfolgreiches Beispiel war die „Konzertierte Aktion" unter Karl
Schiller. Dauerhaftere Kooperationen finden sich in der Tarifpolitik, in der
Berufsbildungspolitik, in der tripartistischen Arbeitsverwaltung durch die
Bundesanstalt für Arbeit, in den Selbstverwaltungsgremien der Sozialversicherung. Derartige Netzwerkstrukturen prägen nicht nur die Arbeits- und Sozialpolitik, sondern auch die Landwirtschaftspolitik und die Sportpolitik (mit
jeweils einem quasi-monopolistischen Verband im Zentrum), die öffentliche
Fürsorge (mit einem Kartell privilegierter Wohlfahrtsverbände im Mittelpunkt), die Jugendpolitik (mit einem pluralistischen Kranz von Verbänden,
die im Bundesjugendring zusammengeschlossen sind), die Gesundheitspoli-
tik (mit einer noch immer tätigen Konzertierten Aktion und starken pressure
groups), aber auch die Naturschutzpolitik (mit der privilegierten Stellung der
nach Artikel 29 Naturschutzgesetz anerkannten Verbände). Gemeinsam ist all
diesen Formen einer institutionalisierten Zusammenarbeit, daß a) Mitglieder-
verbände, die durch ihre Zugehörigkeit zu derartigen korporatistischen Arrangements privilegiert werden, in ihnen eine wichtige Rolle spielen, daß es
sich b) häufig um Verteilungskoalitionen handelt, die in Zeiten gefüllter öffentlicher Kassen staatliche Subventionen erlangen konnten und in ange-
spannteren Zeiten auf einen Kurs der Besitzstandswahrung umschalten und
daß c) die Grenzen politischer Verantwortlichkeiten hier nur schwer zu bestimmen sind. Allerdings ist die Stellung und Funktion derartiger korporatistischer Netzwerke vor allem in den Jahren seit der Vereinigung zunehmend
unter Druck geraten. Ob sich dieser Abwärtstrend künftig fortsetzt, ist zur
Zeit noch nicht ausgemacht. Beteiligt sind durchweg konfliktfähige Akteure,
für die viel auf dem Spiel steht. Die Lernfähigkeit dieser Akteure sollte nicht
unterschätzt werden, wie vielfältige Beispiele für eine Modernisierung und
Flexibilisierung im Lager der intermediären Akteure zeigen. Von daher dürfte das komplexe Wechselspiel von Konflikt und Kooperation, von Konkurrenz und Konsens der politischen Kultur Deutschlands auch in absehbarer
Zeit erhalten bleiben.

II.   Die niederländische Konkordanzdemokratie

II.1   Versäulung und Entsäulung in der niederländischen Konsensdemokratie

Für die gesellschaftlichen Grundlagen der niederländischen Variante der Konsensdemokratie haben Soziologen Ende der fünfziger Jahre den anschaulichen Begriff der „Versäulung" gefunden. Damit ist gemeint, daß in den Niederlanden bis Ende der sechziger Jahre religiös und ideologisch bestimmte Gruppen (Katholiken, Protestanten, Sozialisten und Liberale) in getrennten Netzwerken von Organisationen – sogenannten „Säulen" – friedlich nebeneinander gelebt haben, wobei die Hochburgen der „Säulen"-Gruppen auch räumlich getrennt waren. An der Basis der Säulen gab es kaum soziale Interaktionen mit Angehörigen anderer Säulen (Kritiker sprechen von einer Form „sozialer Apartheid"). Die Zusammenarbeit blieb meist den Organisationseliten vorbehalten. Die voneinander getrennten Säulen neigten aber nicht zum Separatismus, vielmehr trugen die Säulen zusammen das Dach des niederländischen Staats – repräsentiert im Königshaus und der Verfassung.

Der anschauliche Begriff der „Versäulung" vereint dabei sehr unterschiedliche analytische Dimensionen (vgl. Kleinfeld 1990):

– Versäulung als Gesamtheit konfessionell oder weltanschaulich geprägter Werte und Normen, die die individuellen politischen und sozialen Verhaltensmuster der so erfaßten Bevölkerungsgruppe festlegt (Wahlverhalten, Konfessionszugehörigkeit, Mitgliedschaft in „versäulten" Organisationen, patriarchalisch-klerikales Familien- und Frauenbild).

– Versäulung als Gesamtheit konfessionell-weltanschaulich geprägter Organisationen und ihre weitergehende Verknüpfung zu interorganisatorischen Netzwerken, die die Sozialbeziehungen der so erfaßten Bevölkerungsgruppen in einer Vielzahl gesellschaftlicher Teilsysteme prägen, fördern und kontrollieren; ihre Organisationen erfassen das Bildungswesen, die Medien, Unternehmens-, Arbeits- und Berufsverbände, den Sport- und Freizeitbereich, den sozialen Wohnungsbau sowie das Sozial- und das Gesundheitswesen; allerdings waren nicht alle Säulen in allen Sektoren aktiv.

– Versäulung als Herausbildung von sektoralen und trans-sektoralen Interaktionen zwischen den Säulen auf der Elitenebene sowie speziell auch zwischen versäulten Eliten und staatlichen Akteuren; hiermit sind die zahlreichen formalisierten Strukturen der Interessenvermittlung mit Konsultations-, Koordinations-, Beratungs- und Verhandlungsfunktionen im Bereich der politischen Willensbildung und Implementation gemeint, die im Umfeld der Ministerialbürokratie entstanden; von ihrer Funktion her war ihnen ein eigentümlicher Doppelcharakter als gesellschaftspolitische Lobby und als semistaatliche Agenturen zugleich eigen.

Als „Säulen" konnten in den Niederlande unterschieden werden die interorganisatorischen Netzwerke von Katholiken und Kalvinisten (beide strebten aktiv die Säulenbildung an) sowie von Sozialisten (eher unfreiwillige Säulenbildung) und die rudimentär gebliebenen Organisationsnetzwerken des liberalen Bürgertums. Die Kalvinisten differenzierten sich wegen ihrer organisatorischen Spaltung in mehrere Glaubensgemeinschaften im politischen und im Medienbereich noch einmal auf in Angehörige der theologisch säkularisierten, gesellschaftspolitisch eher liberal-konservativen „Hervormde Kerk" und die dogmatischeren, sozial eher fortschrittlichen Angehörigen der „Gereformeerde Kerken". Diese Unterscheidung fiel bei der Organisationsbildung in anderen Teilsystemen zumeist weg.

Die Versäulung erlaubte es diesen Gruppen, die meisten funktional-differenzierten gesellschaftlichen Teilsysteme und vor allem die wichtigsten gesellschaftspolitischen Vermittlungsinstitutionen (Bildungssystem, Medienbereich, politisches System) nach eigenen Organisationspräferenzen zu strukturieren. Sie bewirkte einen hohen Organisationsgrad gesellschaftlicher Interessen und eine Verstärkung sozio-kultureller (konfessionell-weltanschaulicher) Konfliktlinien, die quer zu sozio-ökonomischen Konfliktlinien lagen. Damit wurde einer Mäßigung potentieller Klassenkonflikte Vorschub geleistet. Zugleich war in den Niederlanden lange Zeit die funktionale Differenzierung zwischen unterschiedlichen Typen interessenverarbeitender Organisationen (Partei-Verband-Verein) von eher untergeordneter Bedeutung gegenüber ihrer gemeinsamen Einbindung in ein interorganisatorisches Säulen-Netzwerk. Schließlich prägte die Versäulung entscheidend Tempo, Richtung und Inhalte der Entwicklung des niederländischen Wohlfahrtsstaates.

Triebfeder der Versäulung im konfessionellen Lager war die Abwehr der von Liberalismus, Kapitalismus und Sozialismus drohenden Gefährdungen des eigenen, historisch verwurzelten gesellschaftspolitischen Machtanspruches. Hierzu wurde das Instrumentarium Organisationsbildung offensiv und unter Ausnutzung aller modernen Organisations-, Kommunikations- und Beeinflussungstechniken eingesetzt (Gründung von eigenen Parteien, Gewerkschaften, Zeitungen, Rundfunkvereinigungen, Universitäten und Schulen, Auf- und Ausbau einer differenzierten Palette selbstverwalteter soziopolitischer und soziokultureller Dienstleistungen in den Bereichen Gesundheit, Wohnen, Sozialwesen und Freizeitgestaltung). Während die Organisationen der katholischen und protestantischen Säule vorrangig die Abgrenzung und möglichst komplette Erfassung ihrer eigenen Bevölkerungsgruppe anstrebten, war allein die sozialistische Säule an einer Konkurrenz mit den anderen Säulen (unter der programmatischen Zielperspektive der Entsäulung) interessiert. In dieser Perspektive stellte sie eine permanente Bedrohung des konfessionellen Organisationszusammenhaltes dar, was eine antisozialistische Blockbildung erklären hilft, die bis 1945 immer bei den konfessionellen Säulen mitschwang.

Die Aufgliederung der niederländischen Gesellschaft in einen katholischen, protestantischen und einen laizistischen (liberalen) Block findet sich schon zur Zeit der Staatsgründung im 16. Jahrhundert. Organisatorisch verfestigte sich die Versäulung allerdings erst in der zweiten Hälfte des 19. Jahrhunderts, ohne daß eine der „Säulen" eine eindeutige politische, sozioökonomische oder soziokulturelle Vorherrschaft erlangen konnte. Im Gegenteil: jede Säule für sich genommen blieb in einer Art Minderheitsposition.

Es gelang den Säulen in der ersten Hälfte des 20. Jahrhunderts gemeinsam, alle nicht-versäulten Gruppen in die politische Defensive zu drängen. Die beiden konfessionellen Säulen erlangten dabei gemeinsam ein dauerhaftes Machtübergewicht gegenüber Liberalen und Sozialisten und eine strategische Vetoposition als gesellschaftspolitisches „Zentrum". Die starke Position der Kirche galt auch für den Einfluß der christlichen Soziallehre. Da die christliche Sozialethik Einfluß bis in die sozialdemokratischen Bewegung hinein hatte, sind die industriellen Beziehungen in den Niederlanden weit weniger von einem Kapital-Arbeit-Gegensatz geprägt worden wie in den umliegenden Ländern.

Der politische Einfluß der Versäulung war so nachhaltig, daß bis Mitte der sechziger Jahre hinein nicht nur der engere Bereich der Interessenvermittlung, sondern das niederländische politische System insgesamt über seine staatsrechtliche Charakterisierung als parlamentarisches Regierungssystem mit einer konstitutionellen Monarchie hinaus durch die Versäulung seine spezifische Prägung erhielt.

Ende 1917 kam es zu einem ersten Erfolg der kompromiß-orientierten Zusammenarbeit der politischen Säuleneliten durch politischen Tausch. Auf dem Verhandlungswege wurde eine „Paketlösung" kontroverser und für die einzelnen Säulen zentraler Fragen erreicht: Einführung des allgemeinen Verhältniswahlrechtes; gesetzliche und finanzielle Gleichstellung von „öffentlichem" und „privatem", d.h. konfessionellem Bildungssystem; Anerkennung der Mitverantwortlichkeit des Staates bei der Lösung der sozialen Frage. Mitte der 20er Jahre wurde das parlamentarische System um neue, in der Verfassung verankerte Formen funktionaler Repräsentation ergänzt. Sie bildeten die rechtlichen Voraussetzungen für eine engere Verflechtung der Spitzenkader der versäulten Interessenverbände und Parteien. Die nach Kriegsende stark gestiegene Kooperationsbereitschaft zwischen den versäulten Gruppen führte zu weitreichenden Plänen einer möglichst gesetzlich geregelten und stark institutionalisierten Zusammenarbeit von Staat und gesellschaftlichen Gruppen in den Bereichen Wirtschafts- und Sozialordnung, Landwirtschaft, Lohn-, Einkommens- und Preispolitik, Wohnungsbau, Gesundheit und Kultur. Die Vorrangperspektive für den Wiederaufbau im Rahmen einer „mixed economy" und die außenpolitische Einbindung in das westliche Verteidigungs- und Wirtschaftsbündnis wurde nach 1945 von allen versäulten

Gruppen geteilt (größter Streitpunkt blieb die Frage der Dekolonisierung). Neue politische Konkurrenten der Säulen wurden entweder besiegt oder zur Anerkennung der von ihnen geprägten Spielregeln gezwungen. Zudem gewann dieses Herrschaftskartell dank der Einbindung der Sozialdemokratie in die Regierung an Breite und Tragfähigkeit.

Zwischen 1950 und 1965 erreichte der Einfluß der versäulten Parteien, Massenmedien und Interessengruppen seinen historischen Höhepunkt. Bei allen Parlamentswahlen dieser Zeit erreichten die fünf Säulenparteien (katholische KVP, protestantische CHU und ARP; liberal-konservative VVD; sozialdemokratische PvdA) mindestens 90 % der Parlamentssitze. Nur diese Parteien wurden in den Prozeß der Regierungsbildung einbezogen. Mindestens eine der Säulenparteien blieb jedoch jeweils in der Opposition (es gab also keine Allparteienregierung!). Bis 1971 lag der Sitzanteil der drei konfessionellen Parteien am Gesamtanteil der Säulenparteien immer über 50 %. Obgleich diese drei Parteien zudem bis 1963 auch über die absolute Mehrheit der Sitze verfügten, beteiligten die Konfessionellen stets einen weiteren Koalitionspartner an der Regierung. Eine starke Legitimation erfuhr die versäulte Verhandlungsdemokratie nach 1945 dadurch, daß ihre Hauptziele dank günstiger internationaler Rahmenbedingungen und der konsensualen Zielperspektive von Staat, Politik und Sozialpartnern weitgehend erreicht wurden. Allerdings schuf der Erfolg zugleich die Voraussetzungen für das Ende der Versäulung und der versäulten Verhandlungsdemokratie.

Ende der 60er Jahre kam es zu einem zeitlichen Zusammenfallen von ökonomischen Wachstums- und Strukturproblemen sowie der Auflösung traditioneller Werte und gesellschaftlicher Strukturen. Säkularisierung, gestiegene Mobilität, höhere Bildung, die Entstehung einer Jugend- und Protestkultur sowie eine Reihe „hausgemachter" politischer Verkrustungserscheinungen der etablierten Konkordanz- und Verhandlungsdemokratie (Ritualisierung politischer Konflikte bei gleichzeitiger pragmatischer Kooperation) bewirkten, daß die Versäulung sowie die damit zusammenhängenden Spielregeln des politischen Systems in den Mittelpunkt allgemeinen Unbehagens und politischer Kritik gerieten. Der *Normen-* und *Wertewandel* fiel in den Niederlanden nach Ansicht von Ronald Inglehart (1993) vermutlich umfassender aus als in den meisten Nachbarländern.

Die konfessionellen Trennungslinien, die für die Versäulung und die darauf aufbauende Form der Konkordanzdemokratie prägend waren, sind heute weitestgehend verschwunden. Insgesamt haben traditionelle soziale Milieus auch in den Niederlanden an Prägungskraft für das politische und soziale Verhalten verloren. Davon ist besonders das Parteiensystem betroffen. Auf parteipolitischer Bühne entstanden mehrere „Anti-Versäulungsparteien". Ende der 80er Jahre waren die Entsäulungsprozesse in Parteien und Massenmedien weitgehend abgeschlossen. Ende der 90er Jahre haben sich vier große Parteien herausgebildet, die nach wie vor die Regierungsbildung unter sich ausmachen: die drei großen ehemaligen Säulenparteien (der christdemokratische CDA, die sozialdemokratische PvdA sowie die rechtsliberale VVD) sowie D'66 als der einzigen etablierten Anti-Säulenpartei. Allerdings hat die Zahl der Wechsel- und Nichtwähler seit den 70er Jahren stark zugenommen. Die PvdA hat in dieser Zeit einen starken Wandel durchgemacht und ist nach der Transformation von der Kooperationsstrategie der Versäulungszeit zur Polarisierungsstrategie der 70er Jahre seit Anfang der 90er Jahre offensichtlich zu ihrem ursprünglichen Stil der Konkordanzdemokratie und damit zur politischen Mitte, die in der Vergangenheit von der christdemokratischen Partei eingenommen worden war, zurückgekehrt. Auf dem linken Spektrum haben verschiedene Linksparteien sich zu „Groen-Links" vereint (deren Wählerstärke zur Zeit eine Herausforderung für D'66 bildet), während auch die kleinere sozialistische PS eine unerwartete Renaissance erfuhr. Auf dem rechten Spektrum blieb der Einfluß neo-faschistischer und rechts-autoritärer Gruppen begrenzt. Die kleinen konfessionellen „Sektenparteien" verfügen nach wie vor über einen ultrastabilen Wähleranhang. Neu auf der parteipolitischen Bühne erschienen Seniorenparteien, die als Protestpartei gegen die Rentenpläne des CDA stark wurden, inzwischen aber an internen Differenzen wieder zerbrachen.

Außerhalb des Parteiensystems war es gerade im Bereich versäult-korporatistischer Interessenvermittlung, wo – trotz oder gerade wegen ihres Erfolges – zentrale Pfeiler des Systems der Versäulung zu wanken begannen. Professionalisierungstendenzen, die staatliche Durchdringung vormalig autonomer Handlungsspielräume und Demokratisierungsforderungen bewirkten, daß der aus ideologischen Komponenten und interorganisatorischer Vernetzung bestehende „Kitt" der Versäulung zerbröselte. Dies führte auf der Ebene dieser Organisationen zu erheblicher Unsicherheit, der man zu begegnen versuchte mit: a) verschiedenen Formen der Fusionierung (katholisch-protestantisch; katholisch-sozialistisch); b) Veränderungen der Organisationsstrukturen (funktionale oder territoriale, anstelle von weltanschaulichen Organisationsprinzipien); c) Interner Professionalisierung und stärkerer Dienstleistungsorientierung; d) Strategien von Kooperation oder Arbeitsteilung mit anderen versäulten/nicht-versäulten Organisationen bzw. mit Konkurrenzstrategien gegenüber den sich rasch ausbreitenden kommerziellen Dienstleistungsanbietern. Die Entsäulungsprozesse bei Gewerkschaften und Kapitalorganisationen in der Industrie sind weitgehend abgeschlossen. Eine stärkere Kontinuität zeigte sich noch bis Anfang der 90er Jahre im Bereich der Landwirtschaft, der Beamtenorganisationen sowie des Handwerks und der Mittel- und Kleinbetriebe. Auch im soziokulturellen Bereich und in der wohlfahrtsstaatlichen Dienstleistungserstellung hatte sich die Entsäulung zunächst langsamer und widersprüchlicher vollzogen. Insbesondere der Schulbereich läßt noch immer Merkmale der Versäulung erkennen, wenngleich gerade hier die aus Spar- und Rationalisierungszwängen nötig erachteten Fusionen zwischen konfessionellen und öffentlichen Schulträgern besonders spektakulär ausfielen. Durch die Fusion und Modernisierung von Interessenverbänden im Zuge der Entsäulung scheint sich die potentielle Funktionsfähigkeit der großen Interessenverbände in den verschiedenen Arenen institutionalisierter Konsultation sogar noch vergrößert zu haben, während die niederländischen Parteien unter einer zunehmenden Mitglieder- und Ressourcenschwäche leiden.

Obwohl es also eine tiefgreifende gesellschafts-politische Entsäulung und einen politisch-ideologischen Paradigmenwechsel gegeben hat, sind Proporz, Konsultation und Kompromißsuche anstelle von Mehrheitsentscheid und Konflikt bis heute feste Bestandteile in der niederländischen Politikproduktion geblieben. Seit Ende der 80er Jahre weisen niederländische Politikwissenschaftler wieder verstärkt auf die Kontinuität in der niederländischen politischen Kultur hin und relativieren das zuvor überschätzte Maß der politischen Veränderungen (vgl. WEP 1989). Sie betonen, daß die Entsäulung in erster Linie ein sozio-strukturelles und weniger ein politisches Phänomen war (vgl. Keman 1993: 145 sowie auch Daalder 1989). Starke organisierte Interessen, Verhandlungen und institutionelle Arrangements konfligierender Interessen gelten weiterhin als prägende Faktoren der niederländischen Verhandlungsdemokratie.

2.2 Proporz und Kompromiß als Merkmale der niederländischen Konsensdemokratie

Die wichtigsten *Regeln für politische Konfliktlösungen* beruhten und beruhen in den Niederlanden auf der Repräsentation aller als entscheidungsrelevant anerkannten Gruppen. Zu den wichtigsten Mechanismen der politischen Konfliktlösung zählen ausgebreitete Anhörungs-, Beratungs- und Verhandlungsverfahren im Rahmen eines politikfeld-überschreitenden politischen Tauschs. Kompromiß-orientierte (meist informelle) Interaktionen sind dabei in der Regel wichtiger als formalisierte Vetorechte von Minderheiten. Hierbei ist ein Doppelcharakter auffällig: Es gibt kaum Hürden für die Organisationsfähigkeit. Neben diesem hohen Grad an Repräsentationskapazität, steht aber ein sehr selektiver Zugang zu den Schalthebeln der politischen Macht, die in aller Regel bis Ende der 60er Jahre ausschließlich Vertretern der etablierten Säulenorganisationen offen stand. Trotz nachfolgender Demokratisierung ist es auch nach dem Ende der Versäulung den vier großen politischen Parteien gelungen, die Kerninstitutionen des parlamentarischen Regierungssystems weitgehend zu dominieren.

Beispiele für Proporzregelungen lassen sich in den Niederlanden auf nationaler, lokaler und provinzialer Ebene ebenso finden wie im Bereich der sozio-ökonomischen Interessenvermittlung:

– Das Wahlrecht in den Niederlanden ist als reines Verhältniswahlrecht ausgelegt. Es gibt keinerlei Sperrklausel. Landesweit reichen 0,67 % der Stimmen aus, um eines der 150 Mandate in der Zweiten Kammer zu erlangen. Der Wähler verfügt über eine Stimme. Bei den Parlamentswahlen ist das Land administrativ in 19 Wahlkreise eingeteilt; die Ergebnisse werden jedoch landesweit zusammengerechnet und anschließend die Sitze proportional auf die Parteien verteilt. Wahlkämpfe sind in den Niederlanden auf einige wenige Wochen beschränkt. Für Wahlkämpfe geben auch die großen Parteien meist deutlich weniger als eine Mio. Gulden aus (vgl. Kleinfeld 1998).

–   Auf nationaler Ebene erbrachte das Ende der versäulten Konkordanzdemokratie zunächst eine (noch) größere Instabilität von Koalitionsregierungen (vorzeitige Beendigung von Legislaturperioden fanden statt: 1963, 1971, 1981 und 1989) sowie noch längere und kompliziertere Koalitionsverhandlungen (Ausnahme: 1986). Die Regierungen zwischen 1946 und 1967 verfügten meist über eine Zweidrittelmehrheit in der Zweiten Kammer. Es handelte sich also um „Breite-Basis-Kabinette. Sieben von zehn Regierungen waren in dieser Zeit sogar „oversizend coalitions". 1971 wurde erstmals das Kartell der fünf Säulenparteien bei der Regierungsbildung aufgebrochen. Die ehemaligen versäulten Hauptparteien haben sich jedoch nach einer krisenhaften Phase zwischen 1967 und 1972 trotz Entsäulung und eines verschärften zwischenparteilichen Wettbewerbs inzwischen reorganisiert und weitgehend stabilisiert. Ende der 90er Jahre nahmen sie wieder fast 70 % aller Parlamentssitze ein und kamen zusammen mit der regelmäßig seit den 70er Jahren an Regierungen beteiligten D'66 auf immerhin mehr als 80% der Parlamentssitze. VVD, PvdA und CDA sind dabei fast gleichstark. Die „violette" Regierungskoalition konnte ihren Mandatsanteil bei den Wahlen 1998 leicht von 61,4 auf 64,6% erhöhen. Obwohl rein arithmetisch nicht notwendig, nahmen PvdA und VVD (zusammen 55% der Mandate) D'66 als Koalitionspartner hinzu, zum einen weil diese Partei erst die Regierungsbildung von 1994 ermöglicht hatte, zum anderen auch um einen Zwischenpuffer zwischen dem sozialdemokratischen und dem marktliberalen Block zu haben. Allerdings sind seit 1967 „oversized coalitions" eigentlich zur Ausnahme geworden (3 von 12 Regierungen), wobei in fast vier Fünftel der Zeit „minimal winnig coalitions" an der Macht waren. Die durchschnittliche Gesamtstärke der Koalitionsregierung im Parlament reduzierte sich auf knapp unter 60%. Der Anteil aller konfessionellen Stimmen hat bei der letzten Wahl 1998 mit nur noch rd. 25% (CDA: 18,4%) einen neuen historischen Tiefpunkt erreicht.

–   Die Verfassungsorgane von Provinzen und Gemeinden kennen bis heute einen von der Krone, d.h. der Regierung, ernannten und nicht gewählten Bürgermeister bzw. Königlichen Provinzkommissar. Allen Ernennungen liegen dabei im Zweifelsfall eher landesweite parteipolitische Proporzaspekte zugrunde. Allerdings wird bei der Auswahl in der Regel den Mehrheitsverhältnissen im Gemeinderat, der ein eigenes Kandidatenprofil erstellt, Rechnung zu tragen gesucht. Nur selten wird ein Bürgermeister aus der eigenen Gemeinde ernannt. Parteipolitisch dominieren Vertreter der drei größten Parteien. Die Ernennung des Bürgermeisters geschieht auf der Basis eines Dreierlisten-Vorschlages des Königlichen Kommissars, den dieser wiederum auf der Grundlage des Gutachtens der sogenannten *Vertrauenskommission* des Rates erstellt. Dem Verfahren gehen auf nationaler Ebene intensive interfraktionelle Vorbesprechungen im Innenausschuß des Parlamentes voraus. Faktisch fungiert der Innenminister als Ernennungsinstanz. Bei der Ernennung von Bürgermeistern in Großstädten über 50.000 Einwohnern und in Provinzhauptstädten wird der gesamte Ministerrat konsultiert. Hier gilt bis heute die informelle Regelung, daß die Bürgermeister der vier „großen" Städte nicht allesamt von einer einzigen Partei gestellt werden sollen. Ende Januar 2000 legte die Staatskommission für Dualismus und lokale Demokratie ihren Endbericht vor, in der erstmals eine Direktwahl des Bürgermeisters in den vier größten Städten gefordert wird und nach dem der Personalvorschlag des Gemeinderats eine viel durchschlaggebendere Bedeutung bekommen soll. Die Realisierungschancen einer Direktwahl sind jedoch angesichts der sofort ausgelösten, kontroversen öffentlichen Debatte eher skeptisch zu bewerten.

– Trotz erheblicher Größenunterschiede unterliegen alle niederländischen Gemeinden dem gleichen Gemeindegesetz, das ihre innere Ausgestaltung regelt. Oberstes Organ ist der Gemeinderat, der nach dem Prinzip der Verhältniswahl für vier Jahren gewählt wird. Der Rat wählt aus seiner Mitte die Beigeordneten (wethouders). 1995 gab es in den Niederlanden insgesamt 1816 Beigeordnete, die zusammen mit dem Bürgermeister das „Kollegium von Bürgermeister und Beigeordneten" bilden. Die Zusammenstellung der kommunalen Magistrate hat in den siebziger Jahren einen tiefgreifenden Wandel erlebt. Vollzog sich noch 1970 die Magistratsbildung in 84 der 90 größten Kommunen ohne jegliche Programmabsprache zwischen den beteiligten Fraktionen (das waren zumeist die etablierten Säulenparteien), so hat sich dieser Anteil inzwischen drastisch verringert. Die meisten Magistrate werden aber noch immer nach dem sogenannten proporzgebundenen „Abspiegelungsprinzip" auf einer möglichst breiten Koalitionsbasis zusammengestellt. Nur in den größeren Städten trifft man auch Magistrate an, die von einer Koalition von Parteien gebildet werden, die entweder mit einem gemeinsamen Programm vor der Wahl angetreten sind (Programm-Modell) oder sich nach der Wahl in Koalitionsverhandlungen zusammengeschlossen haben (Koalitions-Modell).

– Auch an der Besetzung der Deputiertenausschüsse, dem Gegenstück der kommunalen Magistrate auf der Ebene der niederländischen Provinzen, werden bis heute in aller Regel nur Mitglieder der drei bzw. vier großen etablierten Parteien beteiligt. Eine Beteiligung neuer Parteien, wie der linksliberalen D'66, gehört bislang ebenso noch zu den Ausnahmen wie eine Koalitionsbildung ohne Beteiligung aller ehemaligen Säulenparteien (PvdA, CDA, VVD). Außer in Süd-Holland und Flevoland, wo jeweils eine der großen Parteien nicht aufgenommen worden war, verfügten bis zu den Provinzwahlen 1999 die im Deputierten-Ausschuß vertretenen Parteien überall über einen Sitzanteil, der eine 2/3-Mehrheit sicherte. Dies verweist auf den eher konkordanzdemokratisch geprägten Charakter der Provinzpolitik. Obwohl die Entwicklung der Provinzen durch die Versäulung strukturell eher behindert wurde (Kleinfeld 1990), haben sich hier noch am stärksten einige der „Spielregeln" der versäulten Konkordanzdemokratie erhalten können. Außerdem werden fast alle Beschlüsse im Deputiertenausschuß auf Grund der Kombination aus Kollegial- und Proporzprinzip von den Vertretern aller großen Parteien getragen. Eine eigenständige Oppositionsrolle kommt nur den kleinen und daher nicht im Deputiertenausschuß vertretenen Parteien zu, die im Normalfall kaum über effektive Informationen aus der Verwaltung verfügen und daher höchstens durch Öffentlichkeitsappelle versuchen können, ihre strukturelle Machtlosigkeit zu kompensieren.

– Im Bereich der Sozialpolitik sind die wichtigsten Gremien, die unter Beteiligung der Sozialpartner besetzt werden der *Ziekenfondsraad* (ZFR; Krankenversicherung), der *Nationale Raad voor de Volksgezondheid* (RVG; Gesundheitsrat) sowie der *Sociale Verzekeringsraad* (SVR; Sozialversicherungsrat). Hinzu kommen als weitere einflußreiche sozialpolitische Gremien u.a. die *Commissie Tarieven Gezondheidszorg*, die *Commissie Ziekenhuisvoorziening* sowie die Beiräte der *Sociale Verzekeringsbank*. Die Ernennung der Vorsitzenden dieser Gremien erfolgt in der Regel durch die Krone (sprich: durch das Kabinett). Bei seiner Ernennungspolitik muß das Kabinett einen parteipolitischen Proporz wahren, der zwar nirgends formell festgeschrieben ist, aber zu den unverrückbaren Spielregeln der Verhandlungsdemokratie gehört. Zumindest die drei größten Parteien (CDA, PvdA und VVD) stellen hierbei unabhängig von ihrem aktuellen Status als Regierungs- oder Oppositionspartei in einem der großen nationalen Beratungsgremien den Vorsitzenden.

– Als Folge der niederländischen Verhandlungsdemokratie wurde in den Industrie- und Handelskammern *(Kamers van Koophandel)* den Repräsentanten der Arbeitnehmer (d.h. den Gewerkschaften) nach dem 2. Weltkrieg eine drittelparitätische Beteiligung (neben den Gruppen der Groß- und Kleinbetriebe) rechtlich zugesichert.

– Anfang der 80er Jahre wuchs die politische Rückendeckung für Bemühungen, um die Zahl der nach Proporzkriterien zusammengestellten staatlichen Beratungsgremien zu vermindern. Dies geschah zunächst mit einer nicht unbedeutenden Gruppe sehr kleiner, spezialisierter und mitunter inaktiver Beratungsgremien. Die meisten der in der unmittelbaren Nachkriegszeit geschaffenen Verhandlungssysteme blieben auch unter den veränderten Rahmenbedingungen bis heute bestehen. Demgegenüber wurden die erst zum Ende der Versäulungsperiode geschaffenen

Beratungs- und Verhandlungsgremien öfters und mit mehr Erfolg zum Ziel von Reorganisationsplänen.

– Der 1950 gegründete *Sociaal-Economische Raad* (SER) umfaßt heute 33 Mitglieder (bis Ende der 80er Jahre: 45 Mitglieder), die formell von der Krone ernannt werden. Für alle Mitglieder gilt das Prinzip des freien Mandats. In der Praxis können die Vertreter der Arbeitnehmer- und Arbeitgeberorganisationen allerdings kaum ohne Rücksprache handeln. Zwei Drittel der SER-Mitglieder werden paritätisch durch die gesetzlich als repräsentativ anerkannten Organisationen von Arbeitnehmern und Arbeitgebern zur Ernennung durch die Krone vorgeschlagen.[12] Ein Drittel der SER-Mitglieder werden als unabhängige Sachverständige von der Krone ernannt. Genau genommen gibt es eine doppelte Parität zwischen Arbeitnehmer- und Arbeitgebervertretern einerseits und den drei konstituierenden Teilgruppen (Kapital, Arbeit, Sachverständige) andererseits. 1976 schaffte es erstmalig eine nicht versäulte Organisation (*Raad van Overleg voor Middelbaar en Hoger Personeel*, MHP), als repräsentative Arbeitnehmervertretung anerkannt zu werden. Dies brachte dem MHP nach heftigem Widerstand der etablierten Organisationen einen Sitz im SER ein, der dem Kontingent des Christdemokratischen Gewerkschaftsdachverbandes CNV abgezogen wurde. Quasi als Ausgleich erhielt 1980, als der Kreis der repräsentierten Arbeitnehmer um die Beschäftigten im öffentlichen Dienst und im zumeist staatlich subventionierten quartiären Sektor erweitert wurde, der CNV einen zusätzlichen Sitz.[13] Die Kronmitglieder verkörpern das Prinzip des Sachverstandes im SER. Die meisten dieser unabhängigen Sachverständigen rekrutieren sich aus dem Kreis von Professoren für Rechts-, Sozial- und Wirtschaftswissenschaften.[14] Die Kronmitglieder haben über die Einbringung ihres Sachverstandes eine Art Vermittlerrolle zwischen den Sozialpartnern inne, nehmen Anstoßfunktionen wahr, um eventuelle Pattsituationen zu überwinden und verkörpern zugleich die Rolle der Vertreter allgemeiner Interessen. In vielen Kommissionen und Ausschüssen des SER übernehmen sie den Vorsitz. Auch für die Kronmitglieder gilt eine Art Proporz, was ihre unterstellte Zugehörigkeit zu ein-

---

12 Grundsätzlich gilt, daß eine repräsentative Organisation einen nicht unbedeutenden Teil der von ihr vertretenen Gruppe umfassen muß. Trotz immer wieder unternommener Anläufe ist die Zulassung von nicht bei einem Dachverband angeschlossenen Organisationen bzw. eine Vertretung der nicht-organisierten Arbeitnehmer und Unternehmer (etwa durch eine Direktwahl der SER-Mitglieder) bislang von der Mehrheit der SER-Organisationen und von einer Mehrheit in Parlament und Regierung abgelehnt worden.

13 Heute gilt folgende Sitzverteilung bei den Arbeitnehmerorganisationen: 7 Vertreter stellt die FNV, 2 der CNV und je ein Mitglied stellen die MHP und der neue Zusammenschluß kategorialer Gewerkschaftsorganisationen AVC.

14 Ex officio sind darüber hinaus der Präsident der Niederländischen Bank sowie des *Centraal Planbureau* Mitglieder des SER als Vertreter der Krone.

zelnen politischen Strömungen anbetrifft. Förmliche Kriterien ihrer Ernennung sind niemals offengelegt worden. An dem Ernennungsvorschlag sind zumeist die Fraktionsspitzen der entsprechenden politischen Strömungen beteiligt. Allerdings schlägt sich die Parteimitgliedschaft nicht unbedingt im Abstimmungsverhalten nieder und sind gerade Vertreter dieser Gruppe um den Nachweis ihrer Unabhängigkeit bemüht. Der Vorsitzende des SER wird von der Krone nach vorheriger Anhörung aus dem Kreis der SER-Mitglieder ernannt. Hierbei hat sich die Praxis herausgebildet, den Vorsitzenden aus den Reihen der Sachverständigen zu wählen, wobei er als ungeschriebenes Recht der Zustimmung aller vertretenen Gruppen bedarf. Die beiden Stellvertreter wählt der SER selbst, der hierbei die beiden Gruppen berücksichtigt, denen der Vorsitzende nicht angehört. Formell bleibt der Vorsitzende im SER stimmberechtigtes Mitglied; ob er dieses Stimmrecht wahrnimmt, bleibt ihm selbst überlassen. Der SER ist einerseits die Spitze eines ganzen Komplexes von weiteren spezialisierten Beratungsgremien, andererseits ist er über personelle Verflechtungen seiner Mitglieder mit anderen nationalen Beratungszirkeln wie dem Wissenschaftlichen Beirat für Regierungspolitik (WRR), dem Zentralen Planungsamt (CPB) und dem soziokulturellen Planungsamt (SCP) verbunden. Rotation und Verflechtung prägt das Personalkarussell an der Spitze der großen nationalen Beratungsorgane. So wurde Anfang der 90er Jahre der Ex-Vorsitzende des „Konkurrenzbetriebes" WRR, Quéne, Vorsitzender des SER, während einer der stärksten Anhänger korporatistischer Politikstrukturen (Ex-Sozialminister Albeda) zum Vorsitzenden des stärker technokratischen WRR ernannt und später selbst wiederum von einem Finanzökonomen und Schlüsselfigur der ersten beiden Lubbers-Regierungen (Ex-Staatssekretär Rutten) abgelöst wurde. 1998 wurde der damalige SER-Vorsitzende Klaas de Vries (PvdA) und frühere Vorsitzende des niederländischen kommunalen Spitzenverbandes VNG zum neuen niederländischen Sozialminister ernannt. Als sein Nachfolger im SER wurde ein Vertreter, der der größten Oppositionspartei angehört (Wijfels, CDA), nominiert.

–   Auf Initiative eines rechtsliberalen Abgeordneten hob das niederländische Parlament 1994 die bisherige Verpflichtung der Regierung zur Einschaltung des SER bei allen wirtschafts- und sozialpolitisch relevanten Maßnahmen auf. Weiteres Reformziel war die Abschaffung des Systems der öffentlich-rechtlichen Betriebs- und Produktschaften, als deren Spitzenorgan der SER eigentlich gegründet worden war. Diese nach dem Zweiten Weltkrieg als Kompromiß zwischen Sozialdemokraten, Katholiken und Protestanten gegen den Widerstand der Liberalen eingeführte Form einer öffentlich-rechtlichen Wirtschaftsstruktur sollte die gesamte niederländische Volkswirtschaft umfassen. Während ihr ein Erfolg im industriellen Bereich versagt blieb, bestimmte sie bis heute wesentlich die Strukturen in den Bereichen Landwirtschaft und Einzelhandel. Ende 1995 willigte der SER überraschenderweise darin ein, daß sich die „Landbouwschap" als die bei weitem mächtigste Institution der niederländischen Landwirtschaft selbst auflöst. Weitergehende Pläne der Regierung trafen aber auf deutlichen Widerstand im SER, der seinerseits ein Modernisierungskonzept für das System der öffentlich-rechtlichen Einrichtungen des Wirtschaftslebens vorschlug, daß kürzlich auch vom Wirtschaftsminister übernommen worden ist.

– Mit dem Verschwinden der Säulenstrukturen löste sich also nicht gleichzeitig die dazugehörige Notwendigkeit einer ständigen Koalitionsbildung im parlamentarischen Bereich und institutioneller Arrangements beim außerparlamentarischen Interessenausgleich auf. Koalitionen sind auch nach der Phase der Entsäulung der auf parlamentarischer Ebene einzig vorkommende Regierungstypus. Im Bereich der Interessenvermittlung zwischen Staat und Sozialpartnern existieren mit dem Sozial-Ökonomischen Rat (SER) und der Stiftung der Arbeit (SvdA) noch immer die Institutionen der bi- und tripartistischen Konsultationen. Beide haben gerade in den letzten fünf Jahren unter dem Stichwort des *Poldermodells* eine auch international stark beachtete, geradezu sensationelle Renaissance erfahren (Kleinfeld 1997 u. 1998).

– Der öffentliche Diskurs über die Zukunft der niederländischen Verhandlungsdemokratie *(overlegdemocratie)* nahm bis Mitte der 90er Jahre bei Parteien und in den Medien zunächst jedoch an Heftigkeit zu. Auch die Christdemokraten, die traditionsgemäß am stärksten mit dem gesellschaftlichen Mittelfeld, wie in den Niederlanden intermediäre Organisationen genannt werden, verknüpft waren, zeigten sich seit dem Amtsantritt von CDA-Ministerpräsident Lubbers bereit, das politikberatende „Rätesystem" flächendeckend zu sanieren und dem Prinzip „Sachverstand" die bisher vorrangige Berücksichtigung sozialer Repräsentanz zu opfern. Die meisten niederländischen Beobachter erwarteten eigentlich, daß am Ende des 1982 mit dem Abkommen von Wassenaar eingeleiteten Kurswechsels die Auflösung der niederländischen Verhandlungsdemokratie stehen würde. Die Kritik spitzte sich zu im Vorwurf korporatistischer Erstarrung der parlamentarischen Demokratie. Vor dem Hintergrund der Globalisierung der Wirtschaft und zunehmender europäischer Integrationsprozesse tauge die Verhandlungsdemokratie höchstens noch folkloristisch als eine Art „Madurodam" (dem holländischen Legoland), in dem im Gegensatz zur international dominanten „Karawanenmentalität" noch immer eine Art „Zitadellen-Mentalität" vorherrschte (Klamer 1990). Die Organisationen der niederländischen Sozialpartner gerieten unter zusätzlichen Druck, als ihnen im politischen Raum die politische Verantwortung für die aus dem Ruder gelaufenen Kosten der Arbeitsunfähigkeitsversicherung zugeschrieben wurde. Vor diesem Hintergrund stellte Mitte der 90er Jahre die Regierung die Ausführungsorganisation aller branchenspezifisch und von den Sozialpartnern ausgeführten Sozialregelungen um.

– Diese kritischen Töne, die mit unterschiedlicher Begründung fast unisono aus den Reihen von Gewerkschaften und Arbeitgebern und von fast allen politischen Parteien zu hören waren, sind inzwischen weitgehend verschwunden. In den vielen Vorträgen für den wachsenden internationalen Besucherstrom, der inzwischen zum niederländischen Modell pilgert, verweisen fast alle niederländischen Auskunftgeber auf die international einmalig gute Zusammenarbeit der Sozialpartner untereinander und zwischen Sozialpartnern und Staat als gesellschaftspolitische Rahmenbedingung für den Erfolg des Poldermodells. Selbst die rechtsliberale VVD als schärfste Kritikerin der korporatistischen Verhandlungsdemokratie in der Vergangenheit bekennt sich inzwischen zu ihrem Nutzen (ausführlich dazu Kleinfeld 1997).

– Ende der 90er Jahre ist das Bild der niederländischen Verhandlungsdemokratie und ihre Strukturen institutionalisierter Interessenvermittlung also eher noch komplexer geworden. Die Legitimationsgrundlage zur Teilnahme an Verhandlungsprozessen ist utilitaristischer (d.h. kalkulierender, zweckorientierter) und damit auch funktionaler und pragmatischer geworden. Dies senkte einerseits die Schwelle für den notwendigen Grundstock an Gemeinsamkeiten, andererseits gab es vor dem Aufkommen der Poldermodell-Debatte aber auch keinen gemeinsam geteilten normativen Basiskonsens (und keine festen Bündnisstrukturen zwischen einzelnen Verbänden und Parteien) mehr. In der Folge sind Beratungs- und Verhandlungsprozesse in den letzten zwanzig Jahren eher konfliktreicher und ritualisierter, gleichzeitig aber auch ergebnisorientierter geworden. Die Bargaining-Qualitäten der Verhandlungsführer gewinnen in offenen Entscheidungssituationen und angesichts der Notwendigkeit zur meist situativ erfolgenden Suche nach Bündnispartnern an Bedeutung. Die strategische Handhabung von Voice- und Exit-Optionen ebenso wie eine gute Beherrschung des Schwarzen-Peter-Spiels gewinnt an Raum. Die Mechanismen der Interessenvermittlung von Staat und Sozialpartnern haben die Versäulung für das Fortbestehen der niederländischen Verhandlungsdemokratie nicht nötig gehabt. Somit stellt das Poldermodell auch weniger eine völlig neue Entwicklung dar, sondern präsentiert sich eher als eine Modernisierung der traditionellen niederländischen Verhandlungsdemokratie, die weniger auf Konsens als vielmehr auf aktiver Kompromißsuche beruht.

III.   Konkordanzdemokratische Elemente in Deutschland und den Niederlanden im Vergleich

Thesenartig sei abschließend auf einige Besonderheiten, Eigenarten, Übereinstimmungen und Differenzen in den sozialen, ökonomischen, politischen und kulturellen Systemen Deutschlands und der Niederlande eingegangen. Den räumlichen Bezugsrahmen für den Vergleich bildet (West-)Europa. Innerhalb dieses Vergleichsmaßstabs erscheinen die Unterschiede zwischen beiden Staaten noch genügend faßbar. Von einem außereuropäischen Beobachterstandpunkt aus schrumpfen die Unterschiede allerdings und werden beide Länder doch eher als unterschiedliche Varianten des gleichen Grundmodells eines „rheinischen Kapitalismus" wahrgenommen.

III.1   Übereinstimmungen

Gemeinsam ist beiden Ländern eine im wesentlichen über den Markt bestimmte kapitalistische Wirtschaftsordnung und Produktionsweise, wobei Handel und Dienstleistungen in den Niederlanden schon immer eine stärkere Rolle spielten als im viel stärker industrialisierten Deutschland. Noch immer beherrscht in der deutschen Standortdebatte die Zukunft der Industrie die Diskussion. Gemeinsam ist in beiden Ländern die hohe Abhängigkeit der nationalen Volkswirtschaft vom Export. Beide Länder weisen ein hohes Maß an institutioneller Parität in verschiedenen Formen sozio-ökonomischer Interessenvermittlung aus: auf deutscher Seite das Modell der Tarifautonomie, der Mitbestimmung und das Konzept der Sozialen Marktwirtschaft, auf niederländischer Seite das Modell der Sozialpartnerschaft, der „overleg"-Ökonomie und das Konzept der „mixed economy", das in den letzten Jahren als „Poldermodell" international Furore machte.

Gemeinsam ist beiden Ländern seit 1945 die verstärkte Einbindung in den europäischen Wirtschaftsraum und die zunehmende Einbindung in die Weltwirtschaft. Beide Faktoren setzen die Eigenständigkeit der nationalen Volkswirtschaften unter starken Anpassungsdruck. Die besondere Weltmarktabhängigkeit der Kleinstaaten wird bei Katzenstein (1985) als ein entscheidender Grund für die stärker auf Konsens und Zusammenarbeit gerichtete Politik der ökonomischen und politischen Eliten in kleineren Staaten gesehen, wohingegen „Bündnisse für Arbeit" und „Konzertierte Aktionen" in größeren Staaten wie der Bundesrepublik eher zu den Ausnahmen im politischen Alltagsgeschäft gehören.

Gemeinsam ist beiden Staaten die grundsätzliche Einrichtung ihres politischen Systems als parlamentarisch-repräsentative Demokratien mit allgemeinem Wahlrecht und die seit den 80er Jahren verstärkte Diskussion um eine Ergänzung der repräsentativen Demokratie durch direktdemokratische Komponenten. Die niederländische Konkordanzdemokratie stand mit ihren

Proporzregelungen und der starken Rolle der Organisationseliten in Interessenvermittlungsstrukturen in einem gespannten Verhältnis zu direktdemokratischen Beteiligungsformen, die erst durch die linksliberale D'66 Eingang auf die Ebene von Koalitionsverhandlungen fand, während in Deutschland der Föderalismus eher als Schutzwall gegen die Einführung direktdemokratischer Elemente auf Bundesebene wirkte, wohingegen Plebiszite sich auf Kommunal- und Landesebene inzwischen flächendeckend verbreiten konnten.

In beiden Ländern spielen autochthone ethnische Minderheiten ebenso wenig eine Rolle wie ein Sprachenstreit à la Belgien (der Sonderstatus der Friesen oder Sorben hat bislang eher folkloristischen und kulturellen Charakter; über typisch konkordanzdemokratische Beteiligungsrechte verfügt die dänische Minderheit in Schleswig-Holstein). Eine Sonderstellung nehmen in den Niederlanden die niederländischen Staatsbürger aus den ehemals kolonialen Gebieten des Königreiches ein, deren Problematik – bei allen Grenzen eines derartigen Vergleichs – am ehesten noch mit der Gruppe der deutschstämmigen Aussiedler in Deutschland verglichen werden kann. In beiden Ländern haben separatistische Bewegungen im 20. Jahrhundert keine große Rolle gespielt.

III.2 Unterschiede

Zu den strukturellen Faktoren, die das Verhältnis beider Länder prägt, gehört die unterschiedliche Größe beider Länder. Die Niederlande sind etwa so groß wie das Bundesland Nordrhein-Westfalen. Der Größenabstand zwischen beiden Ländern ist durch die deutsche Vereinigung 1989 noch sichtbarer geworden. Gleiches gilt auch für die Einwohnerzahlen. Auch hier entsprechen die Niederlande mit ca. 15 Mio. Einwohnern größenmäßig dem Land NRW.

Im historischen Prozeß spielte die Religion für Politik und Gesellschaft in beiden Ländern eine unterschiedliche Rolle. Obgleich beide Länder zu der Gruppe der konfessionell gespaltenen Nationen gehören, ist die Bedeutung des Faktors 'Konfession' für die Niederlande höher zu veranschlagen. In Deutschland ist die Konfessionsfrage nur eine Konfliktlinie unter mehreren geblieben, in den Niederlanden hingegen kam ihr eine herausragende Rolle im Prozeß der Staatsgründung zu und der Faktor Konfession wirkte über die Versäulung bis in die 70er Jahre hinein unmittelbar stark organisations-, verhaltens- und meinungsprägend.

Das Bürgertum verfügte in den Niederlanden nicht nur über die ökonomische Macht (wie auch in Deutschland), sondern war praktisch schon mit der Staatsgründung auch an der politischen Macht beteiligt, während der Adel in den Niederlanden politisch schon früh entmachtet wurde (dies im Gegensatz zu Belgien, was einer der Gründe dafür war, daß die beiden Länder 1830 endgültig eigene politische Wege gingen). Die späte Industrialisierung und die stärkere Orientierung auf das Handels- statt das Industriekapital hat in den Niederlanden den zahlenmäßigen Umfang der Industriearbeiterschaft relativ gering gehalten. Am besten kann man die Niederlande vielleicht als „Hort" der Mittelschichten und des Kleinbürgertums bezeichnen, wohingegen diese Gruppen in Deutschland lange Zeit eher schwächer blieben. Demgegenüber bildete sich in Deutschland eine zu auch über soziale Klassen definierende Frontstellung zwischen sozialistischer Arbeiterbewegung und bürgerlichem Lager heraus, während in den Niederlanden sozio-ökonomische und konfessionelle Konfliktlinien sich gerade innerhalb der konfessionellen Säulen überschnitten, was dazu führte, daß der politische Katholizismus, der einen starken Arbeitnehmerflügel und die katholische Unternehmerschaft binden konnte, im politischen System bis in die jüngste Gegenwart hinein eine Art Zentrumsposition mit sozialen Ausgleichsfunktionen verkörperte.

Von der Staatsform her sind die Niederlande, die sich bis zur Zeit Napoleons zunächst als eine Republik von sieben Provinzen gegründet hatten, seit 1815 eine konstitutionelle Monarchie geblieben, der seit 1917 eine parlamentarische Demokratie zugrunde liegt. Demgegenüber haben sich in Deutschland seit 1866 mindestens fünf politische Regime abgewechselt, deren Bandbreite von der republikanischen bis zur diktatorischen Staatsform reichte. Die Gemeinden verfügen in den Niederlanden einerseits über eine verfassungs- und finanzrechtlich schwächere Position als die mit einer Selbstverwaltungsgarantie (Artikel 28 Grundgesetz) ausgestatteten deutschen Städte und Gemeinden. Andererseits ist die historisch gewachsene Stellung der niederländischen Städte und Gemeinden in der politischen Praxis stärker. Die Provinzen sind zwar staatsrechtlich wie die deutschen Bundesländer die höchste unterhalb des Zentralstaates angesiedelte, mit einer gewählten Vertretungskörperschaft ausgestatteten gebietskörperschaftliche Ebene, von ihren Aufgaben und Funktionen her sind die relativ machtlosen niederländischen Provinzen aber eher mit Bezirksregierungen bzw. Landkreisen zu vergleichen.

Der niederländische Staatsaufbau ist also nicht föderalistisch. Das Reich als Zentralstaat verfügt über weitergehende Durchgriffsrechte bis hinunter auf die Ebene der Gemeinden. Ein institutionell verankerter Zwang zur Rückkoppelung mit Provinzen und Gemeinden wie im Bundesrat und in der Praxis des kooperativen Föderalismus existiert nicht. Politische Willensbildung, politische Entscheidungen und ihre Implementation tragen in den Niederlanden einen stärker zentralisierten Charakter als in Deutschland. Eine Folge davon ist die Konzentration einer großen Zahl von Interessenorganisationen am politischen Prozeß auf zentralstaatlicher Ebene, was die Etablierung konsensdemokratischer Verfahren sicherlich erleichterte. Räumlich und sozial spricht man in den Niederlanden von den berühmt-berüchtigten „Haagse kringen" (Haager Kreise), die eine relativ homogene, zahlenmäßig überschaubare politische Klasse bilden. Die politischen und sozialen Interaktionen in den Netzwerken dieser Akteure sind dicht und intensiv, in vielen Fällen überformen persönliche Kontakte funktionale Beziehungen. Hierin liegt ein tragender Bestandteil der korporatistischen und konkordanzdemokratischen niederländischen „overleg"-Demokratie, die sich durch eine starke Suche nach Kompromissen und Konsensformen auszeichnet.

Einen weiteren gravierenden politischer Unterschied zwischen den Niederlanden und Deutschland stellt das niederländische Vielparteiensystem mit dem eingebauten Zwang zur Bildung von Koalitionsregierungen dar. Damit ist zugleich verbunden, daß Kompromißsuche für die politischen Akteure eine zentrale Voraussetzung für den eigenen politischen Erfolg bildet. Es ist keine politisch erfolgversprechende Strategie, auf den Zeitpunkt zu warten, zu dem man sich die integrale Umsetzung des eigenen Programms erhofft. Erfolgversprechender ist es unter den niederländischen Verhältnissen, bereits die eigenen Programme so zu formulieren, daß zwar der eigene „Stallgeruch" deutlich wird, gleichzeitig aber die aufgestellten Forderungen für potentielle Kooperationspartner anschlußfähig bleiben. Neben dem Kompromißzwang tritt durch die große Zahl der im Parlament vertretenen Parteien gleichzeitig eine ständige politische Konkurrenz hervor. In den Niederlanden drücken wechselnde Koalitionen dem politischen System einen viel stärker prägenden Stempel auf als in der Bundesrepublik mit relativ festen und langen Blockbildungen. Bei der relativ hohen Zahl der politischen Akteure droht ständig, daß man durch andere Koalitionen außen vor gehalten wird. Daher ist die professionelle Beherrschung des auf Kompromißsuche und Verhandlungen abzielenden politischen Spiels eine zentrale Voraussetzung für die Sicherstellung der eigenen Position.

Die Niederlande sind ein Land von Minderheiten. Eine absolute Mehrheit für eine politische Partei hat es auf nationaler Ebene noch nie, auf regionaler Ebene bis in die 70er Jahre hinein allein in der überwiegend katholischen Provinz Limburg gegeben. Koalitionsbildung ist also in den Niederlanden die Regel. Somit wäre der Wunsch, die absolute Mehrheit im Lande erreichen zu wollen, für eine einzelne politische Partei kein realistisches politisches Ziel. Vielmehr erreicht der Gewinner von Wahlen meist nur mit Mühe die 30-Prozentmarke und ist die Zusammensetzung der Parlamente mit mindestens sieben Parteien die ausnahmslose Regel. Zudem spielen politische Parteien in den Niederlanden eine sehr viel bescheidenere Rolle im gesellschaftspolitischen Diskurs und bei der Formgebung von Sphären des öffentlichen Raums als in Deutschland. Die politische Kultur der Niederlande ist lange Zeit durch ausgeklügelte Proporzprinzipien zwischen den Säulen von Katholiken, Kalvinisten, Sozialisten und Liberalen bestimmt worden. Die parlamentarische Demokratie ist in den Niederlanden somit weniger durch die Mehrheitsregel geprägt, die aber als letztes Entscheidungsmittel ebenso wie in Deutschland zur Anwendung kommt. Vielmehr herrscht in den Niederlanden traditionell die Suche nach einem Kompromiß unter Beteiligung aller relevanten Minderheiten vor, ohne diesen formell eine Vetoposition einzuräumen. Es handelte sich bis heute eher um eine kooperative als um eine konkurrierende Demokratie. Allerdings gab und gibt es in den Niederlanden auf nationaler politischer Ebene niemals eine Allparteienregierung wie z.B. in der Schweiz.

Die Niederlande kennen ein jahrhundertelang entwickeltes Übergewicht bzw. einen Vorrang der Gesellschaft über den Staat und eine starke wechselseitige Verschränkung zwischen Staat und Gesellschaft. Auch die lange Zeit dominierende kalvinistische Kirche verstand sich in erster Linie als öffentliche Kirche und nicht als Staatskirche. Etatistisches Denken in Hegelschen Kategorien ist den Niederlanden fremd geblieben. Somit definierte sich die Nation auch weniger über ihre Staatlichkeit bzw. die Abstammung als vielmehr über gesellschaftliche Bezüge und allgemeine Symbole. Dem deutschen Monismus als Ideal stand in den Niederlanden ein gruppenbezogener Pluralismus gegenüber, dessen spezifische Eigenarten durch die Versäulung ihr Gepräge erhielten. Entsprechend überwog und überwiegt bei einer Mehrheit in der niederländischen Bevölkerung Toleranz und Kompromißstreben. Demgegenüber spielten und spielen in Deutschland Ordnung und Autorität eine sehr viel wichtigere Rolle. Gleichzeitig gibt es in den Niederlanden ein anderes Mischungsverhältnis zwischen grundsätzlichen Prinzipien und Pragmatismus. Differenzen über Prinzipien werden in einer pluralistischen Gesellschaft vorausgesetzt, in der Praxis aber nicht besonders betont, da man an ihnen ohnehin festhält. Auf dieser Basis und in dem Wissen, daß keine strukturelle Mehrheit existiert, kann so in der Praxis in Verhandlungen die konsensorientierte Suche nach Zusammenarbeit und gütlicher Einigung vorherrschen.

Legitimation durch Partizipation:
Chancen und Grenzen direkter Demokratie

Wolfgang Luthardt

Das Thema ‚direkte Demokratie' erfreut sich in der deutschen und internationalen Diskussion erheblicher Aufmerksamkeit. Mittlerweile kann man sogar von einer *Wachstumsindustrie* (Kirchgässner) sprechen. So wird ausführlich über die mit direktdemokratischen Politikinstrumenten verbundenen potentiellen Vorteile, Probleme und strukturellen Schwächen diskutiert. Hinzu kommt, daß inzwischen viele westeuropäische Demokratien über – unterschiedlich ausgestaltete – Rechte der bürgerlichen Beteiligung an den öffentlichen Angelegenheiten verfügen. Damit korrespondiert zugleich ein intensiver Gebrauch direktdemokratischer Politikinstrumente (vgl. Gebhardt 1991, Sukksi 1993, Butler/Ranney 1994, Frey/Kirchgässner 1994, Luthardt 1994 u. 1997, Möckli 1994, Schmidt 1995, 1995a sowie 1998, Gallagher/ Uleri 1996, Rüther 1996, Grote 1996, Borner sowie Rentzsch 1997). Einige Beispiele mögen dies verdeutlichen:

- In Österreich, der Schweiz und in Deutschland wurden innerhalb der katholischen Kirche Kirchenvolksbegehren initiiert mit dem Ziel einer stärkeren Berücksichtigung der Interessen der Mitglieder;
- große Aufmerksamkeit haben in den neunziger Jahren die Referenden zur Vertiefung des europäischen Integrationsprozesses hervorgerufen (Luthardt 1995; Grote 1996), diese Referenden beziehen sich auf die Legitimation des Vertrages von Maastricht im Jahre 1992/1993 (Dänemark, Frankreich, Irland). Diese Debatte wurde durch die Referenden im Rahmen der Erweiterungsrunde im Jahre 1994 weiter fortgesetzt (Österreich, Finnland, Schweden, Norwegen), bei der Ratifizierung des Amsterdamer Vertrages standen wieder Referenden in Dänemark (28. Mai 1998) und Irland an (22. Mai 1998), deren Ausgang in beiden Fällen positiv war. Besonders umstritten zwischen Befürwortern und Gegnern war die Volksabstimmung zum EWR-Beitritt im Dezember 1992 in der Schweiz (vgl. Haller 2000);
- in Italien hat die Benutzung des abrogativen Referendums in den 90er Jahren als Anstoß zu erheblichen Reformen des Wahlrechts und, in einem weiteren Kontext, zur Umstrukturierung des Parteiensystems geführt (vgl. Weber 1994 u. 1995, Uleri 1996, Trautmann 1995 u. 1997);
- in der Schweiz findet seit einiger Zeit wieder eine lebhafte, kontrovers geführte Debatte über die weitere Differenzierung der Volksrechte bzw. eine partielle Begrenzung bei bestimmten Politikmaterien statt, die insbesondere auch in der derzeit in der Diskussion befindlichen Debatte

der Nachführung der schweizerischen Bundesverfassung zu sehen ist
(vgl. Trechsel/Kriesi 1996, Borner/Rentzsch 1997, Linder 1997, Haller
2000, Rhinow 2000);

- in Österreich wurde 1997 ein, das Parlament nur informierendes Volksbegehren initiiert, welches insbesondere Frauen verbesserte soziale und
rechtliche Möglichkeiten anbieten soll (Sauer 2000);

- in Großbritannien haben die, entgegen Ende der 70er Jahre, nunmehr
positiv verlaufenden Devolution-Referenden in Schottland und Wales
im Jahre 1997 eine Art ‚Föderalisierung' legitimiert, die von der New
Labour-Regierung unter Tony Blair initiiert wurde; hinzu kommt, daß
im Referendum vom 7. Mai 1998 die Bevölkerung in London sich mit
großer Mehrheit für die, ab dem Jahre 2000 erstmals stattfindende Direktwahl des Londoner Bürgermeisters ausgesprochen hat. Erwähnens-
wert ist ebenfalls das für den 22. Mai 1998 anberaumte Referendum zur
Nordirland-Problematik, welches das ausgehandelte Friedensabkommen
legitimierte und sowohl in der Republik Irland als auch in Nordirland
stattfand. In beiden Fällen wurde ein deutlich positives Ergebnis erzielt;

- in *Deutschland* verfügen nunmehr alle Landesverfassungen (vgl. Kla-
ges/Paulus 1996, Schiller/Lackner 2000) über Instrumente direkter Demokratie; eine ähnliche Tendenz läßt sich auch auf der kommunalen
Verfassungsebene nachweisen (vgl. Naßmacher 1997, Roth 1997: 430-
435); neben diesen entscheidungspolitisch ‚harten' Instrumenten existieren ferner eine Reihe ‚weicher' Formen der Mitbeteiligung. Hierunter
fallen u.a., wie dies Everhard Holtmann (1996: 212) dargelegt hat, die
an den Gemeinderat oder Kreistag gerichtete erweiterte Fragestunde
oder Vorschlagsrechte der Einwohner-/Bürgerversammlung bzw. der
Einwohner-/Bürgerantrag an den Gemeinderat oder den Kreistag. Mittlerweile werden darüber hinaus zahlreiche Bürgerbegehren innerhalb
der kommunalen Politikarena initiiert. Hinzu kommen des weiteren seit
Beginn der neunziger Jahre vermehrt auch Volksbegehren innerhalb der
landespolitischen Kontexte (vgl. Klages/Paulus 1996, Schiller/Lackner
2000). Darüber hinaus werden im Rahmen der, hier bewußt weit gefaßten, Diskussion Reformvorschläge zur Revitalisierung der innerparteili-
chen Demokratie im Sinne von Urwahlen erörtert (vgl. Alemann 1995:
114-124, Jesse 1996, Reichardt-Dreyer 1997, Niclauß 1997), deren Ziel
auf eine „Öffnung zur Parteibasis in wichtigen Fragestellungen" (Ell-
wein/Hesse 1997: 112) hinausläuft.

Dieser Beitrag bezweckt nun, verschiedenen der darin enthaltenen Aspekten
etwas näher nachzugehen. Hierbei dient die folgende Ausgangsthese als
strukturierende Folie:

Instrumente direkter Demokratie sind in ihrer historischen Entwicklung,
Verankerung und Wirkungsweise von den jeweiligen nationalstaatlichen
Rahmenbedingungen und den dort vorhandenen und agierenden Akteuren ab-
hängig. Damit wird zugleich das für demokratische Gesellschaften struktur-

prägende Spannungsverhältnis von Legitimation, Partizipation und verantwortungsbewußtem und entscheidungsorientiertem Politikmanagement thematisiert, welches von konstitutiver Bedeutung für direktdemokratische Politikentscheidungen ist.

I. Problemstellung

Unmittelbarer Bezugspunkt der Diskussionen um mehr direkte Demokratie ist das *System der parteienpolitisch geprägten repräsentativen Form der Interessenvermittlung.* In der deutschen, aber auch der internationalen Diskussion, läßt sich in der Regel folgender, schlagwortartig zusammengefaßter Argumentationskatalog aufzeigen:

–   Kernelemente der Diagnose sind Phänomene wie Politik- und Parteienverdrossenheit, verschiedenste ‚Krisen'-Phänomene, schwindende Legitimation und Akzeptanz zentraler politischer Institutionen und Akteure. Des weiteren wird eine geringer werdende Leistungsfähigkeit in der Politikverarbeitung als Begründung für die Heilungskräfte der direkten Demokratie herangezogen.

–   Formen direkter Demokratie erscheinen demgegenüber als Therapieinstrumente, welche offenkundig über erhebliche Möglichkeiten der politischen Integration, Legitimation und Akzeptanz verfügen sollen. Hinzu kommt ferner, daß diese Instrumente ebenfalls als partielle Gegengewichte gegenüber als verfestigt rezipierten politischen Institutionen und Akteuren – vor allem den politischen Parteien – verstanden werden. Ein weiteres Argument besteht darin, daß die bürgerliche Vernunft, im Vergleich zu den überwiegend an ökonomischen Verteilungsfragen und der kostenintensiven Bedienung ihrer Wählerklientel orientierten gouvernementalen Akteure über ein kostengünstigeres Bewußtsein verfügen würden. Die Rückgewinnung bzw. die erstmalige Etablierung bürgerlicher Kompetenzen im Sinne der Ausweitung und Handhabung direktdemokratischer Politikinstrumente kann also, so wird argumentiert, positive Auswirkungen zeitigen. Damit wird zugleich auch eine an Effektivitäts- und Effizienzkriterien ausgerichtete, optimal in Erscheinung tretende ‚Produktion öffentlicher Güter' angestrebt und tendenziell verwirklicht.

Die Forderungen nach mehr direktdemokratischer Beteiligung an den öffentlichen Angelegenheiten sind in diesem Kontext nicht nur als sporadisch auftretende Erscheinungsformen üblicher Protestgruppierungen bzw. sich nur negatorisch gegenüber der etablierten Politik verhaltenden Gruppen zu interpretieren. Systematisch betrachtet sind sie vielmehr als ein Bestandteil eines weitreichenden Phänomens veränderter Verhaltensweisen und Einstellungen von Individuen und Gruppen in westlichen Demokratien zu deuten. In der empirischen Sozialforschung finden diese Prozesse zu Recht seit den 70er Jahren intensive Aufmerksamkeit (vgl. Kaase 1995; Kaase/Newton 1995, Sauer 1994). Der Soziologe Helmut Klages (1996: 246) hat den darin angelegten Sachverhalt kürzlich so beschrieben: Der „'schwierigere' Bürger ist durchaus bereit, in der Politik Mitverantwortung zu übernehmen. Er will aber auch hierbei Subjekt seines Handelns sein. Dies bedeutet, daß er in Dingen, die ihn persönlich angehen, gefragt werden will, daß er insbesondere in Bereichen, wo er sich betroffen fühlt, auch ungefragt die eigene Meinung einbringen kann." Die in der Einleitung formulierte Ausgangsthese wird dabei im folgenden im Hinblick auf verschiedene, strukturrelevante Voraussetzungen, Ausgestaltungen und Differenzierungen weiter erörtert. Wie läßt sich nun die angesprochene Aufgabenstellung näher ausgestalten?

II. Merkmale politischer Systeme

Die Herausbildung und Entwicklung parlamentarisch-demokratischer Systeme (vgl. Fraenkel 1991, Patzelt 1995 u. 2000) stellt sich im europäischen Kontext höchst verschieden dar. In vielen europäischen Ländern war es überhaupt erst nach 1945 möglich, eine strukturprägende Verbindung und Vernetzung von Demokratie und Parlamentarismus in die Wege zu leiten. Sowohl die Verfassung der Fünften Republik (1958) in Frankreich als auch der dort ausgestaltete Parlamentarismus und der parteienpolitische Wettbewerb setzen sich grundsätzlich von der politisch labilen, durch zahlreiche Regierungskrisen bestimmten Vierten Republik ab. Erst der Einbezug starker politischer Institutionen und die direkte Wahl des Staatspräsidenten vermochten Strukturprinzipien eines ‚rationalisierten Parlamentarismus' in die Fünfte Republik einzubauen (Kempf 1997).

In Großbritannien hingegen verfügt der Parlamentarismus über tief in der Geschichte angesiedelte Wurzeln, die auch seine monarchisch-feudalen Ursprünge offenlegen. Die dortige ‚Parlamentssouveränität' ist jedoch durch die britische Mitgliedschaft in der Europäischen Gemeinschaft bzw. Europäischen Union nur noch eingeschränkt wirksam (vgl. Abromeit 1995). In vergleichender Perspektive zeigt zudem der britische Parlamentarismus beträchtliche Schwächen gegenüber *politischen* Minoritäten, die aufgrund des Mehrheitswahlrechts zur Zeit nur geringe politische Chancen haben (vgl. Sturm 1997 u. 1997a); die Veränderung des Mehrheitswahlrechts zugunsten des Verhältniswahlrechts bei den Europawahlen ist deshalb als ein richtiger, konsequenter Schritt zu deuten.

Die in der Schweiz vorherrschende Ausgestaltung des Parlamentarismus, gelegentlich auch als „semi-parlamentarisches System" oder, mehr verbreitet, als „Milizsystem" bezeichnet, gibt hingegen aufgrund nur geringer Ausschlußregeln auch kleinen Parteien zumindest im Parlament die Chance politischer Repräsentation, die jedoch durch die Große Vier-Parteien-Koalition, die Regierungskonkordanz, wieder eingefangen wird (vgl. Linder 1994 u. 1997, Haller 2000, Luthardt 1997). Das Präsidialsystem der USA hingegen stellt die ausgeprägteste Form eines sich auf der Bundesebene nur auf zwei Parteien beziehenden politischen Systems dar. Die institutionelle Struktur dieses Systems hat von daher auch beträchtliche Auswirkungen auf die politische Stärke und Funktionen der Parteien und ihre organisatorische Ausgestaltung. Darüber hinaus bedingen die institutionellen Systemstrukturen auch, daß sich in den USA das Verhältnis von direkter Demokratie und Legislative sowie Exekutive wesentlich anders darstellt als in parlamentarischen Demokratien westeuropäischer Ausrichtung (vgl. Fraenkel 1981, Lösche 1989, Stelzenmüller 1994, Jäger/Welz 1995, Luthardt 1999, Gunlicks 2000).

Die direkte Demokratie ist in allen westlichen Demokratien eingebettet in die vorstehend nur knapp skizzierten zentralen Rahmenbedingungen. Die jeweiligen Rahmenbedingungen unterscheiden sich allerdings nicht nur in einem erheblichen Umfang; sie verfügen ebenfalls über deutlich differierende Ausformungen direktdemokratischer Elemente. Besonders hervorstechende Unterschiede lassen sich beobachten, wenn man im westeuropäischen Kontext die Schweiz (vgl. Linder 1994 u. 1997, Luthardt 1997, Haller 2000), Deutschland (vgl. Klages, Paulus 1996; Schiller, Lackner 2000), Italien (vgl. Weber 1994 u. 1995, Uleri 1996, Haller 1997) und Frankreich (vgl. Haller 1995, Grote 1995: 250-258 u. 1996, Kempf 1997: 287) sowie die USA (vgl. Stelzenmüller 1994, Heußner 1994, Gunlicks 2000) gegenüberstellt und dort die jeweiligen Verschiedenheiten im Hinblick auf die direkte Demokratie berücksichtigt.

III. Politische Institutionen und Entscheidungskontinuität

Im Kontext der Ausgangsthese erhalten die politischen und sozialen Institutionen eine relevante, wenngleich unterschiedlich zu gewichtende Rolle zugewiesen (vgl. Mayntz/Scharpf 1995, Nedelmann 1995, Czada 1995, Göhler 1997, Schluchter 1996: 256-278, Luthardt 1999a). Die These hat sowohl weitreichende Auswirkungen auf die institutionellen Arrangements direktdemokratischer Politikinstrumente in den verschiedenen Verfassungskontexten als auch im Hinblick auf das Verhältnis von verfassungsrechtlich bewußt betonten sowie auf politisch und sozial auf relative Dauer gestellten Akteure.

Politische und soziale Institutionen sind die Erscheinungsformen, mittels derer sich die verschiedenen politischen Systeme am deutlichsten voneinander unterscheiden; zweitens ermöglichen Institutionen die Formulierung und Umsetzung komplexer Strategien und die Verwirklichung anspruchsvoller

Ziele. Die Rahmenbedingungen konstituieren die institutionellen Vorgaben, innerhalb derer verschiedene legitime politische Strategien formuliert und Optionen zum Zwecke der Optimierung individueller und vor allem kollektiver Interessendurchsetzung verfolgt werden können (vgl. Scharpf 1987: 26f. u. 1997, Mayntz/Scharpf 1995, Schmidt/Werle 1998: 16-23). Diese können zum Beispiel institutionell orientierte Reformen und Schübe der Modernisierung des politisch-administrativen Systems zum Ziele haben (vgl. Hesse/Benz 1990), aber auch das Ergebnis qualitativ relevanter sozialer Veränderungen darstellen.

In politisch-soziologischer Hinsicht wird damit ein komplexer Bedingungs- und Wirkungszusammenhang zwischen den rechtlich kodifizierten Rahmenbedingungen, den politischen Institutionen und einer durch verschiedene Akteure und Akteurskonstellationen induzierten, teilweise extern, teilweise durch eigendynamische Prozesse (Mayntz/Nedelmann 1987) bewirkten Entwicklung reflektiert. Die vorstehend angesprochene Problematik verweist zudem darauf, daß die Rahmenbedingungen der westlichen Demokratien durch zahlreiche entscheidungspolitische Selektivitätsmuster bzw. Filter und Kanäle geprägt sind, die von Relevanz für die Ausgestaltung und Veränderung von Politiksystemen sein können (vgl. Luthardt 1994); insofern unterscheiden sich westliche Politiksysteme auch dadurch, inwieweit das Muster von ,Öffnung' oder ,Schließung', so Max Weber (Schluchter 1980: 114f.), vorhanden ist und für Reformprozesse herangezogen werden kann. Kurzum: Die „Reformfähigkeit von Industriegesellschaften" (Bentele u.a. 1995), so der programmatische Titel der Festschrift für Fritz W. Scharpf, basiert, ohne nun einem institutionellen Determinismus das Wort reden zu wollen, mit auf den politisch-institutionellen Arrangements und den Fähigkeiten der in ihnen wirkenden Akteure, avisierte Reformvorhaben zu thematisieren und politisch zu bearbeiten.

IV.   Repräsentation und direkte Demokratie

Die Diskussion der eingangs angesprochenen Thematik bezieht sich zudem auf einen immer wieder strittig in der Debatte verhandelten Sachverhalt: Denjenigen zwischen *repräsentativer Demokratie* und *Elementen direkter Demokratie* (vgl. Luthardt 1994 u. 1998, Schmidt 1995, Rüther 1996, Kielmansegg 1996). Zur Verdeutlichung dieser Problematik seien hier zumindest einige notwendige Hinweise knapp angesprochen. Analytisch ist stets vom Typus ,repräsentative Demokratie' auszugehen. Repräsentation und Delegation bzw. Vertretung sind auf dieser grundsätzlichen Ebene als notwendiges Politikmuster heutiger komplexer Gesellschaften zu rezipieren (vgl. auch Czada 1997). In struktur-funktioneller Hinsicht läßt sich Repräsentation als ein Struktur-, Organisations- und Entscheidungsmuster jeder differenzierten

westlichen Demokratie auffassen (vgl. Fraenkel 1991, Steffani 1979, Alemann 1995a, Thaysen 1996, Patzelt 1995, 2000). Es existiert zudem sowohl
in Parteien, Verbänden, Vereinen, Bürgerinitiativen, Nichtregierungsorgani-
sationen, Internationalen bzw. supranationalen Organisationen. Jede demokratische Gesellschaft, die auch nur über ansatzweise komplexe Strukturen
und einen entsprechenden Grad an politischer Arbeitsteilung verfügt, bedarf
repräsentativer Formen (Patzelt 1995 u. 2000).

Das Repräsentationsprinzip gilt im übrigen selbstverständlich auch für
die direkte Demokratie: Ohne zeitlich befristete, quasi-institutionelle Einrichtungen und Infrastrukturen läßt sich *keine* direktdemokratisch organisierte
Initiative begründen und in den verschiedenen entscheidungspolitischen Arenen lancieren (vgl. auch Böckenförde 1991). Die aus methodischen Gründen
immer wieder vorgenommene Entgegensetzung ‚mittelbare' bzw. repräsentative Demokratie versus ‚unmittelbare' Demokratie zielt dabei demgemäß in
die falsche Richtung (vgl. Luthardt 1994, 1997 u. 1998). Diese Gegenüberstellung rekurriert nur auf die im Repräsentationsprinzip auch angelegte entscheidungspolitische Dimension, die dem in Politikentscheidungen direkter
Demokratie angesiedelten, anderen Entscheidungsmodus antinomisch gegenübergestellt wird. Die mit dieser antinomischen Konstruktion verbundene
Behauptung, die ‚unmittelbaren' Politikformen sind durch eine höhere demokratische Legitimation ausgewiesen, erweist sich im Kern als Anknüpfungs-
punkt für Tendenzen der Unterminierung demokratisch-rechtsstaatlicher, li-
beral-pluralistisch geprägter politischer Institutionen.

Normativ geht es um eine – Ergänzung – repräsentativer Politik- und
Entscheidungsmuster mittels partieller Einfärbung und Institutionalisierung
direkt-demokratischer Politikinstrumente (vgl. Grimm 1991, Böckenförde
1991, Luthardt 1994 u. 1997). Rene A. Rhinow (1984: 200 sowie Haller
2000) spricht in Bezug auf die Schweiz davon, daß die direkte Demokratie
dort „ergänzenden Charakter" habe; dabei wird von ihm die Schweiz insgesamt als eine „plebiszitär imprägnierte Repräsentativdemokratie" bezeichnet.
Der Grad der Ergänzung von Elementen direkter Demokratie im Hinblick auf
repräsentative Entscheidungsmuster variiert allerdings deutlich innerhalb der
westeuropäischen Länder (vgl. Sukksi 1993, Luthardt 1994, Möckli 1994,
Uleri/Gallagher 1996, Grote 1996, Schmidt 1995). Damit korrespondiert
weiter, daß Repräsentation sowohl als ein normatives, institutionell gefestig-
tes Politikmuster als auch als eine dynamisch und tendenziell offene Integra-
tions-, Artikulations- und Entscheidungsform in Erscheinung tritt (vgl. Bök-
kenförde 1991 u. Alemann 1995a). Die Ausgestaltung des Repräsentations-
prinzips ist dabei gegenüber Veränderungen keineswegs immun, wie die regelmäßigen Diskussionen in zahlreichen europäischen Ländern immer wieder
verdeutlichen. Gerade die Gestaltung als dynamisches Prinzip verweist auf
seine strukturellen Stärken als „Interessenvertretung und Moderation"
(Schüttemeyer 1995: 551).

Die kontroversen Debatten über die Ausweitung bzw. die relative Begrenzung von Politikinstrumenten der direkten Demokratie in zahlreichen europäischen Ländern sind ein wichtiges Beispiel für die Auffassung, daß Repräsentation und Vertretung konsequent als ein dynamisches Prinzip zu interpretieren sind, wobei jedoch stets in diesem Zusammenhang die vielfach unterschiedlichen Interessen und Optionen verschiedener Akteure wirksam werden. Diese beziehen sich nicht nur auf die Forderungen nach neuen institutionellen Reformen, sondern stets auch darauf, wie bestimmte Einrichtungen innerhalb des politischen Prozesses selbst benutzt werden. Allerdings unterliegen *gerade* institutionelle Reformen in der Regel stets einer erhöhten Beweiskraft, wie sich immer wieder zeigen läßt.

Die ,normative Kraft des Faktischen' entwickelt oftmals erhebliche Potenzen, den sogenannten Status quo besonders exponiert zu verteidigen. So zeigt zum Beispiel die, aufgrund der Vereinigung der beiden deutschen Staaten und der Ratifizierung des Vertrages von Maastricht notwendig gewordene Verfassungsreform typische, relevante Anzeichen für diese Aussage. Der in verschiedenen Aspekten kritisierte Prozeß der Verfassungsreform 1992/93 (vgl. Benz 1993, Konegen/Nitschke 1997, Schmack-Reschke 1997) hat sich maßgeblich auf die „Orientierung am Hergebrachten" bezogen um dadurch eine themen- und situationsorientierte politische Entscheidungsrationalität in die Dynamik des Vereinigungsprozesses einzubauen. Dieser Vorgang hat jedoch faktisch zu einer – partiellen – Überbetonung des Stabilitätsgedankens und einer reduzierten Verfassungsreform beigetragen.

Es bietet sich nunmehr an dieser Stelle an, auf das spannungsgeladene Beziehungsverhältnis von repräsentativer Demokratie und Elementen direkter Demokratie unter dem Aspekt einer Arbeitssystematik von Formen direkter Demokratie (vgl. Kirchgässner/Frey 1994, Möckli 1994) einzugehen. Formen direkter Demokratie können generell in zwei große Kategorien eingeordnet werden: Erstens in *Sachvoten* und zweitens in *Personalvoten*. Hierbei kann man zwischen *verbindlichen* und *unverbindlichen* Formen unterscheiden. Damit einher geht eine weitere, wichtige Differenzierung: Diejenige, der die Initiative das Referendum *auslösenden* und die Themen- und Fragestellung *kontrollierenden* Instanz (vgl. Böckenförde 1991, Kielmannsegg 1996, Offe 1996, Luthardt 1994).

Im Rahmen der Themenstellung läßt sich nun aufzeigen, daß innerhalb der verschieden ausgestalteten westlichen Demokratien seit längerem das Thema der Ausweitung von Beteiligungsrechten, auch mit Instrumenten direkter Demokratie, einen durchaus gewichtigen Platz in der öffentlichen und wissenschaftlichen Diskussion einnimmt. Vor diesem Hintergrund finden dann relativ regelmäßig Forderungen nach verschieden ausgestalteten Formen direkter Demokratie statt. So lassen sich Forderungen aufzeigen, die eine Neukonstituierung von Verfassungen bzw. Verfassungsänderungen generell mit einer Volksabstimmung verbinden wollen. Des öfteren wird ebenfalls die direkte Wahl von politischen Funktionsträgern, in Deutschland von der direkten Wahl von kommunalen Politikern (vgl. Niclauß 1997, Naßmacher 1997, Schiller/Lackner 2000) bis hin zum Bundespräsidenten, gefordert. Die für den alltäglichen Prozeß der politischen Routineentscheidungen bedeutsamste Forderung ist diejenige nach einer differenzierten Möglichkeit der Volksbeteiligung mittels verbindlichen Volks- bzw. Gesetzesinitiativen. Gerade diese direktdemokratischen Formen der Entscheidungsbeteiligung haben für den alltäglichen Gesetzesprozeß die größte Bedeutung. Ihre Normierung in die verschiedenen Verfassungs- und Politikkontexte, ihre politische Reichweite sowie ihre institutionellen Ausgestaltungen (Quorenfrage) sind deshalb in der Regel innerhalb verschiedener Diskussionskontexte die umstrittensten Postulate (vgl. hier Klages/Paulus 1996, Schiller/Lackner 2000).

V. Strukturentscheidungen, Rechtsstaat, (Verfassungs-) Gerichtsbarkeit

Welche Bedeutung haben nun die Strukturmuster auf direktdemokratisch initiierte Entscheidungsprozesse? Im kontinentaleuropäischen Rechtskreis gelten die Verfassung und die Verfassungsnormen als oberste Rechtsquelle und als Ausgangs- und Bezugspunkt politisch legitimen Handelns. Diesen Sachverhalt kann man als *Verfassungssouveränität* bezeichnen (Abromeit 1995); es gilt die Annahme, daß es keine anderen Machtkompetenzen, politische Machtverteilungen und Legitimationsbegründungen gibt als diejenigen, die in der Verfassung normiert sind. Damit sind normativ extra-konstitutionelle Kompetenzen und Begründungsmuster der ‚Idee‘ und ‚Konstruktion‘ nach ausgeschlossen. Daß die Realität, gelegentlich auch in westlichen Demokratien, andere Wege nimmt, ist hinlänglich bekannt, wie zum Beispiel die Einführung der direkten Personalwahl des Staatspräsidenten in der V. Französischen Republik 1962 unter Charles de Gaulle zeigt, die von diesem unter Mißachtung verfassungsrechtlich vorgeschriebener Konsultationsverfahren und Beteiligungsrechte von Senat und Parlament durchgeführt wurde (vgl. Kempf 1997, Luthardt 1999). Daß zudem mittels einer inneren Erosion demokratisch-rechtsstaatlicher Formen demokratische politische Systeme insgesamt ausgehebelt werden können, hat die Auflösung der Weimarer Republik exemplarisch gezeigt. *Verfassungsreformen* sind allerdings darüber hinaus in einem solchen, vorstehend knapp skizzierten Denk- und Konstruktionsansatz selbstverständlich nicht ausgeschlossen. Gerade die Reformfähigkeit institutioneller Gefüge ist, nur scheinbar paradox, eine zentrale Voraussetzung für ihre weitere Gültigkeit. Horst Ehmke (1981: 342) hat dies einmal, bezogen auf das Grundgesetz, in verfassungstheoretischer Hinsicht so formuliert: „Zwischen der Wachstumsfähigkeit einer Verfassung und der Festigkeit ihrer Grundlagen besteht kein Widerspruch, sondern ein notwendiger

Zusammenhang: nur in der Fortbildung kann die freiheitlich-demokratische Grundordnung bewahrt werden".

Ferner wird in verschiedenen deutschen Landesverfassungen (vgl. Klages/Paulus 1996, Schiller/Lackner 2000) eine *Verknüpfung* von *Verfassungs- und Volkssouveränität* vorgenommen, indem bei einer Neukonstituierung oder der Änderung der Verfassung das Landesvolk in den entscheidungspolitischen Legitimationsprozeß mit einbezogen werden muß. Diese Verfahrensregel gilt im übrigen auch für verschiedene andere europäische Staaten; in der Schweiz ist die Einbeziehung des Volkes bei einer Neukonstituierung bzw. Änderung der Bundesverfassung, aber auch aller kantonaler Verfassungen, zwingend vorgeschrieben, worauf Walter Haller (2000) hinweist. Dort kann man, in normativer Umkehrung zu Deutschland, vom *Primat einer verfassungsrechtlich eingefaßten Volkssouveränität* sprechen, die *dem Demokratiepostulat normativ einen Vorrang vor dem Rechtsstaat* einordnet.

Die vorstehend angesprochenen Unterschiede werden weiter betont durch die Einrichtungen der Kontrolle und Blockade, vor allem im Hinblick auf die Verfassungsgerichtsbarkeit, wie sie auffällig in den USA und Deutschland eingebaut wurde. Es bedarf keiner näheren Ausführungen, daß gerade die so tragisch verlaufende deutsche Geschichte im 19. und 20. Jahrhundert die maßgebliche Folie für die starke Stellung des Bundesverfassungsgerichts (vgl. Schneider 1987, Roellecke 1987, Schulze-Fielitz 1997) nach 1945 im Grundgesetz gewesen ist. Dieter Grimm hat die mit Einrichtungen der Entscheidungsblockade verbundene grundsätzliche Problematik so formuliert: „Verfassungen sollen diejenige Politik blockieren, die eine Gesellschaft aufgrund ihrer historischen Erfahrungen und ihrer herrschenden Wertvorstellungen für illegitim oder schädlich hält. Dagegen sollen sie diejenige Politik, die nach Ziel und Methode erwünscht ist, durch inhaltliche Direktiven und organisatorische Strukturen begünstigen" (in: Die Zeit, 10. Okt. 1997, S. 14/15).

Im Kontext dieser Ausführungen ist sowohl das Demokratieprinzip als auch die direkte Demokratie nach 1945 im Grundgesetz durch den Rechtsstaat, die Verfassungsgerichtsbarkeit, das parlamentarische Repräsentationsprinzip und den Föderalismus moderiert, balanciert und eingeengt worden. Die in Art. 79, Abs. 3 Grundgesetz normierte sogenannte Ewigkeitsklausel schreibt vor, das die Artikel 1 (‚Menschenwürde') und 20 (Festlegung der Strukturprinzipien Republik, Bundesstaat, Demokratie, Rechtsstaat, Sozialstaat) grundsätzlich nicht geändert werden dürfen. Insofern wird der, der direkten Demokratie in Deutschland zur Verfügung stehende institutionelle Rahmen *bewußt* und handlungspolitisch bedeutsam eingeengt. Dies heißt auch, daß alle Volksinitiativen und Volksbegehren schon im Vorfeld eines Volksentscheides auf Landesebene für verfassungswidrig erklärt werden, sobald ihr Sachgegenstand sich gegen diese grundsätzlichen Strukturprinzipien richten sollte. Damit werden ebenfalls die völkerrechtlichen Dimensionen, insbesondere die von der Bundesrepublik ratifizierten, auch im Inneren unmittelbar mittels Rechtsakt gültigen Vertragswerke, wie zum Beispiel die UNO-Menschenrechtscharta und die Europäische Konvention der Menschenrechte, erfaßt. Insofern ergibt sich eine qualitative Begrenzung des Anwendungsgebietes der direkten Demokratie im Rahmen der Verfassungsordnung und des politischen Systems der Bundesrepublik Deutschland.

Diese Begrenzungen lassen sich ebenfalls in anderen demokratischen Ländern aufzeigen. Internationale Verträge sind dort explizit dem Referendum entzogen, während sie in der Schweiz, genau umgekehrt, entsprechend der verfassungsrechtlichen Vorgabe, dem Staatsvertragsreferendum zu unterstellen sind (vgl. Möckli 1994, Haller 2000). Auch dem Referendum in *Frankreich*, welches traditionell in der Fünften Republik (seit 1958) in der Regel vom Staatspräsidenten lanciert wird, ist zum Beispiel die Staatsform entzogen (vgl. Grote 1995: 250-258, Haller 1995). Für die Ausgestaltungen im deutschen Verfassungsrecht gilt hingegen nach wie vor, auch nach der Verfassungsreform von 1992/93, daß für die Übertragung von Souveränitätsrechten an Internationale bzw. Supranationale Organisationen auf Bundesebene Regierung und Parlament zuständig sind (Art. 24 GG).

Zur weiteren Verdeutlichung sei noch auf gewichtige Unterschiede zwischen der deutschen und der schweizerischen Ausgestaltung hingewiesen. Die staats- und verfassungsrechtlichen Ausgestaltungen des deutschen Politiksystems unterscheiden sich erheblich von denjenigen der Schweiz; dort hat das als oberstes Gericht fungierende Bundesgericht (Haller 1986) längst nicht die Kompetenzen wie das deutsche Bundesverfassungsgericht. Eine ähnliche Ausgestaltung des Bundesgerichtes in der Schweiz wie diejenige des Bundesverfassungsgerichtes in Deutschland hätte zwangsläufig gravierende Konsequenzen für die Theorie und Praxis der direkten Demokratie in der Schweiz: Das höchste Gericht würde folgerichtig als ein *weiterer Souverän neben dem Volke institutionalisiert* und hätte zudem, bei rechtswidrigen Volksbegehren und Volksentscheiden, die letzte Entscheidungsbefugnis. Allerdings kann auch in der Schweiz die Bundesversammlung (Nationalrat; Ständerat) als oberste Kontrolleinrichtung Volksinitiativen für rechtswidrig erklären, wenn diese gegen von der Schweiz völkerrechtlich verbindlich eingegangene Verträge verstoßen.

Welche Bedeutung die Gerichte gerade im Zusammenhang mit direktdemokratisch initiierten Gesetzes- und Verfassungsinitiativen haben und faktisch aufgrund unklarer institutioneller Ausgestaltungen auch haben müssen, zeigt die in vielerlei Hinsicht diffuse Regelung und Praxis in verschiedenen Einzelstaaten in den USA (vgl. Stelzenmüller 1994, Lösche 1997, Gunlicks 2000). Ohne die Möglichkeit der Gerichte könnten vielerorts ethnische, religiöse und geschlechtliche *Minoritäten* durch direktdemokratische Mobilisierungskampagnen und Politikentscheidungen systematisch benachteiligt und sogar strukturell ausgegrenzt werden. Dieser gewichtigen Problematik wird in der deutschen, aber auch in der internationalen Diskussion viel zuwenig Beachtung geschenkt: Das „Spannungsverhältnis von Egalität, Mehrheitsprinzip und Minderheitenschutz" (Henneke 1996: 18), wie es in Entscheidungen direkter Demokratie systematisch angelegt ist, läßt sich nur dann sinnvoll lösen, wenn der *Minderheitenschutz* als *zentrales Merkmal* kulturell und ethnisch differenzierter moderner Gesellschaften begriffen wird. Ohne die rechtsstaatlichen Verfahren und Schutzvorrichtungen können nämlich gerade Entscheidungen direkter Demokratie womöglich eine höchst antidemokratische, polarisierende, hochemotionale, bestimmte Randgruppen stigmatisierende Wirkung erzielen. In diesem Sinne ist die Einfassung und Durchdringung des Demokratieprinzips durch das Verfassungs- und Rechtsstaatsprinzip als eine in der Sache unverzichtbare Konstruktion aufzufassen. Die Möglichkeit, daß sich „Spannungen und Konflikte zwischen demokratischen und rechtsstaatlichen Regelungsformen" (Scharpf 1970: 13) ergeben können, ist im deutschen Politiksystem insofern normativ gelöst worden, indem die strukturgestaltenden, in Art. 20 GG enthaltenen Staatsprinzipien in ein zwar spannungsgeladenes, jedoch synthetisches Gesamtkonzept eingefaßt worden sind.

IV.   Wahlen und Abstimmungen als Formen politischer Beteiligung

Im Kontext meiner Argumentation möchte ich nunmehr auf den systematisch bedeutsamen Unterschied zwischen Wahlen und Abstimmungen eingehen. Die empirische Ermittlung des „Volkswillens" geschieht in westlichen Demokratien über verschiedene Techniken. Neben den *Wahlen* existieren *Abstimmungen* und *Meinungsumfragen* sowie andere Techniken zur Ermittlung des „Volkswillens". Ihre Reichweite, ihre Ausgestaltung sowie ihre Zielsetzungen variieren deutlich; in funktioneller Hinsicht dienen die verschiedenen Techniken unterschiedlichen Aufgabenstellungen und müssen von daher stets säuberlich von einander getrennt werden. Abstimmungen gehören neben den Wahlen zu den traditionellen Beteiligungsformen; sie sind Bestandteile der „konventionellen" Formen des institutionellen Sets innerhalb der westlichen Demokratien (Kaase 1993 u. 1995a). Ihrer Struktur und ihren Funktionen nach sind sie deutlich unterscheidbare politische Verfahrensregelungen. Unbestritten ist dabei, das Wahlen die bedeutendsten, weil allgemeinsten und durch die geringsten Ausschlußregeln beinhaltenden Beteiligungsformen sind (vgl. Nohlen 1990: 17-28, Mayer 1987). Das legitimationstheoretische und – politische Ziel dieser Verfahren in Demokratien ist es, wie angedeutet, der demokratischen Grundidee zum Ausdruck zu verhelfen. Dabei zeigt sich in der Realität, das die „Vielfalt von Möglichkeiten für institutionelle Regelungen und normative Setzungen", wie sie sowohl für die Ausgestaltungen der Wahlsysteme als auch für die höchst verschiedenen Formen direkter Demo-

kratie gelten, „in ihrem inneren Zusammenhang und in Relation zum gewachsenen historischen Kontext sowie zur konkreten empirischen Ausformung betrachtet werden müssen" (Küchler 1985: 567).

In diesem Zusammenhang ist zudem auf einen bedeutsamen strategi-
schen Unterschied zwischen Wahlen und Abstimmungen hinzuweisen: Wahlen erteilen bestimmten politischen Gruppen, in der Regel Parteien, für einen
begrenzten Zeitraum eine genereller gehaltene politische Handlungsvoll-
macht, die ihrerseits wiederum zu einem späteren Wahlzeitpunkt im Hinblick
auf eine andere politische Konstellation zurückgenommen und von den Wählern auf eine andere Gruppe übertragen werden kann. *Direkte Sachabstim-
mungen* können aufgrund ihres *strukturell begrenzten*, sich immer nur auf *ein*
Thema beschränkendes Votieren und Entscheiden nie die politische Qualität
erreichen, die für Kontinuität und Berechenbarkeit politischen Handelns seitens verschiedener und sich vor allem verändernder Akteure im nationalen
und im internationalen Kontext erforderlich sind (vgl. Ehmke 1988, Ellwein/
Hesse 1997: 170). Eine solche Kontinuität und Berechenbarkeit politischen
Handelns läßt sich nur durch mittel- und langfristig operierende institutionelle und politische Akteure erreichen. Schon von daher ergibt sich eine gewichtige Begrenzung des Anwendungsgebietes und der Reichweite der direkten Demokratie.

VII. Volkssouveränität, direkte Demokratie, Mehrheitsregel

Im Kontext dieses Themas wird Elementen der direkten Demokratie in der
Diskussion gelegentlich ein ‚demokratischer Mehrwert' zugeschrieben. Der
von bestimmten Befürwortern pointiert in die Diskussion eingebrachte ‚demokratische Mehrwert' der Direktdemokratie ist nicht nur demokratietheoretisch unzutreffend (Luthardt 1997: 15); empirischer Analyse zufolge läßt sich
dieses *Kunstprodukt* ebenfalls nicht nachweisen (vgl. Gabriel 1997, Knemeyer 1997: 37f.). Demokratietheoretisch kommt des weiteren in dieser Konstruktion eine folgenreiche Reduktion der Demokratie selbst zum Vorschein
(vgl. Schmidt 1995, Offe 1992, Luthardt 1998, Schmalz-Bruns 1995). Die
Demokratie, als komplexe und weitgespannte politische Form, wird faktisch
reduziert auf ein – mögliches – Funktionselement.

Mit der Fiktion eines ‚demokratischen Mehrwertes' verbunden ist eine
weitere Illusion. Es wird nämlich unterstellt, daß sich in und mittels der direkten Demokratie das ‚Volk' selbst unverfälscht äußert, daß mithin also gerade in solchen Politikentscheidungen das Volk als Souverän authentisch und
weithin sichtbar zum Ausdruck kommt. Eine solche Vorstellung übersieht die
strategische Bedeutung politischer Institutionen, Verfahren und relevanter,

auf Dauer gestellter Akteure. Das Volk ist und bleibt keine aus sich selbst heraus politisch handlungsfähige Größe; politische Handlungs- und Entscheidungsfähigkeit ist stets auf politische Institutionen und Verfahren und auf Dauer gestellte Akteure angewiesen (vgl. Lepsius 1995, Czada 1995, Luthardt 1997, 2000), mittels derer überhaupt erst politische Entscheidungen getroffen werden können. Nur diese sind, in Verbindung mit den verfestigten und kontinuierlich in die komplexen und vernetzten Entscheidungsprozesse involvierten Akteure in der Lage, die periodisch auftauchenden spontanen „Konjunkturbewegungen von Themen und Stimmungslagen" (Offe 1987: 89) als auch die stärker organisatorisch konturiert in Erscheinung tretenden Protestformen aufzugreifen, zu filtern, klein zu arbeiten und politische Inhalte in verbindliche Ergebnisse zu transformieren.

In diesen Entscheidungsprozessen ist zugleich als eine zwingende Voraussetzung, so Claus Offe (1996: 147), die „Bereitschaft und Fähigkeit der politischen Eliten" angelegt, „ihre Konflikte zu begrenzen, nach unantastbaren Verfahrensregeln Kompromisse und Koalitionen einzugehen und bei der Bewältigung von Entscheidungs- und Steuerungsproblemen im Geiste eines leicht erschütterbaren Vertrauens zu kooperieren". Die direkte Demokratie verfügt, da sie auf den öffentlichen Raum als ihre zentrale Funktions- und Argumentationsbasis und das dortige deutliche Positionieren zugespitzter und unverrrückbarer Argumente angewiesen ist, *nicht* über diese selbstreflexiven Handlungspotentiale.

Die in der direkten Demokratie zur Verfügung gestellte, kompromißlose Logik des ‚Ja' oder ‚Nein' bietet zwar im Sinne sowohl der *öffentlichen Orientierung* und der *Verdeutlichung* von bestimmten, konträren Positionen als auch des für die entscheidungspolitische Bearbeitung von Problemen notwendigen Prinzips der ‚Reduktion von Komplexität' im öffentlichen Raume auf den ersten Blick auch Vorteile an. Bestimmte Politikmaterien eignen sich in der Tat gut dafür, aus dem Prozeß der *parlamentarisch-repräsentativen Routine* herausgenommen und, vermittelt über eine, *der Intention nach breite öffentliche Diskussion*, der *besonderen Entscheidungsform der direkten Demokratie* unterworfen zu werden. Die Devolution-Referenden in Schottland und Wales bieten sich hier als sinnvolle Beispiele an. Allerdings lassen sich auch bekanntlich genügend Gegenbeispiele, z.B. im Hinblick auf *Territorialentscheidungen* (z.B. Volksabstimmungen im Gefolge des Vertrages von Versailles), aber auch andere Sachentscheidungen, finden, die höchst problematische Folgen gezeitigt haben. Dies hängt entscheidend damit zusammen, daß *die Form der direkten Demokratie aus sich heraus nicht in der Lage* ist, die entsprechenden *Strukturvoraussetzungen* anzubieten und zu produzieren, die eine weitreichende Akzeptanz und Legitimation des Ergebnisses innerhalb der Bevölkerung ermöglicht. Hinzu kommt, daß die direktdemokratischen Entscheidungsmuster für die konkrete Bearbeitung differenzierter Politikprobleme im Grundsatz nicht geeignet sind (Beyme 1996: 167f.).

Die Fiktion der Demokratie als Volksherrschaft, des Volkes als Souverän und der über die Mehrheitsregel fiktional begründeten Mehrheitsherrschaft wird durch weitere, gewichtige Aspekte im Grundsatz hinterfragt. Authentische Volksherrschaft ist, wie vorstehend dargelegt, eine Illusion. Die Vorstellung des Volkes als Souverän ist nicht nur ein demokratietheoretisches, sondern auch ein empirisches Problem. In Politiksystemen mit einer regelmäßigen Praxis der direkten Demokratie, wie in den USA und der Schweiz, zeigt sich gerade in den kommunalpolitischen Entscheidungsarenen, aber auch in den subsystemischen Ausformungen (Kanton; Staat), sowie in der Schweiz auf Bundesebene (mit Ausnahme national relevanter Themen), daß die Beteiligung an direktdemokratischen Entscheidungsprozessen relativ gering bis marginal ist. Wenn sich im Durchschnitt 35-40% der Stimmberechtigten in der Schweiz auf Bundesebene an den Abstimmungen beteiligen, so ist schon dadurch der Sachverhalt der Mehrheitsherrschaft konterkariert. Wenn weiterhin die relevanten Entscheidungen von etwa 20-25% der an einer Abstimmung teilnehmenden Bevölkerung getroffen werden, dann erfolgt eine weitere erhebliche Relativierung der direkten Demokratie und des Mehrheitsprinzips. Diese Problematik wird zudem noch wesentlich verschärft auf der kommunalpolitischen Ebene. In der Sache findet eine entscheidungspolitisch vorgenommene Abstimmungsherrschaft einer Minderheit statt, die mittels der formalisierten Mehrheitsregel legitimiert wird (vgl. auch Offe 1985: 259-299).

Die Funktionsweise der direkten Demokratie ist an die Anwendung der Mehrheitsregel als eines formellen Entscheidungsmusters gebunden. Damit werden weitere Probleme offenkundig. Die Handhabung der Mehrheitsregel und ihre formelle Ja-Nein-Logik basiert, wie in der Diskussion des öfteren diskutiert wurde, unter anderem auf der grundsätzlichen Anerkennung normativer rechtlicher und institutioneller Ausformungen eines Gemeinwesens, der prinzipiellen Akzeptanz minoritärer (politischer) Rechte und derjenigen kulturell-ethnischer Gruppen in heterogenen Gesellschaften. Im Grunde genommen gehören heute schon längst alle (west-)europäischen Staaten zu den heterogenen Gesellschaften. In heterogenen Gesellschaften sind Mehrheitsentscheide stets dann besonders problematisch und führen oft zu erheblichen Konflikten, wenn ethnisch-kulturelle Rechte von minoritären Gruppen tangiert werden. Im Grunde genommen ist die Mehrheitsregel gerade in diesen Bereichen überhaupt nicht anwendbar. Es gilt von daher, nach politischen Formen und Einrichtungen zu suchen, um die vielfältigen, differenzierten politischen Einwicklungslinien und gesellschaftlichen Ausgestaltungen in der Tendenz aufzugreifen und produktiv zu verarbeiten.

Direktdemokratisch gefällte Entscheidungen mögen bei bestimmten Themen ihre problematischen Wirkungen nicht oder nur in einem geringen Maße entfalten. Im Falle der zahlreichen, gerade *minoritäre Gruppen* betreffenden Themen ist jedoch eine *,Tyrannei der Mehrheit'* (die auch als aktive ,Minderheit' empirisch in Erscheinung treten kann) mittels *Polarisierung, Emotio-*

nalisierung, Manipulation und *demagogischer Effekte* ohne weiteres auch in demokratischen Gesellschaften möglich. Direktdemokratie und *kulturelle, ethnische Heterogenität* können mithin zu gravierenden Struktur- und Politikproblemen führen. In der Schweiz hat die Direktdemokratie *deshalb* gerade Politikmuster der Kompromißbildung hervorgerufen (vgl. Rhinow 1984, Abromeit 1993, Möckli 1994, Linder 1997, Luthardt 1997, Haller 2000), deren Ziel es ist, die unberechenbaren Auswirkungen direktdemokratischer Politikergebnisse aufzufangen, kleinzuarbeiten und in verbindliche Entscheidungen umzusetzen.

Vor diesem Hintergrund läßt sich dann formulieren, daß repräsentativer Parlamentarismus und Rechtsstaatsprinzip in ihrer Bedeutung für das deutsche Politiksystem – wie im übrigen auch für die meisten anderen westeuropäischen Politiksysteme – bewußt als zentrale Formen des in vielen Aspekten höchst differenzierten westlichen Demokratietypus konzipiert worden sind. Das Demokratieprinzip ist dabei keineswegs als ein suboptimales Strukturprinzip zu verstehen: In der Sache geht es um die Perspektive einer funktionsgerechten und -fähigen, durchaus spannungsgeladenen institutionellen Gesamtstruktur, deren maßgebliche Zielvorstellungen normativ von der Achtung der und Ausrichtung an den Menschenrechten und den individuellen Grundrechten geleitet sind (vgl. Linz 1993).

VIII. Ergebnis

Die vorstehend dargelegte Argumentation läßt sich nunmehr so zusammenfassen:

1) Im Hinblick auf die Direktdemokratie in Deutschland wie in anderen westeuropäischen Staaten ist zu berücksichtigen, daß es relevante, durch die Staatszielbestimmungen, die (Verfassungs-)Gerichtsbarkeit und institutionellen Strukturen mitbedingte Restriktionen gibt. Diese Restriktionen zielen auf einen höchst bedeutsamen, vielfach wieder in der auf die Thematik der direkten Demokratie bezogenen aktuellen Diskussion auch nur ansatzweise begriffenen Sachverhalt hin. Diese Ignoranz gegenüber strukturprägenden politischen und rechtlichen Formen ist darüber hinaus ebenfalls in der weiter gefaßten jüngeren demokratietheoretischen Debatte aufzeigbar. Der, systematisch zu verortende Kern der hier angesprochenen Problematik besteht nämlich in einer weitreichenden und höchst anspruchsvollen, unverzichtbaren Verbindung und Vernetzung von Demokratie und Rechtsstaat: *Eine wirksame, differenzierte moderne Demokratie ohne rechtsstaatliche Formen, Verfahren und eine ausgestaltete Gerichtsbarkeit kann nicht existieren.* Repräsentativer Parlamentarismus (vgl. Patzelt 1995, Thaysen 1996, Oberreuter 1994) und Rechtsstaatsprinzip sind deshalb in ihrer Bedeutung für die westeuro-

päischen Politiksysteme bewußt als zentrale Formen der in vielen Aspekten höchst differenzierten westlichen Demokratien konzipiert worden.

2) Der Grundgedanke des demokratisch eingebundenen und geformten Rechtsstaates besteht dabei gerade darin, „daß der Sicherheit des Individuums besser gedient ist, wenn es seine Forderungen an Institutionen richten kann, zu deren Betriebskapital Rechtsverfahren und Kontinuität gehören, als wenn es sich auf persönliche Beziehungen und die Gunst der Stunde verläßt" (Kirchheimer 1967: 123). In diesem Zusammenhang ist die Direktdemokratie von ihren Voraussetzungen und ihrer Funktionslogik her gesehen nicht in der Lage, den *Schutz des Individuums*, mithin die *individuelle und politische Freiheit zu garantieren und gegebenenfalls auszubauen.* Erst dadurch wird die These von Oscar W. Gabriel (1997: 113) ihrer inneren Logik nach überhaupt nachvollziehbar: „Der Ausbau direktdemokratischer Verfahren, gleich auf welcher Handlungsebene des politischen Systems, wird die Stabilität und Funktionsfähigkeit der deutschen Demokratie nicht gefährden". Diese These impliziert allerdings in einem weiter und differenzierter gefaßten analytischen Rahmen, wie thematisiert wurde, eine konsequente verfassungsrechtliche Einordnung in den Kontext der demokratischen Rahmenstrukturen der verschiedenen westeuropäischen Länder. Hinzu kommt die systematische Reflexion – potentieller und faktischer – institutioneller und legitimationspolitischer Gegenläufigkeiten, die damit verbunden sein können.

3) Die Fixierung auf die direkte Demokratie, empirisch nur *ein Funktionselement der Demokratie*, verwechselt unter anderem, daß Demokratie sowohl als ein höchst komplexes als auch ein von den aktuellen Zeitumständen und sich verändernden politischen Konstellationen mitgeprägtes politisches Formprinzip aufzufassen ist. Damit einher gehen selbstverständlich und notwendigerweise auch perspektivisch weiter auszugestaltende Differenzierungen (vgl. Kleger 1997, Offe 1996, Schmalz-Bruns 1995). Die für moderne Demokratien eigentümliche, multidimensional auszugestaltende „Reflexivität" (vg. Schmalz-Bruns 1995, Sauer 2000) entscheidungspolitischen Handelns wird durch die direkte Demokratie mit ihrer einfachen Ausgestaltung *nicht* erreicht. Diese mangelnde „Reflexivität" direktdemokratischer Politikentscheidungen wird auch innerhalb des feministischen Theoriediskurses kritisch beleuchtet, wie Birgit Sauer (2000) in bemerkenswerter theoretischer Durchdringung der Problematik und in überzeugender analytischer Klarheit aufgezeigt hat.

4) Ferner zeigt sich bei dieser Thematik immer wieder, welche Schwierigkeiten es macht, einen systematisch begründeten Zusammenhang zwischen Prozessen gesellschaftlichen Wandels und einer institutionellen ‚Reaktion' auf die damit verbundenen Entwicklungen und Veränderun-

gen vorzunehmen. Das darin enthaltene Problem einer institutionellen Angleichung zwischen Legitimation und Entscheidungsfindung beinhaltet eine sich auf den institutionellen Rahmen beziehende politische Dynamik, die ihrerseits durch veränderte Einstellungen, Sichtweisen und Interessen etablierter Politikakteure und Akteurskoalitionen herbeigeführt werden kann. Es ist zudem auch möglich, daß neu in den Politikarenen auftauchende Akteure in der Lage sind, direkt oder indirekt partielle Veränderungen innerhalb des institutionellen Rahmens mit zu bewirken. Bezogen auf die direkte Demokratie bedeutet dies: Es läßt sich im Vorhinein nicht präjudizieren, „unter welchen Bedingungen zusätzliche Einflußmöglichkeiten des Volkes geschaffen werden sollen" (Rhinow 1984: 145).

5) Es ist in diesem Zusammenhang deshalb mehr als fraglich, ob entscheidungsmäßig sowohl die Problemkomplexität vereinfachende als auch insbesondere Minoritäten aufgrund des Egalitätsprinzips systematisch ignorierende Politikinstrumente hierzu eine weiterführende Lösung anbieten können. Ohne die rechtsstaatlichen Verfahren und Schutzvorrichtungen können nämlich gerade Entscheidungen direkter Demokratie womöglich eine höchst antidemokratische, polarisierende, hochemotionale, bestimmte Randgruppen stigmatisierende Wirkung erzielen. In diesem Sinne ist die Einfassung und Durchdringung des Demokratieprinzips durch das Verfassungs- und Rechtsstaatsprinzip als eine in der Sache unverzichtbare Konstruktion aufzufassen.

6) Jedwede Analyse, die sich nur – extrem verengend – auf die demokratie- und partizipationstheoretischen und -politischen Aspekte des Themas bezieht, muß in der Tendenz zwangsläufig zu verkürzten, verzerrenden und analytisch nicht weiterführenden Ergebnissen gelangen. Dadurch wird gerade eine – verschieden dimensionierte – politische Beteiligung unter den *Bedingungen komplexer Mehrebenensysteme* mit nicht mehr eindeutig vorhandenen Zuordnungs- und Kontrolleinrichtungen, wie sie typisch für vernetzte Systeme sind, konterkariert (vgl. Beck 1998, Greven 1998).

IX.   Diskussionsperspektive

In einer weiter gefaßten Perspektive können die derzeitigen Diskussionen um Stärken und Schwächen direkter Demokratie durchaus in den Kontext der jüngeren demokratietheoretischen Debatten eingeordnet werden. Dieser bezieht sich darauf, die Fähigkeiten weiterer Differenzierung des demokratischen Konzepts und des Modells des demokratischen Verfassungsstaates im Sinne intelligenter Selbstreflexion auszuloten. Vor diesem Hintergrund sind die Diskussionen über die Differenzierung und Weiterentwicklung moderner

Demokratie im Sinne einer *deliberativen, reflexiven, assoziativen*, oder *lern-fähigen* Demokratie sowie die Debatte um den Bürgerstatus zu verstehen und zu erörtern. Diese Diskussionen sind Bestandteile einer umfassender zu interpretierenden Thematisierung der Voraussetzungen und Rahmenbedingungen, Chancen und Grenzen einer „Zivilgesellschaft" (vgl. Münkler 1997, Kleger 1997, Schmalz-Bruns 1995). Hierbei geht es ebenfalls um die Erörterung der sozialen Kompetenzen der BürgerInnen (Münkler 1997) in westlichen Demokratien sowie in Transformationsdemokratien (Merkel/Lauth 1998). Damit wird auf eine Debatte verwiesen, deren Gegenstand und Zielvorstellung nicht in einer Verkürzung der Demokratie auf ein Funktionselement, sondern in der systematischen Differenzierung der demokratischen Problematik besteht.

Legitimitation durch Engagement: Möglichkeiten und Grenzen der Zivilgesellschaft

Rudolph Bauer

Der Ruf nach der Zivilgesellschaft erhebt sich um so lauter, je mehr der Staat sich außer Stande sieht, all denjenigen Verpflichtungen gerecht zu werden, die von ihm bisher wahrgenommen wurden. Der Staat überläßt eine Reihe von Aufgaben, welche bis vor kurzem noch als hoheitlich und „nicht rückführbar" gegolten haben, der Gesellschaft. Er entledigt sich seiner Verantwortung für jene vormals staatlichen Pflichten, die er aus Haushalts- und Finanzgründen künftig nicht mehr selbst wahrnehmen kann oder will. Angesichts dieser Situation darf man mutmaßen, daß der Staat die Zivilgesellschaft als Windschirm benutzt, hinter welchem er sich verschiedener seiner bisherigen „intimen Kleidungsstücke" entledigt.

Bezieht der Staat seine Legitimation neuerdings aus dem Verweis auf das zivilgesellschaftliche Potenzial und Engagement seiner Bürgerinnen und Bürger? Wie weit reichen die Möglichkeiten der Zivilgesellschaft, und wo sind die Grenzen ihrer Belastbarkeit? Bei der Suche nach Antworten auf diese Fragen wird im Folgenden das Konzept der Zivilgesellschaft zunächst theoriegeschichtlich rekonstruiert. Ausgehend von dem Bild, das Jürgen Habermas von der bürgerlichen Öffentlichkeit zeichnet, wird anschließend untersucht, ob die Idee der Zivilgesellschaft die historischen Verhältnisse in Deutschland zutreffend beschreibt und was von der behaupteten Wiederentdeckung der bürgerlichen Öffentlichkeit unter den gegenwärtigen Bedingungen zu halten ist.

I. Zur theoriegeschichtlichen Rekonstruktion der „civil society"

Wie Peter Alheit (1994) in einer Studie unter dem Titel „Zivile Kultur" feststellt, gehört die Frage nach den historischen Ursprüngen des Zivilen in der Moderne „zu den politischen Kernproblemen bürgerlicher Gesellschaften, oder präziser: sie betrifft die Identität eben jenes Phänomens »bürgerliche Gesellschaft« selbst" (a.a.O.: 289). Es nimmt daher auch nicht Wunder, daß die eigenständigen Bedeutungen, welche die gesellschaftlichen Lebensformen und das politische Zusammenleben der Bewohner eines Landes besitzen oder besitzen könnten, im 18. Jahrhundert gerade in England Beachtung fanden – und nicht etwa in Deutschland, der „verspäteten Nation" (Plessner 1959) des nachholenden bürgerlichen Kapitalismus.

In England war es, wo Adam Ferguson (1723-1816) in seinem 1767 veröffentlichten *Essay on the history of civil society* den Begriff „Zivilgesellschaft" prägte. Der Begriff „civil society" beinhaltet bei Ferguson jedoch nichts anderes als die „economic society": „Zivilgesellschaft" und „Wirtschaftsgesellschaft" sind bei ihm austauschbare Termini (vgl. Alheit 1994, 289). Die „civil" oder „economic society" steht bei Ferguson auch (noch) nicht für das gesellschaftliche Ganze, sondern für einen Teil desselben. (Ähnlich sprechen wir auch im Deutschen von der „Gesellschaft des Privatrechts" – etwa einer GmbH –, ohne damit die Gesellschaft als Totalität zu meinen.) Ferguson's Verständnis der Zivilgesellschaft im Sinne von „economic society" erklärt sich aus der Gegenüberstellung und Abgrenzung einer zu seiner Zeit neuen, nämlich der „zivilen" Form der gesellschaftlichen Organisation wirtschaftender Subjekte im Unterschied zu denjenigen gesellschaftlichen Gruppen und Ständen, die sich ökonomisch nicht selbst engagierten: dem Adel, dem geistliche Stand des Klerus und dem Militär.

Georg Simmel (1858-1918) hat in einem Essay über „Die Mode" (1983) anschaulich beschrieben, daß Kleidung, Benehmen und Geschmack zwei sozialen Tendenzen entsprechen, „nämlich dem Bedürfnis des Zusammenschlusses einerseits und dem Bedürfnis der Absonderung andrerseits" (a.a.O.: 32). Im „Zivilen" äußerte sich dieses Bedürfnis des Gemeinsamen und der Besonderung.

Gegenüber den alten, uniformen und uniformierten Herrschaftsgruppen grenzte sich die gesellschaftlich neu aufkommende Gruppe der zunächst vornehmlich im Handel und ab Ende des 18. Jahrhunderts als gewerbliche Unternehmer (vgl. Polanyi 1995: 110) wirtschaftenden Subjekte des „Dritten Standes" nach außen hin ab: Die Angehörigen des „Dritten Standes" trugen zivile, d.h. bescheidene Kleider, weder die Uniform des Militärs noch die prunkhaften Gewänder des weltlichen und geistlichen Adels.

Das „Zivile" wurde somit zum Ausdruck für „die Gesamtheit der Zivilisten im Gegensatz zum Militär" (Meyers Konversations-Lexikon 1897: 1057). Es bedeutete aber „auch soviel wie Ziviltracht, bürgerliche Kleidung" (ebd.). Der „Dritte Stand" entwickelte den „zivilen" Geschmack für das „Billige" (im Sinne des „Wohlfeilen") und ein „ziviles" Benehmen; „zivil" war gleichbedeutend mit „gesittet, gebildet, human" (ebd.).

Die Zugehörigkeit zur „civil society" des 18. Jahrhunderts brachte sich sowohl im äußeren Erscheinungsbild zum Ausdruck als auch im moralischen Selbstverständnis derer, die sich ihr zurechneten, sowohl in den zivilen Benimm-Regeln als auch in der zivilen Mode jener Gesellschaftsschicht, deren Mitglieder sich in Handel und Gewerbe aktiv am Wirtschaftsleben beteiligten, dabei Gewinne akkumulierten und diese in neue, gewinnbringende Unternehmungen reinvestierten. Der Ausdruck „zivil" betraf deshalb auch den „Bürgerstand" insgesamt als gesellschaftliche Gruppe oder Klasse.

Auch heute noch schwingen im Verständnis des Begriffs „Zivile Gesell-schaft" die beiden ursprünglichen, bei Ferguson angelegten Bedeutungsin-halte mit: Zum einen ist „zivil" eine Sache des Geschmacks, der Bildung, des Benehmens und nicht zuletzt auch der Kleidung – des „schlichten Zivil" statt der prunkvoll-exzentrischen Gewänder oder militärischer Uniformen. Zum anderen gilt „zivil" im Sinne des später bei Marx verwendeten Begriffs „bür-gerlich" als Ausweis für die Zugehörigkeit zur Klasse der kapitalistischen Bourgeoisie, der Unternehmer in Handel, Gewerbe und im Bankwesen.

Zumindest was den erstgenannten Bedeutungsinhalt anbelangt – nämlich die im Begriff enthaltene Abgrenzung gegen den Adel und das Militär -, deutet der Ausdruck „Zivilgesellschaft" eine besondere Affinität zu Prinzipi-en an, die mit dem Pazifismus und dem friedlichen Miteinander der Men-schen verbunden sind, mit der Mündigkeit des freien Bürgers und seiner sprichwörtlichen Zivilcourage, der Autonomie des Individuums und den bür-gerlichen Freiheits- und Menschenrechten. „Zivil" meint das Gegenteil von „militärisch" und stellt einen gesellschaftlichen Gegenentwurf dar zur gehor-samen Unterwerfung und bedingungsloser Disziplin.

Was den anderen, den „bürgerlich-bourgeoisen" Bedeutungsinhalt be-trifft, gibt der Ausdruck „zivil" einerseits den Blick frei auf die marxistische Kritik an der „bürgerlichen Klasse" kapitalistischer Ausbeuter und Profiteure. Zum anderen birgt er aber zugleich auch den verführerischen „Charme der Bourgeoisie" mitsamt dem bürgerlich-revolutionären Rechtsverständnis von Freiheit, Gleichheit und Brüderlichkeit.

Zeitgleich mit der fortschreitenden Ablösung der feudalen Strukturen durch die neu entstehenden bürgerlich-kapitalistischen Produktionsverhält-nisse entwickelten und positionierten sich Staat und Gesellschaft. In England inthronisierte Thomas Hobbes (1588-1679) den Staat als eine im Bürgerkrieg der Gesellschaftsmitglieder notwendige Macht. Der Staat erscheint bei Hob-bes als zwingendes Erfordernis zur Befriedung der Mitglieder einer egoi-stisch zerrissenen Gesellschaft. Der Naturzustand des *bellum omnium contra omnes* schreibe den Menschen als erstes „Naturgesetz" die Vernunftregel vor, Frieden zu suchen. Mit der Verpflichtung zum Verzicht auf Gewaltanwen-dung führt Hobbes ein zweites „Naturgesetz" ein, das zum Abschluß des Ge-sellschaftsvertrages führt (vgl. Mittelstraß 1984: 118).

John Locke (1632-1704) bestimmte das Verhältnis von sich selbst regu-lierender Marktgesellschaft und staatlichen Eingriffen noch eindeutiger als ein vertragliches: Die Individuen als von Natur aus freie Eigentümer treffen zum Schutz ihres Eigentums eine Übereinkunft. Sie schließen einen Gesell-schafts-Vertrag ab, der sie einerseits als Bürger zusammenführt, der anderer-seits aber eine politischen Zentralgewalt konstituiert und diese zugleich an die Gesellschaft bindet.

Aus dieser besonderen Sicht heraus ist nicht nur der Staat, sondern auch die Gesellschaft „selbst 'politisch', weil sie die gemeinsamen Angelegenhei-ten bestimmt und der Regierung (government) zur Ausführung mittels legislativer und exekutiver Funktion überträgt" (Blanke 1983: 499). Die Regierung gilt im Verständnis Locke's als eine Treuhänderin der Gesellschaft, der das Vertrauen („trust") von der Gesellschaft jederzeit auch wieder entzogen werden kann. In der angelsächsischen Denktradition ist der Staat auf das Terrain des „government" eingeschränkt: der Staat als Instrument der Gesellschaft zur Wahrung von Recht und Sicherheit. Der Begriff des Politischen indessen beschränkte sich in England nicht allein auf das Regieren: Das Politische betraf und umfaßte auch die Gesellschaft.

Ganz anders entwickelte sich die Gewichtung des Verhältnisses von Staat und Gesellschaft in der deutschen Denktradition. Beide wurden im Sinne einer Gegenordnung unterschieden und hierarchisch so miteinander in Beziehung gesetzt, daß der Staat „oben" und die Gesellschaft „unten" positioniert waren: „Der Staat erscheint als eine Instanz jenseits und oberhalb der Gesellschaft. Er ist die 'Aussonderung' dieser Instanz, welche das moderne Modell von Staat und Gesellschaft von antiken Vorstellungen unterscheidet." (Peters 1993: 180) Diese Aussage reflektiert, daß das Politische in Deutschland „verstaatlicht" und der politische Eigenwert der Gesellschaft negiert wurde.

Schon bei Friedrich Hegel (1770-1831) findet sich die Idee, daß die bürgerliche Gesellschaft als eine sich produktiv entäußernde Existenzform des „sittlichen Geistes" zu fassen sei, welche erst in der begrifflich-synthetischen Vorstellung des Staates zu sich selbst komme. Die Hegelsche Antinomie von Staat und Gesellschaft beinhaltet „die (gedankliche) Aussonderung des Staates" (Schmals/Heinelt 1998: 9) und – damit im Zusammenhang – die Entpolitisierung der Gesellschaft bzw. deren ausschließliche Politisierung im Sinne des Staates. Im allgemeinen Verständnis galt und gilt das Politische in Deutschland deshalb in erster Linie als eine hoheitlich-öffentliche Angelegenheit, nicht jedoch oder nur sekundär als Sache der gesellschaftlichen Öffenlichkeit. Selbst dann, wenn die Gesellschaft „politisiert" war (wie etwa im Nationalsozialismus), verkörperte sie nichts Anderes als eine „Volksgemeinschaft" unter staatlicher Lenkungsaufsicht (vgl. Hansen 1991).

Politik erschöpft sich aus dieser Sicht im staatlich-hoheitlichen Handeln. Aus einer Perspektive, welche das Politische auf das Staatliche konzentriert (und reduziert), erscheint die Gesellschaft als passiver Resonanzboden staatlicher Politik. Das antagonistische Konstrukt der hierarchischen Gegenordnung von Obrigkeits-Staat und Untertanen-Gesellschaft hat in Deutschland auf vielfältige und problematische Weise seine Wirkung getan – und tut es bis hinein in die jüngste Vergangenheit (Beispiel: SED-Staat) und noch in die Gegenwart (Beispiel: Helmut Kohl und seine Handhabung der Parteispenden). Historisch zeigten sich die Folgen des deutschen Staatsverständnisses nicht zuletzt angesichts seiner barbarischen Ausbrüche während der Zeit des Nationalsozialismus.

II. Zur Frage der historischen Wahrheit der Zivilgesellschaft in Deutschland

Bürgerschaftliches Engagement ist in Deutschland keineswegs etwas Selbstverständliches. Es begegnet seit jeher der obrigkeitlichen Skepsis des Staates und seiner Organe. Die Befürworter der Zivilgesellschaft dürfte es erstaunen, daß gegen Ende des 19. Jahrhunderts das bürgerschaftliche Engagement allgemein unerwünscht war und obrigkeitsstaatlicher Kontrolle oblag.

Unter dem Stichwort „Selbsthilfe" ist Meyers Konversations-Lexikon (1895) die Ansicht zu entnehmen, es bedeute ein „eigenmächtiges Handeln zum Zweck der Geltendmachung eines wirklichen oder vermeintlichen Rechts" (a.a.O.: 885). Selbsthilfe wurde als „Selbstzugriff" interpretiert und war im staatsrechtlichen Sinne grundsätzlich ausgeschlossen: „Wie nämlich der Hauptzweck des Staates in dem Rechtsschutz besteht, so charakterisiert sich auch das Wesen des Rechtsstaates dadurch, daß er die Staatsbürger verpflichtet, zur Geltendmachung ihrer Rechte und zur Beseitigung von Störungen in denselben den Schutz des Staates, die richterliche Gewalt des letzteren, anzurufen. Daher schließt der Begriff eines wohlgeordneten Staatswesens die Selbsthilfe prinzipiell aus" (ebd.). Analog zu dieser ablehnenden Sichtweise wurde das Leitbild der Selbsthilfe auch in gesellschaftspolitischen Fragen als „socialpolitischer Nihilismus" diffamiert (vgl. Schäffle 1864, zit. in Pankoke 1970: 174).

Vor dem historischen Hintergrund der Trennung von Staat und Gesellschaft sowie des staatlich-hoheitlichen Politikmonopols verleitet das Konzept der Zivilgesellschaft zu der Hoffnung, daß sich ein neues Verständnis der Gewichtung von Sozial-Staat und Zivil-Gesellschaft einstellt. Es verknüpft sich damit die Erwartung, daß sich der Staat – wie im Angelsächsischen – auf die hoheitlichen Aufgaben der Wahrung von Recht und Sicherheit beschränkt. Das Konzept der Zivilgesellschaft könnte bedeuten, daß sich Politik von einer ausschließlich oder vor allem staatlichen Angelegenheit fort entwickelt hin zu einem gesellschaftlichen Anliegen.

Dies würde bedeuten: Politik wäre nicht mehr eine ausschließlich oder überwiegend hoheitliche Aktion, sondern die Regierungen würden verstanden werden und verstünden sich selbst als Treuhänderinnen der Gesellschaft. In einer so begriffenen Zivilgesellschaft wäre die Gesellschaft nicht passives Objekt der staatlichen Regierungspolitik, ihrer Amtsträger und Verwaltungen, sondern der Staat wäre sensibles Organ einer politisch aktiven Gesellschaft.

Als prominenter deutscher Repräsentant des Konzepts der „civil society" verweist Jürgen Habermas (1994) auf deren europäische Vorgeschichte. Er beschönigt aber die tatsächlichen historischen und aktuellen Verhältnisse in Deutschland. Habermas stellt fest, „daß sich in den europäischen Gesellschaften des 17. und 18. Jahrhunderts eine moderne bürgerliche Öffentlich-

keit als „Sphäre der zum Publikum versammelten Privatleute" herausgebildet
hat" (a.a.O.: 443). Geschichtlich habe sich der Zusammenhang von Öffentlichkeit und Privatsphäre in der Entstehung des Vereinswesens manifestiert.
Heute sei, so Habermas, „diese Sphäre einer Bürgergesellschaft wiederentdeckt worden" (ebd.):

> „Der Ausdruck „Zivilgesellschaft" verbindet sich inzwischen mit einer
> anderen Bedeutung als jene „bürgerliche Gesellschaft" der liberalen Traditi-
> on, die Hegel schließlich als „System der Bedürfnisse", d.h. als marktwirt-
> schaftliches System der gesellschaftlichen Arbeit und des Warenverkehrs auf
> den Begriff gebracht hatte. Was heute Zivilgesellschaft heißt, schließt näm-
> lich die privatrechtlich konstituierte, über Arbeits-, Kapital- und Gütermärkte
> gesteuerte Ökonomie nicht mehr, wie noch bei Marx und im Marxismus, ein.
> Ihren institutionellen Kern bilden vielmehr jene nicht-staatlichen und nicht-
> ökonomischen Zusammenschlüsse und Assoziationen auf freiwilliger Basis,
> die die Kommunikationsstrukturen der Öffentlichkeit in der Gesellschafts-
> komponente der Lebenswelt verankern. Die Zivilgesellschaft setzt sich aus
> jenen mehr oder weniger spontan entstandenen Vereinigungen, Organisatio-
> nen und Bewegungen zusammen, welche die Resonanz, die die gesellschaft-
> lichen Problemlagen in den privaten Lebensbereichen finden, aufnehmen,
> kondensieren und lautverstärkend an die politische Öffentlichkeit weiterlei-
> ten. Den Kern der Zivilgesellschaft bildet ein Assoziationswesen, das pro-
> blemlösende Diskurse zu Fragen allgemeinen Interesses im Rahmen veran-
> stalteter Öffentlichkeiten institutionalisiert" (a.a.O.: 443/444).

Diese Beschreibung der deutschen Situation ist weder in historischer
Hinsicht noch aktuell zutreffend. Herausragendes Beispiel für die von Habermas behauptete Manifestation des zivilgesellschaftlichen Zusammenhangs
von Öffentlichkeit und Privatsphäre ist das Vereinswesen. Die geschichtliche
Wahrheit zeigt jedoch, daß das Vereinswesen in Preußen nicht als Ausdruck
der Gesellschaft begriffen wurde, sondern als ein Teil des Staates.

Der rechtliche Status von Vereinen war von Beginn an ein „policeyli-
cher" und staatlich-verwaltungsjuristischer. Das Allgemeine Landrecht
(ALR) für die Preußischen Staaten von 1794 erlaubte die Gründung von Vereinen nur unter obrigkeitlichem Verbotsvorbehalt. In bezeichnender Weise
war das Erlaubniskriterium für die zu gründenden Vereine deren Bindung an
das „gemeine Wohl" und an dessen Garanten, den Staat (vgl. Reyer 1984:
32). Das in § 3 ALR formulierte Verbotskriterium bestand generell in der Gefährdung der „gemeinen Ruhe, Sicherheit und Ordnung".

Die Mitglieder der Vereine wurden in § 1 ALR nicht als „Personen" an-
gesprochen, wie es damals bereits im Recht der Erwerbsgesellschaften der
Fall war, sondern als „Mitglieder des Staates". Jürgen Reyer faßt daher zu-
sammen (Reyer 1984: 34): „Einen staatsunabhängigen Rechtsraum sah das
ALR für die Vereine nicht vor; insofern kennt es auch weder den modernen
Begriff von Vereinsfreiheit (heute grundgesetzlich in Art. 9 gesichert), noch

die Rechtsfigur einer juristischen Person des Privatrechts (reichseinheitlich erst eingeführt nahezu hundert Jahre später im BGB)."

Das Charakteristische der Entwicklung des deutschen Vereinswesens in der Zeit zwischen 1789 und 1848 beschreibt Hardtwig (1984: 12) wie folgt: „Die offizielle Vereinsrechtspolitik der Regierenden läßt sich auf eine kurze Formel bringen: Sie erlaubte und förderte sogar vielfach alle möglichen Vereine, solange diese nicht das Kompetenzmonopol der bürokratischen Monarchie in allen politischen Angelegenheiten in Frage stellten." Wenn Habermas davon spricht, „daß sich in den europäischen Gesellschaften des 17. und 18. Jahrhunderts eine moderne bürgerliche Öffentlichkeit als „Sphäre der zum Publikum versammelten Privatleute" herausgebildet hat", dann kann damit nicht die Lage in den deutschen Kleinstaaten und erst recht nicht die im Deutschen Reich nach 1871 gemeint sein.

Historisch betrachtet stellte die Gesellschaft in erster Linie eine hoheitliche Veranstaltung dar: „In Deutschland sind die sozialen Rechte von Bismarck vor den Freiheitsrechten und politischen Rechten eingeführt worden, was den Wohlfahrtsstaat unmittelbar an die Tradition des autoritären Absolutismus angeschlossen hat, ein Erbe an dem die deutsche Gesellschaft noch heute schwer zu tragen hat." (Münch 1992: 297). Mit Blick auf die preußische und deutsche Geschichte kann deshalb nicht, wie es bei Habermas anklingt, behauptet werden, daß sich im Vereinswesen der Zusammenhang von kritischer bürgerlicher Öffentlichkeit und Privatsphäre manifestierte. Zutreffender wäre die Feststellung, daß sich im Vereinswesen des 19. Jahrhunderts das Öffentliche – nämlich in der Gestalt des Staates – und das Private in Gestalt der Zusammenfassung von Einzelinteressen bürgerlicher Individuen begegneten. Die von Habermas behauptete deutsche Bürgergesellschaft war in Sonderheit eine Gesellschaft des Vereins- und Biedermeiers unter obrigkeitsstaatlichem Patronat.

III. Zur angeblichen Wiederentdeckung der Zivilgesellschaft

Habermas erklärt, heute sei „diese Sphäre einer Bürgergesellschaft wiederentdeckt worden". Es ist jedoch zu fragen, ob er damit meint, daß ein gesellschaftliches Konzept als theoretisch orientierende Leitlinie reaktiviert wird und normative Kraft erlangen soll, welches historisch gerade das nicht zu leisten vermochte, was heute davon zu wünschen und zu hoffen ist. Hat die angebliche Wiederentdeckung des zivilgesellschaftlichen Konzepts in Gestalt des „Dritten Sektors" die politische Belebung und Erneuerung der Gesellschaft zur Folge? Oder handelt es sich um ein ideologisches Alibi und die geschickte Verbrämung des Prozesses einer Ver- und „Durchstaatlichung" der Gesellschaft (vgl. Hirsch/Roth 1986: 143)?

Trifft gar die nachdenkliche Feststellung von Niklas Luhmann (1997) zu, daß die Hoffnung auf das Kommunikationspotenzial der Zivilgesellschaft einem zum Scheitern verurteilten Rettungsversuch gleichkommt? Luhmann bezieht sich auf „Rettungsversuche", an denen seiner Meinung nach auffällt, „daß alte Erfahrungen mit den neu ins Gespräch gebrachten Konzepten übergangen werden oder unter Inkaufnahme erheblicher Theorielasten eingebaut werden, so als ob das Problem [der gesellschaftlichen Integration angesichts funktionaler Differenzierung und gesellschaftlicher Komplexität; R.B.] eine überrollende Dringlichkeit besäße, die auch Verzweiflungskonzepte rechtfertigen würde" (a.a.O.: 777).

Die Analyse des zivilgesellschaftlichen „Dritten Sektors" zeigt, daß das deutsche Vereinswesen bis in die Gegenwart hinein wesentlich durch rechtliche und ökonomische Rahmenbedingungen bestimmt ist (vgl. Betzelt 1999), welche auf die vielfach bereits konstatierte Tradition einer Staatsabhängigkeit und Staatsfixierung der intermediären Organisationen zurück verweisen (vgl. Bauer 1989, Seibel 1992, Horch 1992). Ein Aufbrechen dieser als eindimensional und antiquiert kritisierten Staatsorientierung der Organisationen des „Dritten Sektors" würde jedenfalls zur Voraussetzung haben, daß ihre immer noch bestehenden rechtlichen und ökonomischen Grenzen erweitert und neue Handlungsräume eröffnet werden, in denen sie als selbstbewußte und unabhängige gesellschaftliche Einheiten agieren können.

Das Korsett der rechtlichen Rahmenbedingungen intermediärer Organisationen resultiert nicht nur aus der in Deutschland üblichen allgemeinen Regelungsdichte für nahezu sämtliche gesellschaftliche Bereiche, sondern auch aus den besonderen Rechtsgrundlagen der Vereine, Stiftungen und Genossenschaften. Das heute geltende deutsche Vereinsrecht wurde seit einem Jahrhundert nicht geändert. Es stellt ein Geflecht von Einzelbestimmungen dar, die den Anforderungen an moderne, d.h. flexible, demokratische und transparente Strukturen einer bürgerschaftlichen Organisation in keiner Weise mehr genügen. Auch das Stiftungsrecht wurde schon vor knapp vierzig Jahren auf dem Deutschen Juristentag 1962 in wesentlichen Punkten als veraltet kritisiert (vgl. Seifart 1987: 62ff.). Das geltende Genossenschaftsrecht hinwiederum beschränkt das Ziel von Kooperativen allein auf die wirtschaftliche Förderung ihrer Mitglieder (siehe § 1 Genossenschaftsgesetz). Mit der ausschließlichen Orientierung auf die Grundsätze der Kapitalverwertung haben sich die genossenschaftlichen Unternehmen von ihren sozialreformerischen Ursprungszielen weit entfernt (vgl. Daviter/Gessner/Höland 1987: 129ff., Elsen 1998: 222ff., Flieger 1993 und 1996). Neue genossenschaftliche Organisationsansätze werden dadurch in ihrer Entstehung und Entwicklung behindert (vgl. Betzelt 1999 und Betzelt/Bauer 2000).

Das Gemeinnützigkeitsrecht, das zivilgesellschaftliche Organisationen fiskalisch privilegiert, ist äußerst komplex, unsystematisch und inkonsistent.

Seine Staatszentriertheit kommt u.a. darin zum Ausdruck, daß die Anerkennung bzw. die Kontrolle der Gemeinnützigkeit durch staatliche Instanzen erfolgt. Deren Beamte sind jedoch weder befugt noch in der Lage, die Notwendigkeit neuer Ansätze zur Lösung gesellschaftlicher Probleme zu erkennen oder gar zu fördern (vgl. Strachwitz 1999: 28). Das Gemeinnützigkeitsrecht hat die Staatslastigkeit der Finanzstruktur des „Dritten Sektors" zur Folge. „Private Finanzierungsquellen zu erschließen, wird dem Dritten Sektor erschwert, da die Nonprofit-Organisationen ab einer bestimmten Einnahmehöhe Gefahr laufen, voll steuerpflichtig zu werden und darüber hinaus ihre Gemeinnützigkeit zu verlieren" (Betzelt 1999: 13).

Das Haushaltrecht, das die freiwilligen Leistungen des Staates regelt, bildet auch die Grundlage der öffentlichen Zuwendungen an zivilgesellschaftliche Organisationen. Eine kritische Analyse des Zuwendungsrechts macht dessen „obrigkeitlich-paternalistischen Charakter" deutlich (a.a.O.: 17). Das Zuwendungsrecht „bindet an den Staat als Mittelgeber" und „straft [...] alle Sonntagsreden von der wachsenden 'Bürgergesellschaft' Lügen" (ebd.). Ähnlich ernüchternd ist das Urteil über die Auswirkungen des Arbeitsförderungsrechts auf die Organisationen des „Dritten Sektors" (a.a.O.: 19).

Aufgrund seiner rechtlichen und fiskalischen bzw. ökonomischen Rahmenbedingungen stellt sich der deutsche „Dritte Sektor" als ein Wildwuchs von Partikularinteressen dar. Die zivilgesellschaftlich relevanten Organisationen haben sich entlang der Ressortzuständigkeiten der staatlichen Verwaltung entwickelt. Sportorganisationen, Wohlfahrtsverbände und Umweltgruppen müssen sich in ihrer unterschiedlichen Rechtsverfassung verschiedenen Staatsverwaltungen mit jeweils spezifischen Handlungsmaximen zuordnen. Dadurch wird aber verhindert, daß die zivilgesellschaftlichen Organisationen ihre grundlegenden Gemeinsamkeiten und gesellschaftlichen Aufgaben erkennen und wahrzunehmen vermögen.

Habermas (1994) behauptet zwar: „Was heute Zivilgesellschaft heißt, schließt [...] die privatrechtlich konstituierte, über Arbeits-, Kapital- und Gütermärkte gesteuerte Ökonomie nicht mehr [...] ein. Ihren institutionellen Kern bilden vielmehr jene nicht-staatlichen und nicht-ökonomischen Zusammenschlüsse und Assoziationen auf freiwilliger Basis [...]. Die Zivilgesellschaft setzt sich aus jenen mehr oder weniger spontan entstandenen Vereinigungen, Organisationen und Bewegungen zusammen [...]. Den Kern der Zivilgesellschaft bildet ein Assoziationswesen [...]" (a.a.O.: 443/444).

Mit der Behauptung, daß sich das Assoziationswesen jenseits und außerhalb der Ökonomie positionieren ließe, verkennt Habermas aber die Tatsache, daß die intermediären Organisationen nicht nur dem geschilderten Einfluß des Staates, sondern auch den Bedingungen der Märkte unterliegen. Das zivilgesellschaftliche Assoziationswesen wird zum einen staatlicherseits mittels der Medien Recht und Geld „gesteuert". Zum anderen wird es aber auch – und zwar in zunehmendem Maße – von den Wettbewerbsprinzipien des

Marktes beeinflußt. Beim „Dritten Sektor" handelt es sich nicht um einen insgesamt wirtschaftsfreien Raum, der sich scheinbar ökonomischer Unschuld erfreut.

Wenn heute – beispielsweise im Sport, im Freizeitbereich, in der Wohlfahrtspflege oder der Jugendhilfe (vgl. Bauer 1996, Struck/Münstermann/Seus-Seberich 1999) – bei den nicht-staatlichen Organisationen von Wettbewerb, Konkurrenz, Management und Marketing sowie von Qualität und Qualitätssicherung die Rede ist, dann bestätigt dies in eindrucksvoller Weise, daß das Assoziations- und Verbändewesen – also der „Kern der Zivilgesellschaft", wie Habermas es nennt – mit der Ökonomie verknüpft und an sie gebunden ist. Der „Dritte Sektor" ist in seiner gegenwärtigen Erscheinungsform also weder ein herrschafts- noch ein wirtschaftsfreier gesellschaftlicher Bereich (vgl. Bauer/Betzelt 1999).

Der Zivilgesellschaft sind daher Grenzen gesetzt, deren Vorhandensein vielfach übersehen oder geleugnet wird. Die Ausblendung dieser Grenzen nährt Hoffnungen, die empirisch erst noch zu begründen wären. Es ist ein merkwürdiges (deutsches) Paradox, wenn der Staat erwartet, daß die intermediären Organisationen des „Dritten Sektors" in der Lage sind, öffentliche Aufgaben zu übernehmen, ohne daß sie zuvor von jenen Fesseln befreit werden, durch welche die Gesellschaft an den Staat gekettet ist.

In Deutschland sind die Grenzen der Zivilgesellschaft identisch mit den ihr historisch und aktuell vorenthaltenen Möglichkeiten. Eine Legitimation des Staates durch bürgerschaftliches Engagement kann daher nicht gelingen und muß scheitern, so lange letzteres durch den ersteren nur gefordert und nicht gefördert (bzw. überhaupt erst ermöglicht) wird (vgl. Betzelt/Bauer 2000).

Leviathan und Zivilgesellschaft: ein ambivalentes Modell

Irene Gerlach / Peter Nitschke

„Denn durch diese ihm von jedem einzelnen im Staate verliehene Autorität steht ihm so viel Macht und Stärke zur Verfügung, die auf ihn übertragen worden sind, daß er durch den dadurch erzeugten Schrecken in die Lage versetzt wird, den Willen aller auf den innerstaatlichen Frieden und auf gegenseitige Hilfe gegen auswärtige Feinde hinzulenken. Hierin liegt das Wesen des Staates, der, um eine Definition zu geben, *eine Person ist, bei der sich jeder einzelne einer großen Menge durch gegenseitigen Vertrag eines jeden mit jedem zum Autor ihrer Handlungen gemacht hat, zu dem Zweck, daß sie die Stärke und Hilfsmittel aller so, wie sie es für zweckmäßig hält, für den Frieden und die gemeinsame Verteidigung einsetzt.*
Wer diese Person verkörpert, wird *Souverän* genannt und besitzt, wie man sagt, *höchste Gewalt*, und jeder andere daneben ist sein *Untertan.*“

(Thomas Hobbes, Leviathan, Kap.17, 134/135).

Die von Hobbes so eindringlich geschilderte Konstellation der Autorisierung von Staatsmacht ist sicherlich für die demokratischen Systeme der Gegenwart sehr viel subtiler aufzufassen. Faktisch und rechtlich gibt es kein Untertanenverhältnis mehr: der Bürger ist im Rahmen des Staatsvolkes der eigentliche Souverän. Dennoch wird man auch für die Gegenwart nicht umhin können, der Definition von Staatsmacht als der *höchsten Gewalt* im Rahmen einer wechselseitigen Autorisierung von Aufgaben und Leistungen sowie deren Legitimation, Plausibilität und Notwendigkeit zu bescheinigen. Jedoch bleibt die Frage, *wie* sich diese Aufgaben und Leistungen strukturieren? – Sicherlich nicht mehr im Sinne einer einfachen linearen Befehls-Gehorsams-Struktur, wie sie offensichtlich Hobbes vorschwebte. Das ist zu sehr von den Herrschaftsmechanismen des 17. Jahrhunderts gedacht gewesen. Auf *Law and Order* kann jedoch auch kein Staat des beginnenden 21. Jahrhunderts verzichten, die Frage ist jedoch, auf welche Weise kommt die Akzeptanz und die Umsetzung seiner Maßnahmen zustande? Der Nachkömmling des Hobbesschen Leviathan hat sich auf die Suche nach neuen Gewändern begeben.

Um dieses neue Gewand, besser um die Neukombination altbekannter und bewährter Kleidungsstücke zu einem neuen, geht es in den Aufsätzen des dritten Teils dieses Sammelbandes.

Aus vier unterschiedlichen Richtungen nähern sich die Beiträge dem Ziel der Neubestimmung und Neubegründung von Staatlichkeit:

a) bezogen auf das Repräsentations- bzw. Mehrheitsprinzip der zeitlich begrenzten Machtübertragung im Rahmen des institutionellen Arrangements der Parlamentssouveränität (Großbritannien),

b) aus der Perspektive des Wechselspiels zwischen historisch gewachsenen Formen der Kompromißsuche und deren Manifestierung in formalen Strukturen des politischen Systems einer Konkordanzdemokratie und deren Rückwirkung wiederum auf die Politikformulierungs- und -durchsetzungsprozesse (Niederlande),

c) im Hinblick auf mögliche Neugewichtungen des Verhältnisses von direkt- und repräsentativ-demokratischen Elementen in den institutionellen Arrangements politischer Systeme und schließlich

d) bezüglich des Verhältnisses zwischen Staat und Gesellschaft im Gestaltungsprozeß von Politik bzw. im Hinblick auf den möglichst wohlfahrtssteigernden „Outputproduktionsprozeß", der sich in seiner Determinierung als Konfrontation des deutschen und anglo-amerikanischen historischen Entwicklungsprozesses von rechtlicher Steuerung und Kontrolle darstellt.

Faszinierend dabei ist die Tatsache, daß die Aufsätze die Leserschaft – trotz aller Unterschiedlichkeit vom jeweiligen Thema und entsprechender Analyseperspektive – in ein Netzwerk von Determinanten des Politischen führen, das quasi nach einem einheitlichen Muster gewoben ist. Bestimmt wird dieses Muster durch Essentials der Konstruktion von Souveränitätsübertragung und -ausübung, die in der Tat die neu zu kombinierenden, aber nie obsolet werdenden Kleidungsstücke des Leviathan ausmachen.

Dies gilt z.B. für die Tatsache, daß Konfliktinszenierungs- und -lösungsmuster Resultate historischer Entwicklungsprozesse innerhalb bestimmter Gesellschaften sind, sich daher auch erst einmal der Logik von Globalisierung widersetzen. Die korrespondierenden institutionellen Arrangements sind damit jeweils ebenso als Folge wie auch als Verursacher gesellschaftlicher Konfliktlösungsmuster und Konkliktlinien zu verstehen, und sie sind weder im Hinblick auf normative Neuorientierungen noch funktionale Erfordernisse beliebig zu ändern, noch sind sie auf andere Gesellschaften problemlos zu übertragen. Dies konfrontiert uns mit der Frage der Wertgrundlage politischen Handelns in Zeiten seiner Transnationalisierung. In Ermangelung einer europäischen oder gar Weltverfassung führt uns diese Frage in den Kern der klassischen politikwissenschaftlichen Diskussion um die normative Grundlage politischen Handelns. Der Europäisierungsprozeß bedeutet z.B. für Großbritannien eine Annäherung des britischen an die kontinentaleuropäischen Politikmodelle durch den sukzessiven Aufbau einer Verfassungsgrundlage, ausgelöst durch EU-Verträge und Menschenrechte, was zu einer Entmachtung des Parlaments „durch die Hintertür" führt. In den Niederlanden entstand mit der Überwindung der Versäulung und dem damit verbundenen Funktionieren des politischen Systems nach starren Proporzregeln eine Neuorientierung an Zweckbindungen als Voraussetzungen zur Teilnahme an Verhandlungen. Dies wiederum setzt aber einen gemeinsam geteilten normativen Basiskonsens voraus. Auch hier wird für die aktive Kompromißsuche ein neues Gewand entworfen. Eine entsprechende Minimalisierung von Normbindung (i.S. intra- oder intergesellschaftlicher Gültigkeit) finden wir z.B. auch in weiten Teilen des Sozialrechtes. Der Vertrag als Basiselement des modernen Staates gilt immer weniger zwischen dem Leviathan und seinen Bürgern, in der Ausformung des klassischen Sozialstaates zusammengeschlossen zu gesellschaftlichen Großgruppen mit spezifischer Lage im sozialen Raum, sondern zwischen Staat und Individuum und den Individuen untereinander – jenseits des Staates. Realität ist mittlerweile die „Zerlegung" der Beziehungen von Staat und Bürgern in zahllose Einzelvertragsbeziehungen, die jeweils nur noch der Erfüllung von Teilfunktionen dienen. Analog stellen sich inter- und transnationale Politik zunehmend als Vertragskonstruktionen nicht zwischen Nationen, sondern in spezifischen Funktionssystemen dar.

Aber auch einen weiteren Befund fördern alle Aufsätze zu Tage: Die diskutierten Komponenten von Staatlichkeit, Parlaments- versus Verfassungssouveränität, Zentralstaatlichkeit versus Föderalismus, effizienzorientierte Mehrheitsregel versus proporzorientierte Verhältnisregel, Konkordanz versus Konflikt, Plebiszit versus parlamentarischer Gesetzgebungsprozeß und schließlich Staat versus Gesellschaft können nicht als modularer Baukasten verstanden werden, in dem eine Komponente durch die andere ersetzt wird, in dem es – quasi binären Codierungen folgend – um das Vorhandensein oder Nichtvorhandensein geht. Sie stellen ein Kräfteparallelogramm dar, in dessen Wirkungszusammenhang erstens alle Komponenten erhalten bleiben, zweitens jede „Verschiebung" einer Größe Rückwirkungen auf den Gesamtzusammenhang verursacht.

Besonders deutlich wird dies z.B. in dem Aufsatz von Wolfgang Luthardt, wenn er die Konsequenzen einer Einführung bzw. Modifizierung des Funktionselementes direkte Demokratie skizziert. Gerade diese bedarf nämlich im Hinblick auf legitimatorische Aspekte in der Form von institutionalisierten Ausschlußmechanismen, i.S. einer kalkulierbaren und kontinuierlichen Politik und v.a. bezüglich des Schutzes grundlegender Menschen- und Bürgerrechte einer systematischen Ergänzung durch (Verfassungs-)Recht und Institutionenschutz. Gerade der Staat, der oft als Synonym für Volksdemokratie gehandelt wird, nämlich die Schweiz, zeichnet sich durch Mechanismen der institutionellen Gegenwehr gegen unberechenbare Folgen direktdemokratischer Prozesse aus. In ähnlicher Weise zeigt Rudolph Bauer die zunächst widersprüchlich erscheinende Ausgangslage für die Entfaltung zivilgesellschaftlicher Kräfte auf: ein Zuwachs gesellschaftlicher Autonomie im

Gestaltungsprozeß von Politik und Gesellschaft kann nur durch den (deutschen) Staat initiiert werden und zwar durch entsprechende Rechtsetzung. Dazu müßte der Staat allerdings – orientiert an seinen angloamerikanischen Ausprägungen – lernen in das Gewand eines Treuhänderns und nicht Bewachers von Gesellschaft zu schlüpfen.

Ein Aspekt, der in allen Aufsätzen diskutiert wird, einer, der offensichtlich den Kreuzungspunkt im Fadenkreuz der Operationalisierung von Demokratie in ihren politischen Systemen markiert, ist derjenige der Inklusionsbzw. Exklusionsmechanismen in politischen wie gesellschaftlichen Systemen. Das Maß an Inklusion in die Wohlfahrtsproduktion und ihre Erträge war von Beginn an existenziell für den Sozialstaat. Im Rahmen konkordanzdemokratischer Systeme stellt sich die entsprechende Frage vor allem im Hinblick auf den Prozeß der Konsensherstellung und den Kreis beteiligten Akteure. Bezüglich der Modifikation politischer Systeme zwischen Mehrheit und Proporz, zwischen Repräsentanz und Plebiszit, sind verfahrenstechnische Fragen wie die des Quorums, des Wahlsystems, der Machtgewichtung in Koalitionen und schließlich der souveränen Letztentscheidungskompetenz bezeichnend für die Neukombination „alter" Bauelemente.

Doch die entscheidende Frage ist: wie werden die traditionellen Bauelemente, die bis dato substantiell waren und es auch bleiben, neu kombiniert? – Die Antwort bzw. Lösung betrifft die Vorstellung vom Staat als Ganzheit und fällt ambivalent aus.

Alle Befunde, die hier in den verschiedenen Beiträgen vorgelegt worden sind, dokumentieren, daß der aktuelle Leviathan, ob man ihn nun als postmodernes oder spätmodernes Gebäude betrachtet, gegenüber der Ausgangsbeschreibung aus dem 17. Jahrhundert ein in vieler Hinsicht mehrstufiges, äußerst komplexes Gebilde geworden ist, welches in seinen Leistungen für viele Beteiligte nicht mehr durchschaubar erscheint – geschweige denn berechenbar. Das, wovon Max Weber noch wie selbstverständlich ausgegangen war, der Staat als rationale Leistungsanstalt gegenüber der Willkür patrimonialer oder charismatisch formulierter Herrschaftssysteme, genau dieses erweist sich beinahe hundert Jahre später als recht brüchig. Der Staat ist hypertrophiert – gerade aufgrund seiner rationalen Leistungsketten, die im je einzelnen Sachverhalt zwar durchschaubar sind, in der Summe aller Leistungssysteme aber eine Inkongruenz hervorbringen, die sich für das Gesamtsystem zu einer destabilisierenden Perspektive erwachsen, bei denen funktionale Spill-Back-Effekte quasi zur Natur der Sache gehören. Das, was Hobbes als *eine Person* gedacht hatte, ist mittlerweile ein hochgradig vernetztes, nicht auf allen Sektoren in gleicher Weise verdichtetes, und vor allem nach *außen* (inter- wie intranational) ausgefranstes System geworden. Von daher ist der Rückzug auf die Kernfunktionen des Staates sinnvoll und seine Notwendigkeit evident. Allerdings verschleiert die Debatte um solche Rückzugserfordernisse, daß damit der aktualisierte Leviathan keineswegs weniger stark sein würde. Im Gegenteil: der demokratische Leistungsstaat würde sich nur neu gruppieren, seine Leistungen aber im wesentlichen beibehalten (vgl. auch Schuppert 1996). Der aktuelle Leviathan wird also durch eine Rückbesinnung auf seine Kernleistungen nicht schwächer, sondern er behält damit in denjenigen Sektoren die Priorität der Entscheidungs-Setzung und mitunter auch das Monopol, welches der Staat überhaupt braucht, um erfolgreich existieren zu können. Das sind nach Lage der Dinge die Bereiche der inneren wie äußeren Sicherheit, wobei beide Sektoren im Rahmen des Intergouvernementalismus ineinander übergehen, sowie die Koordination des sozialen Lebens im Rahmen einer *nationalen Solidarität* der bürgerlichen Mitglieder.

Da letzteres noch nicht in der Perspektives des Hobbesschen Leviathans lag, ist der heutige Leviathan nicht schwächer, sondern stärker als sein historisches Paradigma. Die Ausweitung auf alle Bereiche des Lebens hat im Rahmen der Sozialpolitik jedoch dazu geführt, daß die Mechanismen zur Leistungsgestaltung die Eigenverantwortung der Gesellschaft bzw. der Individuen untereinander allzu sehr über den *pactus servandi* des Staates geregelt worden sind. Dies gilt sicherlich weniger für die USA als vielmehr für die westeuropäischen Staaten, insbesondere für die deutsche Konstellation. Damit ist aber genau das minimiert worden, was heutzutage unter der Bezeichnung *Zivilgesellschaft* als innovativer demokratischer Referenzpunkt erscheint. Die Gesellschaft, die dem Staat mit „ihren" originären Interessen gegenübertritt, mag zwar auch nur eine konstruktive Schimäre sein, weil ohne Staat als Aushandlungsort von differierenden Interessen keine plurale Gesellschaft denkbar ist, doch ist unbestreitbar das Vorhandensein von gesellschaftlichen Eigenbezügen, die nicht a priori etatisiert werden müssen und wollen, eine substantielle Bedingung für demokratische Politik.

Die Rolle und Aufgabe des Staates ist ohnehin stets nur eine Veranstaltung auf Zeit für bestimmte Zwecke, die eine jede Gesellschaft im nationalen Kontext für zweckdienlich und notwendig ansieht. Der *Vertrag* ist insofern auch vor dem Hintergrund eines Schleiers von Nichtwissen über die je eigenen Bedürfnisse, wie es Rawls darlegt (1975), das konstitutive Element für die Legitimierung und Aufrechterhaltung von Staatlichkeit. Es sind somit die Bürger selbst, die die Autorität darstellen und sie im Rahmen des Staates als Selbstverfügung strukturieren und potenzieren. Dafür muß man den Staat nicht lieben, sondern nur achten, was jedoch im Rahmen einer Selbstachtung im Sinne der Menschenrechte bereits die Individuen als Bürger untereinander praktizieren sollten. Jegliche Stilisierung des Staates als heilsgeschichtliche Notwendigkeit für ein Volk oder einen bestimmten Raum ist daher hier fehl am Platz, jeder Anspruch im Sinne einer hegelianischen Objektivität führt nur in die Irre: der Staat ist um seiner Bürger willen da – und deshalb ist er ein *sterbliches System*, welches den Interessen der Bürger unterliegt. Die Zweckorientierung auf bürgerliche Bedürfnisse beinhaltet folglich auch einen pragmatischen Umgang mit dem Leviathan: er ist *veränderbar* – so wie sich die Gesellschaft verändert. Jede Reformierung ist kein Selbstzweck, sondern notwendige Betriebspraxis im Prozeß der wechselnden Bedürfnisse. Das gilt vor allem für die Funktionsentscheidungen. Die *extremen* Vorstellungen, die heutzutage so mancher Kontinentaleuropäer (auch in Westeuropa) mit den Aufgaben und Pflichten eines Staates verbindet, bilden keine unumstößliche Notwendigkeit für alle Zeit (vgl. auch James 1999: 1219). Kultur, Bildung und Soziales müssen nicht gänzlich mit etatistischen Zuwendungen ausgestattet sein. Sofern Zivilgesellschaft tatsächlich eine Macht darstellt, das sieht man an den USA, dann funktioniert *politisches Handeln* als dem gemeinsamen Lebensraum verpflichtete Aktion durchaus auch jenseits der Staatlichkeit.

Die Verhandlungsmacht der Zivilgesellschaft, die sich in den Modellen von Konkordanz- und Konsensdemokratie stets angezeigt hat, bekommt im Rahmen der Globalisierung ungeheuren Auftrieb. Allerdings ist es bis zur Schwelle einer Welt-Zivil-Gesellschaft noch ein weiter Weg, vor dem nicht zuletzt auch der aktuelle Leviathan als Bremsklotz steht. Die Verfügungskontrolle über den sozialen Raum und den Raum als solchen beansprucht nach wie vor der Nationalstaat mit seiner Leistungsagenda. So sehr auch die Zivilgesellschaft (oder Teile von ihr) im Kontext der Technik- und Kommunikationsimpulse des Internet in die mediale Konstellation einer sich globalisierenden Gesellschaft treten, so entscheidet doch nach wie vor der Staat, wer und in welcher Höhe Steuern zu zahlen, wer zur militärischen Verteidigung auf welche Weise anzutreten und wer als kriminell oder als *guter Bürger* anzusehen ist. Von daher sind Foderungen nach einer Ausbalancierung von Zivilgesellschaft und Staat (vgl. Giddens 2000: 335) plakativ zwar gut gemeint, gehen jedoch inhaltlich quasi systemisch in die Irre. Wie will denn etwa die Zivilgesellschaft ihre Solidarität mit sich selbst (oder ihren diversen Subgesellschaften) formulieren, wenn der Staat es nicht machen soll? – Bezeichnenderweise gibt es dazu so lange keine vernünftige Antwort, so lange für die Legitimation des Staates eine wohlfahrtsorientierte Politik angesetzt wird. So lange der Staat auf Umverteilung und Ausgleich von sozialen Interessen hin terminiert ist, so lange wird die Zivilgesellschaft nur ein schönes Konstrukt für eine Gegenfolie sein. Streng genommen steckt hinter dem aktuellen Leviathan als umverteilendem Wohlfahrtsstaat ein gehöriges Potential an tief fundiertem sozialen Mißtrauen der Individuen untereinander, daß sie selbst (d.h. im Rahmen der Gesellschaft) Interessenkonflikte nicht würden friedlich miteinander austragen können.

Alle Strategien also, mit denen man den sogenannten Non-Profikt-Sektor der Zivilgesellschaft als Gegentypus zum staatlichen Wohlfahrtsdirigismus meint formulieren zu können, verkennen, daß es nach wie vor der (allzu mächtige) Leviathan ist, der da mitsteuert und ausgleicht. Insofern ist der Non-Profit-Bereich wie auch das Erscheinen der Non-Gouvernementalen Organisationen (NGOs) zwar Ausdruck für die systematische Krise hypertrophierten Staatshandelns, aber keineswegs das neue Steuerungsmodell für sich selbst verfügende Zivil-Gesellschaften. Bestenfalls sind Non-Profit-Sektor und NGOs Korrelat zur staatlichen Ebene. Bei der Frage der funktionalen

Gleichberechtigung würde hier aber zugleich das Defizit an politischer Legitimation deutlich werden. Genau diese Ambivalenz ist es aber auch, die für das heterogene Zusammenspiel von NGOs und staatlichen Administrationen einerseits so wichtig ist, diese andererseits auch so fragil erscheinen läßt (vgl. auch Hulme/Edwards 1997). In dem Zusammenspiel entsteht eine Grauzone, in der die jeweiligen Grenzen staatlichen Handelns durch die Hereinnahme oder Aneignung non-gouvernementaler Handlungs- und Organisationsweisen, von den rein ökonomistischen Funktionen ganz zu schweigen, performiert werden, letztlich das staatliche Prinzip selbst destabilisiert wird. Wo genau beginnt oder endet staatliches Handeln, wenn die Zivilgesellschaft stets involviert ist? – Genau genommen bleibt von der bisherigen Souveränitätsvorstellung der Nationalstaaten nichts mehr übrig, wenn sie sich in ein Netzwerk von intermediären Akteuren begeben oder bereits darin verfangen haben. Die Souveränität ist dann nicht einmal mehr eine Art Teilsouveränität, denn der Begriff als solches enthebt sich seiner ihm zugeschriebenen Wirkungsweise. Niemand ist souverän, alle zusammen auch nicht; es geht lediglich (oder vielmehr) um die punktuellen Verfügungschancen und Durchsetzungsoptionen, die im Netzwerk ad hoc zustande kommen können. Gerade die Einbindung von NGOs stellt hier keine Abhilfe im Sinne einer erweiterten Demokratisierung der staatlichen Politik dar (vgl. auch Messner/Nuscheler 1999: 387). Zwar mag mitunter die Effizienz staatlichen Handelns dadurch größer werden, daß die gesellschaftlichen Zielbedürfnisse deutlicher artikuliert werden können; sicherlich ist auch eine erhöhte Kommunikation zwischen Staat und Gesellschaft festzustellen, doch ergibt dies alles zusammen noch keine bessere Legitimation im Sinne der politischen Kompetenz. Die NGOisierung der staatlichen Politik, innen wie außen, führt somit nur zu noch mehr Unübersichtlichkeit und Fragmentierung der politischen Dezision und ihrer Legitimation. Wer ist eigentlich *verantwortlich* für diese und jene Entscheidung? – Der Staat nicht, er schiebt es auf die Zivilgesellschaft, diese auch nicht, denn sie schiebt die Verantwortung auf die diversen Interessengruppen und diese schließlich auf das einzelne Individuum. Anything goes. Die „stille Revolution" der zivilgesellschaftlichen Akteure, von der nicht zuletzt Kofi Annan 1998 gesprochen hat (vgl. ebd.), ist insofern tatsächlich eine Art von Revolution, aber nicht eine von unten (bottom up), sondern sie kommt geradewegs aus der Mitte der postnationalen Gesellschaften oder ihrer diversen Subcodierungen, und die sind so wenig exakt zu bestimmen, wie die berühmte *neue Mitte* in Deutschland.

Angesichts dieses Befundes erhebt sich die Frage, was denn überhaupt noch originär am Leviathan ist, wenn in allen Politikfeldern zivilgesellschaftliche Akteure, von den Parteien ganz zu schweigen, mitreden und faktisch auch mitentscheiden? – Ist nicht das Paradigma, welches Hobbes so meisterhaft in seinem Titelbild dokumentiert hat, mittlerweile gänzlich obsolet?

Die Antwort darauf ist deshalb so schwierig, weil alle empirischen Befunde (wie auch hier dokumentiert) nicht nur auf eine Schwächung, sondern auch auf eine Stärkung des Leviathan verweisen, der sich gegenwärtig in einer erneuten – und vermutlich für lange Zeit entscheidenden Umstrukturierung befindet. Doch was ist das Kennzeichen dieser Umstruktuierung?

Mehr Flexibilität in allen Politiksektoren, so könnte man es auf einen Nenner bringen. Wie in der Außenpolitik, so auch in der Innenpolitik werden die Agenten der zivilen Interessengruppierungen mit in die Entscheidungsfindung herein genommen. Streng genommen verbietet sich für die nahe Zukunft eine weitere Unterscheidung von Innen- und Außenpolitik. Dies gilt zumindest für Westeuropa, wo man dann mehr von einer regionalen- oder transnationalen Politik als von der bisherigen Staatsnation sprechen könnte. Die Neuordnung des Leviathan im Rahmen der zivilgesellschaftlichen Ansprüche nach einer stärkeren Individualisierung bei gleichzeitiger Berücksichtigung von kollektivistischen Interessen, sei es im Namen einer Megalopolis wie Paris oder einer (nationalen) Region wie Korsika sowie der Bemühungen um eine Verdichtung von *europäischer Identität*, führen in der Summe zu einem Bild, bei dem der aktuelle Leviathan regelrecht kopiert wird hinsichtlich seiner Ausgangsprämisse: der Identität von Interessen in *einem Raum* und *einer Herrschaft*. Durch die Vielzahl an Nachahmungen und zeitbedingten Mutationen im staatlichen Aufbau und der Gesellschaft ist mittlerweile ein Zustand eingetreten, in dem der eigentliche Leviathan von seinen Nachahmungen und Selbstbespiegelungen so umstellt worden ist, daß er nicht mehr richtig erkennbar scheint. In dieser Konstellation ist es sinnvoll, den Staat soweit aus den Verflechtungen mit den diversen Interessengruppierungen der Zivilgesellschaft wieder herauszunehmen, daß er a) relativ eigenständig entscheiden und b) die Impulse für Koordinierungsmaßnahmen und Hilfeleistungen mit Nachhaltigkeit praktizieren kann. Die gegenwärtig zu beobachtende Situation widerspricht jedoch dieser Diagnose. Vom Trend her werden im Gegenteil alle möglichen kommunikativen Foren jenseits des Parlaments etabliert, in denen die Regierung zwar sukzessive entscheidet oder zumindest Dezision der Öffentlichkeit vorspielt, in Wahrheit jedoch dem Status Quo konkordanzdemokratischer Netzwerkbildung – und damit der Ökonomie der etablierten Interessengruppierungen nachgelaufen wird. Somit gilt für das Gesamturteil: der aktuelle Leviathan baut sein Leistungssystem zwar um, aber die Geschwindigkeit, mit der er dies tut, ist zu langsam, zu zögerlich und geht vor allem hinsichtlich der reinen Marktökonomisierung in die falsche Richtung.

Literaturverzeichnis

Abromeit, Heidrun (1989): Mehrheitsdemokratische und konkordanzdemokratische Elemente im politischen System der Bundesrepublik Deutschland. In: Österreichische Zeitschrift für Politik, S. 165-180.

Abromeit, Heidrun (1993): Interessenvermittlung zwischen Konkurrenz und Konkordanz. Studienbuch zur Vergleichenden Lehre politischer Systeme. Opladen

Abromeit, Heidrun (1995): Volkssouveränität, Parlamentssouveränität, Verfassungssouveränität. In: Politische Vierteljahresschrift, 36, S. 49-66.

Abromeit, Heidrun (1997): Überlegungen zur Demokratisierung der EU. In: Projekt Europa im Übergang. Prozesse, Strategien und Modelle des Regierens in der Europäischen Union, hrsg. v. K. D. Wolf, Opladen. S. 109-127.

Abromeit, Heidrun (1998): Direkte Demokratie und Föderalismus in der EU. In: Integration durch Demokratie. Neue Impulse für die EU, hrsg. v. E. Antalovski u.a., Marburg. S. 206-220.

Adam, Konrad (1999): Volksvertreter ohne Volk. In: Frankfurter Allgemeine Zeitung (12. Juni) Nr.133, Bilder u. Zeiten, S.I.

Alber, Jens (1989): Der Sozialstaat in der Bundesrepublik 1950-1983. Frankfurt a.M.

Alber, Jens (1991): Sozialstaat/Wohlfahrtsstaat. In: Wörterbuch Staat und Politik, hrsg. v. D. Nohlen, München, S. 636-645.

Albert, Michel (1999): Die Zukunft der Sozialmodelle des europäischen Kontinents. In: Internationale Wirtschaft, nationale Demokratie, hrsg. v. W. Streeck, Frankfurt a.M., S. 195-209.

Alemann, Ulrich v. (1995): betrifft: Parteien. Reinbek/Hamburg.

Alemann, Ulrich v. (1995a): Repräsentation. In: Wörterbuch Staat und Politik, hrsg. v. D. Nohlen, München, 655-659.

Alemann, Ulrich v. (1995b): Parlamentarismus. In: Wörterbuch Staat und Politik, hrsg. v. D. Nohlen, München, 493-498.

Alheit, Peter (1994): Zivile Kultur. Verlust und Wiederaneignung der Moderne. Frankfurt a.M./New York.

Althoff, Gerd (1997): Spielregeln der Politik im Mittelalter. Kommunikation in Frieden und Fehde. Darmstadt.

Andersen, Svein / Eliassen Kjell (1996): Dilemmas, Contradictions and the Future of European Democracy. In: The European Union: How democratic is it?, hrsg. v. dens., London, S. 5-13.

Andeweg, Rudy B. / Irwin, Galen A. (1993): Dutch Government and Politics. London.

Angerhausen, Susanne (Hrsg.) (1998): Überholen ohne einzuholen. Freie Wohlfahrtspflege in Ostdeutschland. Opladen.

Anheier, Helmut (Hrsg.) (1997): Der Dritte Sektor in Deutschland. Berlin.

Articus, Stefan (1996): Öffentliche und freie Wohlfahrtspflege auf kommunaler Ebene. In: Jugendwohl, H. 10, S. 432-437.

Auer, Astrid / Demmke, Christoph / Polet, Robert (1996): Civil Services in Europe of the Fifteen, Current Situation and Prospects. Maastricht.

AWV – Ausschuss für wirtschaftliche Verwaltung e.V. (Hrsg.) (1999): Verwaltungsmodernisierung als Prozess: projekt- und personalorientiertes Änderungsmanagement. Eschborn.

Bach, Mauritio (1999): Die Bürokratisierung Europas. Verwaltungseliten, Experten, politische Legitimation in Europa. Frankfurt a.M.

Bahle, Thomas (1995): Familienpolitik in Westeuropa. Ursprünge und Wandel im internationalen Vergleich. Frankfurt a.M.

Barber, Benjamin R. (1994): Starke Demokratie. New York.

Barber, Benjamin R. (1996): Kann die Demokratie McWorld überleben? Der Mythos von der regulativen Macht des Marktes. In: Demokratie am Wendepunkt. Die demokratische Frage als Projekt des 21. Jahrhunderts, hrsg. v. W. Weidenfeld, Berlin, S. 81-100.

Barry, B. (1975): Political Accomodation and Consociational Democracy. In: British Journal of Political Science, S. 477-505

Bartelson, Jens (1995): A Genealogy of Sovereignty. Cambridge.

Bauer, Rudolph (1989): The Private Social Welfare System in the United States and the Federal Republic of Germany. A General Comparison. Baltimore.

Bauer, Rudolph (1996): „Hier geht es um Menschen, dort um Gegenstände". Über Dienstleistungen, Qualität und Qualitätssicherung. In: Widersprüche, H. 61, S. 11-49.

Bauer, Rudolph (1997): Zivilgesellschaftliche Gestaltung in der Bundesrepublik: Möglichkeiten und Grenzen. In: Zivile Gesellschaft. Entwicklung, Defizite, Potentiale, hrsg. v. K. M. Schmals / H. Heinelt, Opladen, S. 133-153.

Bauer, Rudolph / Betzelt, Sigrid (1999): Gesellschaftlicher Wandel und „Dritter Sektor" in den 90er Jahren – oder: Wie weit tragen die „Beine eines Volkes"? In: Zeitschrift für Gemeinwirtschaft, 37. Jg., H. 3-4, S. 45-69.

Bausinger, Herrmann (1978): Grundzüge der Volkskunde. Darmstadt.

Baylis, John / Steve Smith (1997): The Globalization of World Politics. An Introduction to International Relations. Oxford.

Beck, Ulrich (1997): Kinder der Freiheit. Wider das Lamento über den Werteverfall. In: Kinder der Freiheit, hrsg. v. dems., Frankfurt a M., S. 9-33.

Beck, Ulrich (1997): Was ist Globalisierung? Irrtümer des Globalismus – Antworten auf die Globalisierung. Frankfurt a.M.

Beck, Ulrich (Hrsg.) (1998): Politik der Globalisierung. Frankfurt a.M.

Becker, Gary S. (1996): Familie, Gesellschaft und Politik – die ökonomische Perspektive. Tübingen.

Beer, Samuel (1998): The Roots of New Labour. Liberalism Rediscovered. In: The Economist, 7.2., S. 23-29.

Bellamy, Christine / Horton, Sylvia (1992): Introduction: Managing the New Public Services. In: Public Policy and Administration 7, H.3, S. 1ff.

Bellamy, Richard / Castiglione, Dario (1997): The normative Challenge of a European Polity: Cosmopolitan and Communitarian Models compared, critizised and combined. In: Democracy and the European Union, hrsg. v. A. Follesdal, und P. Koslowski, Berlin/Heidelberg u.a., S. 254-280.

Benitz, Ingo (2000): Ehrenamtlichkeit im Spiegel der Parteien. In: Engagierte Bürgerschaft. Traditionen und Perspektiven. Bürgerschaftliches Engagement und Nonprofit-Sektor, hrsg. v. A. Zimmer, S. Nährlich, Bd. 1, Opladen, S. 49-71.

Bentele, Karlheinz / Reissert, Bernd / Schettkat, Ronald (Hrsg.) (1995): Die Reformfähigkeit von Industriegesellschaften. Festschrift für Fritz W. Scharpf. Frankfurt a.M./New York.

Benz, Arthur (1993): Verfassungsreform als politischer Prozeß. In: Die Öffentliche Verwaltung, 46, S. 881-889.

Benz, Arthur (1994): Kooperative Verwaltung. Funktionen, Voraussetzungen und Folgen. Baden-Baden.

Benz, Arthur (1998): Postparlamentarische Demokratie? Demokratische Legitimation im kooperativen Staat. In: Demokratie – eine Kultur des Westens? 20. Wissenschaftlicher Kongress der Deutschen Vereinigung für Politische Wissenschaft, hrsg. v. M. Greven, Opladen, S. 201-222.

Benz, Arthur / Holtmann, Everhard (Hrsg. 1998): Gestaltung regionaler Politik. Empirische Befunde, Erklärungsansätze und Praxistransfer. Opladen.

Berger, Peter L. (Hrsg.) (1997): Die Grenzen der Gemeinschaft. Konflikt und Vermittlung in pluralistischen Gesellschaften. Ein Bericht der Bertelsmann-Stiftung an den Club of Rome. Gütersloh.

Beste, Hubert (1998): State Control, Political Order, Policing the Poor. Anmerkungen zur Kommodifizierung innerer Sicherheit. In: Eingriffsstatt und öffentliche Sicherheit. Beiträge zur Rückbesinnung auf die hoheitliche Verwaltung, hrsg. v. K. Lenk u. R. Prätorius, Baden-Baden, S. 53-66.

Betzelt, Sigrid (1999): Der Dritte Sektor in „Fesseln". Rechtliche und ökonomische Rahmenbedingungen. Beitrag zur WZB-Konferenz „Der Dritte Sektor im Wandel" am 30.04.1999 in Berlin (unveröffentl. Manuskript).

Betzelt, Sigrid / Bauer, Rudolph (2000): Nonprofit – Organisationen als Arbeitgeber. Opladen.

Beyme, Klaus v. (1992): Die politischen Theorien der Gegenwart. Eine Einführung. 7. neubearb. Aufl. Opladen.

Beyme, Klaus v. (1996): Ansätze zur Reform des politischen Systems. In: Demokratie am Wendepunkt, hrsg. v. W. Weidenfeld, Berlin, S. 158-176.

Blanke, Bernhard (1986): Staat und Gesellschaft. In: Handlexikon zur Politikwissenschaft, hrsg. v. W. Mickel, Bonn, S. 498-504.

Blanke, Bernhard / Bandemer, Stephan von (1999): Der „aktivierende Staat". In: Gewerkschaftliche Monatshefte 6, S. 321-330.

Bleses, Peter / Seeleib-Kaiser, Martin (1999): Zum Wandel wohlfahrtsstaatlicher Sicherung in der Bundesrepublik Deutschland: Zwischen Lohnarbeit und Familie. In: Zeitschrift für Soziologie, Jg. 28, H. 2, S. 114-135.

Bloch, Ernst (1970): Geist der Utopie. Bearb. Neuauflage von 1923, Gütersloh.

Böckenförde, Ernst-Wolfgang (1991): Staat, Verfassung, Demokratie. Frankfurt a.M.

Boeßenecker, Karl-Heinz (1998[2]): Spitzenverbände der Freien Wohlfahrtspflege in der BRD. Münster.

Borchert, Jürgen (1992): Plädoyer vor dem Bundesverfassungsgericht am 28. April 1992 für die Arbeitsgemeinschaft der Deutschen Familienorganisationen (AGF). In: Das Jahrhundertunrecht an den Müttern, hrsg. v. d. Deutschen Liga für das Kind in Familie und Gesellschaft, Neuwied, S. 35-69.

Borchert, Jürgen (1993): Renten vor dem Absturz. Ist der Sozialstaat am Ende? Frankfurt a.M.

Borner, Silvio / Rentsch, Hans (Hrsg.) (1997): Wieviel direkte Demokratie verträgt die Schweiz? Chur/Zürich.

Braun, Dietmar (1999): Theorien rationalen Handelns in der Politikwissenschaft. Eine kritische Einführung. Opladen.

Brittan, Leon (1998): Globalisation versus Sovereignty? The European Response Cambridge.

Brüggemeier, Martin (1998): Controlling in der öffentlichen Verwaltung. Ansätze, Probleme und Entwicklungstendenzen eines betriebswirtschaftlichen Steuerungskonzepts. 3. Aufl. München/Mering.

Brüggemeier, Martin / Küpper, Willi (1992), Controlling als Steuerungskonzept für die öffentliche Verwaltung?. In: Zeitschrift für Betriebswirtschaft 62, S. 567-577.

Brunn, Gerhard (1999): Regionalismus in Europa. In: Die Europäische Union der Regionen. Subpolity und Politiken der Dritten Ebene, hrsg. v. P. Nitschke, Opladen, S. 19-38.

Brünneck, Alexander v. (1992): Verfassungsgerichtsbarkeit in den westlichen Demokratien. Baden-Baden.

Bullmann, Udo / Heinze, Rolf. G. (Hrsg.) (1997): Regionale Modernisierungspolitik. Nationale und internationale Perspektiven. Opladen.

Bundesarbeitsgemeinschaft der Freien Wohlfahrtspflege (1997): Gesamtstatistik der Einrichtungen der Freien Wohlfahrtspflege. Bonn.

Bundesministerium für Arbeit und Sozialordnung (Hrsg.) (1994): Materialband zum Sozialbudget 1993. Bonn.

Bundesministerium für Arbeit und Sozialordnung (Hrsg.) (1998): Sozialbericht 1997. Bonn.

Bundesministerium für Familie und Senioren (Hrsg.) (1994): Familien und Familienpolitik im geeinten Deutschland – Zukunft des Humanvermögens. Fünfter Familienbericht mit Stellungnahme der Bundesregierung zum Bericht der Sachverständigen-Kommission. BT-Drucks. 12/7560. Bonn.

Bundesministerium für Familie und Senioren (Hrsg.) (1999): Qualitätsprodukt Erziehungsberatung. Bearbeitet von Ulrich Gerth, Klaus Menne, Xenia Roth. Materialien zur Qualitätssicherung in der Kinder- und Jugendhilfe. Düsseldorf.

Butler, David / Kavanagh, Dennis 1997: The British General Election of 1997. Basingstoke/New York.

Butler, David / Ranney, Austin (Hrsg.) (1994): Referendums around the World. 2. Aufl. Washington, D.C.

Cartledge, Paul (1998): Die Griechen und wir. Stuttgart/Weimar.

Chatzimarkakis, Georgios (1996): Europäischer Grundvertrag 2002. Für ein Europa der Freiheit. Bonn.

Cockerell, Michael / Hennessy, Peter / Walker, David (1984): Sources Close to the Prime Minister. Inside the Hidden World of the News Manipulators. London/Basingstoke.

Cohen, Daniel (1998[2]): Fehldiagnose Globalisierung. Die Neuverteilung des Wohlstands nach der dritten industriellen Revolution. Frankfurt a.M./New York.

Cohen, Frank S. (1997): Proportional Versus Majoritarian Ethnic Conflict Management in Democracies. In: Comparative Political Studies, 607ff.

Commichau, Michael Friedrich (1998): Nationales Verfassungsrecht und europäische Gemeinschaftsverfassung. 12. Aufl. Baden-Baden.

Connor, Walker (1994): Ethnonationalism. The Quest for Understanding. Princeton, J.J.

Coultrap, John (1999): From Parliamentarism to Pluralism: Models of Democracy and the European Unions Democratic Deficit. In: Journal of theoretical Politics. Volume 11, Nummer 1 im Januar, S. 107-135.

Crepaz, Markus M.L. (1992): Corporatism in Decline? An Empirical Analysis of the Impact of Corporatism on Macroeconomic Performance and Industrial Disputes in 18 Industrialized Democracies. In: Comparative Political Studies, S. 139-168

Crepaz, Markus M.L. (1996): Consensus Versus Majoritarian Democracies: Political Institutions and Their Impact on Macro-Economic Performance and Industrial Disputes. In: Comparative Political Studies, S. 4-26.

Crepaz, Markus M.L. / Lijphart, Arend (1995): Linking and Integration Corporatism and Consensus Democracy: Theory, Concepts and Evidence. In: British Journal of Political Science, S. 281-288.

Crespo, Roger (1989): Europa als demokratische Herausforderung. Kein funktionsfähiger Binnenmarkt ohne starkes Parlament. In: Das Europäische Parlament im dynamischen Integrationsprozeß. Auf der Suche nach einem zeitgemäßen Leitbild, hrsg. v. O. Schmuck u. W. Wessels, Düsseldorf, S. 19-30.

Crick, Bernhard (1991): The English and the British. In: National Identities. The Constitution of the United Kingdom, hrsg. v. dems., Oxford (= Sonderheft „Political Quarterly), S. 90-104.

Curtice, John (1996): Why the Additional Membership System Has Won Out in Scotland. In: Representation 33(4), S. 119-124.

Czada, Roland (1994): Institutionelle Theorien der Politik. In: Politische Theorien, Bd. 1. hrsg. v. D. Nohlen u. R.-O. Schultze, München, S. 205-213.

Czada, Roland (1997): Vertretung und Verhandlung. In: Theorieentwicklung in der Politikwissenschaft, hrsg. v. A. Benz u. W. Seibel, Baden-Baden. S. 237-259.

Czerwick, Edwin (1999): Verhandlungsdemokratie – ein Politikstil zur Überwindung von Politikblockaden. In: Zeitschrift für Politikwissenschaft, 9. Jg., H. 2, S. 415-438.

Daalder, Hans (1971): On Building Consociational Nations: The Cases of the Netherlands and Switzerland. In: Internation Social Science Journal, S. 355-370

Daalder, Hans (Hg.): Comparative European politics: the story of a profession. London.

Damkowski, Wulf / Precht, Claus (1995): Public Management – Neuere Steuerungskonzepte für den öffentlichen Sektor. Stuttgart u.a. 1995.

Damkowski, Wulf / Precht, Claus (1998): Moderne Verwaltung in Deutschland – Public Management in der Praxis. Stuttgart.

Daviter, Jürgen / Gessner, Volkmar / Höland, Armin (1987): Selbstverwaltungswirtschaft. Gegen Wirtschaft und Recht? Rechtliche und ökonomische Rahmenbedingungen. Bielefeld.

Deacon, Bob (u.a. 1997): Global Social Policy. International Organizations and the Future of Welfare. London/Thousand Oaks.

Dehousse, R. (1995): Institutional Reform in the European Community: Are There Alternatives to the Majoritarian Avenue?. In: The Crisis of Representation in Europe, hrsg. v. J. Hayward, London.

Dettling, Warnfried (1995): Politik und Lebenswelt. Vom Wohlfahrtsstaat zur Wohlfahrtsgesellschaft. Gütersloh.

Dettling, Warnfried (1998): Wirtschaftskummerland? Wege aus der Globalisierungsfalle. München.

Deutsch, Karl W. (1972): Nationenbildung – Nationalstaat – Integration. Düsseldorf.

Deutsch, Morton (1975): Equity, Equality, and Need: What Determines which Value Will Be Used as the Basis of Distributive Justice? In: Journal of Social Issues, 31, H.3, S. 137-149.

Deutscher Bundestag (Hrsg.) (1998): Zweiter Zwischenbericht der Enquête-Kommission „Demographischer Wandel – Herausforderungen unserer älter werdenden

Gesellschaft an den einzelnen und die Politik". BT-Drucks. 13/11460. 5.10.98. Buchfassung in der Reihe „zur Sache" Bd. 8/98, Bonn.

Deutscher Sozialrechtsverband (1999): Die Finanzierung der Sozialleistungen in der Zukunft, Dokumentation der Bundestagung vom 1. und 2. Oktober 1998, Wiesbaden.

Dieck, Margarethe (1996): Konzepte zur Durchsetzung und Sicherung sozialer Dienste auf kommunaler Ebene. Unveröffentl. Manuskript, Berlin.

Dierkes, Meinolf / Zimmermann, Klaus W. (Hrsg.) (1996): Sozialstaat in der Krise – Hat die Soziale Marktwirtschaft noch eine Chance? Wiesbaden.

Ditch, John / Barnes, Helen / Bradshaw, Jonathan (1996): Eine Synthese nationaler Familienpolitiken 1995. Europäische Beobachtungsstelle für nationale Familienpolitiken. Kommission der Europäischen Gemeinschaft. Veröffentlicht von der Social Policy Research Unit University of York.

Donnelly, Katy (1997): Parliamentary Reform. Paving the Way for Constitutional Change. In: Parliamentary Affairs 50(2), S. 246-262.

Döring, Dieter / Nullmeier, Frank / Pioch, Roswitha / Voruba, Georg (1995): Gerechtigkeit im Wohlfahrtsstaat. Marburg.

Dunn, John (1993): Western Political Theory in the Face of the Future. Cambridge.

Dunsire, Andrew (1990): Holistic Governance. In: Public Policy and Administration 5, S. 4-19.

Ehmke, Horst (1981): Beiträge zur Verfassungstheorie und Verfassungspolitik, hrsg. von P. Häberle. Königsstein/Ts.

Ehmke, Horst (1988): Eine alte Frage neu gestellt. In: Neue Gesellschaft, Frankfurter Hefte, Nr. 4, S. 237-259.

Eichendorfer, Eberhard (2000) (Hrsg.): Bismarck, die Sozialversicherung und deren Zukunft, Schriften des Hellmuth-Loening-Zentrums für Staatswissenschaften e.V., Jena, Bd. 8, Berlin.

Eichenhofer, Eberhard: Trittbrettfahren im System der sozialen Sicherung, aus Öffentliches Recht als Gegenstand ökonomischer Forschung. Die Begegnung der deutschen Staatslehre mit der Konstitutionellen Politischen Ökonomie, hrsg. v. Engel u. Morlok, Tübingen.

Eißel, Dieter (Hrsg. u.a. 1999): Interregionale Zusammenarbeit in der EU. Analysen zur Partnerschaft zwischen Hessen, der Emilia-Romagna und der Aquitaine. Opladen.

Ellwein, Thomas (1993): Der Staat als Zufall und als Notwendigkeit. Die jüngere Verwaltungsentwicklung in Deutschland am Beispiel Ostwestfalen-Lippe. Bd. 1 – Die öffentliche Verwaltung in der Monarchie 1815-1918. Opladen.

Ellwein, Thomas (1995): Verwaltung. Erwiderung auf die Laudatio. In: IFS-Nachrichten. Neubiberg.

Ellwein, Thomas (1997): Der Staat als Zufall und als Notwendigkeit. Die jüngere Verwaltungsentwicklung in Deutschland am Beispiel Ostwestfalen-Lippe. Bd. 2 – Die öffentliche Verwaltung im gesellschaftlichen und politischen Wandel 1919-1990. Opladen.

Ellwein, Thomas / Hesse, Joachim Jens (1997): Der überforderte Staat. Frankfurt a.M.

Elsen, Susanne (1998): Gemeinwesenökonomie. Eine Antwort auf Arbeitslosigkeit, Armut und soziale Ausgrenzung? Neuwied.

Epstein, Richard A. (1993): Bargaining with the State, Princeton, N.J.

Esping-Andersen, Gosta (1990): The Three Worlds of Welfare-Capitalism. Princeton, N.J.

Esping-Andersen, Gosta (1996): Welfare States in Transition. National Adaptions in Global Economies. London.

Esping-Andersen, Gosta (1997): Towards a Post-industrial Welfare State. In: Internationale Politik und Gesellschaft 3, S. 237-245.

Etzioni, Amitai (1973): The Third Sector and Domestic Missions. In: Public Administration Review 33, S. 314-323.

Etzioni, Amitai (1994): Jenseits des Egoismus-Prinzips. Ein neues Bild von Wirtschaft, Politik und Gesellschaft. Stuttgart.

Etzioni, Amitai (1997): Die Verantwortungsgesellschaft. Individualismus und Moral in der heutigen Demokratie. Frankfurt a.M.

Eurobarometer (1999): Amt für amtliche Veröffentlichungen der Europäischen Gemeinschaften: Eurobarometer. Die öffentliche Meinung in der Europäischen Union. Bericht Nr. 50 mit Umfragen von Oktober bis November 1998. Brüssel.

Europäische Kommission (1997): Soziale Sicherheit in Europa 1997. Luxemburg.

Europäische Kommission (1998): MISSOC, Soziale Sicherheit in den Mitgliedstaaten der Europäischen Union. Stand am 1. Januar 1998 und Entwicklung. Luxemburg.

Europäische Kommission (1999): Ein Europa für alle Altersgruppen 21.05.1999, KOM, 221 endg.

Evers, Adalbert (1990): Shifts in the Welfare Mix – Introducing a New Approach for the Study of Transformations in Welfare and Social Policy. In: Shifts in the Welfare Mix. Their Impact on Work, Social Services and Welfare Policies, hrsg. v. dems. u. H. Wintersberger, Frankfurt a.M., S. 7-30.

Evers, Adalbert (Hrsg.) (1998): Sozialstaat. Gießen.

Evers, Adalbert / Leggewie, Claus (1999): Der ermunternde Staat. Vom aktiven Staat zur aktivierenden Politik. In: Gewerkschaftliche Monatshefte 6, S. 331-340.

Evers, Adalbert / Olk, Thomas (1996): Wohlfahrtspluralismus – Analytische und normativ-politische Dimensionen eines Leitbegriffs. In: Wohlfahrtspluralismus: vom Wohlfahrtsstaat zur Wohlfahrtsgesellschaft, hrsg. v. dems. u. Th. Olk, Opladen, S. 9-60.

Falkner, Gerda / Nentwich, Peter (1992): European Union. Democratic Perspectives after 1992. Wien.

Fawcett, Louise (Hrsg. u.a. 1998): Regionalism in World Politics. Regional Organization and International Order. Oxford u.a.

Finer, S. E. (1974): Adversary Politics and Electoral Reform. London.

Finer, S. E. (1999): The History of Government. Vol.III – Empires, Monarchies, and the Modern State. Oxford/New York.

Fitzmaurice, John (1996): The politics of Belgium. A unique Federalism. 2. Aufl., London.

Flieger, Burghard (1993): Ideelle Ziele haben Vorrang. In: Contraste, Nr. 102, 10. Jg., S. 1.

Flieger, Burghard (1996): Produktivgenossenschaft als fortschrittsfähige Organisation. Marburg.

Flora, Peter (1986): Introduction. In: Growth to Limits, hrsg. v. dems., Berlin, S. XII-XXXVI.

Fraenkel, Ernst (1981): Das amerikanische Regierungssystem. 4. Aufl. Opladen.

Fraenkel, Ernst (1991): Deutschland und die westlichen Demokratien, hrsg. von A. v. Brünneck, 7. Aufl. Frankfurt a.M.

Freeman, John R. (1989): Democracy and Markets. The Politics of Mixed Economies, Ithaca and London.

Friedman, Thomas L. (1999): Globalisierung verstehen. Zwischen Marktplatz und Weltmarkt. Berlin.

Friedrich der Große (1987): Das Politische Testament von 1752. Stuttgart.

Funk, Lothar / Winkler, Albrecht (1997): Konsensmodell ‚Niederlande'. In: Sozialstaat im Umbruch, hrsg. v. E. Knappe u. A. Winkler, Frankfurt a.M./New York, S. 151-186.

Fürst, Dietrich (1995): Region / Regionalismus. In: Lexikon der Politik. hrsg. v. D. Nohlen, und R. O. Schulze, Bd. 1. Politische Theorien. S. 539-543.

Gabriel, Oscar W. (1997): Das Plebiszit auf dem Vormarsch in den Kommunen. In: Neue Formen politischer Partizipation – Bürgerbegehren und Bürgerentscheid. Interne Studie Nr. 136/1997, hrsg. v. O. W. Gabriel u.a.: St. Augustin, S. 63-125.

Gabriel, Oscar W. (1997): Politische Einstellungen und politisches Verhalten. In: Handbuch politisches System der Bundesrepublik Deutschland, hrsg. v. O. W. Gabriel u. E. Holtmann, München/Wien, S. 381-497.

Gabriel, Oscar W. / Ahlstich, K. / Kunz, V. (1997): Die Kommunale Selbstverwaltung in Deutschland. In: Handbuch politisches System der Bundesrepublik, hrsg. v. O. W. Gabriel u. E. Holtmann, Deutschland. München/Wien, S. 325-354.

Gabriel, Oscar W. / Everhard Holtmann (Hrsg.) (1997): Handbuch politisches System der Bundesrepublik Deutschland. München/Wien.

Gallagher, Michael / Uleri, Pier Vincenzo (Hrsg.) (1996): The Referendum Experience in Europe. Houndsmills.

Gallon, Thomas-Peter (1995): Belastung und Begünstigung in einem leistungsgerechten Rentensystem. Zur neuen „Standardrentner(innen)" – Figur und weiteren Reformelementen. In: Familienpolitische Informationen, hrsg. v. d. Evangelischen Aktionsgemeinschaft f. Familienfragen (EAF), Nr. 6 November/Dezember, S. 1-6.

Gebhardt, Jürgen (1991): Direkt-demokratische Institutionen und repräsentative Demokratie im Verfassungsstaat. In: Aus Politik und Zeitgeschichte, B 23/91, S 16-30.

Gehring, Thomas: Die Europäische Union: Legitimationsstrukturen eines Regimes mit föderativen Bestandteilen. In: Projekt Europa im Übergang? Probleme, Modelle und Strategien des Regierens in der EU, hrsg. v. K. D. Wolf, S. 125-149.

Gellner, Ernest (1997): Nations and Nationalism. New Perspectives on the Past. 12. Aufl. Oxford.

Generaldirektion für Information und Öffentlichkeitsarbeit. Europawahlen – Juni 99. Wahlergebnisse und gewählte Mitglieder. Brüssel 1999.

Genschel, Philipp (1998): Markt und Staat in Europa. In: Politische Vierteljahresschrift, 39. Jg., H. 1, S. 54-79.

Gerlach, Irene (1996): Familie und staatliches Handeln. Ideologie und politische Praxis in Deutschland. Opladen.

Gerlach, Irene / Konegen, Norbert / Sandhövel, Armin (1996a): Der verzagte Staat. Policy-Analysen: Sozialpolitik, Staatsfinanzen, Umwelt. Opladen.

Gerlach, Irene (1997): Art. 6: Die Diskussion um die Rechte und Pflichten der Familie und der nichtehelichen Lebensgemeinschaften im Grundgesetz. In: Revision des Grundgesetzes? Ergebnisse der Gemeinsamen Verfassungskommission (GKV) des Deutschen Bundestages und des Bundesrates, hrsg. v. N. Konegen, P. Nitschke, Opladen, S. 141-159.

Gerlach, Irene (1999): Familienpolitik nach dem Kriterium der Wertäquivalenz: Elemente eines neuen Familienlastenausgleichs. In: Familienpolitische Informationen, hrsg. v. d. EAF, Nr. 2 und 3.

Gerlach, Irene (2000): Politikgestaltung durch das Bundesverfassungsgericht am Beispiel der Urteilssprechung zum Familienlastenausgleich. In: Aus Politik und Zeitgeschichte, B 3-4. 21, Januar.

Gerstlberger, Wolfgang / Grimmer, Klaus / Wind, Martin (1999): Innovationen und Stolpersteine in der Verwaltungsmodernisierung. Berlin.

Giddens, Anthony (1997): Jenseits von rechts und links. Die Zukunft radikaler Demokratie. 2. Aufl. Frankfurt a.M.

Giddens, Anthony (2000): „Es wird ziemlich schwer, öffentlichen Raum zurück zu gewinnen". In: Die Neue Gesellschaft / Frankfurter Hefte (Juni) S.335-340.

Göhler, Gerhard (Hrsg.) (1997): Institutionenwandel. Opladen.

Goodman, James (1996): Reconstituting Democracy beyond the Union State. In: The Transformation of Democracy, hrsg. v. A. McGrew, Camebridge, S. 171-197.

Gottlieb, Gidon (1993): Nation against State. A New Approach to Ethnic Conflicts and the Decline of Sovereignty. New York.

Grande, Edgar (1999): Dominiert der globale Markt die Politik? Globalisierung und die Handlungsfähigkeit der Nationalstaaten. In: Der Bürger im Staat, 49. Jg., H. 4, S. 205-211.

Greven, Michael Th. (Hrsg.) (1998): Demokratie – eine Kultur des Westens? Opladen.

Grimm, Dieter (1991): Die Zukunft der Verfassung. Frankfurt a.M.

Grimm, Dieter (1992): Der Mangel an europäischer Demokratie. In: Der Spiegel, Nr. 43, S. 57-59.

Grimm, Dieter (Hrsg.) (1994): Staatsaufgaben. Frankfurt a.M.

Grote, Rainer (1995): Das Regierungssystem der V. französischen Republik. Baden-Baden.

Grote, Rainer (1996): Direkte Demokratie in den Staaten der Europäischen Union. In: Staatswissenschaften und Staatspraxis, 7, S. 317-363.

Guéhenno, Jean-Marie (1995): The End of the Nation-State. Minneapolis/London.

Gurr, Ted Robert / King, Desmond S. (1987): The State and the City. Chicago.

Habermas, Jügen (1994): Faktizität und Geltung. Beiträge zur Diskurstheorie des Rechts und des demokratischen Rechtsstaats. Frankfurt a.M.

Habermas, Jürgen (1994): Staatsbürgerschaft und nationale Identität. Überlegungen zur euopäischen Zukunft. In: Projekt Europa. Postnationale Identität: Grundlage für eine europäische Demokratie, hrsg. v. N. Dewandre und J. Lenoble, Berlin. S. 11-28.

Hall, Peter (1996): Governing the Economy. Oxford.

Haller, Walter (1986): Das schweizerische Bundesgericht als Verfassungsgericht. In: Verfassungsgerichtsbarkeit in Westeuropa, hrsg. v. Ch. Starck u. A. Weber, Baden-Baden, S. 179-217.

Haller, Walter (1995): Verfassungsreform in Frankreich. In: Zeitschrift für Schweizerisches Recht, NF, 114, 1. Halbbd., S. 201-231.

Haller, Walter (1996): Das abrogative Gesetzesreferendum in Italien – Bremse oder Gaspedal? In: De la Constitution. Etudes enl' honneur de Jean-Francois Aubert, hrsg. v. P. Zen-Ruffinen u. A. Auer, Basel/Frankfurt a.M, S. 231-240.

Haller, Walter (2000): Die Schweiz als direkte Demokraie. In: Politische Systeme und direkte Demokratie, hrsg. v. W. Luthardt, Wien/München.

Hamilton, Alexander / Madison, James / Jay, John (1993): Die Federalist Papers. Darmstadt.

Hansen, Eckhard (1991): Wohlfahrtspolitik im NS-Staat. Augsburg.

Hansen, Ralf (1999): Eine Wiederkehr des *Leviathan*? Starker Staat und neue Sicherheitsgesellschaft. ‚Zero Tolerance' als Paradigma ‚Innere Sicherheit'? In: Kritische Justiz, Jg. 32, H. 2, S. 231-253.

Hardtwig, Wolfgang (1984): Strukturmerkmale und Entwicklungstendenzen des Gemeinwesens in Deutschland 1789–1848. In: Vereinswesen und bürgerliche Gesellschaft in Deutschland, hrsg. v. O. Dann, München (= Historische Zeitschrift, Beiheft 9), S. 11-50.

Härter, Karl (1999): Soziale Disziplinierung durch Strafe. Intentionen frühneuzeitlicher Policeyordnungen und staatlicher Sanktionspraxis. In: Zeitschrift für Historische Forschung H.3, S. 365-379.

Hartmann, Helmut (1997): Neue Steuerung in der öffentlichen Verwaltung: Anspruch, Wirklichkeit und Perspektiven. In: Überlebt die soziale Stadt?, hrsg. v. W. Hanesch, Opladen, S. 111-137.

Hauser, Richard, (1995): Die Entwicklung der Einkommenslage von Familien über zwei Dekaden – einige empirische Grundlagen zur Würdigung der deutschen Familienpolitik. In: Soziale Ausgestaltung der Marktwirtschaft. Festschrift für Heinz Lampert, hrsg. v. Kleinhenz, Berlin.

Heinelt, Hubert (1998): Zivilgesellschafte Perspektiven einer demokratischen Transformation der EU. In: Zeitschrift für Internationale Beziehungen. H. 1. (Juni), S. 82-103.

Heinz, Rainer (2000): Kommunales Management. Stuttgart.

Heinze, Rolf G. (1998): Die blockierte Gesellschaft. Opladen.

Heinze, Rolf G. / Olk, Thomas (Hrsg.) (2000): Bürgerengagement in Deutschland. Bestandsaufnahme und Perspektiven. Opladen.

Heinze, Rolf G. / Schmid, Josef / Strünck, Christoph (1999)· Vom Wohlfahrtsstaat zum Wettbewerbsstaat. Opladen.

Held, David (1995): Democracy and the Gobal Order. From the modern State to cosmopolitan governance.Camebridge.

Henneke, Hans-Gert (1996): Das richtige Maß von Unmittelbarkeit und Distanz bei kommunalen Bürgerbegehren und -entscheiden. In: Zeitschrift für Gesetzgebung 11, S. 1-25.

Hennis, Wilhelm (Hrsg. u.a. 1977): Regierbarkeit. Studien zu ihrer Problematisierung, Bd. I. Stuttgart.

Hentschel, Volker (1989): Die Bundesrepublik Deutschland als Sozialstaat – Grundzüge der Politik sozialer Sicherung in vier Jahrzehnten. In: Deutsche Rentenversicherung 5, S. 290-314.

Hesse, Joachim Jens / Benz, Arthur (1990): Modernisierung der Staatsorganisation. Baden-Baden.

Heußner, Hermann (1994): Direkte Demokratie in den USA und in Deutschland. Köln.

Hexter, J. H. (1957): Il Principe and lo stato. In: Studies in the Renaissance 4, S. 113-138.

Hintze, Otto (1931): Wesen und Wandlung des modernen Staats. In: Staat und Verfassung, hrsg. v. dems., (Ges. Abhdl., Bd. I) 3. Aufl. Göttingen 1970, S. 470-496.

Hirsch, Joachim / Roth, Roland (1986): Das neue Gesicht des Kapitalismus. Vom Fordismus zum Post-Fordismus. Hamburg.

Hobbes, Thomas (1966): Leviathan oder Stoff, Form und Gewalt eines kirchlichen und bürgerlichen Staates. Hrsg. u. eingel. v. I. Fetscher, Neuwied/Berlin.

Holtmann, Everhard (1996): Zwischen Repräsentation und Plebiszit. In: Repräsentative oder plebiszitäre Demokratie - eine Alternative?, hrsg. v. G. Rüther, Baden-Baden, S. 201-219.

Holtmann, Everhard (1997): Die deutsche Tradition und das politische System der Gegenwart. In: Handbuch politisches System der Bundesrepublik Deutschland, hrsg. v. O.W. Gabriel u. E. Holtmann. München/Wien, S. 1-41.

Horch, Heinz-Dieter (1992): Geld, Macht und Engagement in freiwilligen Vereinigungen. Berlin.

Horn, Hans-Detlef (1993): Staat und Gesellschaft in der Verwaltung des Pluralismus. Zur Suche nach Organisationsprinzipien im Kampf ums Gemeinwohl. In: Die Verwaltung, 26. Bd., H. 4, S. 545-572.

Horstmann, Sabine (1996): Kindererziehung und Alterssicherung. Verteilungspolitische Aspekte ausgewählter Reformvorschläge zu einer familienorientierten Ausgestaltung der gesetzlichen Rentenversicherung. Grafschaft.

Howlett, Michael (1991): Policy Instruments, Policy Styles, and Policy Implementation: National Approaches to Theories of Instrument Choice. In: Policy Studies Journal, Vol. 19, No. 2, S. 1-21.

Hueglin, Thomas O.: Regieren in Europa als universalistisches Projekt. In: Projekt Europa im Übergang. Probleme, Modelle und Strategien des Regierens in der EU, hrsg. v. K. D. Wolf, Baden-Baden, S. 91-105.

Hulme, David / Edwards, Michael (Hrsg.) (1997): NGOs, States and Donors. Too Close for Comfort? Houndmills.

Hupe, P.L. (1993): Beyond Pillarization: The (Post-)Welfare State in the Netherlands. In: ECPR, S. 359-386.

Huster, Ernst-Ulrich (1997): Zentralisierung der Politik? In: Neue Steuerung in der öffentlichen Verwaltung: Anspruch, Wirklichkeit und Perspektiven, hrsg. v. H. Hartmann. Opladen.

Immerfall, Stefan (1998): Strukturwandel und Strukturschwächen der deutschen Mitgliederparteien. In: Aus Politik und Zeitgeschichte, B. 1 (2. Januar), S. 3-12.

Inglehart, Ronald / Andeweg, Rudy B. (1993): Change in Dutch Political Culture: a Silent or a Silenced Revolution? In: West European Politics, S. 345-361.

Ismayr, Wolfgang (Hrsg.) (1997): Die politischen Systeme Westeuropas. Opladen.

Jachtenfuchs, Markus / Kohler-Koch, Beate (1996): Regieren im dynamischen Mehrebenensystem (Einleitung). In: Europäische Integration, hrsg. v. dens., Opladen, S. 15-47.

Jachtenfuchs, Markus (1997): Die Europäische Union – Ein Gebilde sui generis. In: Projekt Europa im Übergang. Probleme, Modelle und Strategien des Regierens in der EU, hrsg. v. K.-D. Wolf, Baden-Baden. S. 37-63.

Jäger, Wolfgang / Welz, Wolfgang (Hrsg.) (1995): Regierungssystem der USA. München/Wien.

James, Harold: „Der Prozeß der Globalisierung ist unumkehrbar". Adelbert Reif im Gespräch mit Harold James. In: Universitas 54, Nr.642, S. 1212-1220.

Jänicke, Martin (1993): Vom Staatsversagen zur politischen Modernisierung. In: Regieren im 21. Jahrhundert – zwischen Globalisierung und Regionalisierung, C. Böhret u. W. Göttrik, Opladen 1993. S. 63-79.

Jansen, Dorothea (1997): Mediationsverfahren in der Umweltpolitik. In: Politische Vierteljahresschrift, 38. Jg., H. 2, S. 274-297.

Jeserich, Kurt G. A. (Hrsg. u.a. 1983-88): Deutsche Verwaltungsgeschichte, Bde.1-6, Stuttgart.

Jesse, Eckhard (1996): Mehr plebiszitäre Elemente in der Parteiendemokratie?. In: Repräsentative oder plebiszitäre Demokratie - eine Alternative?, hrsg. v. G. Rüther, Baden-Baden, S. 170-182.

Jessen, Ralph (1995): Polizei und Gesellschaft. Zum Paradigmenwechsel in der Polizeigeschichtsforschung. In: Die Gestapo. Mythos und Realität, hrsg. v. G. Paul u. K.-M. Mallmann, Darmstadt, S. 19-43.

Kaase, Max (1993): Zur Entwicklung von konventionellen und unkonventionellen Formen politischer Beteiligung in westlichen Demokratien. In: Westliche Demokratien und Interessenvermittlung, hrsg. v. R. Kleinfeld u. W. Luthardt, Marburg, S. 87-103.

Kaase, Max (1995): Demokratie im Spannungsfeld von politischer Kultur und politischer Struktur. In: Jahrbuch für Politik, Bd. 5, 2. Halbbd., Baden-Baden, S. 199-220.

Kaase, Max (1995a): Partizipation. In: Wörterbuch Staat und Politik, hrsg. v. D. Nohlen, München, S. 521-527.

Kaase, Max / Newton Ken (1995): Beliefs in Government. Oxford.

Katzenstein, Peter J. (1985): Small States in World Markets: Industrial Policy in Europe. Ithaca/London.

Katzenstein, Peter J. (1987): Policy and Politics in West Germany. The Growth of a Semisovereign State. Philadelphia.

Kaufmann, Franz-Xaver (1993): Familienpolitik in Europa. In: 40 Jahre Familienpolitik in der Bundesrepublik Deutschland, hrsg. v. Bundesministerium f. Familie und Senioren, Neuwied.

Kaufmann, Franz-Xaver (1994): Diskurse über Staatsaufgaben. In: Staatsaufgaben, hrsg. v. D. Grimm, Baden-Baden. S. 15-43.

Kaufmann, Franz-Xaver (1995): Aktuelle Herausforderungen des Sozialstaates. Bielefeld (Manuskript).

Kaufmann, Franz-Xaver (1995): Herausforderungen des Sozialstaates. Frankfurt a.M.

Kaufmann, Franz-Xaver (1996): Diskurse über Staatsaufgaben. In: Staatsaufgaben, hrsg. v. D. Grimm, Frankfurt a.M., S. 15-41.

Kaufmann, Franz-Xaver (1997): Herausforderungen des Sozialstaates. Frankfurt a.M.

Kaufmann, Franz-Xaver (1997): Schwindet die integrative Funktion des Sozialstaates. In: Berliner Journal für Soziologie, H. 1, S. 5-19.

Kaufmann, Franz-Xaver (1997a): Normative Konflikte in Deutschland: Basiskonsens, Wertewandel und soziale Bewegungen. In: Die Grenzen der Gemeinschaft, hrsg. v. P. L. Berger, Bericht der Bertelsmann Stiftung an den Club of Rome, Gütersloh, S. 155-197.

Kaufmann, Franz-Xaver (1997b): Herausforderungen des Sozialstaates. Frankfurt a.M.

Keller, Hans-Jörg (1995): Der schwierige Weg zur 2. Republik. Das politische System Italiens im Umbruch. In: Umbruch und Wandel im westeuropäischen Parteiensystem, hrsg. v. W. Gellner u. H.-J. Veen, Frankfurt a.M. u.a., S. 49-77.

Keman Hans / Pennings, Paul (1995): Managing Political and Societal Conflict in Democracies: Do Consensus and Corporatism Matter? In: British Journal of Political Science, S. 268-280.

Keman, Hans (1993): Politik der Mitte in den Niederlanden. In: Westliche Demokratien und Interessenvermittlung, hrsg. v. R. Kleinfeld u. W. Luthardt. Marburg, S. 144-159.

Keman, Hans (1996): Konkordanzdemokratie und Korporatismus aus der Perspektive eines rationalen Institutionalismus. In: Politische Vierteljahresschrift, S. 494-516.

Keman, Hans (1996): The Low Countries. Confrontation and Coalition in Segmented Societies. In: Political Institutions in Europe, hrsg. v. J. M. Colomer, London/New York, S. 211-253.

Keman, Hans (Hg.) (1997): The Politics of Problem-solving in Postwar Democracies. Basingstoke.

Kempf, Udo (1997): Das politische System Frankreichs. In: Die politischen Systeme Westeuropas, hrsg. v. W. Ismayr, 283-321.

Kersbergen Kees, van (1995): Social Capitalism. A Study of Christian Democracy and the Welfare State. London.

Kevenhörster, Paul (1997): Politikwissenschaft. Band 1. Entscheidungen und Strukturen der Politik. Opladen.

KGSt (Kommunale Gemeinschaftsstelle) (1999): Aufgaben und Produkte der Gemeinden und Kreise in den Bereichen Soziales, Jugend, Sport, Gesundheit und Lastenausgleich. Bericht 11/1995. Köln.

Kielmannsegg, Peter Graf (1996): Integration und Demokratie. In: Europäische Integration, hrsg. v. M. Jachtenfuchs u. B. Kohler-Koch, Opladen, S. 47-71.

Kinsky, Ferdinand Graf (1969): Europa nach de Gaulle. München.

Kirchgässner, Gebhard / Frey, Bruno S. (1994): Volksabstimmung und direkte Demokratie. In: Wahlen und Wähler, hrsg. v. H.-D. Klingemann u. M. Kaase, Opladen, S. 42-69.

Kirchheimer, Otto (1967): Politische Herrschaft. Frankfurt a.M.

Klages, Andreas / Paulus, Petra (1996): Direkte Demokratie in Deutschland. Marburg.

Klages, Helmut (1995): Wie sieht die Verwaltung der Zukunft aus? In: Verwaltungsrundschau 41, S. 1-7.

Klages, Helmut (1996): Der „schwierige Bürger” – Bedrohung oder Zukunftspotential. In: Demokratie am Wendepunkt, hrsg. v. W. Weidenfeld, Berlin, S. 233-253.

Klammer (2000): Altersicherung von Frauen als Aufgabe und Chance der anstehenden Rentenstrukturreform, WSI Mitteilungen.

Kleger, Heinz (Hrsg.) (1997a): Transnationale Staatsbürgerschaft. Frankfurt a.M./New York.

Klein, Ansgar / Schmals-Bruns, Rainer (Hrsg.) (1997): Politische Beteiligung und Bürgerengagement in Deutschland, Bonn.

Klein, Ansgar / Schmalz-Bruns, Rainer (Hrsg.) (1997): Politische Beteiligung und Bürgerengagement in Deutschland. Baden-Baden.

Kleinfeld, Ralf (1993): Organisationen und Institutionen der Interessenvermittlung in der niederländischen Verhandlungsdemokratie. In: Westliche Demokratien und Interessenvermittlung, hrsg. v. R. Kleinfeld u. W. Luthardt, Marburg, S. 223-260.

Kleinfeld, Ralf (1997): Das Niederländische Modell. Grundzüge und Perspektiven einer Modernisierung des Sozialstaates. Studie im Auftrag der Enquete-Kommission „Zukunft der Erwerbsarbeit“ des Landtages Nordrhein-Westfalen. Information des Landtags 12/492. Düsseldorf 1997.

Kleinfeld, Ralf (1998): Niederlande-Lexikon. Geschichte, Politik, Wirtschaft, Gesellschaft. In: Vorbild Niederlande?, hrsg. v. B. Müller, Münster, S. 115-232.

Kleinfeld, Ralf (1998): Was können die Deutschen vom niederländischen Poldermodell lernen? In: Wohlfahrtsstaat: Krise und Reform im Vergleich, hrsg. v. R. Niketta, u. J. Schmid, Marburg, S. 113-138.

Kluth, Winfried (1995): Die demokratische Legitimation der Europäischen Union. Opladen.

Knemeyer, Franz-Ludwig (1997): Der neue institutionelle Rahmen der Kommunalpolitik. In: Neue Formen politischer Partizipation – Bürgerbegehren und Bürgerentscheid. Interne Studie Nr. 136/1997, hrsg. v. O. W. Gabriel u.a., Augustin, S. 9-62.

Knöpfle, Franz (1988): Das Phänomen des europäischen Regionalismus. In: Die Landesparlamente im Spannungsfeld zwischen europäischer Integration und europäischen Regionalismus. Referate und Diskussionsbeiträge eines Symposiums des bayerischen Landtags am 9/10. Juni 1988 in München, hrsg. v. H. A. Kremer, München, S. 186-205.

Kocka, Jürgen (1995): Die Ambivalenz des Nationalstaats. Zur Zukunft einer europäischen Staatsform. In: Herausforderung Europa. Wege zu einer europäischen Identität, hrsg. v. M. Delgado u. M. Lutz-Bachmann, München. S. 27- 51.

Koenig, Christian / Pechstein, Matthias (Hrsg.) (1998): Entscheidungen des EuGH. Studienauswahl. Tübingen.

Kohl, Jürgen (1993): Der Wohlfahrtsstaat in vergleichender Perspektive. Anmerkungen zu Esping-Andersen's „The Three Worlds of Welfare Capitalism". In: Zeitschrift für Sozialreform, 39. Jg., H. 2, S. 67-82.

Kohler-Koch, Beate (1998): The Evolution and Transformation of European Governance. Wien.

Kohler-Koch, Beate (Hrsg. 1998): Regieren in entgrenzten Räumen. (PVS-Sonderheft 29) Opladen.

Konegen, Norbert / Nitschke, Peter (Hrsg.) (1997): Revision des Grundgesetzes? Opladen.

König, Herbert (1994): Controlling in der öffentlichen Verwaltung? In: VOP 16, S. 158-162.

König, Klaus (1995): „Neue" Verwaltung oder Verwaltungsmodernisierung: Verwaltungspolitik in den 90er Jahren. In: DÖV 48, S. 349-358.

Kramer, Ralph M. / Lorentzen, Hakon / Melief, Willem B. / Pasquinelli, Sergio (1993): Privatization in Four European Countries. Comparative Studies in Government-Third Sector Relationships. New York.

Küchler, Manfred (1985): Demoskopie, Parteien, Wahlen. In: Politikwissenschaft, hrsg. v. I. Fetscher u. H. Münkler, Reinbek/Hamburg, S. 545-582.

Küpper, Hans-Ulrich, Jürgen Weber, André Zünd (1990): Zum Verständnis und Selbstverständnis des Controlling. Thesen zur Konsensbildung. In: Zeitschrift für Betriebswirtschaft 60, S. 281-293.

Lampert, Heinz (1996): Priorität für die Familie. Plädoyer für eine rationale Familienpolitik. Berlin.

Lampert, Heinz (1998): Familie und Familienpolitik im Rahmen der Sozialstaatsreform. In: Zukunftsfähige Gesellschaft. Beiträge zu Grundfragen der Wirtschafts- und Sozialpolitik, hrsg. v. A. Rauscher, Berlin.

Lamprecht, Rolf (1999): Untertan in Europa. Die Staatengemeinschaft ist alles, Verfassungen gelten nicht mehr – Brüssel oder Rückfall in vordemokratische Zeiten. In: Süddeutsche Zeitung Nr. 60 vom 13/14. März 1999. (Feuilton-Beilage der SZ).

Lange, Hans-Jürgen (1998): Sicherheitskooperationen und Sicherheitsnetzwerke in der eingreifenden Verwaltung – Zum Verhältnis von Polizei und Ordnungsverwaltung. In: Eingriffsstatt und öffentliche Sicherheit. Beiträge zur Rückbesinnung auf die hoheitliche Verwaltung, hrsg. v. K. Lenk u. R. Prätorius, Baden-Baden, S. 82-93.

Lange, Hans-Jürgen (u.a. 1999[2]): Memorandum zur Entwicklung der Inneren Sicherheit in der Bundesrepublik Deutschland. Regensburg.

Laufer, Heinz und Thomas Fischer (1996): Strategien für Europa. Föderalismus als Strukturprinzip für die EU. Gütersloh.

Lehmbruch, Gerhard (1967): Proporzdemokratie: Politisches System und politische Kultur in der Schweiz und in Österreich. Tübingen.

Lehmbruch, Gerhard (1969): Konkordanzdemokratien in internationalen Systemen. Ein Paradigma für die Analyse von internen und externen Bedingungen politischer Systeme. In: Die anachronistische Souveränität. Zum Verhältnis von Innen- und Außenpolitik, hrsg. v. E.-O. Czempiel, Köln/Opladen, S. 139-163.

Lehmbruch, Gerhard (1995): Konkordanzdemokratie. In: Wörterbuch Staat und Politik, hrsg. v. D. Nohlen, München, S. 350-354.

Lehmbruch, Gerhard (1996) Die korporative Verhandlungsdemokratie in Westmitteleuropa. In: Deutschland, Österreich und die Schweiz im Vergleich, hrsg. v. K. Armingeon, P. Lanfranchi u. R. Weibel, Zürich (Schweizer Zeitschrift für Politische Wissenschaft, 2. Jg., H. 4: Sonderheft).

Lehmbruch, Gerhard (1997): From State of Authority to Network State: the German State in comparative Perspective. In: State and Administration in Japan and Germany: a comparative perspective on continuity and change, hrsg. v. M. Muramatsu u. F. Naschold, Berlin/New York, S. 39-62.

Lehmbruch, Gerhard (1998): Parteienwettbewerb im Bundesstaat. 2. Aufl. Opladen, (1. Aufl. 1976).

Lehner, Franz (1993): Schweizerische Konkordanzdemokratie: Politik im Spannungsfeld von Partizipation und Management. In: Westliche Demokratien und Interessenvermittlung, hrsg. v. R. Kleinfeld u. W. Luthardt, Marburg, S. 193-204.

Leienbach, Volker (2000): Bismarcks Erbe hat Bestand, Gesundheit und Gesellschaft. Bonn.

Leisering, Lutz (1995): Grenzen des Sozialversicherungsstaats? Sozialer Wandel als Herausforderung staatlicher Einkommenssicherung. In: Zeitschrift für Sozialreform, 41. Jg., H. 11/12, S. 860-880.

Leisering, Lutz (1999): Der deutsche Sozialstaat. In: 50 Jahre Bundesrepublik Deutschland, hrsg. v. Th. Ellwein u. E. Holtmann, (PVS Sonderheft 30), Opladen, S. 181-192.

Leiße, Olaf (1998): Demokratie auf europäisch. Möglichkeiten und Grenzen einer supranationalen Demokratie am Beispiel der EU. Frankfurt a.M.

Lenk, Klaus (1993): Die Schaffung zukunftsweisender Verwaltungsstrukturen als Gestaltungsprozeß. In: Informatik – Wirtschaft – Gesellschaft, 23. GI-Jahrestagung, hrsg. v. H. Reichel, Berlin, S. 18-28.

Lenk, Klaus (1994): Information Systems in Public Administration: From Research to Design. In: Informatization and the Public Sector 3 (1994), S. 305-324.

Lenk, Klaus (1995): „Business Process Re-engineering": Sind die Ansätze der Privatwirtschaft auf die öffentliche Verwaltung übertragbar? In: Geschäftsprozesse in öffentlichen Verwaltungen. Neugestaltung mit Informationstechnik, hrsg. v. R. Traunmüller, Heidelberg, S. 27-43.

Lenk, Klaus (1997): Kommunale Politik erschöpft sich nicht im Management der kommunalen Eigenproduktion. In: Verwaltungsmodernisierung und lokale Demokratie. Risiken und Chancen eines Neuen Steuerungsmodells für die lokale Demokratie, hrsg. v. J. Bogumil u. L. Kissler, Baden-Baden, S. 145-156.

Lenk, Klaus: (1998): „New Public Management" und kommunale Innovation – Perspektiven der Innovationsforschung. In: Verwaltungsreform in Aktion – Fortschritte und Fallstricke, hrsg. v. D. Grunow u. H. Wollmann, Basel, S. 44-59;

Lenk, Klaus: (1999): Electronic Government als Schlüssel zur Innovation der öffentlichen Verwaltung. In: Öffentliche Verwaltung und Informationstechnik – Perspektiven einer radikalen Neugestaltung der öffentlichen Verwaltung mit Informationstechnik, hrsg. v. K. Lenk u. R. Traunmüller, Heidelberg S. 127-146.

Lenk, Klaus (2000): Zieldimensionen und Perspektiven der Staatsreform aus verwaltungswissenschaftlicher Sicht. In: Politische Steuerung und Reform der Landesverwaltung, hrsg. v. L. Kissler, H.-J. Lange u. N. Kersting, Baden-Baden, S. 25-38.

Lepsius, M. Rainer (1995): Institutionenanalyse und Institutionenpolitik. In: Politische Institutionen im Wandel, hrsg. v. B. Nedelmann 1995, Opladen, S. 392-403.

Lepsius, Rainer M. (1992): Zwischen Nationalstaatlichkeit und westeuropäischer Integration. In: Staat und Demokratie in Europa. 18. Wissenschaftlicher Kongreß der deutschen Vereinigung für politische Wissenschaft, hrsg. v. B. Kohler-Koch, Opladen, S. 181-193.

Lepzy, Norbert (1997): Das politische System der Niederlande. In: Die politischen Systeme Westeuropas, hrsg. v. W. Ismayr, Opladen, S. 321-354

Lewandowski, Swen (1996): Rational und defizitär? Zur Bestimmung eines familienpolitischen Grenznutzens – eine Kritik am 5. Familienbericht. In: Zeitschrift für Familienforschung, 8. Jg., H. 2.

Lietzmann, Hans J. (1999): Eine Europäische Verfassung? Demokratie! In: Demokratie in Deutschland – Bewährungsprobe Globalisierung, hrsg. v. D. Everding, Köln.

Lijphart, Arend (1975): The Politics of Accomodation: Pluralism and Democracy in the Netherlands. 2. Aufl. Berkeley.

Lijphart, Arend (1977): Democracy in Plural Societies: A Comparative Explanation. New Haven. 2. Aufl.

Lijphart, Arend (1984): Democracies. Patterns of Majoritarian and Consensus Government in Twenty-One Countries. New Haven/London.

Lijphart, Arend (1989): From the Politics of Accomodation to Adversarial Politics in the Netherlands. A Reassessment. In: West European Politics, S. 139-153.

Lijphart, Arend / Crepaz, Markus M.L. (1991): Corporatism and Consensus Democracy in 18 Countries: Conceptual and Empirical Linkages. In: British Journal of Political Science, S. 235-256.

Limbach, Martin (1996): Finanzierbarkeit, hoheitliche Bestimmung und Wettbewerb der Anbieter im Sozialwesen der Bundesrepublik Deutschland. In: Kirche und Recht, H. 1, S. 7-25.

Lindblom, Charles F. (1965): The Intelligence of democracy. Decision Making through mutual adjustment. New York.

Linder, Stephen H. / Peters, B. Guy (1998): The Study of Policy Instruments: four Schools of Thought. In: Public Policy Instruments. Evaluating the Tools of Public Administration, hrsg. v. B.G. Peters u. F.K. van Nissen, Northampton, MA S. 33-45.

Linder, Wolf (1994): Swiss Democracy. London.

Linder, Wolf (1997): Das politische System der Schweiz. In: Die politischen Systeme Westeuropas, hrsg. v. W. Ismayr, Opladen S. 445-47.

Linz, Juan J. (1993): Typen politischer Regime und die Achtung der Menschenrechte. In: Totalitarismus im 20. Jahrhundert, hrsg. v. E. Jesse, Baden-Baden, S. 485-537.

Lipp, Wolfgang (1996): Europa der Vaterländer – Vaterland Europa. Wohin trägt uns der Stier? In: Concordia discors – Europas prekäre Eintracht. In: Studien zur europäischen Staatenwelt, zur historischen Verfassung Deutschlands und zur Europäischen Union, hrsg. v. P.-L. Weinacht, Baden-Baden. S. 91-117.

Lipset, Seymour Martin (1962): Soziologie der Demokratie. Neuwied a. Rh.

Loewenstein, Bedrich (1990): Problemfelder der Moderne. Elemente politischer Kultur. Darmstadt.

Lorwin, Val R. (1971): Segemented Pluralism: Ideological Cleavages and Political Cohesion in Smaller European Democracies. In: Comparative Politics, S. 141-175.

Lösche, Peter (1989): Amerika in Perspektive. Darmstadt.

Lösche, Peter (1997): Von Amerika Lernen?. In: Frankfurter Allgemeine Zeitung (8. August), S. 7.

Lübbe, Hermann (1994): Abschied vom Superstaat. Vereinigte Staaten von Europa wird es nicht geben. Berlin.

Lüdeke, Reinar (1995): „Was sind uns unsere Kinder wert?" Diskussionspapier, Lehrstuhl für Finanzwissenschaft. Universität Passau.

Luhmann, Niklas (1975): Macht. Stuttgart.

Luhmann, Niklas (1997): Die Gesellschaft der Gesellschaft. Frankfurt a.M.

Luthardt, Wolfgang (1994) (Hrsg.): Direkte Demokratie. Ein Vergleich in Westeuropa. Baden-Baden.

Luthardt, Wolfgang (1995): Die Referenda zum Vertrag von Maastricht. Politikmanagement und Legitimation im Europäischen Integrationsprozeß. In: Demokratie in Europa: Zur Rolle der Parlamente, hrsg. v. W. Steffani u. U. Thaysen, Opladen, S. 65-84.

Luthardt, Wolfgang (1997): Probleme und Perspektiven direkter Demokratie in Deutschland. In: Aus Politik und Zeitgeschichte B 14/97, S. 13-22.

Luthardt, Wolfgang (1997a): Formen der Demokratie. Die Vorteile der Konkordanzdemokratie. In: Prägekräfte des 20. Jahrhunderts, hrsg. v. S. Kailitz u. E. Jesse, Baden-Baden, S. 41-57.

Luthardt, Wolfgang (1998): Direkte Demokratie: Störfaktoren im Politikmanagement oder Elemente einer Bürgergesellschaft? In: Berliner Debatte Initial, H. 2/3, S. 200-210.

Luthardt, Wolfgang (1999): Abschied vom deutschen Konsensmodell? Zur Reform des Föderalismus. In: Aus Politik und Zeitgeschichte, B 13, S. 12-23.

Luthardt, Wolfgang (1999): Präsidentielles Regierungssystem. In: Staatsbürgerlexikon, hrsg. v. G. Sommer u. R. Graf v. Westphalen, München/Wien, S. 719-722.

Luthardt, Wolfgang (1999): Politische Steuerung und akteurzentrierter Institutionalismus. In: Schweizerische Zeitschrift für Politische Wissenschaft, 5, H. 2, S. 155-166.

Luthardt, Wolfgang (2000): Perspektiven von Demokratie und Nationalstaat: Diskussionslinien der jüngeren Debatte. In: Zeitschrift für Parlamentsfragen, H. 3.

Luthardt, Wolfgang (Hrsg.) (2000): Politische Systeme und direkte Demokratie. Wien/München.

Luther, Kurt Richard / Müller, Wolfgang C. (Hrsg.) (1992): Politics in Austria. Still a Case of Consociationalism? (West European Politics, Special Issue).

Mair, Peter (1989): The Correlates of Consensus Democracy and the Puzzle of Dutch Politics. In: West European Politics, S. 97-123

Majone, G. (1994): Independence and Accountability. Non-Majoritarian Institutions and Democratic Government in Europe. Florenz.

Mandt, Hella (1995): Legitimität. In: Wörterbuch Staat und Politik, hrsg. v. D. Nohlen, Bonn, S. 383-388.

Marks, Gary / McAdams, Doug: Social Movements and the Changing Structure of politicál Opportunity in the EU.

Marr, Andrew (1995): Ruling Britannia. The Failure and Future of British Democracy, London.

Mau, Steffen (1997): Ideologischer Konsens und Dissens im Wohlfahrtsstaat. In: Soziale Welt 47, S. 17-38.

Mauch, Siegfried (1999): „Szenario: Verwaltung 2010". In: AWV, S. 7-12.

Mayntz, Renate / Nedelmann, Birgitta (1987): Eigendynamik sozialer Prozesse. In: Kölner Zeitschrift für Soziologie und Sozialpsychologie 26, S. 648-668.

Mayntz, Renate / Scharpf, Fritz W. (1995): Der Ansatz des akteurszentrierten Institutionalismus. In: Gesellschaftliche Selbstregulierung und politische Steuerung, hrsg. v. R. Mayntz u. F. W. Scharpf, Frankfurt a.M./New York, S. 39-72.

McGrew, Anthony (1997): Globalization and Territorial Democracy. An Introduction. In: The transformation of Democracy, hrsg. v. A. McGrew, Camebridge, S. 1-25.

Melchior, Josef (1997): Perspektiven und Probleme der Demokratisierung der Europäischen Union: In: Integration durch Demokratie. Impulse für die Europäische Union, hrsg. v. E. Antalovski u.a., Marburg, S. 11-49.

Melossi, Dario (1997): State and Social Control *à la Fin de Siècle* – from the New World to the Constitution of the New Europe. In: Social Control and Political Order. European Perspectives at the End of the Century, hrsg. v. R. Bergalli u. C. Sumner, London/Thousand Oaks, S. 52-74.

Merkel, Wolfgang / Lauth, Hans-Joachim (1998): Systemwechsel und Zivilgesellschaft: Welche Zivilgesellschaft braucht die Demokratie?. In: Aus Politik und Zeitgeschichte, B 6-7/98, S. 3-12.

Merten, Detlef (1999): Einbeziehung aller Selbständigen in die gesetzliche Rentenversicherung. In: Deutsche Rentenversicherung 10-11/99, Frankfurt a.M.

Messner, Dirk / Nuscheler, Franz (1999): Strukturen und Trends der Weltpolitik. In: Globale Trends 2000, Fakten, Analysen, Prognosen, hrsg. v. I. Hauchler u.a., Frankfurt a.M., S.370-397.

Meyer, Hans (1987): Demokratische Wahl und Wahlsystem. In: Handbuch des Staatsrecht, Bd. 2, hrsg. v. J. Isensee u. P. Kirchhof, Heidelberg, S. 249-267.

Meyers Konversations-Lexikon (1894–1897): 17 Bände. Leipzig/Wien.

Mittelstraß, Jürgen (1984) (Hrsg.): Enzyklopädie Philosophie und Wissenschaftstheorie 2. Mannheim.

Möckli, Silvano (1994): Direkte Demokratie. Ein internationaler Vergleich. Bern.

Morass, Michael (1997): Mehrheitsdemokratie versus Föderalismus. Demokratie im Mehrebenensystem der EU. In: Integration durch Demokratie. Neue Impulse für die EU, hrsg. v. E. Antalovsky u.a., Marburg, S. 223-241.

Morgenthau, Hans J. (1967): Politics among Nations. The Struggle for Power and Peace. New York.

Morin, Edgar (1988): Europa denken. Frankfurt a.M.

Mount, Ferdinand (1992): The British Constitution Now. London.

Münch, Richard (1992): Die Struktur der Moderne. Grundmuster und differentielle Gestaltung des institutionellen Aufbaus der modernen Gesellschaft. Frankfurt a.M.

Münkler, Herfried (1987): Im Namen des Staates. Die Begründung der Staatsraison in der Frühen Neuzeit. Frankfurt a.M.

Münkler, Herfried (u.a. 1998): Nationenbildung. Die Nationalisierung Europas im Diskurs humanistischer Intellektueller. Berlin.

Naßmacher, Hiltrud (1997): Keine Erneuerung der Demokratie „von unten". In: Zeitschrift für Parlamentsfragen, 28, S. 445-460.

Nedelmann, Brigitta (Hrsg.) (1995): Politische Institutionen im Wandel. Opladen.

Nehring, Britta (1998): Die Parlamentswahlen in den Niederlanden. In: Konrad-Adenauer-Stiftung, St. Augustin, S. 4-16.

Neubauer, Erika (1994): Alleinerziehende in den zwölf Ländern der EG. Familienform mit wachsender Bedeutung. In: Aus Politik und Zeitgeschichte, B 7-8. 18. Februar.

Niclauß, Karlheinz (1997): Vier Wege zur unmittelbaren Bürgerbeteiligung. In: Aus Politik und Zeitgeschichte, B 14/97, S. 3-12.

Niedermayer, Oskar (Hrsg. 1999): Die Parteien nach der Bundestagswahl 1998. Opladen.

Nitschke, Peter (1995a): Staatsräson kontra Utopie? Von Thomas Müntzer bis zu Friedrich II. von Preußen. Stuttgart/Weimar.

Nitschke, Peter (1995b): Max Weber in der Krise! Das staatliche Gewaltmonopol und die privaten Sicherheitsdienste. In: Die Kriminalpolizei Jg.13 (Juni) S. 67-77.

Nitschke, Peter (1996a): Was heißt regionale Identität im heutigen Europa? In: Region und Regionsbildung in Europa. Konzeptionen der Forschung und empirische Befunde, hrsg. v. G. Brunn, Baden-Baden, S. 285-299.

Nitschke, Peter (1996b): Die Polizierung aller Lebensbereiche – Sozialdisziplinierung und ihre polizeilichen Implikationen in der Prämoderne. In: Die Deutsche Polizei und ihre Geschichte. Beiträge zu einem distanzierten Verhältnis, hrsg. v. dems., Hilden, S. 27-45.

Nitschke, Peter (1997): Der segmentierte Demos. Abschied vom traditionellen Konzept der Moderne. In: Zur Natur des Föderalen. Beiträge aus Theorie und Praxis, hrsg. v. K. Kellermann u. dems., Münster u.a., S. 43-56.

Nitschke, Peter (1998a): Max Weber und die deutsche Verwaltungswissenschaft – eine gescheiterte Annäherung? In: Der neuzeitliche Staat und seine Verwaltung. Beiträge zur Entwicklungsgeschichte seit 1700, hrsg. v. E. Laux u. K. Teppe (Nassauer-Gespräche der Freiherr-vom-Stein-Gesellschaft, Bd. 5), Stuttgart, S. 163-175.

Nitschke, Peter (1998b): Kommunalisierung und Privatisierung der Inneren Sicherheit. In: Eingriffsstatt und öffentliche Sicherheit. Beiträge zur Rückbesinnung auf die hoheitliche Verwaltung, hrsg. v. K. Lenk u. R. Prätorius, Baden-Baden, S. 42-52.

Nitschke, Peter (Hrsg. 1999): Die Europäische Union der Regionen. Subpolity und Politiken der Dritten Ebene. Opladen.

Nitschke, Peter (2000a): Einführung in die Politische Theorie der Prämoderne. Darmstadt.

Nitschke, Peter (2000b): Grundlagen staatspolitischen Denkens der Neuzeit: Souveränität, Territorialität und Staatsraison. In: Strukturwandel internationaler Beziehungen. Zum Verhältnis von Staat und internationalem System seit dem Westfälischen Frieden. Festschrift für Klaus Jürgen Gantzel, hrsg. v. K. Schlichte u. J. Siegelberg, Baden-Baden.

Nohlen, Dieter (1990): Wahlrecht und Parteiensystem. Opladen.

Nohlen, Dieter (Hrsg.) (1995): Wörterbuch Staat und Politik, 3. Aufl. München.

Nohlen, Dieter / Schultze, Rainer-Olaf (Hrsg.) (1994): Politische Theorien, Bd. 1. München.

Noller, Peter (1999): Globalisierung, Stadträume und Lebensstile. Kulturelle und lokale Repräsentationen des globalen Raums. Opladen.

O'Neill, Michael (1998): Re-Imaging Belgium: New Federalism and the Political Management of Cultural Diversity. In: Parliamentary Affairs, S. 241-258.

Oberreuter, Heinrich (1994): Das Parlament als Gesetzgeber und Repräsentativorgan. In: Die EG-Staaten im Vergleich, hrsg. v. O. W. Gabriel u. F. Brettschneider, Opladen, S. 305-333.

Oberreuter, Heinrich (1995): Verfassungsgerichtsbarkeit. In: Wörterbuch Staat und Politik, hrsg. v. D. Nohlen, München, S. 820-825.

Oberreuter, Heinrich (Hrsg. 1998): Ungewißheiten der Macht. Parteien – Wähler – Wahlentscheidungen. München.

Offe, Claus (1985): Disorganized Capitalism. Cambridge/Oxford.

Offe, Claus (1987): Über den institutionellen Rigorismus in der Demokratietheorie. In: Grundlagen der politischen Kultur des Westens, hrsg. v. K. W. Hempfer u. A. Schwan, Berlin/New York, S. 79-92.

Offe, Claus (1992): Wider scheinradikale Gesten. In: Die Kontroverse, hrsg. v. G. Hofmann u. W. A. Perger, Frankfurt a.M., S. 126-142.

Offe, Claus (1995): Fehlkonstruktion oder Droge? Über drei Lesarten der Sozialstaatskrise. In: Jahrbuch Arbeit und Technik, S. 31-41.

Offe, Claus (1996): Bewährungsproben – über einige Beweislasten bei der Verteidigung der liberalen Demokratie. In: Demokratie am Wendepunkt, hrsg. v. W. Weidenfeld, Berlin, S. 141-157.

Offe, Claus (1996): Modernity and the State. East West. Camebridge.

Ortner, Helmut (Hrsg. u.a. 1998): Die Null-Lösung. Zero-Tolerance-Politik in New York. Das Ende der urbanen Toleranz? Baden-Baden.

Pankoke, Eckart (1970): Sociale Bewegung, Sociale Frage, Sociale Politik. Grundfragen der deutschen „Socialwissenschaft". Stuttgart.

Pappalardo, A. 1981: The Conditions for Consociational Democracy: A Logical and Empirical Critique. In: EJPR, 65-390

Patzelt, Werner J. (1995): Vergleichende Parlamentarismusforschung als Schlüssel zum Systemvergleich. In: Demokratie in Europa: Zur Rolle der Parlamente, hrsg. v. W. Steffani u. U. Thaysen, Opladen, S. 355-385.

Patzelt, Werner J. (2000): Parteien und Parlamente: Nur Notbehelfe der Demokratie? In: Politische Systeme und direkte Demokratie, hrsg. v. W. Luthardt, Wien/München.

Peltzer, K. (1974): Das treffende Zitat. Gedankengut aus drei Jahrtausenden und fünf Kontinenten. Mittersill.

Pennings, Paul (1997): Consensus Democracy and Institutional Change. In: The Politics of Problem-solving in Postwar Democracies, hrsg. v. H. Keman, Basingstoke, S. 21-42.

Pennings, Paul (1997): The Evolution of Dutch Consociationalism. In: The Netherlands Journal of Social Sciences.

Perrez, Meinrad (1996): Scheidung und ihre Folgen. Freiburg.

Peters, B. (1993): Die Integration modernder Gesellschaften. Frankfurt a.M.

Peters, Bernhard (1991): Rationalität, Recht und Gesellschaft. Frankfurt a.M.

Peukert, Rüdiger (1996): Familienformen im sozialen Wandel. Opladen.

Pierson, Paul (1996): The New Politics of the Welfare State. In: World Politics, 48. Jg., H. 2, S. 143-179.

Pitschas, Rainer (1994): Die Jugendverwaltung im marktwirtschaftlichen Wettbewerb?, Balanceproblem zwischen Rechtmäßigkeit, Wirtschaftlichkeit und Fachlichkeit. In: Die öffentliche Verwaltung. H. 23. S. 973-986.

Pitschas, Rainer (1999): Europäische Union und gesetzliche Rentenversicherung - Entwicklungsperspektiven aus rechtlicher Sicht. In: Zeitschrift für Sozialreform. Wiesbaden.

Plamper, Harald (1995): Interview. In: Die innovative Verwaltung, H. 1, S. 26-34.

Plessner, Helmut (1959): Die verspätete Nation. Stuttgart.

Polanyi, Karl (1995): The Great Transformation. Politische und ökonomische Ursprünge von Gesellschaften und Wirtschaftssystemen. Frankfurt a.M.

Portz, Norbert (1996): Perspektiven kommunaler Sozialpolitik bei geänderten gesamtgesellschaftlichen Rahmenbedingungen. In: Stadt und Gemeinde H. 7, S. 279-288.

Post, Harry (1989): Pillarization: An Analysis of Dutch and Belgian Society. Aldershot.

Prätorius, Rainer (1998): Verwaltungsermessen und normative Fundierung des Entscheidens in der Verfassungsordnung. In: Eingriffsstaat und öffentliche Sicherheit. Beiträge zur Rückbesinnung auf die hoheitliche Verwaltung, hrsg. v. K. Lenk u. R. Prätorius, Baden-Baden, S. 209-230.

Prätorius, Rainer (2000): Polizei in der Kommune. In: Politische Soziologie der Inneren Sicherheit, hrsg. v. H.-J. Lange, Opladen.

Presse- und Informationsamt der Bundesregierung (Hrsg.): Tätigkeitsberichte der Bundesregierung (insbes. familienpolitische Teile). Bonn, fortlaufend.

Puntscher-Riekmann, Sonja (1997): Demokratie im supranationalen Raum. In: Integration durch Demokratie. Neue Impulse für die EU, hrsg. v. E. Antalovski, u.a., Marburg, S.69-109.

Rassem, Mohammed / Stagl, Justin (Hrsg. 1994): Geschichte der Staatsbeschreibung. Ausgewählte Quellentexte 1456-1813. Berlin.

Rauschenbach, Thomas / Schilling, Matthias (1995): Die Dienstleistenden: Wachstum, Wandel und wirtschaftliche Bedeutung des Personals in Wohlfahrts- und Jugendverbänden. In: Von der Wertgemeinschaft zum Dienstleistungsunternehmen. Jugend- und Wohlfahrtsverbände im Umbruch, hrsg. v. Th. Rauschenbach, Ch. Sachße u. Th. Olk, Frankfurt a.M., S. 321-355.

Rawls, John (1975): Eine Theorie der Gerechtigkeit. Frankfurt a.M.

Reichard, Christoph (1999): Staats- und Verwaltungsmodernisierung im aktivierenden Staat. In: Verwaltung und Fortbildung, 27. Jg., H. 3, S. 117-130.

Reichart-Dreyer, Ingrid (1997): Parteireform. In: Parteiendemokratie in Deutschland, hrsg. v. O.W. Gabriel u.a., Wiesbaden, S. 338-355.

Reinermann, Heinrich (1999): Verwaltungsreform und technische Innovationen – ein schwieriges Dauerverhältnis. In: Multimedia@Verwaltung, Jahrbuch Telekommunikaiton und Gesellschaft 1999, hrsg. v. Kubicek, Heidelberg, S. 11-25.

Renan, Ernest (1995): Was ist eine Nation? In: Was ist eine Nation? Und andere politische Schriften, hrsg. v. dems., Wien/Bozen, S. 41-58.

Renesse, Margot von (1997): Kindererziehung und Rente – eine neue, alte Aufgabe. In: Familienpolitische Informationen, hrsg. v. EAF, Nr. 3. Mai/Juni. S. 3-5.

Reyer, Jürgen (1984): Die Rechtsstellung und der Entfaltungsraum der Privatwohltätigkeit im 19. Jahrhundert in Deutschland. In: Die liebe Not. Zur historischen Kontinuität der Freien Wohlfahrtspflege, hrsg. v. R. Bauer, Weinheim/Basel, S. 28-51.

Rhinow, Rene A. (1984): Grundprobleme der schweizerischen Demokratie. Basel.

Richter, Emmanuel (1997): Die europäische Zivilgesellschaft. In: Projekt Europa im Übergang? Probleme, Modelle und Strategien des Regierens in der Europäischen Union, hrsg. K. D. Wolf, Baden-Baden. S. 37-63.

Riechert, Hansjörg / Ruppert, Andreas (1998): Herrschaft und Akzeptanz. Der Nationalsozialismus in Lippe während der Kriegsjahre. Analyse und Dokumentation. Opladen.

Rische, Herbert (2000): Die gesetzliche Rentenversicherung im 21. Jahrhundert, - Standortbestimmung und Ausblick. In: Die Angestellten Versicherung (Januar). Berlin.

Ritter, Gerhard A. (1991): Der Sozialstaat. Entstehung und Entwicklung im internationalen Vergleich. München.

Rödel, Ulrich (1996): Vom Nutzen des Konzepts der Zivilgesellschaft. In: Zeitschrift für Politikwissenschaft, H. 3, S. 669-679.

Roellecke, Gerd (1994): Herrschaft und Nation. Zur Entstehung des Nationalismus. In: Nation, Nationalstaat, Nationalismus. (Rechtsphilosophische Hefte III) Berlin u.a., S. 17-32.

Rogers, Ann (1997): Secrecy and Power in the British State. A History of the Official Secrets Act. London.

Roller, Edeltraud (1996): Abbau des Sozialstaates. Einstellungen der Bundesbürger zu Kürzungen von Sozialleistungen in den neunziger Jahren, Berlin.

Rooy, Piet de (1997): Farewell to Pillarization. In: The Netherlands Journal of Social Sciences.

Rosa, Hartmut (1999): Die prozedurale Gesellschaft und die Idee starker politischer Wertungen – Zur moralischen Landkarte der Gerechtigkeit. In: Konzeptionen der Gerechtigkeit. Kulturvergleich – Ideengeschichte – Moderne Debatte, hrsg. v. H. Münkler u. M. Llanque, Baden-Baden, S. 395-425.

Roth, Roland (1997): Die Kommune als Ort der Bürgerbeteiligung. In: Politische Beteiligung und Bürgerengagement in Deutschland. Möglichkeiten und Grenzen, hrsg. v. A. Klein u. R. Schmalz-Bruns, Baden-Baden, S. 404-447.

Roth, Roland, (2000): Bürgerschaftliches Engagement – Formen, Bedingungen, Perspektiven. In: Engagierte Bürgerschaft. Traditionen und Perspektiven. Bürgerschaftliches Engagement und Non-Profit-Sektor, hrsg. v. A. Zimmer u. St. Nährlich, Bd. 1, Opladen, S. 25-48.

Ruggie, John Gerard (1993): Territoriality and beyond. Problematizing Modernity in International Relations. In: International Organization, Jg. 47, S. 139-174.

Runggaldier, Ulrich: (1999): Einbeziehung von Erwerbseinkommen in die Sozialversicherung? – Anmerkungen zur jüngsten Reform des österreichischen Sozialversicherungsrechts. In: Recht und soziale Arbeitswelt. Festschrift für Wolfgang Däubler zum 60. Geburtstag, Frankfurt a.M.

Rüther, Günther (Hrsg.) (1996): Repräsentative oder plebiszitäre Demokratie – eine Alternative? Baden-Baden.

Ruysselveldt, Joris van / Visser, Jelle (1996): Weak Corporatisms Going Different Ways? Industrial Relations in the Netherlands and Belgium. In: Industrial Relations in Europe. Traditions and Transitions, hrsg. v. dens., Heerlen/London, S. 205-264.

Saage, Richard (1983): Rückkehr zum starken Staat? Studien über Konservatismus, Faschismus und Demokratie, Frankfurt a.M.

Sachße, Christoph (1993): Zur Einführung, Diskussion: Gösta Esping-Andersen, The Three Worlds of Welfare Capitalism. In: Zeitschrift für Sozialreform, 39. Jg., H. 2, S. 65f.

Sachße, Christoph (1995): Verein, Verband und Wohlfahrtsstaat: Entstehung und Entwicklung der „dualen" Wohlfahrtspflege. In: Von der Wertgemeinschaft zum Dienstleistungsunternehmen. Jugend- und Wohlfahrtsverbände im Umbruch, hrsg. v. Th. Rauschenbach, Ch. Sachße u. Th. Olk, Frankfurt a.M., S. 123-149.

Salamon, Lester (1996): Third Party Government. Ein Beitrag zu einer Theorie der Beziehungen zwischen Staat und Nonprofit-Sektor im modernen Wohlfahrtsstaat. In: Wohlfahrtspluralismus: vom Wohlfahrtsstaat zur Wohlfahrtsgesellschaft, hrsg. v. A. Evers u. Th. Olk, Opladen, S. 79-102.

Salamon, Lester M. / Anheier, Helmut K. (1994): The Emerging Sector. Baltimore.

Salamon, Lester M. / Anheier, Helmut K. (1998): The Emerging Sector Revisited. A Summary. Baltimore.

Sanders, David (1998): The New Electoral Battleground. In: New Labour Triumphs. Britain at the Polls, hrsg. v. A. King, Chatham, N.J., S. 209-248.

Sauer, Birgit (1994): Was heißt und zu welchem Zwecke partizipieren wir?. In: Demokratie oder Androkratie? hrsg. v. E. B. Biester, B. Holland-Cunz u. B. Sauer. Frankfurt a.M./New York, S. 99-130.

Sauer, Birgit (1995): „Der Runde Tisch" und die Raumaufteilung der Demokratie. In: Politische Institutionen im Wandel, hrsg. v. B. Nedelmann, Opladen, S. 108-125.

Sauer, Birgit (2000): Demokratie und Geschlecht. In: Politische Systeme und direkte Demokratie, hrsg. v. W. Luthardt, Wien/München.

Schabert, Tilo (1989): Boston Politics. The Creativity of Power. Berlin/New York.

Schabert, Tilo (1991): Wie werden Städte regiert? In: Die Welt der Stadt, hrsg. v. dems., München/Zürich, S. 167-198.

Scharpf, Fritz (1985): Die Politikverflechtungsfalle. Europäische Integration und deutscher Föderalismus im Vergleich. In: Politische Vierteljahresschrift, Nr. 26, S. 323-356.

Scharpf, Fritz W. (1970): Demokratietheorie zwischen Utopie und Anpassung. Konstanz.

Scharpf, Fritz W. (1970): Die politischen Kosten des Rechtsstaates. Tübingen.

Scharpf, Fritz W. (1975): Demokratietheorie zwischen Utopie und Anpassung. 2. Aufl. Kronberg/Ts.

Scharpf, Fritz W. (1987): Sozialdemokratische Krisenpolitik in Europa. Frankfurt a.M./New York.

Scharpf, Fritz W. (1992): Die Handlungsfähigkeit des Staates am Ende des 20. Jahrhunderts. In: Staat und Demokratie in Europa. 18. Wissenschaftlicher Kongreß der deutschen Vereinigung für politische Wissenschaft, hrsg. v. B. Kohler-Koch, Opladen. S. 93-108.

Scharpf, Fritz W. (1997): Games Real Actors Play. Boulder.

Scharpf, Fritz W. (1998): Demokratie in der transnationalen Politik. In: Internationale Wirtschaft, nationale Demokratie, hrsg. v. W. Streeck, Frankfurt a.M., S. 151-174.

Schedler, Kuno / Proeller, Isabella (2000): New Public Management. Bern.

Scheiwe, K. (1994): Wer wird unterstützt? Die Absicherung von Familien mit Kindern zwischen Sozial- und Privatrecht in Belgien, Deutschland und dem Vereinigten Königreich. In: Internationale Revue für soziale Sicherheit, Bd. 47, H. 3/4. S. 53-75.

Schendelen, M.C.P.M. (Hrsg.) (1984): Consociationalism, Pillarization and Conflict-Management in the Low Countries. Sonderheft der Zeitschrift Acta Politica.

Scheuch, Erwin K. / Scheuch Ute (1992): Cliquen, Klüngel und Karrieren. Über den Verfall der politischen Parteien – eine Studie. Reinbek b. H.

Schiller, Theo / Lackner, Sieglinde (2000): Direkte Demokratie in Deutschland. In: Demokratie und Geschlecht. In: Politische Systeme und direkte Demokratie, hrsg. v. W. Luthardt, Wien/München.

Schley, Nicole / Fischer, Thomas Fischer (1999): Europa föderal organinisieren. Essentialien einer Strukturreform der EU zur Jahrtausendwende. Strategien für Europa. 2. Aufl. Gütersloh.

Schluchter, Wolfgang (1980): Rationalismus der Weltbeherrschung. Frankfurt a.M.

Schluchter, Wolfgang (1996): Unversöhnte Moderne. Frankfurt a.M.

Schmack-Reschke, Tobias (1997): Bürgerbeteiligung und Plebiszite in der Debatte der Gemeinsamen Verfassungskommission. In: Revision des Grundgesetzes?, hrsg. v. N. Konegen u. P. Nitschke, Opladen, S. 77-105.

Schmals, Klaus M. / Heinelt, Hubert (1987): Anspruch und Wirklichkeit ziviler Gesellschaften. Eine Diskussion mit offenem Horizont. In: Zivile Gesellschaft, hrsg. v. dens., Opladen, S. 9-25.

Schmalz-Bruns, Rainer (1995): Reflexive Demokratie. Baden-Baden.

Schmid, Josef (1996): Aufbruch ins Ungewisse oder Festhalten am tradierten System? Überblick und Perspektiven der Sozialpolitik in der Bundesrepublik Deutschland nach der Wende. Diskussionspapier aus der Fakultät für Sozialwissenschaft Bochum.

Schmidberger, Martin (1997): Regionen und europäische Legitimität. Der Einfluß des regionalen Umfeldes auf Bevölkerungseinstellungen zur EU. Frankfurt a.M.

Schmidt, Manfred G. (1992): Regieren in der Bundesrepublik Deutschland. Opladen.

Schmidt, Manfred G. (1995): Demokratietheorien, Opladen.

Schmidt, Manfred G. (1995a): Wörterbuch zur Politik. Stuttgart.

Schmidt, Manfred G. (1996): Germany. The Grand Coalition State. In: Political Institutions in Europe, hrsg. v. J. M. Colomer, London/New York, S. 62-99

Schmidt, Manfred G. (1997): Demokratietheorien. 2. Aufl. Opladen.

Schmidt, Manfred G. (1997): Komplexität und Demokratie. In: Politische Beteiligung und Bürgerengagement in Deutschland. Möglichkeiten und Grenzen, hrsg. v. A. Klein u. R. Schmalz-Bruns, Baden-Baden, S. 41-58.

Schmidt, Manfred G. (1998): Das politische Leistungsprofil der Demokratien. In: Demokratie - eine Kultur des Westens? 20. Wissenschaftlicher Kongreß der Deutschen Vereinigung für Politische Wissenschaft, hrsg. v. M. Greven, Opladen, S 181-201.

Schmidt, Manfred G. (1998): Die politische Produktivität liberaler Demokratien. In: Zwischen Triumph und Krise, hrsg. v. R. Saage u. G. Berg. Opladen, S. 243-268.

Schmidt, Manfred G. (1998): Sozialpolitik in Deutschland. Historische Entwicklungen und internationaler Vergleich, Opladen.

Schmidt, Susanne K. / Werle, Raymund (1998): Coordinating Technology. Cambridge, MA.

Schmitt, Carl (1933): Machtpositionen des modernen Staats. In: Verfassungsrechtliche Aufsätze aus den Jahren 1924-1954. Materialien zu einer Verfassungslehre, hrsg. v. dems., Berlin 1958, S. 367-371.

Schmitt, Carl (1979²): Der Begriff des Politischen. Text von 1932 mit einem Vorwort und drei Corollarien. Berlin.

Schmitz, Sven-Uwe / Pfahl, Stefanie (1998): Die Legitimität von Institutionen. In: Institutionelle Herausforderung im neuen Europa, hrsg. v. E. Schultz u. St. Pfahl, Opladen, S. 31-57.

Schneider, Hans-Peter (1987): Richter oder Schlichter? In: Festschrift für Wolfgang Zeidler, hrsg. v. W. Fürst u.a., Berlin/New York, S. 293-313.

Schölkopf, Adrian (1999): Altenpflegepolitik in Europa, Sozialer Fortschritt. Berlin.

Schulte, Bernd: Der Sozialstaat als Aufgabe der Rechtswissenschaft. Aus Verfassung, Theorie und Praxis des Sozialstaats. In: Festschrift für H.F. Zacher zum 70. Geburtstag.

Schultheis, Franz (1999): Familien und Politik. Formen wohlfahrtsstaatlicher Regulierung von Familie im deutsch-französischen Gesellschaftsvergleich. Konstanz.

Schulze-Fielitz, Helmuth (1997): Das Bundesverfassungsgericht in der Krise des Zeitgeistes. In: Archiv des öffentlichen Rechts, Bd. 122, S. 1-31.

Schumpeter, Joseph (1976): Die Krise des Steuerstaats. In: Die Finanzkrise des Steuerstaats. Beiträge zur politischen Ökonomie der Staatsfinanzen, hrsg. v. R. Hikkel, R. Goldscheid u. J. Schumpeter, Frankfurt a.M., S. 329-378.

Schuppert, Gunnar Folke (1996): Rückzug des Staates? Zur Rolle des Staates zwischen Legitimationskrise und politischer Neubestimmung. In: Rückzug des Staates? Ein Cappenberger Gespräch veranstaltet am 4. Mai 1995, Köln, S.33-58.

Schüttemeyer, Suzanne S. (1995): Repräsentation. In: Politische Theorien, Bd. 1. München, hrsg. v. D. Nohlen u. R.-O. Schultze, München, S. 543-552.

Schwab, Dieter (1993): Entwicklungen und Perspektiven des Familienrechts. In: Festschrift 40 Jahre Familienpolitik in der Bundesrepublik Deutschland. Rückblick – Ausblick, hrsg. v. Bundesministerium für Familie und Senioren, Neuwied.

Seibel, Wolfgang (1992): Funktionaler Dilettantismus. Erfolgreich scheiternde Organisationen im „Dritten Sektor", Baden-Baden.

Seifart, Werner (Hrsg.) (1987): Handbuch des Stiftungsrechts. München.

Siegler, H. v. (1996): Europas politische Einigung, Bd. 1. Stuttgart.

Simmel, Georg (1983): Philosophische Kultur. Über das Abenteuer, die Geschlechter und die Krise der Moderne. Berlin.

Skalweit, Stephan (1975): Der „moderne Staat". Ein historischer Begriff und seine Problematik. (Rheinisch-Westf. Akad. d. Wiss., Geisteswiss. Vorträge 203). Opladen.

Sörensen, George: Processes and Prospects in a Changing World. Oxford 1993

Steffani, Winfried (1979): Parlamentarische und präsidentielle Demokratie. Opladen.

Steffani, Winfried / Thaysen, Uwe (Hrsg.) (1995): Demokratie in Europa – Zur Rolle der Parlamente. Opladen.

Steinmeyer, Heinz-Dietrich: Vergleichende Betrachtungen zu Alterssicherungssystemen und ihrer Reform. In: Festschrift für Bernhard Großfeld zum 65. Geburtstag, Heidelberg.

Steinvorth, Ulrich (1994): Brauchen wir einen Nationalismus? In: Nation, National-staat, Nationalismus. Berlin u.a., S. 77-102.

Stelzenmüller, Constanze (1994): Direkte Demokratie in den Vereinigten Staaten von Amerika. Baden-Baden.

Stolleis, Michael (1990): Staat und Staatsräson in der frühen Neuzeit. Studien zur Geschichte des öffentlichen Rechts. Frankfurt a.M.

Strachwitz, Rupert Graf (1999): Die Rahmenbedingungen des Dritten Sektors und ihre Reform. In: Aus Politik und Zeitgeschichte (26. Februar), S. 22-30.

Streeck, Wolfgang (1996): German Capitalism: Does it exist? Can it survive?. In: Political Economy of Modern Capitalism, hrsg. v. C. Crouch u. dems., London, S. 33-54.

Struck, Norbert u.a. (1999): Qualitätsmanagement in der Jugendhilfe. München.

Stubb, Alexander (1996): A Categorisation of differentiated Integration. In: Journal of Common Market Studies, Nr. 2, S. 283-295.

Sturm, Roland (1992): Das britische Gemeinwesen heute. In: Großbritannien, hrsg. v. H.-G. Wehling, Stuttgart, S. 37-48.

Sturm, Roland (1994): „Subject" or „Citizen"? The Freedom of the Individual under the British Constitution. In: Changing Conceptions of Constitutional Government, hrsg. v. H. Kastendiek u. R. Stinshoff, Bochum, S. 69-92.

Sturm, Roland (1997): Das politische System Großbritanniens. In: Die politischen Systeme Westeuropas, hrsg. v. W. Ismayr, Opladen, S. 213-247.

Sturm, Roland (1997): Großbritannien. Wirtschaft – Gesellschaft – Politik, 2. Aufl. Opladen.

Sturm, Roland (1997a): Großbritannien. Opladen.

Sturm, Roland (1997a): Schottlands Wahl. Hintergründe der Devolution. In: Blätter für deutsche und internationale Politik 11, S. 1341-1349.

Sturm, Roland (1998): Der kanadische Senat und die Lehren aus den Bemühungen um seine Reform. In: Zeitschrift für Kanadastudien 18 (1), S. 53-65.

Sukksi, Marku (1993): Bringing in the People – A Comparison of Constitutional Forms and Practices of the Referendum. Dordrecht.

Sumner, Colin (1997): The Decline of Social Control and the Rise of Vocabularies of Struggle. In: Social Control and Political Order. European Perspectives at the End of the Century, hrsg. v. R. Bergalli u. dems., London/Thousand Oaks, S. 131-150.

Suski, Birgit (1996): Das europäische Parlament. Volksvertretung ohne Volk und Macht. Stuttgart.

Thaysen, Uwe (1996): Repräsentative Demokratie. In: Repräsentative oder plebiszitäre Demokratie - eine Alternative?, hrsg. v. G. Rüther, Baden-Baden, S. 223-243.

Thunert, Martin (1992): Grundrechtspatriotismus in Kanada? Zur politischen Integrationsfunktion der Canadian Charter of Rights and Freedoms. Bochum.

Tönnies, Ferdinand (1991): Gemeinschaft und Gesellschaft. Grundbegriffe der reinen Soziologie. 3. Aufl. des Neudr. Darmstadt, zuerst Leipzig 1887.

Touraine, Alain (2000): Eine unzeitgemäße Vorstellung - Das Ende der Arbeit. In: Zukunftsstreit, hrsg. v. W. Krull, Weilerswist, S. 101-114.

Trautmann, Gunter (1995): Wahlen und Referenden in Italien 1994 und 1995. In: Italien auf dem Weg zur „zweiten Republik"?, hrsg. v. L. Graf Ferraris, G. Trautmann u. H. Ulrich, Frankfurt a.M., S. 417-430.

Trautmann, Gunter (1997): Das politische System Italiens. In: Die politischen Systeme Westeuropas, hrsg. v. W. Ismayr, Opladen, S. 509-547.

Trechsel, Alexander H. / Kriesi, Hanspeter (1996): Switzerland: the Referendum and Initiative as a Centrepiece of the Political System. In: The Referendum Experience in Europe, hrsg. v. M. Gallagher u. P. V. Uleri, Houndmills, S. 185-208.

Treiber, Hubert (1998): Gewährleistung von Schutz und Ordnung im Schatten des Leviathan. Zu kooperativ erstellten und kommerziell angebotenen, protektiven Leistungen. In: Eingriffsstatt und öffentliche Sicherheit. Beiträge zur Rückbesinnung auf die hoheitliche Verwaltung, hrsg. v. K. Lenk u. R. Prätorius, Baden-Baden, S. 9-41.

Uleri, Pier Vincenzo (1996): Italy: Referendums and Initiatives from the Origins to the Crisis of a Democratic Regime. In: The Referendum Experience in Europe, hrsg. v. M. Gallagher u. P. V. Uleri, Houndmills, S. 106-125.

Vedung, Evert (1998): Policy Instruments: Typologies and Theories. In: Carrots, Sticks, and Sermons. Policy Instruments and Their Evaluation, hrsg. v. M.-L. Bemelmans-Videc, R.C. Rist u. E. Vedung, New Brunswick/London, S. 21-58.

Verband Deutscher Rentenversicherungsträger (1989): Rentenversicherung im internationalen Vergleich. Frankfurt a.M.

Visser, Jelle / Hemerijck, Anton (1998): Ein holländisches Wunder? Frankfurt a.M.

Vollmer, Hendrik (1996): Akzeptanzbeschaffung: Verfahren und Verhandlungen. In: Zeitschrift für Soziologie, 25. Jg., H. 2, S. 147-164.

Walby, Sylvia (1999): The New Regulatory State: the social Powers of the European Union. In: British Journal of Sociology, Vol. 50, No. 1, S. 120-140.

Walther, Manfred (1996): Die Religion des Bürgers – eine Aporie der politischen Kultur der Neuzeit? Hobbes, Spinoza und Rousseau oder Über die Folgenlast des Endes der politischen Theologie. In: Bürgerreligion und Bürgertugend. Debatten über die vorpolitischen Grundlagen politischer Ordnung, hrsg. v. H. Münkler, Baden-Baden, S. 25-61.

Watts, Ronald (1996): Comparing Federal Systems in the 1990's. Institute of Intergovernmental Relations – Queen's University, Kingston.

Weber, Max (1971): Gesammelte politische Schriften. 3. Aufl. Tübingen.

Weber, Max (1980⁵): Wirtschaft und Gesellschaft. Grundriß der verstehenden Soziologie. Tübingen.

Weber, Peter (1994): Wege aus der Krise: Wahlreform und Referenden in Italien. In: Aus Politik und Zeitgeschichte, B 34/94, S. 20-27.

Weber, Peter (1995): Italiens demokratische Erneuerung. In: Demokratie in Europa: Zur Rolle der Parlamente, hrsg. v. W. Steffani u. U. Thaysen, Opladen, 178-203.

Weber, Wolfgang (1992): Prudentia gubernatoria. Studien zur Herrschaftslehre in der deutschen politischen Wissenschaft des 17. Jahrhunderts. Tübingen.

Wehner, Burkhard (1992): Nationalstaat, Solidarstaat, Effizienzstaat. Neue Staatsgrenzen für neue Staatstypen. Stuttgart.

Weidenfeld, Werner (Hrsg.) (1996): Demokratie am Wendepunkt. Berlin.

Weidenfeld, Werner u.a. (1999²): Memorandum. In: Wege zur Erneuerung der Demokratie. Bellevue-Gespräche III, hrsg. v. dems., Gütersloh, S. 17-25.

Weinacht, Paul-Ludwig (1968): Staat. Studien zur Bedeutungsgeschichte des Wortes von den Anfängen bis ins 19. Jahrhundert. Berlin.

West European Politics (1989): Special issue – How much change in the Nederlands, hrsg. v. H. Dadder / G. A. Irwin. 12. Jg., H. 1.

Wewer, Göttrik (1998): Demokratie, Demokratisierung. In: Handwörterbuch zur Gesellschaft Deutschlands, hrsg. v. B. Schäfers u. W. Zapf, Opladen, S. 111-123.

Wild, Jürgen (1973): MbO als Führungsmodell für die öffentliche Verwaltung. In: Die Verwaltung 6, S. 283-316.

Wilhelm, Friedrich (1997): Die Polizei im NS-Staat. Die Geschichte ihrer Organisation im Überblick. Paderborn.

Wingen, Max (1997): Familienpolitik. Grundlagen und aktuelle Probleme. Stuttgart.

Winter, Michael (1993): Ende eines Traums. Blick zurück auf das utopische Zeitalter Europas. Stuttgart/Weimar.

Wollmann, Helmut (1999): Politik und Verwaltungsmodernisierung in den Kommunen. In: Die Verwaltung, 32. Jg., H. 3, S. 345-375.

Woyke, Wichard (1998): Die Europäische Union. Erfolgreiche Krisengemeinschaft. Einführung in Geschichte, Strukturen, Prozesse und Politik. München/Wien 1998.

Würtenberger, Thomas (1987): Legalität. In: Staatslexikon. Recht, Wirtschaft, Gesellschaft, hrsg. v. Görres Gesellschaft, Bd. 3, 7. neubearb. Aufl. 873.

Yergin, Daniel / Stanislaw, Joseph (1999): Staat oder Markt. Die Schlüsselfrage unseres Jahrhunderts. Frankfurt a.M./New York.

Zacher, Hans (1977): Vorfragen der Methode der Sozialrechtsvergleichung. In: Methodische Probleme des Sozialrechtsvergleichs, hrsg. v. dems., Berlin.

Zimmer, Annette (1997): Public-Private Partnerships: Staat und Dritter Sektor in Deutschland. In: Der Dritte Sektor in Deutschland, hrsg. v. H. Anheier, Berlin, S. 75-98.

Zimmer, Annette / Nährlich, Stefan (1998): Zur volkswirtschaftlichen Bedeutung der Sozialwirtschaft. In: Lehrbuch der Sozialwirtschaft, hrsg. v. U. Arnold u. B. Maelicke, Baden-Baden, S. 64-79.

Zimmer, Annette (1999): Staatsfunktionen und öffentliche Aufgaben. In: 50 Jahre Bundesrepublik Deutschland, hrsg. v. Th. Ellwein u. E. Holtmann, (PVS Sonderheft 30), Opladen, S. 211-228.

Zimmer, Annette / Nährlich, Stefan (2000a): Zur Standortbestimmung bürgerschaftlichen Engagements. In: Engagierte Bürgerschaft. Traditionen und Perspektiven. Bürgerschaftliches Engagement und Nonprofit-Sektor, Bd. 1, hrsg. v. dens., Opladen, S. 9-22.

Zimmer, Annette / Nährlich, Stefan (Hrsg.) (2000): Engagierte Bürgerschaft. Traditionen und Perspektiven. Bürgerschaftliches Engagement und Nonprofit-Sektor, Bd. 1, Opladen.

Zimmer, Annette / Priller, Eckhard (1999): Gemeinnützige Organisationen im gesellschaftlichen Wandel. Abschlußbericht des von der Hans-Böckler-Stiftung geförderten Projektes „Arbeitsplatzressourcen im Nonprofit-Sektor", Münster.

Zürn, Michael (1998): Regieren jenseits des Nationalstaats. Globalisierung und Denationalisierung als Chance. Frankfurt a.M.

Autorenverzeichnis

Bauer, Rudolph (Jg. 1939): Prof. Dr. phil., Universitätsprofessor für *Sozialarbeitswissenschaft / Sozialpädagogik* mit den Lehrschwerpunkten *Wohlfahrtspolitik und Soziale Dienste* an der Universität Bremen. Forschungsgebiete: Lokale Sozialpolitik, Nonprofit-Organisationen und Soziale Dienstleistungen. Weitere Angaben hierzu unter http://wwwl.uni-bremen.de/~sozarbwi/deutsch/person/personen/bauer.html

Gerlach, Irene (Jg. 1955): apl. Prof. Dr. rer. soz., Vertretungsprofessur für *Soziologie* an der Pädagogischen Hochschule Freiburg. Forschungsgebiete: Politisches System Deutschlands, Familienpolitik, Sozialstaatsforschung, Neuere Demokratietheorie. E-mail: gerlaci@uni-muenster.de

Kleinfeld, Ralf (Jg. 1952): Prof. Dr. phil., Universitätsprofessor für *Vergleichende Politikwissenschaft* an der Universität Osnabrück. Forschungsgebiete: Wohlfahrtsstaatliche Entwicklung, Kommunal- und Regionalpolitik, Verbände und Interessenvermittlung, Niederlande-Forschung.

Langer, Rose (Jg. 1955): Dr. iur., Leiterin des Referats *Bildungs- und Beschäftigungssystem, Arbeitsmarktfragen besonderer Personengruppen* im Bundesministerium für Arbeit und Sozialordnung. Publikationen im Bereich der Leiharbeit, der Europäischen Sozialpolitik, der Grenzüberschreitenden Sozialversicherungsfragen sowie der Gleichbehandlung von Männern und Frauen.

Lenk, Klaus (Jg. 1940): Prof. Dr. iur., Universitätsprofessor für *Verwaltungswissenschaft* an der Universität Oldenburg. Forschungsgebiete: Verwaltungsmodernisierung, Electronic Government, Geschäftsprozeßanalyse im Bereich der öffentlichen Verwaltung. Weitere Angaben hierzu unter http://www.uni-oldenburg.de/fb3/lehre/lenk

Luthardt, Wolfgang: Dr. phil. habil., Privatdozent für *Politikwissenschaft* am Fachbereich Politik- und Sozialwissenschaften der Freien Universität Berlin. Forschungsgebiete: Politisches System der Bundesrepublik Deutschland, Europäische Politik, Vergleichende Politikwissenschaft, Vergleichende Politische Systemanalyse, Sozialwissenschaftliche Theorien.

Nitschke, Peter (Jg. 1961): Prof. Dr. phil., Universitätsprofessor für *Wissenschaft von der Politik* am Institut für Sozialwissenschaften der Hochschule Vechta. Forschungsgebiete: Politische Theorie und Ideengeschichte, Europäische Integration und Regionalismus, Politik der Inneren Sicherheit. Weitere Angaben hierzu unter http://www.uni-vechta.de/persons/wimis/nitschke.html

Prätorius, Rainer (Jg. 1952): Prof. Dr. phil., Universitätsprofessor für *Verwaltungswissenschaft* an der Universität der Bundeswehr Hamburg; Forschungsgebiete: Eingreifende Verwaltung, Polizei und öffentliche Sicherheit, Theoretische Grundlagen der Policy-Forschung, Konfliktlinien in der US-Politik. E-mail: w_PRAETO@unibw-hamburg.de

Sturm, Roland (Jg. 1953): Prof. Dr. phil., Universitätsprofessor für *Politische Wissenschaft* am Institut für Politische Wissenschaft der Friedrich-Alexander-Universität Erlangen-Nürnberg. Forschungsgebiete: Politisches System der Bundesrepublik Deutschland, Vergleichende Politikwissenschaft, insbesondere englischsprachige Länder, Politische Wirtschaftslehre, Vergleichende Politikfeldforschung,

Europaforschung und Forschung zur Transformation mittel- und osteuropäischer Staaten. E-mail: RDSTURM@phil.uni-erlangen.de

Wedel, Carolin (Jg. 1975): Studentin und Tutorin am Institut für Politikwissenschaft an der Westfälischen Wilhelms-Universität Münster. Studienschwerpunkte: Internationale Politik und Europäische Integration. E-mail: c_wedelc@yahoo.de

Wohlfahrt, Norbert (Jg. 1952): Prof. Dr. phil., Professor für *Verwaltung und Organisation* an der Evangelischen Fachhochschule Rheinland-Westfalen-Lippe, Mitglied des Vorstands des Instituts Forschung und Entwicklung sozialer Arbeit (FESA e.V.). Forschungsgebiete: Entwicklung sozialer Dienste auf kommunaler Ebene, Modernisierung der Kommunalverwaltung, lokale Wohlfahrtsökonomie.

Zimmer, Annette (Jg. 1954): Prof. Dr. phil., Universitätsprofessorin für *Deutsche und Europäische Sozialpolitik und Vergleichende Politikwissenschaft* am Institut für Politikwissenschaft der Westfälischen Wilhelms-Universität Münster. Forschungsgebiete: Deutsche und Europäische Sozialpolitik, Vergleichende Politikwissenschaft, Dritte-Sektor-Forschung.